高等职业教育新形态一体化教材

高等职业院校体育与健康

主编　田丽芬　杨振炜

中国教育出版传媒集团
高等教育出版社·北京

高等职业院校体育与健康

编写委员会

主　编　田丽芬　杨振炜

副主编　刘　强　李　伟　韩　军

编　委　高家良　王莉莉

　　　　陈　雪　郭建鹏

前　言

党的二十大报告指出，教育是国之大计、党之大计。培养什么人、怎样培养人、为谁培养人是教育的根本问题。育人的根本在于立德。全面贯彻党的教育方针，落实立德树人根本任务，培养德智体美劳全面发展的社会主义建设者和接班人。

职业教育是我国国民教育体系和人力资源开发的重要组成部分，是广大青少年打开成功大门的重要途径，肩负着培养多样化人才、传承技术教育、促进就业创业的重要职责。2019年1月，国务院印发了《国家职业教育改革实施方案》，明确了职业教育的重要地位。职业教育的高质量发展，需要重视学生综合素质的全面提高。当今我国学生的体质健康水平不高仍是学生素质提升的明显短板。高职体育以学生“天天锻炼、健康成长、终身受益”为目标，健全学生的人格品质，切实发挥体育在培育和践行社会主义核心价值观过程中的作用，培养对经济社会发展有贡献的高素质技术技能人才。

本教材的编写以习近平新时代中国特色社会主义思想为指导，全面贯彻党的教育方针，以立德树人为根本，以社会主义核心价值观为引领，坚持健康第一的教育理念，帮助学生在体育锻炼中享受乐趣、增强体质、健全人格、锤炼意志，培养德智体美劳全面发展的社会主义建设者和接班人。

本次修订，在上一版的基础上，删去了部分已经过时的知识和实用性不强的动作技术，根据目前高校学生的体育兴趣，增加了部分新的项目，体现了如下特点。

（1）多元性。本教材立足高职院校的普遍特点和高校体育教学特征，所选的项目既有传统体育项目、又有特色体育项目，既有竞技体育项目、又有休闲体育项目，既有现代体育项目、又有民族传统体育项目，适合不同层次、不同需求的院校、教师和学生使用。

（2）时尚性。本教材所选取的知识点，尤其在项目和技战术方面，均为当前流行的、受青年人喜爱的内容，符合学生追求时尚的心理特点，利于教学活动的开展和教材的使用。

（3）实用性。本教材的实用性体现在重视基础性技术，体育公共课是面向所有学生开展的，因此需要兼顾不同学生的体质差异。在这一前提下，本教材在编写过程中尽可能挑选对身体素质要求低且易于掌握的动作，使绝大部分学生都能参与到体育活动中。

本教材编写分工如下：杨振炜，第一章、第八章、第十章、第二十章；刘强，第五章，第六章，第十五章、第十七章；李伟，第三章、第四章、第十二章、第十八章；韩军，第十九章；高家良，第十六章；王莉莉，第二章、第十一章、第十四章；陈雪，第七章、第十三章；郭建鹏，第九章。田丽芬负责统稿与审定工作。

本教材在编写过程中，得到了黑龙江农垦职业学院领导和教务处教材科的热情指导和帮助，得到了体育教学部全体同仁的鼎力支持。同时，我们参考了众多专业书籍，引用了兄弟院校的有关教材和资料，在此一并致以衷心的感谢。

由于编写人员水平所限，错误和疏漏在所难免，恳请广大师生和专家批评指正，以便再版修正。

编　者

2023年4月

目　录

体育理论篇

体育实践篇

职业体能篇

体育理论篇

第一章 体育概述

学习目标：

1. 了解体育运动的概念和内容。

2. 掌握体育运动的功能和作用。

3. 掌握高等教育阶段体育工作的目标和任务。

章前导言：

本章详细地阐述了体育的定义、内容和功能，介绍了体育与健康的关系和体育的积极作用，尤其是对高等学校开展体育活动的重要性和必要性进行了深入地研究和探讨，以便于学生在理论上对体育和体育运动产生更深刻的了解和认识，为学生参与体育活动提供理论支持。

第一节 体育运动的概念与功能

一、体育概念的历史演变

体育运动虽然有悠久的历史，但是“体育”一词却出现得比较晚。因为在“体育”一词出现前，世界各国对“体育”这一活动过程的称谓都不相同。

古代中国的强身健体活动，如导引、五禽戏、八段锦、易筋经、气功等实际上类似于今天的体育健身活动。古希腊、古罗马也盛行以养生健身为目的的实践活动，其内涵与体育运动相同，但那时还没有“体育”一词及概念界定。直到18世纪60年代，“体育”的概念才在法国出现。1762年，法国教育家卢梭的名著《爱弥尔》中用“体育”这个词论述了对身体进行养护、培养和训练等的身体教育过程。随后德国、英国等国纷纷启用卢梭所定义的“体育”一词。德国古茨姆茨于1793年出版的《青年的体操》一书，对体育使用了“身体的教育”和“属于教育的身体运动”这样一个概念。19世纪后，“体育”一词已成为专门术语出现在学术著作中。

二、体育的概念

体育是伴随人类社会的发展而逐步建立和发展起来的一个专门的科学领域。体育的概念也出现了“广义”与“狭义”解释。广义的“体育”一般是指体育运动，其中包括了体育教育、竞技运动和身体锻炼三个方面；狭义的“体育”，一般是指体育教育。

（一）体育的广义概念（亦称体育运动）

体育的广义概念是指以身体练习为基本手段，以增强人的体质，促进人的全面发展，丰富社会文化生活和促进精神文明为目的的一种有意识、有组织的社会活动。它是社会总文化的一部分，其发展受一定社会的政治和经济的制约，并为一定社会的政治和经济服务。

（二）体育的狭义概念（亦称体育教育）

体育的狭义概念是指一个发展身体，增强体质，传授锻炼身体的知识、技能，培养道德和意志品质的教育过程；是对人体进行培育和塑造的过程；是教育的重要组成部分；是培养全面发展的人的一个重要手段。

三、体育的组成

（一）学校体育

学校体育指在以学校教育为主的环境中，运用身体运动、卫生保健等手段，对受教育者施加影响，促进其身心健康发展的有目的、有计划、有组织的教育活动。体育与德育、智育、美育、劳动教育等共同组成完整的学校教育体系，是培养符合社会需要的合格人才的一项基本内容和基本途径。中国学校体育的根本目标是通过增强学生体质，促进学生身心健康发展，为提高全民族身体素质和培养德、智、体、美、劳全面发展的社会主义现代化的建设者和接班人服务。学校体育由五个主要部分或要素构成：

（1）体育教学（以体育课为主要形式）。

（2）课外体育活动（由学校或学生自行组织，以学生体育锻炼为主要内容）。

（3）运动代表队训练和各种形式的体育比赛（如班级赛、校际赛、各类选拔赛，以及参加地区和全国性比赛等）。

（4）早操和课间操（前者多由学生个人自由锻炼或学生自由组合锻炼，后者多为有组织的徒手体操活动）。

（5）科学的作息和保健措施（旨在保证学生足够的睡眠、休息和锻炼时间，同时要讲究卫生，注意营养，预防疾病发生等）。

（二）竞技体育

竞技体育亦称“竞技运动”，指为了战胜对手，取得优异运动成绩，最大限度地发挥和提高个人、集体在体格、体能、心理及运动能力等方面的潜力所进行的科学的、系统的训练和竞赛。含运动训练和运动竞赛两种形式，其特点是：

（1）充分调动和发挥运动员的体力、智力、心理等方面的潜力。

（2）激烈的对抗性和竞技性。

（3）参加者有充沛的体力和高超的技艺。

（4）按照统一的规则竞赛，具有国际性，成绩具有公认性。

（5）多样的娱乐性。

当今世界所开展的竞技体育项目是社会历史的产物。远在公元前700多年的古希腊时代，就出现了赛跑、投掷、角力等项目，发展至今已有数百种之多。普遍开展的项目有田径、体操、篮球、排球、足球、乒乓球、羽毛球、举重、游泳、自行车等。各国、各地区还有自己特殊的民族传统项目，如中华武术，东南亚地区的板球、卡巴迪等，其发展与当地的政治、经济、文化教育、科学技术密切相关。

（三）社会体育

大众体育亦称“社会体育”“群众体育”，是为了娱乐身心，增强体质，防治疾病和培养体育后备人才，在社会上广泛开展的体育活动的总称。包括职工体育、农民体育、社区体育、老年人体育、妇女体育、伤残人体育等。主要形式有锻炼小组、运动队、辅导站、体育之家、体育活动中心、体育俱乐部、棋社以及个人自由进行体育锻炼等。开展群众体育活动应遵循因人、因地、因时制宜和业余、自愿、小型、多样、文明的原则。广泛开展群众性体育活动，是发挥体育的社会功能，提高民族素质和完成体育任务的重要途径。比较常见的形式有娱乐体育和医疗体育两种。

1. 娱乐体育

娱乐体育是指在余暇时间或特定时间所进行的一种以愉悦身心为目的的体育活动。具有业余性、消遣性、文娱性等特点。内容一般有球类游戏、活动性游戏、旅游、棋类以及传统民族体育活动等。按活动的组织方式可分为个人的、家庭的和集体的；按活动条件可分为室内的、室外的；按竞争性可分为竞技性的和非竞技性的；按经营方式可分为商业性的和非商业性的；按参加活动的方式可分为观赏性活动和运动性活动。开展娱乐性体育活动，有益于身心健康，陶冶情操，培养高尚品格。

2. 医疗体育

医疗体育指运用体育手段治疗某些疾病与创伤，恢复和改善机体功能的一种医疗方法。与其他治疗方法相比，其特点有：

（1）医疗体育是一种主动疗法，要求患者主动参加治疗过程，通过锻炼治疗疾病。

（2）医疗体育是一种全身治疗，通过神经反射机制改善全身机能，达到增强体质，提高抵抗力的目的。

（3）医疗体育是一种自然疗法，利用人类固有的自然功能（运动）作为治疗手段，一般不受时间、地点、设备条件的限制。通常采用医疗体操、慢跑、散步、自行车、气功、太极拳和特制的运动器械（如拉力器、自动跑台等）以及日光浴、空气浴、水浴等为治疗手段。宜因人而异、持之以恒、循序渐进，并配合药物或手术治疗和心理疏导。两千多年前的中国古人已用“导引”“养生”作为防治疾病的手段，后又不断发展与提高，成为中国运动医学的重要组成部分。

四、体育的功能

在《现代汉语词典》中对“功能”的解释是：“事物或方法所发挥的有利作用、效能。”根据功能的概念，我们将其扩展到体育这一特定领域后也就确定了体育功能的概念。体育功能是指体育这一文化现象对人和社会所发挥的有利作用和效能。那么就体育功能来看，可以划分为：健身功能、教育功能、娱乐功能、政治功能、经济功能、促进个体社会化功能、社会情感功能。

（一）健身功能

这一功能是体育文化现象最外层、最基础的功能。毛泽东同志曾经说过：“体育之效，至于强筋骨，因而增知识，因而调感情，因而强意志。筋骨者，吾人之身；知识、感情、意志者，吾人之心；身心皆适，是谓俱泰。”毛泽东同志对体育本质的认识，是十分深刻而准确的。

首先，通过体育活动能促进机体的生长发育，提高运动系统的机能，使骨骼结实，抗压性增强；使肌纤维增粗，肌肉代谢能力加强、血液供应增加，体育活动还可以提高神经系统对肌肉的控制能力。

其次，体育活动能促进循环器官机能的提高。进行体育活动时，心脏机能和血液循环都得到锻炼和促进，使心肌逐渐增强，心壁增厚，心脏容积增加，使心脏每搏输出量增加，使安静时心跳频率减慢（一般人心跳频率每分钟为70～80次，经常从事体育锻炼者为50～60次）。

再次，体育活动对于人体的呼吸系统影响也很大。经常进行体育锻炼，能使呼吸肌增强，使胸围、肺活量增大。一般人在安静时每分钟呼吸为12～18次，而经过训练的运动员为8～12次。需要剧烈运动时，就能更好地发挥呼吸器官的机能，以保证活动时的能量物质供应。此外，体育活动更可以改善和提高中枢神经系统的工作能力，使大脑皮层的兴奋和抑制过程更加均衡，提高大脑皮层的分析、综合能力，增强机体对外界环境变化的适应能力；同时改善和提高中枢神经系统对内部器官的调节作用，使各器官和各系统更加灵活协调，提高机体的工作能力。正因如此，体育便成了增强国民体质，促进民族昌盛的基本手段。除了身体，体育在精神层面上也发挥着极其重要的作用。经常从事体育锻炼，可以培养人们勇敢顽强、克服困难、超越自我的意志品质。

总体来看可将体育的健身功能归纳为以下几个方面：

（1）提高人体心血管系统机能水平。

（2）调节和保持心理健康。

（3）提高呼吸系统机能水平。

（4）促进少年儿童骨骼和肌肉的生长发育。

（5）延年益寿，提高生活质量。

（二）教育功能

目前，很多学校中重育体轻育心，重实践教学轻理论教学，重课内教学轻课外教学等问题依然存在。认识体育的教育功能，增强全面育人的意识，提高教师育人的素质，是重要的教育手段。体育是一种社会实践活动，随着社会主义市场经济的发展，随着社会的进步，体育教育的功能主要表现在以下几个方面：

（1）教导基本的生活能力。通过体育锻炼，能够教给学生正确的基本生活方法，不仅可以满足今后生产和生活的需要，也是促使他们正常的身体发育的需要。使学生具备基本的自身生活能力。

（2）传授教育文化知识。通过体育锻炼，向人们传授关于身体健康的知识，传授各种运动项目的规则与方法，培养学生正确的体育观和体育意识，养成终身体育的好习惯和方法，为其今后形成健康的生活方式和正确的价值观念乃至人生观奠定基础。

（3）教导社会规范，促进人的社会化。社会的行为规范，社会的价值观念都可以通过体育教育、体育活动来进行宣传和传播。

（4）进行爱国主义教育。国家间进行的体育比赛，对大众来说，不仅仅是观看比赛的技术和战术水平的高低，也不仅仅是了解最后的比赛结果，而是在进行一次生动的民族主义、爱国主义教育。

（三）娱乐功能

体育从产生就带有游戏、娱乐的成分。体育和竞技的萌芽本身就蕴含娱乐的因素。随着科学技术的进步和生产的现代化、电脑化，劳动者工作时精神高度紧张，因此人们需要通过各种丰富多彩的体育娱乐与休闲运动来消除疲劳，愉悦身心，陶冶情操，满足人们的精神享受。同时，劳动时间缩短，余暇时间的增多，又为人们的体育娱乐与休闲运动提供了机会。随着现代传媒技术的发展与普及，如今观赏各类运动竞赛与体育活动已经成为人们休闲娱乐的主要内容。另外，人们在闲暇时间参加各种体育活动，更增添无穷的生活乐趣，成为现代都市人娱乐的新时尚。跑步使人感到节奏鲜明，勇往直前；打球使人默契配合，分享取胜的快乐；游泳者搏击于碧水清波之中，其乐无穷。体育的娱乐性是一种自由的、非日常性、非生产性的活动。并且有一定的竞争性、对抗性和不确定性。

（四）政治功能

体育与政治的关系是客观存在的，体育文化一旦置身于社会大系统之中，它就自然而然地具有了社会功能。体育既受到政治的制约和影响，同时也要看到体育也能够为政治服务。

（五）经济功能

随着全球经济的发展，人们对物质文化水平的需求日益提高，在社会主义市场经济条件下，体育的经济功能也不断增强。大型的体育赛事已经成为刺激主办国经济的强大动力，体育作为一种产业已是不容置疑的，因此，体育在现代社会中也对经济产生巨大的作用。体育在经济发展方面的功能主要表现在以下几个方面：

（1）体育经济已成为现代社会国民经济发展的新增长点。我国体育产业正处于产生和发展的初期，虽然我国体育产业在国民经济中所占比例要小得多，但是体育产业是一个朝阳产业，未来在国民经济发展中具有重要的意义。参照发达国家的发展轨迹以及我国东部发达地区的体育产业发展现状，可以确信体育产业将在国民经济发展中成为新的增长点。

（2）体育产业发展有利于优化产业结构。体育产业在世界各国已逐渐发展为国民经济的重要支柱。目前，在第三产业中，体育产业增长迅速，占生产总值比重越来越大，已经成为各国国民经济中颇有前途的产业部门，在市场经济较发达的欧美国家，体育产业已经成为国民经济的重要支柱。例如美国体育产业在20世纪80年代的总产值就超过600亿美元，比石油化工（533亿美元）、汽车（531亿美元）还要多，在20世纪90年代超过3000亿美元，增长率超过其同期国内生产总值的增长率。因此，发展体育产业对调整我国的产业结构有促进作用，为我国经济发展提供了新的能量。

（3）体育产业的发展为社会提供更多的就业岗位。体育现已成为一个巨大的产业，并带动了一批相关产业的发展。例如1964年的第18届东京奥运会促进了整个日本经济的腾飞，加快了日本现代化的步伐。举办奥运会还可以促进主办国商业、贸易、旅游、交通、建筑、通信、能源等各行业的发展，主办一届奥运会其潜在经济效能甚至能持续8～10年，其经济效益可达前期投入的8～10倍。同奥运会一样最受人瞩目的足球世界杯，也给举办国带来滚滚财源。因此，一旦我国体育产业快速发展，将会为我国提供千万个就业岗位，这将为我国劳动力就业市场开辟一个新的广阔空间。

（六）促进个体社会化功能

个体社会化指个体在社会环境影响下，认识和掌握社会事物、社会标准的过程，通过这个过程，个体得以独立地参加社会生活，也就是指由生物的人转变为社会的人的过程。体育运动在这一转化过程中起着重要的作用。体育运动能够教导人基本的生活技能，从初生婴儿的被动体操，到儿童游戏中的跑、跳、攀、爬，以至学会适应社会生活，这些都是可以通过体育活动从后天学习中获得的。人们在体育运动中，都要遵循运动的规则，都要在教师、教练、裁判的教育监督下有组织地进行，这就逐渐培养人们遵守社会规范的习惯。体育运动是一种社会的行为，人们在活动和比赛中互相交往，相互交流，使人们的人际关系、社交能力得到提高。人类社会要健康发展，就要使青少年在生长发育过程中、中年人在健康保健过程中、老年人在延年益寿过程中获取身体健康和体育运动方面的知识，并通过这些知识，指导自己进行健康的体育活动、培养良好的生活习惯，这是社会的一个物质基础。

（七）社会情感功能

体育可以通过体育赛事、体育活动等方式来调节社会成员的情感，疏解不良的社会情绪，进而维护社会的安定和谐。如观看大型体育赛事能使人们体验各种情感波动，能使人的情绪得到宣泄。体育运动，能增强人与人之间的交流和交往，是促进人们的友谊和增强团结的重要手段。通过体育活动，能够扩大人们的情感交流渠道，增进人与人之间的相互了解，改善人际关系，共同创造和谐文明的社会环境。好的体育社会情感可以正面地、积极地激励和鼓舞社会向前发展。

第二节　体育与健康

一、健康的概念

健康是指一个人在身体、精神和社会适应等方面都处于良好的状态。回溯20世纪中期，人们普遍概念认为“没有疾病就是健康”；1977年，世界卫生组织将健康概念确定为“不仅仅是没有疾病和身体虚弱，而是身体、心理和社会适应的完满状态”；到20世纪90年代，健康的含义被注入了环境的因素，即健康为：“生理—心理—社会—环境”四者的和谐统一；进入21世纪，“健，康、智、乐、美、德”六个字组成了更全面的“大健康”概念，成为幸福人生的更佳境界。现代人的健康观是整体健康，世界卫生组织提出“健康不仅是躯体没有疾病，还要具备心理健康、社会适应良好和道德健全”。因此，现代人的健康内容包括：躯体健康、心理健康、心灵健康、社会健康、智力健康、道德健康、环境健康等。健康是人的基本权利，是人生最宝贵的财富之一；健康是生活质量的基础；健康是生命存在的最佳状态，有着丰富深刻的内涵。

根据1978年世界卫生组织（WHO）给健康所下的正式定义，衡量是否健康有十项标准：

（1）精力充沛，能从容不迫地应付日常生活和工作的压力而不感到过分紧张。

（2）处事乐观，态度积极，乐于承担责任，事无巨细不挑剔。

（3）善于休息，睡眠良好。

（4）应变能力强，能适应环境的各种变化。

（5）能够抵抗一般性感冒和传染病。

（6）体重得当，身材均匀，站立时头、肩、臂位置协调。

（7）眼睛明亮，反应敏锐，眼睑不发炎。

（8）牙齿清洁，无空洞，无痛感；齿龈颜色正常，不出血。

（9）头发有光泽，无头屑。

（10）肌肉、皮肤富有弹性，走路轻松有力。

现代健康的含义是多元的、广泛的，包括生理、心理和社会适应性3个方面，其中社会适应性归根结底取决于生理和心理的素质状况。心理健康是身体健康的精神支柱，身体健康又是心理健康的物质基础。良好的情绪状态可以使生理功能处于最佳状态，反之则会降低或破坏某种功能而引起疾病。身体状况的改变可能带来相应的心理问题，生理上的缺陷、疾病，特别是痼疾，往往会使人产生烦恼、焦躁、忧虑、抑郁等不良情绪，导致各种不正常的心理状态。作为身心统一体的人，身体和心理是紧密依存的两个方面。

心理健康是相对而言的，绝对的健康是不存在的，人们都处在较健康和极不健康的两端连续线中间的某一点上，而且人的心理健康状态是动态变化的，而非静止不动的。人的心理健康即可以从相对的比较健康变成健康，又可以从相对健康变得不那么健康，因此，心理健康与否反映的是某一段时间内的特定状态，而不应认为是固定的和永远如此的。

二、体育与健康的关系

（一）体育与健康有着密不可分的关系

体育是一种含义广泛的概念，它包括了身体锻炼、生理过程、心理教育、社会适应等内容，是适应多种需要的实践活动和社会现象。体育以锻炼身体为基本内容，以发展身体，增进身心健康，提高运动水平为主要目的，成为社会文化生活的重要组成部分，具有多维的社会功能。以往的世俗文化观念，单纯地将健康理解为“无病，无残，无伤”，古希腊医生认为健康意味着身体完全平衡的状态。健康专家认为：健康是一个有机体或有机体的部分处于安宁状态，它的特征是机体可以维持正常的功能以及没有疾病。经常参加体育锻炼，能促进各器官组织的新陈代谢，使身体机能发生相应的变化，增强体质，提高健康水平。体育锻炼要求身体完成一些比日常生活中的行为更艰巨更复杂的动作，使中枢神经系统迅速动员和发挥各个器官系统的机能，以便协调和适应肌肉活动的需要。体育锻炼对骨组织有重要的影响，人体长期坚持体育锻炼，能加强骨组织的新陈代谢，改善骨的血液供应，骨的生长发育、形态结构和机能都会发生良好的变化。系统的体育锻炼，可使关节面骨质增厚，肌腱和韧带增粗，使关节囊，韧带，肌腱和周围的伸展性增加，还可使肺活量增加，肺通气量增加。体育锻炼还可促进大脑的开发与利用，增强神经系统的功能，减缓应激反应，提高脑力劳动的工作效率，还能在一定程度上消除疲劳。综合上述内容可得出结论：体育锻炼与身体健康有着密不可分的关系。

（二）体育与健康是互相促进，相辅相成的关系

体育锻炼促进身体和心理健康，健康的体魄又可以让我们更好地参加体育锻

炼。在这个信息化的时代，随着网络和各种通信方式的发展，网购等购物方式的出现，人们的生活越来越便利，可以足不出户便知天下事，于是当今的年轻人中便诞生了一大批“宅男宅女”。而当今许多疾病都是由过于安逸的生活导致的体育运动的缺乏所引起的器官官能的衰退和身体素质的下降而诱发的。因此，正确认识体育与健康的关系，并切实加强体育锻炼，是大学生活的当务之急。体育锻炼可以促进生长发育、增进健康；体育运动能提高人体的呼吸能力，从而促进人体新陈代谢和解毒过程；体育运动可促进全身血液循环，使肌肉得到充分的营养，提高肌肉的代谢能力，使肌纤维变粗，发达、结实、匀称而有力；体育运动还可以提高机体免疫功能，提高机体抗御疾病的能力。经常参加锻炼可使大脑的兴奋性增强，抑制加深，兴奋和抑制更加集中，神经过程的灵活性提高，反应迅速而准确，从而改善神经对各器官的调节作用，使之更加灵活协调，发挥出最佳效果。

（三）体育与健康的关系是手段与目的的关系

体育锻炼是一种社会活动，人们在体育运动过程中，不仅能够锻炼身体，而且在各种锻炼活动中可以促进社会交往和增进友谊。体育锻炼具有深厚的群众基础，是增进健康，增强体质最有效的方法，并且能够起到防治疾病的作用。坚持科学的体育锻炼能达到“健身、健心、健美”的效果。所以，“健康”是体育的终极目的。在高等院校的体育教学中贯彻“健康第一”的指导思想，培养学生终生锻炼的意识和习惯，以达到培养大学生“德智体美劳”全面发展的目的。

三、体育锻炼对心理健康的影响

进入21世纪人们更加关注自身的生活和发展，注重生活品位、生活质量是更多人的追求。体育锻炼可以提高人的人生满足感、成就感，在以下几方面对心理健康产生良好影响。

（一）调节精神状态、缓解紧张情绪

良好的情绪主要是指整个心理状态的稳定和平衡，这种状态有利于保持和促进整个有机体的稳定。从事体育锻炼，可以调节情绪，并在中枢神经系统支配下，对有机体内部的各个方面的关系进行相应的调整和平衡，这对情绪和精神也会有良好的作用，尤其对爱好体育的人而言，这种作用更为显著。

（二）培养高度的自信心、责任感和求知欲，顽强的意志品质

无论是有组织地或个人单独地进行的体育锻炼，对培养和锻炼良好的意识品质有着积极的作用。坚持经常锻炼，需要具有自觉性和自制力。长期从事体育锻炼的

人都有体会，如果没有克服困难的毅力和持之以恒的精神是不可能坚持长久的。在体育锻炼中，需要完成一定的身体练习和承受一定的运动负荷，如果没有自觉性和坚持性及果断性，是不可能做到的。

意志品质是一个人在意志行动的各个阶段所表现出的行为特征。它包括自觉性、果断性、坚韧性和自制力。体育锻炼中要不断面对客观困难（如动作的难度、气候条件的变化等）和主观困难（如紧张和恐惧心理、疲劳等），参与者在努力克服各种困难，挑战极限、超越自我的过程中，培养了顽强的意志品质。

（三）形成良好的自我概念，建立良好的人际关系

所谓自我概念，是指一个人对自己的身体，思想和情感等的整体评价，它是由许多方面的自我认知所组成。坚持体育锻炼，可使体格强健，精力充沛，因而，体育锻炼对于改善自我概念的作用是毋庸置疑的。身体的自我概念包括一个人对自己活动能力的评价，对于自己的身体外貌（吸引力）的评价，对自己身体的抵抗力和健康状况的评价。研究表明，经常参加体育锻炼的学生比不经常参加体育锻炼的学生对自己的评价更为积极，建立一个良好的身体概念，将有助于提高身体的自我感知和自尊心。随着社会的发展以及生活节奏的加快，人与人之间的联系越来越少。体育锻炼是一种增加人与人之间接触的好方式。研究表明，性格内向者更需要从事体育锻炼，在这个过程中，参与者学会和别人友好相处、相互合作，体验良好的集体气氛，享受体育锻炼的乐趣。所以体育锻炼对于消除大学生的孤独感和人际关系障碍具有显著的作用。

（四）提高智力、消除疲劳

运动场上的形势瞬息万变，要求参与者尽快做出判断和选择。经常从事体育锻炼，使人的反应速度、注意力、思维和想象等能力得到提高。由于体育运动要求人的双手及上、下肢相互配合、协调用力，所以体育锻炼可以促进大脑各个部分的均衡发展，从而提高了智力功能。

疲劳是一种综合性症状，与人的生理因素和心理因素有关。当一个人的情绪消极，或任务超出个人的能力时，生理上和心理上都会很快产生疲劳。如果参与体育锻炼时保持良好的心理状态和中等强度的运动量，就能减轻疲劳。大学生持续、紧张的学习极易造成身心疲劳和精神衰弱，体育锻炼可以使他们的身心得到放松。

（五）治疗心理疾病

有关专家指出，体育锻炼已经作为治疗心理疾病的一种手段。很多心理医生认为，体育锻炼可以作为治疗抑郁症及消除焦虑症的有效手段之一。在大学生中，由

于学习和其他方面的压力或挫折而引起的焦虑症和抑郁症的人越来越多，通过体育锻炼能有效地缓解或消除这些心理疾病。

四、心理健康对体育锻炼的影响

国外一些体育专家认为，在竞争激烈的体育大赛中，要取得优异成绩，身体、技战术等方面的因素只占70%，而心理因素要占30%。因此大学生体育锻炼的效果同样取决于他们的心理健康水平。心理健康水平高的学生掌握体育技能快，更易从体育锻炼中得到乐趣，从而持之以恒地参加体育锻炼。

（一）智力对体育锻炼的影响

人的智力和身体活动有复杂的关系。

无论是竞技运动还是体育锻炼，均要求参与者有敏锐的观察能力、精确的判断和记忆能力、丰富的想象能力以及快速的思维能力。这表明个体的智力水平对体育锻炼起着重要的作用。

（二）情绪对体育锻炼的影响

情绪对体育锻炼的影响很大。良好的情绪可以明显地提高人的活动能力，使人精神焕发，斗志旺盛，以积极的态度迎接各种挑战，并努力坚持到底。不良的情绪使人精神萎靡，心烦意乱，在困难面前畏缩不前。

在体育锻炼的过程中，如果不能很好地控制情绪，就很难掌握好技术动作，造成动作失调，也就不能达到理想的锻炼效果。相反，如果情绪稳定，精力集中，以饱满的热情投入锻炼，就会促进动作技能的掌握，使锻炼达到事半功倍的效果。

（三）意志对体育锻炼的影响

意志是自觉确定目的，并选择手段，调节行动，以克服困难，达到预定目的的心理过程。体育锻炼能磨炼人的意志，顽强的意志有助于掌握动作技能，提高体育成绩。其主要表现在肌肉紧张时的意志努力，集中注意力时的意志努力，面临危险、克服恐惧心理时的意志努力，克服疲劳和运动损伤时的意志努力等方面。

第三节　高职学校体育工作的目标任务

一、高职学校体育教育的地位

社会学家研究体育这一事物时，指出体育是社会的缩影、社会的焦点、社会的折射，体育渗透到社会的各个层次，体育发展水平是评价社会进步与人类文明程度的一个重要标志。高职学校体育教育作为体育的重要组成部分，在培养高素质人才中所起的作用是其他教育形式所无法替代的，随着现代社会的高速发展，高职体育的社会地位也在不断地提高。

（一）高职学校体育教育纳入国家教育制度之中

由于国家对体育的重视，特别是对国民素质的重视，因而将高校体育教育纳入教育体制，将体育课列为必修课。有些学校针对学生的需求还开展数个学期的选修课程，并要求学生每天参加体育活动。

（二）体育教育在国家经济建设中的地位

由于体育的教育功能，它培养和发展了一批合格的高素质人才，提高了一个国家的国民素质，培养了人们在困难面前不屈不挠的精神和坚定的意志品质。利用体育教育对大学生进行身体、心理、智力的全面拓展，可使大学生在未来的工作中能从容应对高强度、高效率的工作和劳动，促进国家经济建设的发展。

（三）体育教育在提高国民精神文明素质中的地位

体育运动有着极高的观赏性、参与性、娱乐性。高职院校通过学校体育的各种组织形式，使大学生在体育活动中充分享受体育所带来的美与欢乐。通过体育运动让大学生在思想上更充满青春活力，精神上更富于追求，通过体育运动还可以调节生活内容，改变生活方式，保持心态平衡，提高思想素养。这些充分表现了高校体育教育对于提高国民精神文明素质有着不可替代的地位。

二、高职学校体育教育的目的

我国体育教育的目的是：发展体育事业，增强人民体质，促进人的全面发展，丰富社会文化生活，为社会主义建设服务。高职院校的任务是培养高素质、高知识水准的接班人。那么高职学校体育教育的目的就是：大力开展学校体育，努力促进学生身心的全面发展，增强学生体质，树立终身体育的思想，培养社会主义合格的接班人，它主要分为学生的身体培养目的和心理个性塑造目的。高职学校体育课为必修课，学生必须完成规定的课时和内容，通过学生的自身参与和学习，提高学生全面身体素质和运动能力，促进学生身体的生长发育，改善、改造学生内脏器官的构造和机能状况。经过两年的学习将学生逐渐培养成能够自觉坚持锻炼、能进行自我监督与评价的身体强健的合格人才。

由于体育对人的心理和个性有极大的影响，高职体育教育通过给大学生传授体育知识，使学生在体育活动中自觉遵守体育的规律和规则，这就可以培养学生以正确、积极的态度参与社会活动。通过学校的各项体育活动，缓解学生在学习上的压力，享受体育所带来的美与欢乐，培养学生在逆境中坚持不懈的思想，促进学生社交能力的发展，提高学生的思想意境，促进学生心理个性的健康形成。

三、高职学校体育教育的任务

高职学校体育教育的任务主要包括以下几个方面。

（一）全面开展学校体育的各项活动

体育活动是大学生从事体育锻炼的载体，学校开展体育活动不仅是国家教育制度所规定的，也是全面培养人才所必需的。一所学校体育活动开展得好坏能反映这个学校的精神文明状态。通过体育活动才能使大学生参与到运动锻炼中，并乐在其中。大学生是学校的主体，发动学生进行各种的体育活动，才能使学校教学工作开展得有声有色，使学校显得朝气蓬勃，奋发向上。

（二）增强学生体质，提高学生机体工作能力，全面发展学生身体素质

体育运动最基本的功能是健身功能，大学期间是大学生从青少年向成年人转化的一个重要阶段，体育是促进人体发育的重要手段。学校体育以它特有的组织形式促进学生身体健康，提高身体对外界环境的适应能力，加强对疾病的抵抗能力。通过体育活动开发学生的智力潜能，使学生在身体和智力上得到全面发展。

（三）传授体育知识、技术、技能，树立终身体育的思想

体育知识是人类知识宝库的一部分，大学生正处于求知欲最为旺盛的时期，系统地学习体育知识、技术、技能和科学的锻炼方法，能够提高学生的体育文化素养，培养良好的锻炼习惯。使学生通过体育课的学习，运用科学的体育知识，来正确指导今后的体育活动，树立终身体育的思想。

（四）对学生进行思想品德教育

体育作为文化教育的组成部分，对学生有着多方面的教育功能，体育运动的对抗性，运动中情况的不断变化，获胜后的荣誉感，失败后的奋发努力，这些都是对学生进行思想品德教育的最好时机。通过对体育活动的参与、参观，使学生在思想上更加成熟，培养学生在逆境中艰苦努力、永不言败的思想和在胜利后戒骄戒躁、谦虚谨慎、尊重对手的优良作风。通过体育活动中的团结协作使学生树立集体主义精神，通过班级、系级、校级的比赛培养学生爱班、爱系、爱校最终达到热爱社会主义祖国、热爱人民的思想境界。

思考题

1. 阐述体育运动的概念（广义和狭义）。
2. 参加体育运动的价值和作用体现在哪些方面？
3. 高等学校积极开展体育运动的意义是什么？

第二章　体育锻炼的科学规律

学习目标：

- *1. 了解体育锻炼的基本原则。*
- *2. 掌握体育锻炼过程中合理摄入营养的方法。*
- *3. 掌握运动计划的设计原则。*

章前导言：

体育锻炼不仅能有效地缓解紧张情绪，放松心态，更能增强自身身体素质和抗疲劳能力。虽然体育锻炼的各种方法简单易学，但要想科学地安排体育锻炼，提升锻炼效果，避免伤病事故，就必须遵循体育锻炼的基本原则和规律。本章内容主要从训练原则、内容，方法和伤病预防等方面对体育锻炼进行阐述，揭示其科学规律，为读者参与体育锻炼提供理论支持。

第一节　体育锻炼的基本原则

一、体育的作用

体育是随着人类社会的发展而发展的，现代体育的内容和形式以及对于人体的主要影响正在不断发生变化。主要表现在：

（1）体育活动可以改善和提高中枢神经系统的工作能力，使大脑皮层的兴奋和抑制过程更加均衡，提高大脑皮层的分析、综合能力，增强机体对外界环境变化的适应能力；同时改善和提高中枢神经系统对内部器官的调节作用，使各器官和各系统更加灵活协调，提高机体的工作能力。

（2）体育活动能促进机体的生长发育，提高运动系统的机能。运动可以使骨骼结实，抗压性增强；使肌纤维增粗，肌肉代谢能力加强、血液供应增加，体育活动还可以提高神经系统对肌肉的控制能力。

（3）体育活动能促进循环器官机能的提高。进行体育活动时，心脏机能和血液循环都得到锻炼和促进，使心肌活动能力逐渐增强，心壁增厚，心脏容积增加，心脏每搏输出量增加，使安静时心跳频率减慢（一般人心跳频率每分钟为70～80次，经常从事体育锻炼者为50～60次）。

（4）体育活动对于人体的呼吸系统影响很大。经常进行体育锻炼，能使呼吸肌增强，使胸围、肺活量增大。一般人在安静时每分钟呼吸次数为12～18次，而经过训练的运动员为8～12次。需要激烈运动时，就能更好地发挥呼吸器官的机能，以保证运动时的能量物质供应。

（5）进行体育锻炼的另一个好处就是能预防疾病。

（6）不同的体育运动对人的作用是不同的，有的运动适合增长身高，有的运动适合减肥，有的适合增重。体育的非本质功能是指人们为了达到某一目标或目的，而人为地运用各种体育方式或手段，使体育的本质功能起到某一类别特征的作用。

二、体育锻炼的基本原则

体育锻炼方法虽然简单易学，但要想科学地安排体育锻炼，提高锻炼效果，避免伤病事故，就必须遵循体育锻炼的基本原则。

（一）循序渐进原则

循序渐进原则是指在学习体育技能和安排运动量时，要由小到大，由易到难，由简到繁，逐渐进行。不少体育爱好者在开始进行体育锻炼时，兴趣很高，活动量也很大，但坚持不了几天，就失去锻炼热情，并出现各种不良反应。产生这种现象的原因主要是：开始活动量太大，机体无法很快适应，身体疲劳反应也大，甚至造成运动损伤，锻炼者受不了“苦”而放弃锻炼；或是对体育锻炼的期望值过高，认为只要进行体育锻炼就会立竿见影，结果锻炼几天后，未见身体机能明显变化，因而对体育锻炼大失所望而放弃锻炼。

（二）全面发展原则

对大多数体育锻炼者来说，进行体育锻炼的目的并不是单纯发展某一运动能力或身体某一器官的生理机能，而是通过体育锻炼使身体的整体机能全面、协调发展。所以，在进行体育锻炼时，一是体育锻炼项目要丰富多样，避免单一的体育锻炼造成身体的畸形发展，因为不同的体育锻炼项目，对身体机能的影响不同。二是由于体育锻炼兴趣和条件的限制，不可能选择过多的运动项目，那么，在确定体育活动内容时，就应选择一种能使较多器官或部位得到锻炼的运动形式，以保证对整体机能产生全面影响。

（三）区别对待原则

进行体育锻炼时，要根据每个锻炼者的年龄、性别、爱好、身体条件、职业特点、锻炼基础等不同情况做到区别对待，使体育锻炼更具有针对性。

（四）经常性原则

经常参加体育活动，锻炼的效果才明显、持久，所以，体育锻炼要经常化。虽然短时间的锻炼也能对身体机能产生一定的影响，但一旦停止锻炼后，这种良好的影响会很快消失。所以，要想保持旺盛的体力和精力，就必须经常坚持参加体育锻炼。以提高人体免疫力和减肥为目的的体育锻炼，更应经常坚持。

（五）安全性原则

从事任何形式的体育活动都要注意安全，如果体育锻炼内容和顺序安排不合理，违背科学规律，就会出现伤害事故。所以，在锻炼前要做好充分的准备活动；锻炼中要全身心地投入，不要开玩笑；进行跑步锻炼时，最好不要在沥青马路和水泥地面上进行，以防出现各种劳损症状：特殊人群参加体育锻炼更应注意量和强度的合理安排及医务监督，以免出现意外事故。体育锻炼时不能佩戴纪念章，不能携带小刀、铅笔、钥匙、手表等物件，并要换上运动鞋、运动服等，有组织、有步骤地与同伴一起进行锻炼，以防伤害事故的发生。进行体育锻炼时，要注意运动场地、器械的安全和正确的着装，以防意外事故发生。

体育运动中的安全防范措施多种多样：越过器材时一定要有人保护；向前摔倒时顺势作前滚翻，不要用手硬撑；向后摔倒时，让身体自然倒地，不要用手撑地，避免头部着地，可以顺势作后滚翻来缓冲。为预防运动中的外伤，你应尽量避免摔倒，注意穿防滑的运动鞋，遵守规则，减少不合理的身体冲撞和摩擦。

三、长期体育锻炼的科学安排

体育锻炼只有持之以恒，才能取得理想的健身效果。因此，锻炼者在体育锻炼前应根据自身的条件、健身目的，制定出一个长期、稳定而又切合实际的锻炼计划。在制定长期锻炼计划时，至少应考虑锻炼者的健身目的、年龄和季节等多方面的因素。

（一）根据健身目的科学安排体育锻炼

在进行体育锻炼前，每个人都有较明显的健身目的，这是人们科学安排体育锻炼的重要依据。如果是为了增强体质，提高健康水平，那么，安排体育锻炼的内容和时间就比较灵活一些。如果是为了提高肌肉力量，发展肌肉，就应以力量练习为主. 如果以减肥为主要目的，就应以有氧运动为主，运动时间相应要长。

（二）根据季节科学安排体育锻炼

不同季节的气候条件对体育锻炼也有影响，要根据季节气候的变化规律安排体育锻炼，并注意季节交替时体育锻炼的内容衔接。

1. 春季锻炼

在春季进行体育锻炼时，要做好准备活动，充分伸展僵硬的韧带，以减少运动损伤；同时，要注意及时脱、穿衣服，防止感冒。

2. 夏季锻炼

夏季天气炎热，最好是在清晨或傍晚进行锻炼，锻炼后要注意水分的补充，以防身体脱水和中暑。夏季比较理想的运动是游泳，但并不是所有的人都有条件或适合进行游泳运动，那么，可供选择的其他较合适的项目还有慢跑、散步、太极拳、羽毛球等。

3. 秋季锻炼

秋季天气变化无常，早晚气温较低，要注意增减衣服。另外，天气干燥，锻炼前后要注意补充水分，以保持黏膜的正常分泌和呼吸道的湿润。

4. 冬季锻炼

冬季参加体育锻炼，不仅可以提高身体的健康水平，更重要的是可以提高身体的抗寒能力，预防各种疾病的发生。冬季锻炼时身体生理机能惰性较大，肌肉组织易受伤，所以要做好准备活动。运动过程中最好采用口鼻呼吸方式，吸气时口不要张得太大，防止冷空气直接刺激口腔黏膜。

（三）根据年龄科学安排运动量

体育锻炼时，运动量是影响锻炼效果的重要因素。运动量过小，锻炼效果不明显；运动量过大，会对机体产生不利的影响，并且，不同年龄的人身体状况不同，体育锻炼的运动量也不同。

1. 青少年

处于生长发育时期的青少年，随着年龄的增加，身体机能不断提高，这就要求锻炼者的运动量不断增加，以使运动强度不断适应日益提高的身体机能。

2. 成年人

成年人的身体机能较为稳定，进行锻炼主要是为了保持身体机能，预防疾病。所以，当身体机能达到一定水平后，就应保持运动量的稳定。

3. 老年人

老年人参加体育锻炼的目的是为了延缓衰老，所以，老年人在进行锻炼时运动量不要太大。

四、一次体育锻炼的科学安排

体育锻炼实际上是以每天为单位进行的，一般情况下，每天应进行一次体育活动。因此，体育锻炼参加者应学会科学地安排每次锻炼，以获得理想的健身效果。

（一）充分的准备活动

准备活动不仅可以提高锻炼效果，还可以减少损伤。通过准备活动不仅要使身体机能进入最佳状态，而且也要使心理活动达到最佳水平，准备活动结束时，应保证全身心地投入。

（二）运动强度逐渐增加

在进行每次锻炼时，不要一开始就进行大强度的运动，这样会使身体出现一系列不适反应。这是因为人的各器官都有一定的惰性，通过准备活动肌肉才能够适应大强度的运动，但内脏器官并不能立即进入最佳状态，从而造成内脏器官与运动器官的不协调，出现各种不适症状，因此，运动强度应逐渐增加。

（三）足够的锻炼时间

以健身为目的的体育锻炼，应以有氧运动为主，因此，运动强度不要过大，但要保证足够的锻炼时间。为了保证锻炼效果，每天的锻炼时间至少要维持半小时以上。当运动强度与时间发生矛盾时，应首先考虑运动时间，如果每天锻炼不能保证半小时以上的话，即使增加强度，健身效果也不明显。锻炼时间可以采取化整为零的办法，这种方法适合刚开始锻炼不能坚持到半小时或工作、学习繁忙的人。当然，并不是锻炼时间越长越好，每天锻炼1小时左右效果最好，身体机能好的人持续时间可长一些，但即使是散步这种强度小的锻炼，时间也不要超过2小时。

（四）身体疲劳与恢复

锻炼一段时间后，必然会产生疲劳，疲劳是一种生理现象，人体只有通过体育锻炼产生疲劳，才会出现身体机能的超量恢复。但是，疲劳的不断积累也可能造成身体的疲劳过度，从而对机体产生不利影响。所以，了解锻炼时疲劳产生的原因，掌握疲劳诊断和消除的方法，对提高锻炼效果具有重要的意义。

1. 疲劳产生的原因

运动性疲劳是一个复杂的问题，由于体育锻炼的形式不同，产生疲劳的原因也不同。疲劳产生的原因主要有以下几种。

（1）能源物质大量消耗。能量物质的大量消耗，使体内能源物质供应不足，从而造成身体机能下降。

（2）代谢产物堆积。体育锻炼过程中随着能量物质的大量消耗，体内代谢产物也急剧增加，代谢产物的堆积可造成体内代谢紊乱。在所有代谢产物中乳酸是造成身体疲劳的主要物质，它是糖原在缺氧状态下的分解产物，它的堆积可以使肌肉pH值下降，引起脑和肌肉工作能力下降。此外，脂肪代谢产生的酮、蛋白质代谢产生的氨类物质在体内的堆积都可使身体疲劳。

（3）水盐代谢紊乱。大量排汗后不注意补水或补水不科学，都可造成体内水盐代谢紊乱，使渗透压改变，引起细胞内外水平衡失调，造成身体机能下降。

2. 疲劳的判断

及时并准确地判断疲劳的出现是防止过度疲劳，提高锻炼效果的重要保障，下面介绍几种判断疲劳的方法。

（1）简易生理指标测定法。肌力是常用的生理指标之一，体育锻炼后肌肉力量不增加，反而下降，说明机体产生疲劳。心率是判断疲劳最简单的生理指标，体育锻炼后心率恢复时间延长，或第二天清晨安静心率较以前明显增加，表示机体产生疲劳。

（2）主观感觉。如果锻炼后感到头昏、恶心、胸闷、食欲减退、身体明显疲劳，甚至厌恶体育锻炼，说明身体疲劳程度较重，应及时调整活动量。

3. 疲劳的消除

体育锻炼后尽快消除疲劳，可以缩短身体恢复时间，提高锻炼效果，常见的手段有：

（1）充足的睡眠。休息的最佳手段是睡眠，运动比不运动时的睡眠时间要长一些。

（2）整理活动。主要包括慢跑、伸展性练习、按摩等手段。

（3）营养的补充。不同的体育锻炼形式补充的能源也不同。一般来讲，力量练习后补充蛋白质，耐力练习后补充淀粉，而水果和蔬菜是各种练习都应补充的。

（4）其他。如温水浴、听音乐等。

五、体育锻炼对人体形态机能的影响

人体由神经系统、循环系统、呼吸系统、运动系统、消化系统、排泄系统、生殖系统、内分泌和感觉器官等组成。体育活动亦是由人体各器官系统协调配合所完成的；同时，体育锻炼又可以对各器官系统产生良好的影响。

（一）体育锻炼对运动系统的良好影响

1. 体育锻炼对骨的良好影响

体育锻炼能改善骨的血液循环，加强骨的新陈代谢，使骨径增粗，骨质增厚，从而使骨的形态结构发生良好的变化，提高骨的抗折、抗弯、抗压缩等各方面的能力。从事锻炼的项目不同，对人体各部分骨骼的影响也不同（如上肢、下肢）。当停止阶段性锻炼后，对骨骼的影响作用也会逐渐消失，因此，锻炼要经常进行；同时，锻炼项目要多样化，以免造成骨骼的畸形发展。

2. 体育锻炼对关节的影响

科学、系统的体育锻炼，既可以提高关节的稳定性，又可以增加关节的灵活性和运动幅度。

（二）体育锻炼对肌肉的良好影响

通过体育锻炼可以使肌肉力量、弹性和体积增加。这样可以避免在日常生活和体育锻炼中由于肌肉突然或过大用力以及剧烈收缩而造成各种运动损伤。

（三）体育锻炼对心血管系统的良好影响

体育锻炼，特别是强度较小的有氧运动，可以使血管弹性、心室容积和心脏收缩力量增加，从而使每搏输出量增加，心率减慢。使心脏有更长时间的休息期，以减少心肌疲劳。

（四）体育锻炼对血液的良好影响

体育锻炼对血液的良好影响主要表现在以下几方面。

1. 对红细胞数量的影响

体育锻炼可使红细胞偏低的人红细胞含量增加。研究证实，经常参加体育锻炼的人安静时红细胞的数量比不参加体育锻炼的人略高。但红细胞的数量并不是越多越好，红细胞数量过多，会增加血液的黏滞性，加重心脏负担，对机体不利。而体育锻炼可使红细胞含量较少的人有所回升，但不会使其数量过多，从而调节血液的带（输）氧能力。

2. 对白细胞数量和免疫机能的影响

合理的体育锻炼可以提高白细胞的数量和功能，特别是淋巴细胞和免疫球蛋白数量和水平的提高，可以提高机体的防病、抗病能力。

（五）体育锻炼对呼吸系统的良好影响

体育锻炼可以提高肺活量、肺通气量和氧的利用能力。一般人在运动时肺通气量能增加到每分钟60升，氧的利用率也只有其最大吸氧量的60%左右，而经常参加体育锻炼的人，肺通气量可达每分钟100升，氧的利用率也大大提高，从而使机体在运动时不至于过分缺氧。

第二节　体育锻炼与营养

一、营养与健康

（一）营养的含义

生命的存在，机体的生长发育，各种生命活动包括体育活动的进行，都依赖于体内的物质代谢过程，因而机体必须不断地从外界摄取新的构成细胞的物质、能源和其他活性物质，而且主要是从食物中摄取。这一获得与利用食物的过程，称为营养。营养是保证机体生命存在和延续的重要条件。

（二）营养膳食的合理性

营养膳食的合理性原则就是要求膳食中必须含有机体所需的一切营养素，而且含量适当，种类互补，全面满足身体的一般需求和特殊需求。此外，营养的合理性还要求食物易消化吸收，不含对机体有害的成分。膳食的合理性应注意以下两个方面。

1. 要做到食物营养成分的互补

我们所吃的任何一种食物、营养成分都不十分全面。在富含一种或数种营养成分的同时，可能缺少另一种成分。例如，粮食主要提供糖类，肉禽蛋主要提供蛋白质和脂肪，蔬菜和水果是维生素、无机盐的主要来源。只有各种食物合理搭配，才能实现营养的互补，满足机体的需要。

2. 要根据不同年龄阶段的生长发育特点进行营养成分的选择

人类各个年龄段对营养的需求，无论从种类上还是数量上，都有明显的不同。儿童和青少年时期处于生长发育的高峰期，对各类营养物质的摄取，在种类和数量上要有充分的保障，做到高蛋白、高热量、高维生素，适量脂肪，全面均衡。而中老年人的营养也各有其特点。

二、营养素与健康

营养素是指能在体内消化吸收，供给热能，构成机体组成部分，调节生理机能，保障机体进行正常物质代谢所需的物质。包括蛋白质、脂肪、糖类、维生素、矿物质和水六大类。营养素与健康有着密切的联系。

（一）蛋白质

1. 主要作用

蛋白质是维持生命活动的第一重要物质，它的主要生理功能是：构成机体组织，促进生长发育；构成酶和激素的成分，调节酸碱平衡；增强机体免疫力。机体一旦缺乏蛋白质，首先影响生长发育，造成肌肉萎缩甚至贫血，并出现抗病能力下降、内分泌紊乱、易疲劳、伤口不愈合等现象。

2. 来源与日常需要量

日常膳食中的肉、蛋、奶包含的是动物蛋白，而豆类是植物蛋白的主要来源。米面谷物中蛋白质含量较低，只有10%左右。一般认为动物性和植物性蛋白在食物中的比例应各占50%。我国成人蛋白质摄入量为每日每千克体重1.0～1.9克，青少年可达3.0克，参加体育锻炼的人，应适当增加。

（二）脂肪

1. 主要作用

构成细胞膜和一些重要组织，参加代谢，供热，保护内脏，保持体温，促进脂溶性维生素吸收等。

2. 来源与日常需要量

动物性脂肪来源于肉、蛋黄、奶等，植物性脂肪来源于植物油和各种植物性食物。就我国居民目前生活水平来看，普通膳食一般即可满足每天脂肪的需要量。食物中的淀粉类食品，在体内也很容易转变成脂肪供机体利用或贮存起来。

（三）糖类

1. 主要作用

糖类首要作用是供热，人体所需能量的60%是由糖类供应的。其次糖类还构成组织并参与物质代谢，对中枢神经系统有特殊的营养作用。另外糖类还有解毒作用，起到保护肝脏的功能。机体缺糖使血糖下降，首先影响中枢神经系统大脑的机能，使兴奋性下降，反应迟钝，四肢无力，动作协调性下降，严重者甚至晕厥，运动不能继续。

2. 来源与日常需要量

糖的来源较广泛，食物中的米、面、谷物中约80%属于糖类。也可通过直接摄取糖果和含糖饮料，提高肝糖原、肌糖原含量储备。糖类物质通过日常膳食即可满足，不必大量补充。

（四）维生素

维生素是维持人体生命和调节正常机能不可缺少的一类营养素。它们在体内的贮存量很少，必须经常从食物中获得。维生素的种类很多，按性质分为脂溶性和水溶性两大类。前者包括维生素A、D、E、K四种，后者包括维生素B，C等。维生素在体内不属于构成组织的原料，也不提供能量，它们的机能是调节物质能量代谢，保证生理机能。

维生素A的主要功能是维持正常视力，主要来源于动物的肝脏和鱼卵、乳品、蛋黄及胡萝卜、菠菜等黄、绿色蔬菜中。维生素D对机体的钙磷代谢和骨骼生长发育极为重要，能促进钙的吸收，主要来源于鱼肝油、蛋黄、奶制品。维生素E可增强机体对缺氧情况的耐受力，扩张血管，改善循环，增加肌肉力量和耐力。如与维生素C结合使用，能缓解和预防动脉硬化，主要来源于动物性食品、玉米和绿叶菜中。维生素C能加强体内氧化还原过程，从而提高耐力、减缓疲劳，促进体力恢复；促进造血机能，参与解毒过程，增强抗病能力。主要来源于蔬菜和水果中。

（五）矿物质（无机盐）

体内矿物质元素种类很多，约占体重的5%，是构成机体组织成分，调节生理机能的重要物质。较多的有钙、镁、钾、磷等，其他的如铁、锌等称微量元素。人体代谢过程中有一定量的矿物质排出，因此必须从食物中得到补充，正常膳食一般能满足机体需要。体内最易缺乏的矿物质是钙和铁。

（六）水

水的主要作用是：构成机体主要成分，参与所有物质代谢，完成机体的物质运输，调节体温，保证腺体正常分泌。体内水分必须保持恒定，大量出汗后要合理地补充水分（加适量的盐，以补充电解质），以保证正常的生理机能。

三、体育锻炼与合理营养

合理的营养与体育锻炼是维持和促进健康的两个重要条件。以科学合理的营养摄入为基础，以体育锻炼为手段，用锻炼消耗过程换取锻炼后的超量恢复过程，使体内积聚更多的能源物质，提高各器官系统机能。此时获得的健康，较之单纯以营养获取的健康上升了一个高度。不同运动项目、不同年龄阶段有不同的营养特点，需要具体问题具体分析。

第三节　体育锻炼注意事项

"生命在于运动"，而运动必须有一定的规律性，只有掌握体育锻炼的一般常识，科学地进行体育锻炼，才能起到强身健体、防病治病的作用。

随着生活水平的提高和余暇时间的增多，人们参加体育锻炼的积极性越来越高。但是，人们在运动前遇到的问题是不知道怎样进行锻炼。对于一般人来说，在开始锻炼前，除进行必要的体检和咨询外，还要做一些准备，了解一些常识。

一、培养锻炼兴趣

对体育锻炼感兴趣，是长期参加体育锻炼的前提。培养锻炼兴趣的方式很多，如观看体育比赛，与亲朋好友一起参加体育活动等。有了浓厚的兴趣，就能自觉地投入到体育锻炼中，从而取得理想的锻炼效果。

二、选择活动项目

除根据自己的兴趣外，还要考虑锻炼者的自身条件。青少年活泼好动，可以选择一些强度大、带有游戏性的活动项目。中老年人要根据自身特点选择项目。另外，还要根据季节、气候来确定体育项目。运动项目可多样化，但选择的运动项目要对整体机能产生良好的影响。

三、确定运动强度

为增强体质而进行的体育锻炼主要是为了提高人体的健康水平，而不是为了创造成绩，所以运动强度不宜过大，特别是中老年人更应如此。体育锻炼中控制强度最简单的办法就是测定锻炼时的脉搏，对于一般人来说，运动时的脉搏频率控制在每分钟140次左右比较合适。

四、锻炼前要做好准备活动

准备活动的主要作用是提高肌肉温度和内脏器官的机能水平，调节心理状态，预防受伤。准备活动可分为一般准备活动和专项准备活动，时间和量的控制要根据季节、气候和自身的感觉来调节。

五、选择体育锻炼的时间

锻炼时间的选择主要根据个人习惯、工作性质而定。多数安排在清晨、下午或傍晚，不同的时间段的运动有不同的特点，练习者可根据自己的实际情况选择。

（一）清晨锻炼

许多人喜欢清晨锻炼，这首先是因为清晨空气新鲜，有利于二氧化碳的排出和新陈代谢。其次是可以提高大脑皮层的兴奋性，从而有利于一天的工作。再者凉爽的空气刺激呼吸黏膜，可增强机体的抵抗力，不易发生感冒等疾病。由于清晨锻炼多在空腹情况下进行，所以运动量不要太大，时间也不宜太长。

（二）下午锻炼

下午锻炼主要适合下午有闲暇时间的人，特别适合学生群体，经过一天的紧张学习，下午进行一定强度的锻炼，不仅可以增强体质，还可以使身心得到调整。

（三）傍晚锻炼

对于白天太忙的人来说，傍晚进行一下锻炼，既可以健身强体，又可以帮助消化。傍晚锻炼主要形式是散步或扭秧歌，但强度不宜过大，时间也不宜过长，还要注意与睡觉的间隔保持在1小时以上。

六、体育锻炼时的合理呼吸方法

掌握合理的呼吸方法，可以提高锻炼效果。对于体育爱好者来说，掌握合理的呼吸方法要注意以下几点。

1. 采用口鼻呼吸法，减少呼吸道阻力

人体在进行锻炼时，氧气的需要量明显增加，所以仅靠鼻实现通气是不能满足机体需要的。所以，要采用口鼻同时呼吸，以减少肺通气阻力，增加通气量。有研究证实，采用口鼻同时呼吸比单纯用鼻呼吸，肺通气量增加一倍。在严冬时，张口不要过大，以免冷空气直接刺激口腔黏膜和呼吸道而产生各种疾病。

2. 加大呼吸深度，提高换气率

体育锻炼时要有意识地控制呼吸频率，最好不要超过30次/分，注意加大呼吸深度，使进入肺内进行有效交换的气体量增加。

3. 呼吸方式与运动形式相结合

不同的体育锻炼方式对人体的呼吸形式有不同的要求，不同的项目，呼吸方法也不一样，应根据自己所练习的项目进行了解和掌握。

第四节 体育运动处方知识

一、运动处方的含义、内容与制订方法

体育锻炼可以达到防病、治病、健身的目的。不同的身体状况应采取不同的锻炼方法，否则易使人体受到伤害，尤其是那些身患疾病的人必须严格按照运动处方进行体育医疗。

（一）运动处方的概念

所谓运动处方，即教练或医师用处方的形式规定医疗病人或健身运动参加者锻炼的内容、运动量和运动强度。它是指导人们有目的、有计划进行科学锻炼的一种形式。

（二）运动处方的种类

运动处方可分为治疗性运动处方和预防性运动处方两种。治疗性运动处方是用于某些疾病或损伤的治疗和康复，它使医疗体育手段更加定量化和个性化。例如，某人超重10千克，他需每天爬山1小时，约16周的时间可以将体重降到标准范围，这就是治疗性运动处方。预防性运动处方主要用于健身防病。

（三）运动处方的内容

1. 运动项目

根据体育运动参加者的目的选择有针对性的运动项目。例如，为了增加力量，宜选择力量性项目；为了改善心肺功能，宜选择有氧代谢为主的慢跑、游泳、自行车等项目。

2. 运动强度

运动强度是单位时间内完成的运动量，可用最大吸氧量、心率、速度等参数数据表示。由于运动强度对锻炼者机体影响最大，因此，它的安排恰当与否是影响运动处方效果的关键。

3. 运动频度

运动频度即每周运动的次数。运动间隔时间过长或过短都会影响运动处方的效果。

（四）运动处方的制订方法

制订运动处方应按一定的程序。首先汇总参加者的个人资料；其次对每个人进行医学检查以便全面了解参加者的身体状况；然后进行负荷实验和体力测试，为制

订运动处方的强度提供依据。在处方中还必须指出禁止参加的项目、锻炼的自我监督指标及出现异常情况下停止运动的准则等。在制订和执行运动处方时，都必须严格遵守循序渐进、个别对待的原则，加强医务监督，充分考虑安全。

二、运动处方的诊断检查与运动安排

（一）运动处方的诊断检查

运动处方中的诊断检查包括两方面：一是对参加体育锻炼的慢性病患者进行健康诊断；二是进行负荷实验。诊断和实验的指标包括身高、体重、血压、心电图、心肺功能、摄氧量、血液和尿的化验等。诊断和实验是为运动计划提供科学依据。

1. 健康诊断

健康诊断即医学检查。其目的是掌握被检查者的身体健康状况，评定其等级，排除运动禁忌症，为运动负荷实验提供有效的安全系数。

2. 运动负荷实验

运动负荷实验主要是测定人体的有氧工作能力，诊断冠心病并对心脏病病情分类，测定运动中最高心率及确定运动时的安全性。实验中的运动负荷有两种，最大负荷和次最大负荷。最大负荷实验更合乎要求，但其危险性较大，尤其是对老年人而言。制订运动处方必须做运动实验，它是最主要的检查方法之一，为了确保运动负荷实验的安全性和运动处方的有效性，平时多采取最大负荷实验，但是对于有基础性疾病的老年人，必须进行相应的调整。

（二）运动安排

要根据上述诊断和实验的结果，合理安排运动量。

1. 运动强度的确定

（1）用耗氧量确定强度。健康人、青年人用运动负荷实验中所得的最大吸氧量的百分比控制运动强度。如：80%的最大吸氧量的强度为较大强度；50%～60%为中等强度；40%以下为较小强度。如果为了减肥就必须用中等强度，若为了提高心脏功能，可用50%～80%的最大吸氧量强度，强度过小则效果不明显。

（2）用最高心率确定强度。因病或年老体弱不能测定最大吸氧量时，只好用最高心率确定强度。最高心率的测定也要通过运动负荷实验来获得。

（3）用公式法。在无条件进行运动负荷实验时，只能用170或180减年龄这个公式去估计适宜强度了。

2. 运动时间

每次运动的持续时间一般要求达到有效强度后，至少持续15分钟以上才能见效。但运动时间的长短与运动强度成反比。最短时间限度是15分钟，最长为1小时。

3. 运动频度的确定

运动频度指每周的运动次数，一般来说每周3～4次或隔日1次为宜。因为，每周运动2次以下，不足以使最大吸氧量得到足够的提高。偶尔参加几次只能增加软组织损伤的可能性，另外，还要考虑体力的好坏和运动能力的强弱。体力好、运动能力强的人运动次数可以多一些，否则酌减。

思考题

1. 体育锻炼的基本原则有哪些？
2. 科学参加体育锻炼的注意事项有哪些？

第三章 运动疾病与损伤

学习目标:

- *1. 了解常见的运动性疾病和损伤。*
- *2. 掌握运动性疾病和损伤的处理办法。*
- *3. 掌握急救的基本原则。*

章前导言:

运动疾病和损伤是体育活动的组成部分，尤其是对于经常参加体育运动的人和竞赛者来说更为普遍。本章内容主要是阐述常见运动性疾病和损伤的产生原理、规律。并有针对性地提出了相应的预防和治疗的方案、办法，为读者提供相应的理论基础，以便于读者在出现相关情况时能自如应对和处理。

第一节 常见运动性疾病及防治

运动疾病是指由于运动中一些不合理因素而导致的体内机能功能紊乱所出现的症状。常见的运动性病症有：晕厥、中暑、运动中腹痛、肌肉痉挛等。

一、晕厥

晕厥是由于脑部突然供血不足而导致的暂时性失去知觉的一种状态。它分为血管扩张性晕厥、直立位低血压性晕厥及重力休克。

（一）原因

1. 血管扩张性晕厥

血管扩张性晕厥占各种晕厥的首位，常见于情绪过于激动，受惊，恐怖，悲伤或见到出血者等引起。这是由于神经反射性引起血管扩张，血压下降，产生一时性脑部缺血。

2. 直立位低血糖性晕厥

直立位低血糖晕厥往往发生在久站，久蹲和长期卧床后突然改变站立位时，此种情况下回心血量减少，动脉血压下降，引起的一时性脑部缺血。

3. 重力休克

运动员疾跑后突然站立不动，这时下肢肌肉的毛细血管和静脉失去肌肉对它的有节奏的挤压作用，加上本身的重力作用，大量血液积聚在下肢血管中，使回心血量减少，心排血量减少，导致脑部供血不足，造成重力休克。

（二）症状

（1）晕厥前：病人感到全身软弱无力，头晕，眼前发黑面色苍白，出冷汗。

（2）晕厥后：意识丧失，手足发凉，脉搏增快或正常呼吸增快或缓慢，一般昏倒后数秒内便会苏醒，苏醒后伴有头痛，头晕，全身无力，也有出现恶心，呕吐等现象。

（三）处理

使患者处于仰卧或下肢抬高位，松解紧身衣服和衣领，注意保暖，做双下肢向心性重度推摩或揉捏，必要时可以嗅些氨水或掐人中、百会等穴位。若有呕吐，应头向侧歪，以免呕吐物卡住喉咙，如呼吸停止应进行人工呼吸，清醒后给予些热饮料，注意休息。如不能清醒应及时送医院。

（四）预防

当晕厥出现后，应立即蹲下或平卧；久蹲后要慢慢站立；疾跑后应继续慢跑，并做深呼吸，逐渐停下来；饥饿或空腹不宜参加体育运动；长时间运动后应及时补充盐和水，最主要的是坚持体育锻炼，提高心肺功能。

二、中暑

中暑指在高温和热辐射的长时间作用下，机体体温调节出现障碍，水、电解质代谢紊乱及神经系统功能损害的症状的总称。

（一）原因

患者对高温环境适应能力减退，体内产热和吸收热量超过散热量是致病的主要原因。

1. 气候和环境的原因

夏天的7、8、9月，是全年气温最高的时期，是容易发生中暑的季节。

2. 自身原因

平时运动量小，尤其在室外活动少，对疾病的抵抗力和热耐受力较差。特别对于新入学的学生来说是一个新的环境，饮食和睡眠都不稳定。针对中暑出现的原因，中暑前的预防是关键。

3. 其他

有时气温虽未达到高温，但由于湿度较高和通风不畅，亦可发生中暑。老年、体弱、疲劳、肥胖、饮酒、饥饿、失水、失盐、穿着紧身、不透风的衣裤以及发热、甲状腺功能亢进、糖尿病、心血管病、广泛皮肤损害、先天性汗腺缺乏症和应用阿托品或其他抗胆碱能神经药物而影响汗腺分泌等常为中暑的诱发因素。如果机体产热大于散热或散热受阻，则体内就有过量的热蓄积，引起器官功能和组织的损害导致中暑。

（二）症状

1. 先兆中暑

当人体有大量出汗、口渴、眼花、头晕、恶心等症状时，就说明他有中暑的可能。

2. 轻度中暑

在先兆中暑的基础上，如果患者面色苍白、呕吐、皮肤湿冷、脉搏加速时，就说明他已经轻度中暑了。

3. 重度中暑

如果人体出现四肢无力、剧烈头痛、意识模糊或昏厥、颜面潮红灼热等症状时，就说明他已经很危险了，处于重度中暑的情况了。

（三）处理

当学生有先兆中暑或轻度中暑的症状时，应该让他迅速离开高热环境，到通风阴凉处休息，解开衣领，并让他喝水，吃解暑片或藿香正气液等解暑药品。对情况较重的，应该立即转移到阴凉处，让其平卧。有痉挛现象的，牵伸痉挛肌肉使之缓解，并服用淡盐水；有头痛头晕现象的，头部用冰袋或冷水湿敷。对症状重的或已经昏迷的，就需要迅速送医院抢救。

（四）预防

当天气炎热时，可以在室内进行体育运动。如果在室外，可以穿浅色的宽敞的透气性好的运动服装，并准备清凉消暑或低糖含盐的运动饮料，教师准备急救药品。最重要的是，教师应该懂得先兆中暑的症状，如果一旦发现有人出现先兆中暑症状，让其立即停止运动，并及时处理。

三、运动中腹痛

直接由运动引起的腹痛称为运动中腹痛。

（一）原因

（1）因肝脾血瘀肿胀而使腹膜上的神经受牵扯而疼痛。

（2）运动中胃肠道缺血、缺氧，造成胃肠道痉挛或蠕动功能紊乱引起腹痛或绞痛。

（3）因呼吸肌痉挛而产生与呼吸节奏有关的腹痛。

（4）原腹腔脏器有病变。运动时诱发了疾患或病变部位产生病痛。

（二）症状

运动中出现腹痛，其特点为除腹痛外一般不伴随其他症状。多数安静时不痛，运动时才痛；疼痛程度与运动量大小和强度成正相关。一般活动量小、强度低时疼痛不明显，随运动量加大疼痛才逐渐加剧，此时应调整运动量和强度。

（三）处理

若运动中出现腹痛，则应适当减慢速度，及时调整呼吸节奏，加深呼吸，同时用手按压疼痛的部位或弯腰慢跑一段，做几次深呼吸。如上述措施不起作用，则应停止运动，口服止痛药，按摩腹部或请医生处理。

（四）预防

加强全面训练，以提高人体生理机能。遵守科学的训练原则，合理安排膳食，运动前应做好充分的准备活动。运动前不要进食，运动中注意呼吸节奏，中长跑时要合理分配速度等。

四、肌肉痉挛

肌肉痉挛是肌肉不自主的强直性收缩，俗称“抽筋”。在运动过程中，肌肉痉挛最易发生在小腿腓肠肌，其次是足底的屈姆肌和屈趾肌。

（一）原因

由于平时运动基础差，突然加大了运动量而造成局部肌肉失血，或长时间进行单调的重复动作，以及练习中，大量排汗导致体内水、盐代谢失调。天气寒冷、准备活动不充分等也会造成肌肉痉挛。

（二）处理

牵引痉挛的肌肉是常见缓解方法。例如，小腿腓肠肌痉挛时，可取坐位或仰卧位，伸直膝关节，缓慢用力将足部背向后拉伸，或点按承山穴。游泳时发生痉挛，不要惊慌，要先深吸一口气，再做上述动作。

（三）预防

平时要加强锻炼，提高肌体抵抗力和适应能力。冬季运动要注意防寒、保暖；夏季运动应注意及时补充水、盐、维生素B_1，运动前要做好准备活动。对容易发生痉挛的肌肉，可在运动前适当按摩。

五、肌肉韧带拉伤

（一）原因

（1）训练水平不够，柔韧、力量、协调性差，生理结构不佳。

（2）准备活动不充分，场地、气温、湿度不适宜，教练专业水平不够。

（二）处理

（1）24小时内为急性期：应停止运动，冷敷、包扎、抬高受伤部位。

（2）24小时后为恢复期：配合按摩、微动、康复或恢复性锻炼。

（三）预防

在正常天气情况下锻炼，准备活动充分，循序渐进进行锻炼。

六、关节扭伤

（一）原因

（1）技术掌握不佳、身体协调性差，关节周围肌肉力量小、生理结构不佳、疲劳导致体力差。

（2）准备活动不够、场地滑、器材使用不当。

（二）处理

（1）24小时内为急性期：应停止运动、冷敷、包扎、抬高受伤部位。

（2）24小时后为恢复期：配合按摩、微动、康复或恢复性锻炼。

（三）预防

准备活动充分，了解设备使用方法，循序渐进进行锻炼。

七、运动疲劳

（一）原因

训练方法不对，未遵循循序渐进原则，运动量大，训练时间过长，休息不充分等。

（二）症状

心悸、心动过速，运动后血压、脉搏恢复慢，内脏不适、血尿等。运动过程中或运动后感到冷，多汗、脸色白或红、头痛、晕、虚、筋疲力尽。

（三）处理

调整锻炼计划、运动量，循序渐进地进行系统训练。

（四）预防

安排合理的训练时间、计划，注意劳逸结合。

第二节　常见运动损伤及处理

运动损伤是指在运动过程中所发生的各种损伤，它是运动医学的重要组成部分。运动损伤对伤者造成的影响是十分严重的，不仅影响运动成绩的提高，缩短运动寿命，而且严重者还可使人残疾、死亡，给人们带来极坏的生理和心理影响，妨碍体育运动的正常开展，因此，我们必须对运动损伤的发生加以深入研究，才能提出有针对性的防治措施，把运动损伤发生率及其危害降到最低限度。

一、运动损伤的分类

运动损伤分类方法很多，现介绍几种。

（一）按伤后皮肤或黏膜完整与否分类

1. 开放性损伤

开放性损伤即伤处皮肤或黏膜的完整性遭到破坏，有伤口与外界相通。如擦伤、刺伤、切伤及撕裂伤等。

2. 闭合性损伤

闭合性损伤即伤处皮肤或黏膜无破损，没有伤口与外界相通，如挫伤、肌肉拉伤及关节韧带损伤等。

（二）按伤后病程的阶段性分类

1. 急性损伤

急性损伤指一瞬间遭到直接暴力或间接暴力造成的损伤，如肌肉拉伤、关节韧带扭伤等。

2. 慢性损伤

慢性损伤指局部过度负荷，多次微细损伤积累而成的损伤，或由于急性损伤处理不当转化来的陈旧性损伤，如肩袖损伤，髌骨软骨软化症等。

（三）按受伤的组织结构分类

损伤哪类组织即为哪类损伤，如肌肉与肌腱损伤，皮肤损伤，关节、骨损伤，滑囊损伤，神经损伤等。

（四）按伤性轻重分类

（1）轻伤：不影响工作和训练。

（2）中等伤：24小时以上不能工作或训练者。

（3）重伤：须住院治疗者。

二、造成运动损伤的原因

造成运动损伤的原因是多方面的，既与锻炼者的技术基础、技能水平有关，也与运动项目的特点，技术难度以及运动环境等因素有关。其主要原因有：

（1）思想麻痹大意是所有运动损伤因素中最主要的因素。包括运动前不检查器械，预防措施不得力等。

（2）运动前准备活动不充分，特别是缺乏针对性准备活动，使运动器官，内脏器官机能没有达到运动状态而造成损伤。

（3）运动情绪低下，或在畏难，恐惧，犹豫以及过分紧张时易发生伤害事故。有时也因缺乏运动经验，缺乏自我保护能力致伤。

（4）内容组合不科学，方法不合理，纪律松散以及技术上的错误等都可能引起损伤。

（5）运动场地狭窄，地面不平坦，器械安置不当或不坚固，锻炼者拥挤在一起或多种项目运动员在一块场地活动，容易相互冲撞所致。

（6）空气污浊，噪音，光线暗淡，气温过高或过低，以及运动服装不合要求等原因，都可能直接或间接造成伤害事故。

三、运动损伤的发生规律

体育运动工作者及运动参与者如掌握了运动损伤发病规律，就可采取适当的预防措施，从而降低运动损伤的发生率，对预防与治疗运动损伤有重大的意义。之所以不同运动项目会造成身体不同部位的损伤，主要是由下列两个潜在因素所决定的。其一是运动项目的特殊技术要求；其二是运动员身体某部存在的生理解剖弱点。当这两个因素由于某种原因同时起作用时，极易发生运动损伤。例如：篮球运动员易伤膝，这是由于篮球运动员经常处于膝关节半屈位（130°～150°）时左右移动、踏跳等，使膝关节发生屈曲、扭转、摩擦，而膝关节半屈位正是它的解剖学弱点，此时韧带及肌肉放松，关节杠杆长，导致关节稳定性相对较弱，因而易发生膝部软组织损伤（如韧带、半月板损伤和髌骨软骨病等）。

四、运动损伤的预防

（1）加强运动安全教育，克服麻痹思想，提高预防意识。

（2）认真做好准备活动，对可能发生运动损伤的环节和易伤部位，要及时做好预防措施。

（3）合理组织安排锻炼，合理安排运动量，防止局部运动器官负担过重。

（4）加强保护与帮助，特别要提高自我保护能力。如摔倒时，立即屈肘低头，团身滚动，切不可直臂或肘部撑地。由高处跳下时，要用前脚掌着地，注意屈膝，弯腰，两臂自然张开，以利于缓冲和保持身体平衡。

五、常见运动损伤的处理

运动损伤多见于年轻人群，他们热爱运动，积极参与各项体育活动，但常常因缺乏一定的运动训练卫生知识和应对运动损伤的能力，而给伤者造成不必要的痛苦，严重者甚至导致终身缺陷。这类损伤可分为开放性损伤和闭合性损伤。前者包括擦伤，撕裂伤，刺伤等；后者包括挫伤，肌肉拉伤等。

（一）擦伤

1. 原因与症状

擦伤指因运动使皮肤受搓致伤。擦伤后皮肤出血或组织液渗出。

2. 处理

小面积擦伤，用红药水涂抹伤口即可。大面积擦伤，先用生理盐水将伤口洗净，再涂抹红药水，再用消毒布覆盖，最后用纱布包扎。如膝关节处皮肤擦伤，先要洗净，然后用消炎油膏涂抹，盖上无菌纱布，粘膏固定，必要时缠上绷带。面部擦伤最好不用龙胆紫等染色剂涂抹，因为用后可能在数月内染色不退，有碍美观。

（二）撕裂伤

1. 原因与症状

撕裂伤指在剧烈运动或受到突然强烈的撞击时，造成肌肉撕裂。其中包括开放性损伤和闭合性损伤。常见有眉际撕裂，跟腱撕裂等。开放伤伴随出血，伤口周围红肿。闭合伤触及时有凹陷感和剧烈疼痛。

2. 处理

轻度开放伤，用红药水涂抹伤口即可；裂口大时，则需止血和缝合伤口，必要时注射破伤风抗毒血清，以防破伤风症。如肌腱断裂，则需要手术缝合。

（三）挫伤

1. 原因与症状

挫伤指因撞击器械或练习者之间相互碰撞而造成的挫伤。单纯挫伤会在损伤处出现红肿，皮下出血，并有疼痛。内脏器官受伤时，则会出现头晕，脸色苍白，出虚汗，四肢发凉等现象，严重者甚至出现休克。

2. 处理

在24小时内冷敷或加压包扎，抬高患肢或外涂中药。24小时以后，可按摩或理疗。进入恢复期可进行一些功能性锻炼。如果怀疑内脏损伤，则临时处理后，送医院检查和治疗。

（四）肌肉拉伤

1. 原因与症状

在外力直接或间接作用下，使肌肉过度主动收缩或被动拉长时引起肌肉拉伤。特别是由于准备活动不充分，动作不协调等原因以及肌肉弹性、伸展性、肌力差者更易拉伤，损伤后伤处肿胀、压痛、肌肉痉挛，触诊时可摸到硬块。严重的肌肉拉伤是肌肉撕裂。

2. 处理

轻者可即刻冷敷，局部加压包扎，抬高患肢。24小时后可施行按摩或理疗。如果肌肉已大部分或完全断裂者，在加压包扎急救后，固定患肢，立即送医院手术缝合。

（五）扭伤

1. 原因与症状

受外力的触击或撞击；运动时身体落地重心不稳向一侧倾斜或踩在他人足上或高低不平的地面上而致伤。伤后局部运动能力立即丧失，有明显肿胀、疼痛等。

2. 处理

（1）伤后立即抬高患肢，伤情严重的要立即冷敷或用自来水冲淋，加压包扎，固定休息；使毛细血管收缩，防止肿胀。

（2）24小时后即可拆除包扎，采用热敷、理疗，使毛细血管扩张，促进血液循环。

（3）严重扭伤；如韧带断裂，关节脱位，应尽快到医院缝合或做固定处理。

第三节　常用急救方法

急救是对意外或突然发生的伤病事故，进行紧急的临时性处理。其目的是保护伤病员的生命安全、避免再度伤害、减轻伤病员痛苦、预防并发症，并为伤病员的转运和进一步治疗创造条件。因此，无论何种急性损伤，做好现场急救都是十分重要的。

急救时必须抓住主要矛盾，救命在先，做好休克的防治。骨折、关节脱位、严重软组织损伤或合并其他器官损伤时，伤员常因出血、疼痛而发生休克。在现场急救时，要注意预防休克，若发生休克，必须优先抢救休克。其次，急救必须分秒必争，力求迅速、准确、有效，做到快救、快送医院处理。

一、出血和止血的急救方法

（一）出血

据研究，健康成人平均每千克体重约有血液75毫升，全身总血量可达4 000～5 000毫升。若出血量超过全身血量的30%时，将可能危及生命。因此，对外出血的伤员，尤其是大动脉的出血，必须立即止血；对怀疑有内脏或颅内出血的伤员，应尽快送医院处理。

1. 根据损伤血管的种类，出血可分为三种

（1）动脉出血：血色鲜红，血液像喷泉样流出不止，短时间内可大量出血，易引起休克，危险性大。

（2）静脉出血：血色暗红，出血方式为流水般不断流出，危险性小于动脉出血，但大静脉出血也会引起致命的后果。

（3）毛细血管出血：血色红、多为渗出性出血，危险性小。

2. 根据受伤出血的流向可分为两种

（1）外出血：体表有伤口，血液从伤口流到身体外面，这种出血容易被发现。

（2）内出血：体表没有伤口，血液不是流到体外，而是流向组织间隙（皮下肌肉组织），形成淤血或血肿；流向体腔（腹腔、胸腔、关节腔等）和管腔（胃肠道、呼吸道）形成积血。由于内出血不易发现，容易发展成大出血，故危险性很大。

（二）止血法

常用的外出血临时止血法有以下几种：

（1）冷敷法：常用于急性闭合性软组织损伤。

（2）加压包扎止血法：用生理盐水冲洗伤部后用厚敷料覆盖伤口，外加绷带增加血管外压，促进血管自然止血，达到止血目的。用于毛细血管和小静脉出血。

（3）抬高伤肢法：用于四肢小静脉和毛细血管出血。方法是将患肢抬高，使出血部位高于心脏，降低出血部位血压，达到止血效果。此法在动脉或较大静脉出血时，仅作为一种辅助方法。

（4）屈肢加压止血法：前臂、手或小腿、足出血不能制止时，如未合并骨折和脱位，可在肘窝和腘窝处加垫物品，强力屈肘关节和膝关节，并以绷带“8”字形固定，可有效控制出血。

（5）指压止血法：这是动脉出血现场常用的最简捷的止血措施。指压法的要领是在出血部位的上方，在相应的压迫点上用拇指或其余四指把该动脉管压迫在邻近的骨面上，以阻断血液的来源而达到止血的效果。这是动脉出血时的一种临时止血法，所加压力必须持续到可以结扎血管或用止血钳夹住血管为止。

（6）止血带止血法：在四肢较大的动脉出血时，通常用止血带止血。目前常用的止血带有充气止血带，橡皮带止血带，橡皮管止血带。现场急救中常用携带方便的橡皮管止血带，其缺点是施压面狭窄易造成神经损伤。如果无专用止血带，现场可用宽布带或撕下一条衣服以应急需。止血带的压力要适中，既要阻断动脉血流又不能损伤局部组织。扎止血带的时间要注明，因为如果长时间转运，途中上肢每半小时、下肢每1小时应放松2～5分钟，以使伤肢间断地恢复血液循环。放松时应以手指在出血处近心端压迫主要出血的血管，以免每放松一次损失大量血液。止血带使用不当可引起局部损伤、周围神经损伤甚至导致肢体坏疽，因此，一般只在其他止血方法不能奏效时再用止血带。一旦发生严重休克，常常需要及时进行输血及手术治疗。

二、急救包扎的方法

包扎常用固定夹板或敷料，其可以起到限制伤肢活动，避免加重伤情；保护创口，预防或减少感染；支持伤肢，使之保持舒适的位置，减轻疼痛和压迫止血，防止或减轻肿胀等多种作用。包扎时，动作要柔和、熟练、包扎的松紧度应适中，过紧会妨碍血液循环，过松则起不到包扎的作用；绷带包扎要从伤部远端开始，包扎结束时，绷带末端要用胶布黏合固定或将绷带末端留下一段，纵向剪开缚结固定，但缚结不要在伤口处，尽可能使四肢肢端外露。

绷带包扎法是急救技术中不可缺少的重要组成部分，常用的绷带有卷带和三角巾，现场还可用毛巾、头巾、衣物等代替。

（一）绷带包扎的作用

绷带包扎可固定敷料和夹板，也有保护伤口，压迫止血和支持伤肢的作用。

（二）绷带包扎的注意事项

（1）包扎动作应熟练柔和，尽可能不要改变伤肢位置，以免增加伤员痛苦。

（2）包扎松紧度要合适，过紧会影响血液循环，过松将失去包扎的作用。一般在包扎四肢时，应露出手指或足趾，以便观察其包扎的松紧度。

（3）卷带包扎一般应从伤处远心端开始，近心端结束，末端用粘膏或别针固定，如需缚结固定，缚结处应避开伤口。

（三）包扎法

要根据包扎部位的形态特点，采用不同的包扎方法。其中包括绷带包扎法、三角巾包扎法和前臂悬挂法。

1. 绷带包扎法

（1）环形包扎法：用于包扎肢体粗细均匀的部位，如手腕、小腿下部和额部等，也是其他包扎法在开始或结束时使用的包扎法。包扎时，先张开绷带，把带头斜放在伤肢上并用拇指压住，将卷带绕肢体一圈后，再将带头的一个小角反折，然后继续绕圈包扎，每圈都盖住第一圈，包扎3～4圈即可。

（2）螺旋形包扎法：用于包扎肢体各部分粗细相差不大的部位，如上臂、大腿下部等。包扎时先作2～3圈环形包扎，然后将绷带向上斜形缠绕，每圈都盖住前一圈的1/2～1/3。

（3）反折螺旋形包扎法：用于包扎肢体两端粗细相差较大的部位，如前臂、小腿、大腿等。包扎时，先做2～3圈环形包扎后，用左拇指压住绷带上缘，将绷带向下反折，向后绕并拉紧绷带，每圈反折一次，后一圈压住前一圈的1/2～1/3，反折处不要处在创口或骨突的位置上。

（4）“8”字形包扎法：多用于包扎肘、膝、踝等关节处。方法有二：一是先在关节处做几圈环形包扎后，将绷带斜形环绕，一圈在关节上方缠绕，一圈在关节下方缠绕，两圈在关节凹面相交，反复进行，逐渐离开关节，每圈压住前一圈的1/2～1/3，最后在关节上方或下方做环形包扎结束。二是先在关节下方作几圈环形包扎后，将绷带由下而上，再由上而下地来回作“8”字形缠绕，使相交处逐渐靠拢关节，最后做环形包扎结束。

2. 三角巾包扎法

三角巾应用方便，适用于全身各部位的包扎，这里只介绍手、足和头部包扎法。

（1）手部包扎法：三角巾平铺，手指指向顶角，将手平放在三角巾的中央，底边横放于腕部。先将三角巾顶角向下反折，再将三角巾两底角向手腕背部交叉围绕一圈，在腕背打结。

（2）足部包扎法：与手部包扎法基本相同。

（3）头部包扎法：三角巾底边置于前额，顶角在后，将底边从前额绕至头后，压住顶角并打结。若底边较长，可在枕后交叉后再绕至前额打结。最后把顶角拉紧并向上翻转固定。

3. 前臂悬挂法

前臂悬挂法分大、小悬臂带两种。

（1）大悬臂带：常用于除锁骨和肱骨骨折以外的其他上肢损伤。将三角巾的顶角置于伤肢的肘后，一底角拉向健侧肩上，伤肢屈肘90°角，前臂放在三角巾的中央，再将三角巾的另一底角向上翻折并包住前臂，两底角在颈后打结。最后拉直顶角并向前折回，用胶布粘贴固定。

（2）小悬臂带：常用于肱骨或锁骨骨折。先将三角巾折叠成约四横指宽的宽带，也可用宽绷带或软布带代替。将宽带的中间置于前臂的下1/3处，屈肘90°角，宽带的两端在颈后打结。

三、心肺复苏

呼吸停止和心跳停止，可能单独也可能同时发生。呼吸停止后则全身缺氧，随即可引起心跳停止；心跳停止后，延髓血流即停止，可迅速引起延髓缺氧及中枢性呼吸衰竭而导致呼吸停止。引起呼吸、心跳骤停的原因较多，较常见的有电击伤，一氧化碳中毒或药物中毒、严重创伤和大出血、溺水和窒息等。

呼吸停止但心跳尚未停止的伤员，应立即进行人工呼吸并注意心脏工作情况；心跳停止而呼吸尚未停止的伤员，应立即进行胸外心脏按压并注意维护呼吸道通畅；呼吸和心跳都停止的病人，应同时进行人工呼吸和胸外心脏按压，最好由两人配合进行，一人做人工呼吸，一人作胸外心脏按压，两者操作频率为1 ∶ 4。

呼吸、心跳骤停的抢救，必须做到行动迅速，争分夺秒，才可能挽救病人生命。因此，体育教师和教练员掌握人工呼吸和胸外心脏按压法是非常必要的。现场急救的最重要手段就是人工呼吸和胸外心脏按压。

（一）人工呼吸

肺位于富有一定弹性的胸廓内，当胸廓扩大时，肺也随之扩张，于是肺的容积增大，外界空气进入肺内，即为吸气；当胸廓缩小时，肺也随之回缩，肺内气体排出体外，即为呼气。对呼吸停止的人，可根据以上原理用人工被动扩张与缩小胸廓的方法，使空气重新进出肺脏，以实现气体交换，称为人工呼吸法。人工呼吸方法较多，最有效的是口对口吹气法。

（1）口对口吹气法：伤员仰卧，头部置于极度后仰位，打开口腔并盖上一层纱布。救护者一手托起患者下颌，掌根部轻压环状软骨，使其间接压迫食道，以防吹入的空气进入胃内；另一手捏住患者鼻孔，深吸一口气后，对准患者口部吹入。吹气完后，立即松开捏住鼻孔的手。如此反复进行，每分钟吹气16～18次。

（2）注意事项：施行人工呼吸前，应迅速消除患者口腔、鼻腔内的分泌物或呕吐物及假牙等异物，松开衣领、裤带和胸腹部衣服。开始时，吹气的气量和压力宜稍大些，吹气10～20次后应逐渐减少，以维持上胸部轻度升起为度。牙关紧闭者，可采用口对鼻吹气法，救护者一手闭住患者口部，以口对鼻进行吹气，其他操作与口对口吹气法相同。

（3）施救产生作用的表现：吹气时胸廓扩张上抬；在吹气过程中听到肺泡呼吸音。

（二）胸外心脏按压法

心脏位于胸腔纵隔的前下部，前邻胸骨下半段，后为脊柱，其左右移动受到限制。胸廓具有一定的弹性，挤压胸骨体下半段，可间接压迫心脏，使心脏内的血液排出；放松挤压时，胸廓恢复原状，胸膜腔内压下降，静脉血则回流至心脏。因此，反复挤压和放松胸骨，即可恢复血液循环。

（1）操作方法：伤者仰卧在木板或平地上。救护者双手手掌重叠，以掌根部放在伤者胸骨体的下半段，肘关节伸直，借助于自身体重和肩臂肌的力量，均匀而有节律地向下施加压力，使胸骨体下半段和相连的肋软骨下陷3～4厘米，随后立即将手放松（掌根不离开病人皮肤），如此反复进行。成人每分钟挤压60～80次；小儿用单手掌根挤压，每分钟挤压100次左右。

（2）注意事项：救护者只能用掌根压迫病人胸骨体下半段，不可将手平放，手指要向上稍翘起与肋骨离开一定距离；挤压方向应垂直对准脊柱；挤压时应带有一定的冲击力；用力不可太轻或太大，太轻不能起到间接压迫心脏的作用，太猛会引起肋骨骨折。在就地进行抢救的同时，要迅速请医生来处理。

（3）挤压有效的表现：摸到颈动脉或股动脉搏动，上肢收缩压在8千帕（60毫米汞柱）以上，口唇、指甲床的颜色比挤压前红润，有的病人呼吸逐渐恢复，原来已散大的瞳孔也随着缩小而趋恢复。若出现以上表现，说明挤压有效，应坚持做到病人出现自动心跳为止；如果没有出现上述表现，则说明挤压无效，应改进操作方法或寻找其他原因，但不可轻易放弃现场抢救。

（三）心肺复苏的有效指标

（1）按压时在颈，股动脉处应摸到搏动，听到收缩压在60毫米汞柱以上。

（2）面色、口唇、指甲床及皮肤等色泽转红。

（3）扩大的瞳孔再度缩小。

（4）呼吸改善或出现自主呼吸。只要有前1～2项有效指标出现。心脏按压就应坚持下去。

无论是呼吸骤停或心跳骤停，或呼吸与心跳均骤停，在进行现场急救的同时，都应迅速派人请医生来处理。

四、搬运伤员的方法

伤病员在现场进行初步急救处理和随后送往医院的过程中，必须要经过搬运这一重要环节。正确的搬运术对伤病员的抢救、治疗和康复都至关重要。从整个急救过程来看，搬运是急救医疗中不可分割的重要组成部分，仅仅把搬运看成简单体力劳动的观念是一种错误观念。

（一）搬运方法

1. 徒手搬运

（1）单人搬运：由一个人进行搬运。常见的有扶持法、抱持法、背法。

（2）双人搬运法：椅托式、轿杠式、拉车式、椅式搬运法、平卧托运法。

2. 器械搬运

器械搬运一般指将伤员放置在担架上搬运，同时要注意保暖。在没有担架的情况下，也可以采用椅子、门板、毯子、衣服、大衣、绳子、竹竿、梯子等制作简易担架搬运。

3. 工具运送

如果从现场到转运终点路途较远或情况比较紧急，则应组织、调动、寻找合适的现代化交通工具，运送伤病员。

（二）危重伤病员的搬运

危重伤员的搬运要特别注意方式方法，因为一旦方法应用不当，极易造成二次损伤甚至威胁生命。

（1）脊柱损伤：使用硬担架，3～4人同时搬运，固定颈部不能前屈、后伸、扭曲。

（2）颅脑损伤：半卧位或侧卧位。

（3）胸部伤：半卧位或坐位。

（4）腹部伤：仰卧位、屈曲下肢，宜用担架或木板。

（5）呼吸困难病人：坐位。最好用折叠担架（或椅）搬运。

（6）昏迷病人：平卧，头转向一侧或侧卧位。

（7）休克病人：平卧位，不用枕头，脚抬高。

五、休克的急救

（一）休克和休克的现场处理

休克是机体遭到各种有害因素的强烈侵袭而导致有效循环血量锐减，主要器官组织血液灌流不足所引起的严重全身性综合征。

（二）原因和原理

休克产生的原因很多，运动损伤中迸发的休克主要是创伤性休克，最常见的为严重创伤引起的剧烈疼痛，如多发性骨折，睾丸挫损，脊髓损伤等，主要是通过神经反射使周围血管扩张，血液分布的范围增大，造成相对的血容量不足，脊髓损伤可以阻断血管运动中枢与周围的血管间的联系，使血管扩张，引起休克；其次为出血性休克，由于损伤引起急剧体内外出血造成大量失血，失血浆，失液均可导致循环血量减少而发生休克。如，腹部挫伤致肝脾破裂的内出血，股骨骨折合并大动脉的外出血等。

休克的发病原理是有效循环血量不足，引起全身组织和血流灌注不良，导致组织缺血缺氧，代谢紊乱和脏器功能障碍（包括心脑、肺、肾等重要器官功能障碍）。

（三）急救

对于休克病人要尽早进行急救。应迅速使病人平卧，安静休息。患者的体位一般采取头和躯干部抬高10°，下肢抬高约20°的体位，这样可增加回心血量并改善脑部血流状况。松解衣物，保持呼吸道畅通，清除口中分泌物或异物，对病人要保暖，但不能过热，以免皮肤扩张，导致血管床容量增加，使回心血量减少，影响生命器官的血液灌注量和增加氧的消耗。在炎热的环境下则要注意防暑降温，同时尽量不要搬动病人；若伤员昏迷，头应侧偏，并将舌头牵出口外，必要时要吸氧和行口对口人工呼吸，并针刺成掐点人中、百会、合谷、内关、涌泉、足三里等穴。与此同时，应积极去除病因，如遇因大量出血引起的休克，应立即采取有效的方法止血；由于外伤，骨折等剧烈疼痛所引起的休克，应给予镇痛剂和镇静剂，以减少伤员痛苦，防止加重休克；骨折者应就地上夹板固定伤肢。

以上是一般的抗休克措施，由于休克是一种严重的、危及生命的病理状态，所以在急救的同时，应迅速请医生或及时送医院处理。对休克病人应尽量避免搬运颠簸。

思考题

1. 常见的运动性损伤有哪些？
2. 如何有效避免各种损伤的出现？
3. 闭合性软组织损伤的处理办法有哪些？

第三章　运动疾病与损伤微课视频

运动损伤概念和分类

擦伤

鼻出血

扭伤

挫伤

肌肉拉伤

侧腹痛

痉挛

骨折

运动损伤原因

运动损伤预防

基本要求

寄语

体育实践篇

第四章 篮球运动

学习目标:

- *1. 了解篮球运动的起源和发展。*
- *2. 掌握篮球运动的基本技术和战术。*
- *3. 掌握篮球运动的竞赛规则。*

章前导言:

篮球运动是世界上流传最为广泛的运动项目之一，是一项具有巨大的号召力和感染力的体育项目。本章内容主要介绍篮球运动的起源和发展，传授篮球运动的基本技术和战术以及相应的训练原则和方法，并对篮球运动的基本竞赛规则进行介绍。使读者对篮球运动有更加全面的认识，激发学习兴趣和热情。

第一节 篮球运动概述

篮球运动是一项以篮球为竞赛工具，在特定条件（规则、场地、器材、设备等）限制下，以一定的身体素质为基础，以掌握特定的专门技术和战术方法为手段，在比赛中争夺球权，力争在攻守交替和对抗中获得球权和投篮得分，并以得分多少决定胜负的球类运动项目。篮球运动具有集体性、综合性、对抗性、健身性、增智性、商业性、娱乐性等特点。

近代篮球运动于1891年起源于美国东部地区的马萨诸塞州，是由该州的斯普林菲尔德尔市基督教青年会学校教师詹姆斯·奈史密斯博士设计和发明的。1936年柏林奥运会上，篮球成为奥运会正式比赛项目，中国人舒鸿成为奥运会历史上第一次篮球决赛的主裁判。

第二节 篮球运动基本技术

篮球技术是在篮球比赛中所运用的各种专门动作方法的总称。篮球技术分为进攻技术和防守技术两大部分（图4-2-1）。

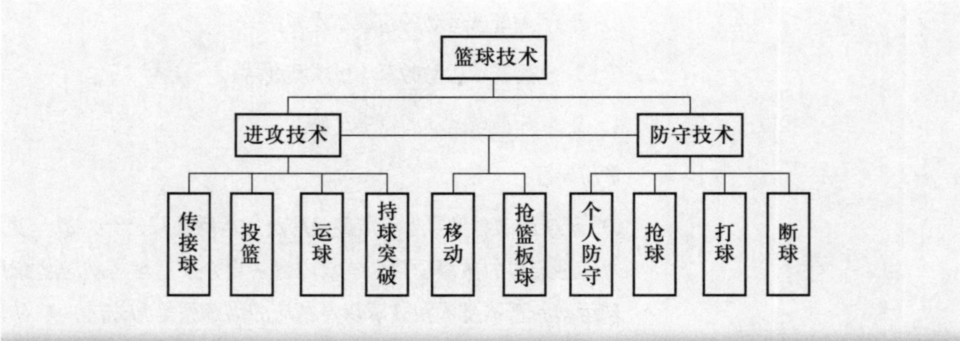

图4-2-1 篮球技术分类

一、篮球技术

（一）移动技术分类

移动技术作为攻防技术的基础，实用性强，其在篮球比赛中被广泛运用，移动技术动作分类如图4-2-2所示。

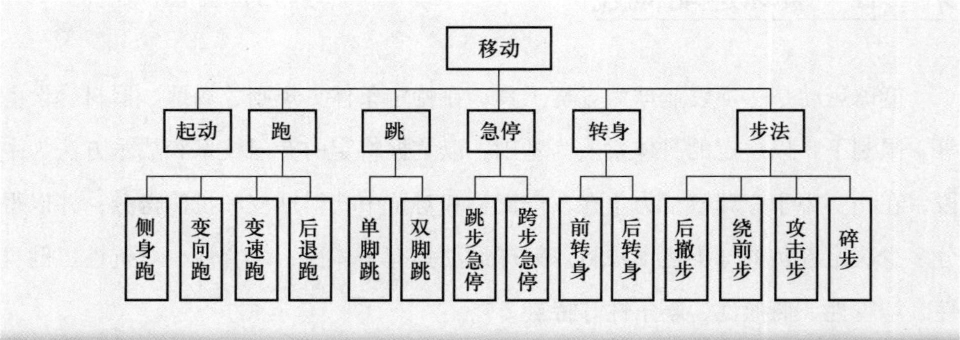

图4-2-2 移动技术分类

（二）移动技术分析

移动技术包括走、跑、跳、急停、转身、跨步和滑步等各种脚步动作。

（三）移动技术的运用

（1）根据篮球运动的特点与规律，充分发挥移动技术的基础功能作用，合理组合动作移动技术，善于处理移动技术和其他技术间的联系，提高移动技术的运用能力。

（2）控制重心、转移重心、保持身体平衡是运用移动技术的关键。运用移动技术时，要根据球场上复杂多变的情况，始终保持重心的稳定、身体的平衡，提高移动技术运用的灵活性、多变性和突然性。

（3）明确运用的目的，提高移动技术运用的实效性和应变性。移动技术运用的目的，就是要求运动员在激烈的对抗比赛中，通过敏锐的观察、准确的判断、多变的组合，为完成具体攻防任务争取时间优势和空间优势，力争做到静中有动、动中有静、真假结合、快慢结合。

（四）移动技术的动作方法

1. 起动

起动是队员在篮球场上由静止状态变为运动状态时的一种脚步移动的方法。

2. 跑

跑是队员在球场上为改变位置、争取时间完成攻防任务的脚步移动方法，具有快速、灵活、突然、多变的特点。篮球场上常用的跑有侧身跑、变速跑、变向跑、后退跑等。

3. 跳

跳是队员争取高度获得空间优势的方法。

4. 急停

急停是队员在跑动或移动时，突然制动的方法。

（1）跨步急停：亦称两步急停。

（2）跳步急停：亦称一步急停。

5. 转身

转身是以一脚为中枢脚，另一脚向不同方向跨出后，使身体方向改变的一种转向方法。

（1）前转身：移动脚向中枢脚的前方跨出，使身体位置和方向改变，叫前转身。

（2）后转身：移动脚向中枢脚脚后跟的方向撤步来改变身体位置和身体方向的转动叫后转身。

6. 跨步

跨步是以一脚为中枢脚，另一脚向前方或侧前方跨出，但不改变身体方向的步法。

（1）同侧步（顺步）：移动脚向中枢脚的反方向跨步叫同侧步。

（2）异侧步（交叉步）：移动脚向中枢脚的方向跨步叫异侧步。

7. 滑步

滑步是防守的主要移动步法。特点是移动速度快，重心转移快，易控制身体平衡，可向不同方向移动，堵截对手的进攻或移动路线。根据滑步时移动的方向，滑步可分为侧（横）滑步、前滑步和后滑步三种。

（1）侧（横）滑步：向身体的一侧滑步叫侧滑步。

（2）前滑步：向前方滑步叫前滑步。

（3）后滑步：向后方滑步叫后滑步。

8. 后撤步

后撤步是在移动中使前脚变后脚的一种移动方法。

9. 攻击步

攻击步是防守时队员突然向前跨步，伺机抢断球或阻挠进攻的一种移动步法。

10. 碎步

碎步是防守移动步法，一对一防守时运用较多。特点是步幅小、频率快、易控制防守面积。

二、运球

运球是指持球队员在原地或移动中，用手连续按拍使球借助地面反弹起来的动作。

（一）运球技术分类

运球的方法较多，根据其动作结构和技术特点可按图4-2-3所示分类方法进行分类。

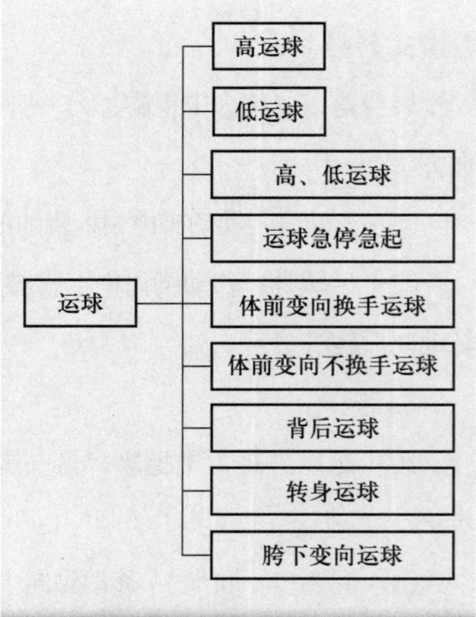

图4-2-3　运球技术分类

（二）运球技术分析

运球技术动作是由身体姿势、手按拍球的动作、脚步动作的合理运用三个环节组成。运球技术的关键是运球队员手对球的控制能力、支配能力、脚步动作的熟练程度以及手、脚、躯干的协调配合。

1. 身体姿势

两脚应前后开立，两腿弯曲（屈膝程度视运球高低而定，低运球，腿深屈；高运球，腿稍屈），身体稍前倾，重心在两脚之间（略偏前脚），运球时，运球手臂自然弯曲，以肩、肘为轴随球上下摆动，另一臂自然屈肘抬起，抬头目视前方。

2. 手的动作

运球主要靠手指、手腕对球进行控制与支配。运球时，五指自然张开，掌心空出，用手指和指根以上部位控制球，以肩为轴转动，上臂带动小臂，最后作用于手腕，手指用力向下按拍球，并随球作迎送球动作。球从地面弹起时，手要由下向上引球，自然屈伸小臂，以缓冲球的反弹力量。

按拍球的部位是根据运球的方向、速度等因素决定的。按拍的部位不同，球反弹的角度也不同。按拍球的力量不同，球反弹的高低和速度也不同。原地运球时，按拍球的正上方；变向运球时，按拍球的左侧或右侧上方，使球向右侧或左侧上方弹起；向前运球时，按拍球的正后上方。

3. 球的落点

运球时，要控制好球的落点，使球在自己所控制的范围内，并能利用躯干、腿、臂来保护球，而且还要便于和其他技术动作结合。球的落点位置和高度变化，根据运球技术的不同和防守位置的远近来决定。一般情况下，向前推进的球，落点在运球手同侧脚的侧前方，速度越快，落点越远，反弹越高；在防守队员较近时，运球的落点应在体侧或侧后方，身体侧对防守队员，以肩关节为轴，上臂带动小臂，通过腕指用力运球，使球的落点远离防守者。

4. 手脚的协调配合

运球时，脚步动作和手腕、手臂动作是否保持协调一致，关键在于脚步动作、按拍球的部位、球的落点和力量大小的正确运用。因此，在运球过程中，要想熟练控制球的落点、方向和力量，必须要保持好身体重心的平衡与稳定，控制好身体重心变化，保持运球手臂和脚步动作的协调配合。

三、传接球

传接球是篮球比赛中进攻队员有目的地转移球的方法，是进攻队员之间相互联系和组织进攻的纽带，是实现战术配合的桥梁。

（一）传接球技术分类

1. 传球技术分类

传球的方式较多，根据其动作的结构和传球的手法可分为单手传球和双手传球两大类。根据传球时处置球的部位和传球手法可将传球分为以下几种（图4-2-4）。

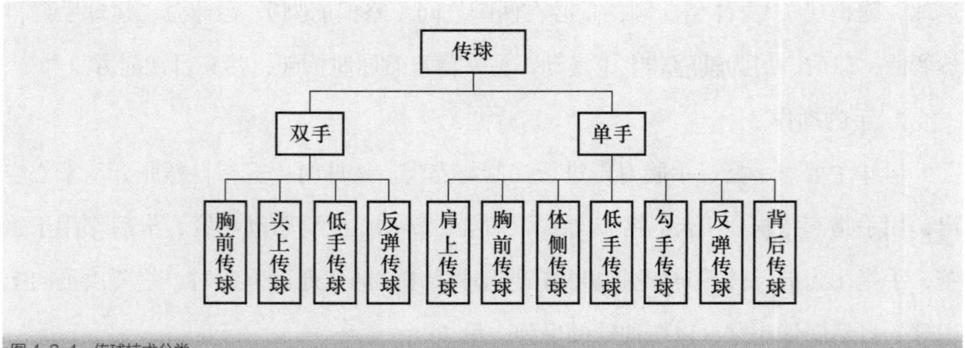

图4-2-4　传球技术分类

2. 接球技术分类（图4-2-5）

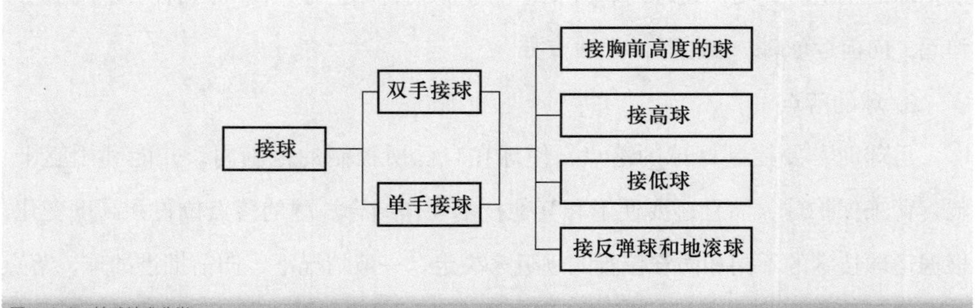

图4-2-5　接球技术分类

（二）传接球技术动作方法

1. 传球技术动作方法

（1）胸前传球：从胸前传球快速、有效，是最常用的传球方式。双手持球的预备站位，面向要传球的队友，抬头、屈膝，手指张开，将球持在胸腹前，两肘微向外，伸臂向外推球时，向前跨出一步，球出手时手腕外翻，食指、中指拨球向前推。

（2）（双手）击地传球：击地传球通常用来将球从防守队友张开的手臂下传出。双手击地传球的技术要领与上面讲到的从胸前传球一样，只是球传出时手指向下有力，使球碰地板反弹后，到达接球队友的腰部位置。

（3）低手传球：低手传球是一种近距离的传球，通常用于将球传递给离自己较近的队友。传球时用手指托住球的下半部，伸臂出球时，向传球方向迈一步，做随球动作时固定手腕，将球传向接球队友的腰部位置。

（4）（双手）头上传球：我们经常看到在篮球比赛中抢到篮板球的队员用这种方式将球传给位于远处前场处于有利位置的队友。双手头上传球可以越过防守队员，并且可以传得很远。双手从球的两侧面持球（手指尖朝上），置于头顶，肘部微屈，向传球方向跨一步的同时手腕向后转，球移至脑后，将球向前抛出，手腕向下转发力。

2. 接球技术动作方法

接球可分单手接球和双手接球两种。根据来球路线和落点的不同，接球可分为接胸部高度的球、接头部高度的球、接低于腰部的球、接反弹球和地滚球等。各种接球都是由接球前准备、接球手法和接球后的姿势三个技术动作组成。无论何种接球，都要目视来球，观察判断来球的路线、力量、速度和落点。接球时，肩臂放松，手指分开，积极伸臂迎球。手指触球瞬间，手臂随球后引，缓冲来球力量，双手握球，身体护球，控制好身体平衡，避免球脱手，迅速衔接其他技术动作。

（三）传接球技术动作的运用

1. 传球技术的运用

运用传球技术时，要做到：

（1）传球要有信心。传好球的自信心，是建立在对传球技术的认识和理解、心理状态的调整与控制的基础上。运用传球技术时，必须认识到传球的重要性，善于调节心理状态，建立自信心，相信自己能为同伴传好球。同伴之间要相互信任，相互鼓励，默契配合，传出好球。

（2）掌握全面的传球技术，正确合理地运用传球技术。全面熟练地掌握各种传球技术，是完成传球技术的保证。传球技术动作掌握得好，就能在对抗激烈的比赛中灵活、正确地运用技术，提高传球的有效性和攻击性。

（3）扩大传球视野，隐蔽传球意图。传球时，要善于观察判断场上的情况，扩大传球视野，隐蔽传球意图。要用余光观察场上情况，发现机会及时传球。

（4）善于运用假动作迷惑对手，做到真假结合。传球队员要善于运用假动作迷惑对手，捕捉防守者的防守弱点和防守习惯，在控制身体平衡的前提下，与传球、投篮、突破等技术结合运用，做到真假结合，虚实结合。

（5）传球要有目的，针对性强，发挥传球的桥梁作用，减少传球的盲目性。传球要及时、准确，传球时机要得当。当错过传球时机时，应重新寻找有利于进攻的传球机会。

（6）传出的球要便于同伴接球，同时便于和其他技术动作结合，有助于构成能投、能突、能传的“三威胁”进攻姿势。

2. 接球技术的运用

接球和传球是个有机整体，是进攻的纽带，准确判断传球方向，积极寻找合适的接球位置和手法，做好接球前的准备工作。

（1）接球前，思想要集中，两眼观察来球方向，准确判断传球方向，积极寻找合适的接球位置和手法，做好接球前的准备工作。

（2）接球时，要积极主动伸臂迎球，保持正确的接球手形。接球后要迅速屈臂缓冲，控制好身体平衡，保护好球。

（3）要善于运用身体、上肢和脚步动作，创造有利于接球的时间和空间，尽快摆脱防守，或挡住对手可能堵截的路线，以保证球的安全。

（4）接球动作的结束即是其他技术动作的开始。接到球后，要迅速形成“三威胁”进攻姿势，有目的、有意识地展开进攻，增加进攻的主动性和攻击性。

四、投篮

投篮是在篮球比赛中，持球队员将球从篮圈上方投进球篮所采用的专门技术动作方法的总称。

（一）投篮技术分类

投篮技术较多，它们可以在原地、行进间和跳起在空中完成（图4-2-6），以下介绍比较常用的单手肩上投篮和双手胸前投篮。

（二）投篮技术分析

1. 单手肩上投篮

（以右手为例）右手五指自然分开（手心空出），指根以上部位触球，向后屈腕、屈肘持球于肩上，球底置于耳部上沿，肘稍内收，前臂与地面接近垂直，左手扶球的前下侧，右脚稍前，左脚稍后，重心放在两脚之间，两膝微屈，目视投篮目标。投篮时，两脚前脚掌用力蹬地，伸展腰腹，抬肘，手臂上伸，即将伸直时，手腕用力前屈外翻，食、中指拨球，球沿抛物线投出。球出手后，腿、腰、臂自然伸直（图4-2-7）。

2. 双手胸前投篮

双手持球在胸部以上（高度在肩部附近），握球手法与双手胸前传球相同，肘关节自然下垂，上体稍前倾，两脚前后或左右站立，两膝微屈，重心落在两脚之间，目视投篮目标。投出时，两脚前脚下掌蹬地，腰腹伸展，同时两臂向前上方伸出，两臂即将伸直时两手腕同时外翻，拇指向前压送，指端拨球，以拇指、食指、中指的力量将球投出，最后腿、腰、臂自然伸直。

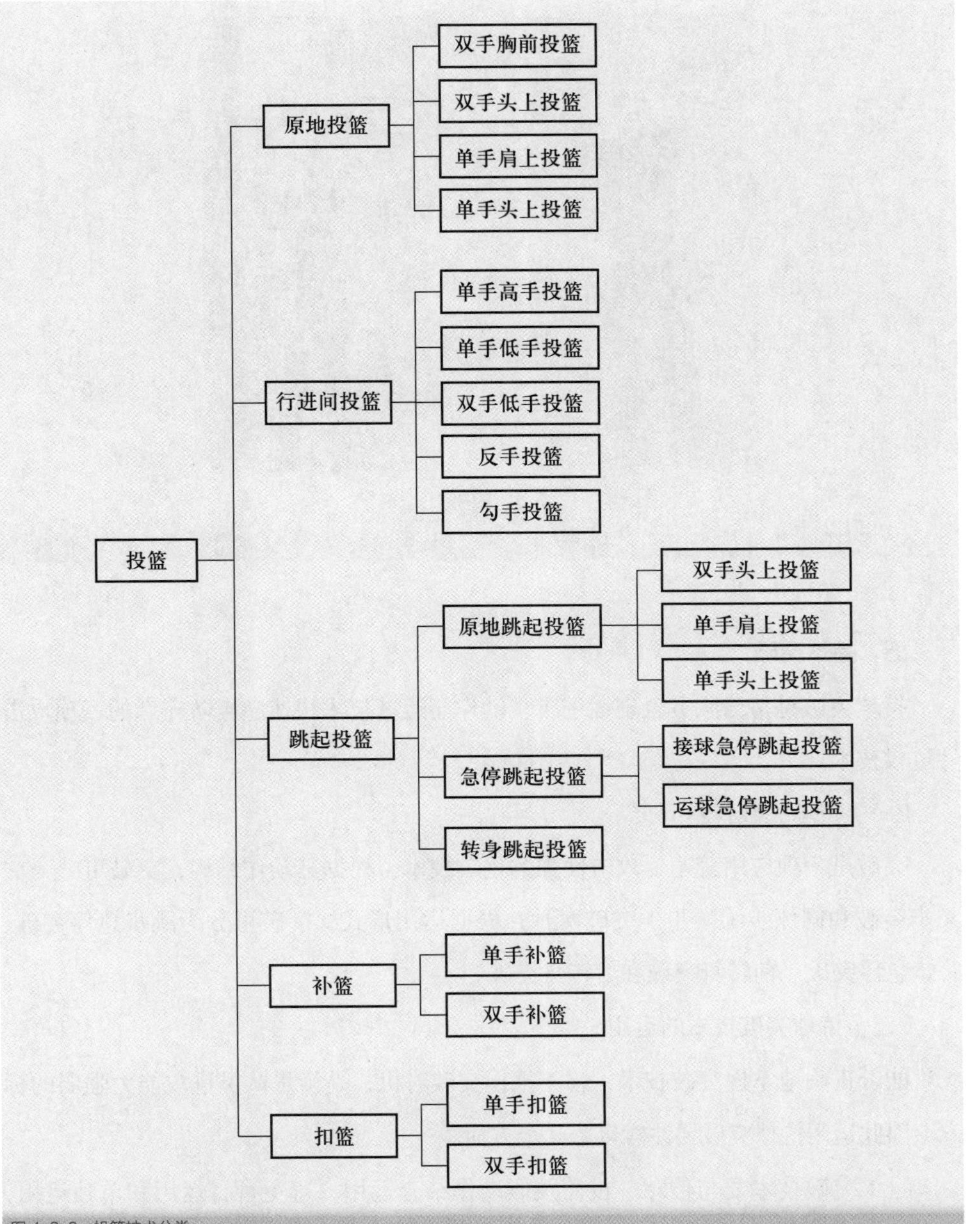

图 4-2-6　投篮技术分类

（三）一般情况下，出现下列时机应果断投篮

（1）在有效攻击区内持球摆脱对手后。

（2）在习惯投篮位置和有效区域内获球。

（3）防守者距自己较远，或注意力分散时。

（4）战术配合中出现预期的投篮时机。

（5）同伴处于抢篮板球的有利位置。

（6）特定的战术行动需要强行投篮时。

①　②

图 4-2-7

五、持球突破

持球突破是持球队员合理运用脚步动作与运球技术快速超越防守者的一项攻击性进攻技术。

（一）持球突破技术分类

突破是一项应用普遍、攻击性强的进攻技术。根据其动作结构，突破可分为交叉步突破和同侧步（顺步）突破两种；根据运用形式，突破可分为跳步急停突破、跨步急停突破、前转身突破和后转身突破。

（二）持球突破技术的运用

能否正确地掌握突破技术，善于把握突破时机，是衡量队员进攻能力强弱的标志。因此运用持球突破要注意以下几个方面。

（1）突破技术要与传球、投篮及假动作结合运用，避免盲目运用和单独运用，充分发挥突破的攻击性和主动性。

（2）选择正确的突破方向和突破形式，根据防守队员的防守特点，从其薄弱环节进行突破。

（3）善于创造突破机会，根据进攻战术需要，做到个人突破与整体战术协调统一。既要运用突破技术扰乱防守阵型，创造进攻机会，又要利用防守者的错误及时突破，加强个人攻击。

（4）不断强化突破意识，提高观察、判断能力，灵活多变，合理运用突破技术，做到敢于突破，善于突破。

六、个人防守技术

个人防守技术是防守队员为阻挠和破坏对手进攻、合理运用脚步移动、手臂动作和身体姿势，积极抢占有利位置以达到控球目的所采用的各种专门动作的总称。

（一）个人防守技术分类（图4-2-8）

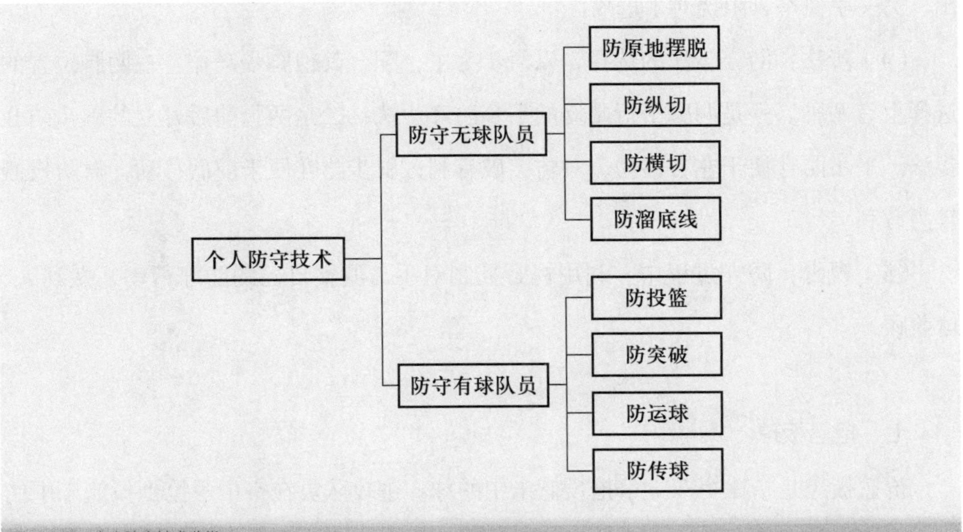

图4-2-8　个人防守技术分类

（二）个人防守技术的基本要求和基本要素

1. 个人防守技术的基本要求

个人防守技术作为整体防守战术中的个人行为，从其技术结构看，既是全队防守的体现，又是个人防守技术的综合表现。个人防守技术要求做到以下几点。

（1）要有强烈的防守意识。

（2）脚步动作和手臂动作协调配合。

（3）选择有利位置是防守技术的关键。

（4）保持正确的姿势，重心平衡，与对手保持适当的距离。

（5）根据对手的情况，选用平步防守或斜步防守步法。

（6）“以球为主，人球兼顾”，视野开阔。

2. 个人防守技术的基本要素（影响个人防守技术质量的基本要素）

（1）位置：抢占有利位置是防守技术的关键，对手、球、球篮间的方位关系是选择防守位置的基本参照因素。防守无球队员，要保持“球－我－他”的位置关系，即防守人、球、对手三者形成钝角三角形，防守人始终站在钝角顶端处。防守有球队员，防守人应选在对手与球篮之间的有利位置上。

（2）距离：防守距离的选择取决于对手是否持球。一般情况下，防有球队员，防守队员要和持球队员保持一臂距离，近篮则相距近，远离篮则相距远；防无球队员是近球篮则紧，远球篮则松。

（3）姿势：选择防守姿势要便于向各个方向移动。防守无球队员时，要双手侧上举干扰对方接球，同时摆动提高自己动作频率；防守有球队员时，一只手向球伸出，另一手侧举，阻挠对手进攻。

（4）步法：防守步法的选择，以滑步为主，配合其他脚步动作。在两脚位置的选择上有两种。一是两脚平行站立的平步防守步法；二是两脚前后开立的斜步防守步法。平步防守便于左右移动，对防突破有利；斜步防守便于前后移动，对防投篮较为有利。

（5）视野：防守过程中。利用视野控制对手，调整自己的防守行动，做到人、球兼顾。

七、抢篮板球

抢篮板球是指比赛双方争抢投篮未中的球。进攻队员在空中争抢到投篮未中的球，称之为前场篮板球或进攻篮板球；防守队员在空中争抢到投篮未中的球，称之为后场篮板球或防守篮板球。

第三节　篮球运动基本战术

篮球战术是指在比赛中队员之间有策略、有组织、有意识地协同运用战术进行攻守对抗的布阵行动，是以篮球技术为基础，在战术指导思想和战术意识支配下的集体攻守方法。篮球战术分类如下（图4-3-1）。

一、快攻战术

快攻是由守转攻时，在对方尚未组织好防守阵型之前，以最快的速度将球推进至前场，争取造成人数上和位置上的优势，主动而合理地进行攻击的一种快速进攻战术。

1. 发动快攻的时机

（1）抢获后场篮板球发动快攻。

（2）抢、打、断球成功后发动快攻。

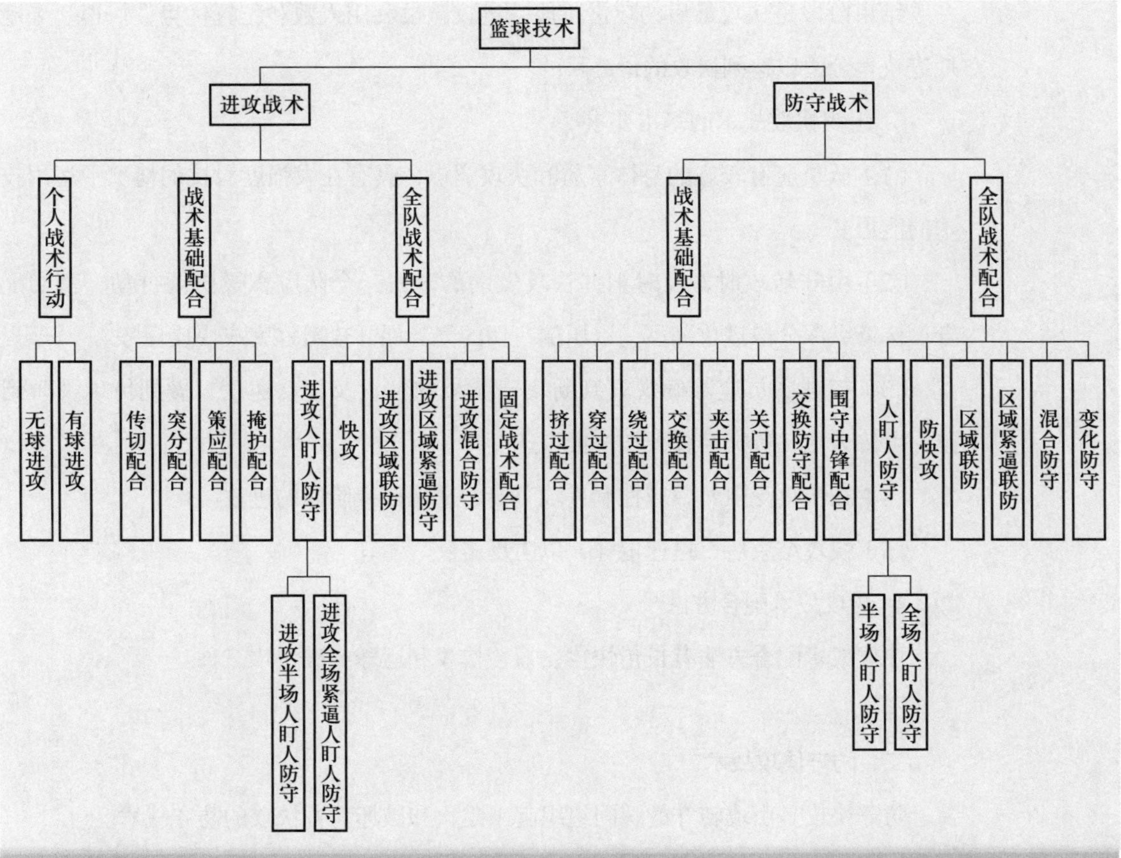

图 4-3-1 篮球战术分类

（3）跳球发动快攻。

（4）对方投中后快发底线球发动快攻。

抢获后场篮板球发动快攻的机会最多；抢、打、断球发动快攻的成功率最高；跳球发动快攻的机会最少。

2. 组织快攻战术的形式与结构

（1）快攻的组织形式：长传快攻、短传快攻、运球突破快攻三种。

（2）快攻的结构：快攻是由发动与接应、推进、结束三个阶段组成。若是长传快攻，则由发动和结束两个阶段组成。

发动与接应阶段是组织快攻的首要阶段，是形成快攻的前提。由守转攻后，队员及时按照战术行动路线分散，持球队员及时准确的传球和接应队员积极主动的接应，是发动阶段的重要环节。接应队员的任务是保证将球迅速地转入推进阶段。

推进阶段是快攻战术中承前启后的衔接阶段，无论传球推进或是运球推进都要体现一个“快”字，确保及时将球推进至前场转入结束阶段。

结束阶段是快攻最后的攻击阶段，进攻队员利用人数和位置优势，快速、果断地进攻得分，以达到快攻的最终目的。

3. 组织快攻战术的基本要求

（1）队员应有较好的身体素质和快攻意识，具有在大强度对抗的情况下运用技术的能力。

（2）由守转攻时，及时把握快攻发动的时机，全队应积极协调行动，密切配合，保持纵深分散进攻阵型，以压倒一切的气势展开攻击，完成快攻任务。

（3）控球队员应准确观察判断攻守队员的位置及移动速度，做到传球及时到位，以传为主，传突结合，加快推进速度。

（4）在快攻受阻时，应控制进攻节奏，掌握衔接阶段的进攻。

（5）快攻结束后，迅速退守，以防反击。

4. 快攻战术配合方法

快攻战术配合方法有长传快攻、短传快攻和运球突破快攻三种。

二、防守快攻战术

防守快攻是由攻转守的瞬间组织起来阻止和破坏对方快攻的防守战术。

1. 防守快攻的方法

（1）提高进攻成功率。

（2）拼抢前场篮板球。

（3）丢球后就地反抢。

（4）紧密防守对方前锋。

（5）提高以少防多的质量。

2. 防守快攻的基本要求

（1）要有较好的防守快攻意识，积极阻止对方发动快攻，提高进攻成功率，减少失误，拼抢前场篮板球，不给对方机会。

（2）合理地运用封、堵、夹、抢、断等手段，努力阻挠和破坏对方的快攻。

（3）快速退守过程中，相互照应延缓对方的推进速度。

（4）在以少防多的情况下要沉着、冷静，不要轻易出击防守，重点保护篮下，伺机抢断，降低对方快攻的成功率。

三、半场人盯人防守战术

1. 半场人盯人防守的基本要求

半场人盯人防守战术，是由攻转守时，全队有组织地迅速退到后场，在半场范围内，每个防守队员负责盯住一个进攻队员的整体防守战术。

（1）防守时始终贯彻以人为主的防守原则，对持球队员必须采用平步贴身紧逼防守姿势，扩大防守面积，积极拼抢，不给对方轻易投篮、突破和传球的机会，一旦被对手突破，必须追防。

（2）对徒手队员要错位防守，做到人、球、区兼顾，敢于对抗堵截其向球移动和空切篮下的路线。

（3）由于防区扩大，比赛的强度增大，要求队员有充沛的体力和良好的意志品质。比赛中正确观察、判断场上的攻守情况，在防守选位时，要做到“人动我动，球动我动”，在严密控制对手的基础上随时准备协防、补防、夹击，断球以及防掩护等，充分体现防守的主动性和攻击性。

（4）防守分工时，通常参照跳球时的站位分工，也可按照强对强、弱对弱、高对高、矮对矮的方法分工，无论怎样都要强调防守的整体性。

2. 进攻半场人盯人防守战术的基本要求

进攻半场人盯人防守战术是根据半场人盯人防守战术的特点，合理运用各种传切、突分、掩护、策应等基础配合所组成的全队进攻战术。它是进攻战术体系中最常用、最重要的战术之一。

（1）从实际出发，合理地组织阵形，充分发挥本队进攻特点和个人的技术特长，利用基础配合组织全队的进攻战术。

（2）做到在移动中相互配合，有目的地连续穿插、掩护、换位，侧重于主要的攻击区域和攻击点，点面结合，内外结合，强调进攻中的灵活性和机动性，注意攻守平衡。

（3）组织积极冲抢前场篮板球，提高攻守转换速度。

（4）进攻中抓住对方防守的薄弱环节，实施强攻。

四、全场紧逼人盯人防守战术

全场紧逼人盯人防守战术，是指由攻转守时每个队员立即在全场范围内根据分工，负责紧逼防守自己的对手而展开的一种攻击性很强的防守战术。

1. 全场紧逼人盯人防守战术的运用时机

（1）当对方体力不佳或主动消耗对方的体力时。

（2）突然改变战术，使对方措手不及。

（3）为了扩大战果或在有限的时间内挽回败局。

（4）对方属于比赛经验和控球能力较差，而中远距离投篮较准的球队。

（5）利用球队员身材矮小，但速度快、灵活性好的特点，紧逼对方的高大队员。

2. 全场紧逼人盯人防守的基本要求

（1）由攻转守时，全队要步调一致，先声夺人，快速找人，抢占有利位置，紧逼控制对手。

（2）防守持球队员，掌握“紧逼对手、严防传球、迫使运球、堵占放边”的原则，迫使对手沿边线运球或场角停球。

（3）防守徒手队员掌握“以人为主、人球兼顾、抢前防守、严防接球”的原则，迫使对手走外线远离球。

（4）全队要有整体防守意识，前后左右要相互呼应，密切配合，随时准备补防和抢断球。

3. 进攻全场紧逼人盯人防守的基本要求

进攻全场紧逼人盯人防守战术，主要针对该防守战术的个人防守面积大、队员分散、不利于协防的弱点采用，在由守转攻时争取在对方尚未组成集体防守布局前，迅速发动进攻，破坏对方的防守，争取比赛的主动权。

（1）当对方采用人盯人防守战术时，队员思想上要沉着冷静，行动统一，协调一致。

（2）争取在对方尚未形成紧逼前快速将球掷到界内，组织反击。打乱对方的防守部署。

（3）掌握进攻节奏，移动要突然，传球要果断，不要盲目运球，不要在边角处停球，采用中路运球突破，免遭对方夹击。

（4）无球队员要积极移动，如没有快攻机会，则采用掩护、策应、空切等配合方法。

（5）可以利用突破技术超众的球员运球突破，打乱对方防守阵形，为其他球员创造进攻机会。

五、区域联防战术

区域联防战术是在由攻转守时，防守队员迅速退回后场，每一个队员分工负责防守一定的区域，随着球的转移而积极地调整自己的位置，并与同伴密切合作，严密防守进入该区域的进攻队员，用一定的队形把每一个防区有机地结合在一起的全队防守战术。

1. 区域联防的站位队形

区域联防站位队形有“2-1-2”联防；“2-3”联防；“3-2”联防；“1-3-1”联防等。

2. 区域联防的基本要求

（1）由攻防守时，封堵传球路线，争取时间迅速退回后场，站好区域联防队形。

（2）根据区域联防的特点和队员的身体、技术特长，合理地分配防区。把移动速度快的队员放在外线防守，把身材高大、补防能力强、善抢篮板球的队员分配在内线防守。

（3）在自己的防区内防守持球队员时，执行盯人防守的原则，积极干扰和破坏对方的投篮、传球、运球和突破。

（4）对无球区域的防守要贯彻“人、球、区”三位一体的要求，无球队员通过溜底线、背插、纵切等方式进入自己的防区时，要先卡防第一接球点，然后将其护送出自己的防区交给同伴防守。

（5）防守中，随时准备协助同伴进行“关门”“夹击”“补防”等配合，对篮下攻击能力较强的队员必须进行围守。

（6）要根据对方的进攻变化，调整防守队形。

3. 进攻区域联防的基本要求

进攻区域联防战术是针对区域联防的阵形和变化特点，结合本队的实际情况，组织相应的落位阵形，有目的地通过传球及队员的穿插，破坏对方整体防御部署，创造良好的内外线进攻机会的阵地进攻战术。

（1）提高由守转攻的速度，在防守阵形尚未形成以前，抓住战机发动快攻。

（2）根据区域联防的特点，占据薄弱区，快速转移球和频繁地穿插，调动防守方，使防守方顾此失彼，创造以多打少和连续进攻的机会。

（3）组织中、远距离投篮，使对方扩大防区，给内线进攻创造机会。

（4）运用策应、溜底线、背插、掩护、突分等配合破坏防守整体布局，创造投篮机会。

（5）积极组织拼抢前场篮板球，争取外围投篮机会或二次进攻。保持攻守平衡，随时准备退守。

第四节　篮球运动基本规则

一、场地器材

（一）场地

国际比赛标准场地：长28米、宽15米。场地的丈量均从界限的内沿量起，边线宽为5厘米。中圈半径为1.8米。

（二）篮板

篮板横宽1.80 ± 0.03米，竖高1.05 ± 0.02米，篮板下沿距地面2.9米。

（三）比赛用球

充气后，使球从大约1.80米的高度落到地面上，反弹高度在1.2～1.4米之间（球的顶部）。

二、一般规则（五人制）

（一）出场人数

每队出场5人为一队，不足5人不能开始比赛。如规定的时间开始后某队仍不足5人或球队不到场，则判该队弃权，罚则是判给对方以20∶0获胜，弃权队在名次排列中为0分。比赛中如果球队在场上的队员少于2人时则判该队告负。如该队比分落后，则在比赛停止时的比分有效，另一队获胜；如该队比分领先，则判另一队以2∶0获胜，缺少队员的队在名次排列中该队得1分。

（二）比赛时间

分为四节，每节10～12分钟。每节之间和每决胜期之间休息2分钟。上下半场之间休息15分钟。如第四节结束时比分相等，则打若干个决胜期直至决出胜负。

（三）换人

每当死球且停表时，球队即可换人。最后一次或仅有的一次罚球中篮前可换人。换人的次数没有限制。

（四）队员5次犯规

一名队员5次犯规即取消比赛资格。

（五）全队4次犯规

在每一节中如果某队共登记队员4次犯规，那么以后的每次未控制球时的犯规均被判给二次罚球。

（六）对做投篮动作的队员犯规

如投篮队员投中2分或3分球有效再加罚一次。如不中则视其投篮地点给予2次或3次罚球。

三、常见的违例

违例是指队员违犯了比赛中关于时间或技术等方面的规则之行为。

（一）3秒违例

场上控制活球的队的队员在对方限制区内停留了超过3秒（划定限制区的5厘米宽的线是限制区的一部分）。

（二）5秒违例

（1）罚球时，每次罚球时间均不得超过5秒。

（2）掷界外球时，不得超过5秒。

（3）在场上，持球队员一旦被对方严密防守，他须在5秒内使球出手，否则为违例。

（三）8秒违例

每当一名队员在他们的后场控制活球时，他的队必须在8秒内使球进入他们的前场，否则为违例。

（四）24秒违例

每当一名队员在场上控制活球，他的队需在24秒内投篮，否则为违例。

（五）球回后场

当某队在前场控制球时，不能使球回后场，否则为违例。只要该队使球触及后场的地面及持球队员有部分身体触及后场的队友或裁判员即算该队回后场违例。

（六）带球走

篮球技术的特殊点之一是队员一旦持球，就必须确立中枢脚。中枢脚离地前，球必须离开队员的手，否则为“带球走”。

（七）两次运球

队员在一次运球结束后不得再次运球。队员偶然地失掉和随后在场上恢复控制活球，被认为是漏接球。

四、常见的犯规

犯规包括有身体接触的侵人犯规和没有身体接触的技术犯规两大类。

（一）侵人犯规

比赛中常见的侵人犯规有“拉人”“推人”“撞人”“阻挡”“背后非法防守”“非法用手”“非法掩护”等。罚则是：上述犯规中凡是对做投篮动作的队员犯规均判罚球；如对未做投篮动作的队员犯规，则由被犯规队在就近的地点掷界外球。

（二）违反体育道德的犯规

当裁判员判断某队员不是在规则的精神和意图范围内合法地去抢球而发生的侵人犯规，则判为“违反体育道德的犯规”。罚则视其犯规对象是否在投篮和投中与否分别按如下处理：如其未做投篮动作，判给二次罚球和一次中场掷界外球；如正做投篮动作且投中，判投篮有效再加罚一次；如未中，视其投篮地点判给二次或三次罚球。上述罚球无论投中与否都获得一次中场掷界外球权；此界外球可传入前场或后场。罚球时非罚球队员不站位。

（三）取消比赛资格的犯规

这是一种恶劣的犯规。无论是队员、替补队员，还是教练员、随队人员，裁判员均有权取消其资格。罚则是除取消该犯规人员的比赛资格，令其离开比赛场地外，其他与“违反体育道德的犯规”相同。

（四）双方犯规

两个队的两名队员同时的相互间的犯规为双方犯规。罚则是不判给罚球，按如下处理：如犯规同时一方投篮有效并命中，则得分有效，由另一方在端线掷界外球；如是某队已控制球或拥有球权，则判该队就近掷界外球；如双方都未控制球或不拥有球权，则在就近的圆圈跳球开始比赛。

思考题

1. 篮球运动基本进攻战术组合。
2. 篮球运动基本防守战术组合。
3. 篮球运动场地和器材的规格是什么？

第四章　篮球运动微课视频

侧滑步	交叉步	跳步急停	高运球、低运球
单手肩上、头后传球	单手胸前、反弹传球	双手头上、反弹传球	双手胸前传接球
单手肩上投篮	原地双手胸前投篮	原地双手投篮	勾手投篮
行进间高手、低手上篮	原地跳投	急停跳投	抢篮板球

第五章 足球运动

学习目标：

- *1. 了解足球运动的起源和发展。*
- *2. 掌握足球运动的基本技术和战术。*
- *3. 掌握足球运动的竞赛规则。*

章前导言：

足球是世界上普及范围最广和最受欢迎的运动项目，是具有深远影响的体育项目。本章内容主要介绍足球运动的起源和发展，讲授足球的基本技术和战术以及相应的训练原则和方法，并对足球运动的基本竞赛规则进行了介绍。加深读者对足球运动的认识，激发学习兴趣和热情。扩大足球运动的影响。

第一节　足球运动概述

一、现代足球运动

（一）现代足球运动的诞生

从17世纪中后期开始，足球运动逐步从欧美传入世界各国。1863年10月26日，英国人在伦敦成立了世界第一个足球协会——英格兰足球协会。会议上除了宣布英格兰足协正式成立之外，还制定和通过了世界第一部较为统一的足球竞赛规则。英格兰足球协会的诞生，标志着足球运动的发展进入了一个崭新的阶段。因而，人们公认1863年10月26日，即英格兰足球协会成立之日为现代足球的诞生日。

（二）中国的足球运动

现代足球运动传入我国是在19世纪末至20世纪初，最初是由英国人传入香港地区，1908年在香港成立了中国现代足球运动的第一个组织——南华足球会。1910年至1948年，当时中国举行的7届全国运动会，足球均被出为正式比赛项目。

从1956年起，我国开始实行甲、乙级联赛制度，并规定了升降级办法，同时实行运动员、裁判员等级制。此外，还举办了全国足球锦标赛、全国青年足球锦标赛等。

1999年，中国国家女子足球队获得女足世界杯亚军。2002年，中国国家男子足球队首次参加世界杯。2004年，原中国足球甲A联赛更名为“中国足球超级联赛”。2013年，中超俱乐部首次获得亚足联冠军联赛冠军。

二、足球运动的特点

（1）足球运动是一项对抗激烈，富有战斗性的项目。它是以把球射进对方球门的多少来判定胜负，比赛双方竭力把球踢进对方球门，又不让把球进入本方球门。

（2）足球运动技术动作多，战术复杂，难度大。足球运动是用脚支配和控制球，技术动作比较难掌握；赛场上瞬息万变，对进攻和防守战术要求相当高。

（3）足球比赛时间长，场地大，体能消耗大。足球比赛中运动员在近8 000平方米的场地上奔跑90分钟，能量消耗巨大，体重可下降2～5公斤。

三、足球运动的作用

（1）有利于良好的心理素质及思想品德的形成。

（2）有利于增强体质，增进健康。

（3）有利于精神文明建设。

（4）有利于振奋民族精神，扩大国际交往。

（5）有利于国家经济发展。

第二节　足球运动基本技术

一、颠球

颠球是指运动员用身体的各个有效部位连续地触击球，并加以控制尽量使球不落地的技术动作（图5-2-1）。

（一）双脚脚背颠球

脚向前上方摆动，用脚背击球，击球时踝关节固定，击球的下部。两脚可交替击球，也可一只脚支撑，另一只脚连续击球。击球时用力均匀，将球始终控制在身体周围。

①　　②

图 5-2-1　颠球

（二）双脚内侧、外侧颠球

抬脚屈膝，用脚的内侧或外侧向上摆动，击球的下部，练习时两脚内侧或外侧交替击球。

（三）大腿颠球

抬腿屈膝，用大腿的中前部位向上击球的下部，两腿可交替击球，也可一只脚做支撑，用另一侧的大腿连续击球。

二、踢球

踢球指运动员有目的地用脚把球击向预定目标的技术。踢球技术是足球技术中最重要的技术，主要用于传球和射门。

踢球的方法很多，但主要有脚内侧踢球，脚背正面踢球、脚背内侧踢球、脚背外侧踢球以及脚尖踢球和脚跟踢球。然而它们的动作结构完全一致，均由助跑，支撑脚站位、踢球脚摆动，脚触球，踢球腿的跟随动作五个环节组成。

（一）脚内侧踢球（又称脚踢球）

它是用脚内侧部位（跖趾关节，舟骨、跟骨等所形成的平面）踢球的一种方法，其特点是脚与球接触面积大，出球准确平衡，且易于掌握。但由于踢球时要求大腿前摆达到一定程度时需要外展且屈膝，故大腿与小腿的摆动都受到限制，因此出球力量相对较小。

1. 脚内侧踢定位球

直线助跑，支撑前的最后一步稍大些，支撑脚站在球的侧面约15厘米处，脚尖正对出球方向，支撑腿膝关节微屈。在支撑脚着地时，踢球腿大腿带动小腿由后向前摆动，在前摆的过程中大腿外展，当膝关节摆动到接近球的正上方时小腿做爆发式摆动，在触球前将脚跟送出使得脚内侧部位所形成的平面与出球方向垂直，踢球脚脚底与地面平行，脚尖微微翘起，踝关节功能性地紧张使脚型固定，触（击）球后身体跟随移动，髋关节向前送（图5-2-2）。

①　②　③

图5-2-2　脚内侧踢定位球

2. 脚内侧踢空中球

根据来球速度和运行轨迹及时移动到位，踢球腿大腿抬起（屈膝）并外展，小腿屈并绕额状轴后摆，利用小腿绕额状轴由后向前摆动，当摆至额状面时与球接触，击球的中部。

（二）脚背正面踢球（又称正脚背踢球）

脚背正面踢球由于其解剖特点，摆幅相对较大，加之用脚背踢球接触面（与球）相对较大，因而踢球力量也大，准确性也较强。但受以上的因素影响，出球的方向及性质相对变化也较小。在比赛中经常使用脚背正面踢定位球、地滚球、空中球、反弹球及倒勾球。球的性质多为不旋转的直线球，但也可用来踢抽击性前旋球（图5-2-3）。

1. 脚背正面踢定位球

直线助跑，最后一步稍大些，支撑脚积极着地支撑，在球的侧面10～12厘米处，脚尖正对出球方向，膝关节微屈，踢球腿随跑动向后摆动，小腿屈曲，支撑的同时踢球腿以髋关节为轴，大腿带动小腿由后向前摆动。当膝关节摆至接近球的正上方时，小腿做爆发式的摆动，脚趾屈，以脚背正面部位击球的后中部。击球后身体及踢球腿随球前移。

图 5-2-3　脚背正面踢球

2. 脚背正面踢反弹球

根据来球的速度、运行轨迹、落点，支持脚踏在球落点的侧面。在球落地时，踢球腿爆发式前摆，在球刚弹离地面时，用脚背正面击球的中部，并控制小腿的上摆（送髋、膝关节向前平移），出球则不会过度。

（三）脚背内侧踢球（又称内脚背踢球）

这是一种用第一跖骨和跖趾关节部位触击球的踢球方法。其技术结构与前两类踢球方法相同，但技术细节则有所区别（图 5-2-4）。

图 5-2-4　脚背内侧踢球

（1）脚背内侧踢定位球：斜线助跑，助跑方向与出球方向约成45度，最后一步稍大，以支撑脚底积极着地，脚尖指向出球方向，距球内侧后方20～25厘米，膝关节微屈。在支撑同时，踢球腿已完成后摆，并开始以髋关节为轴大腿带动小腿由后向前摆动，当大腿摆至与支撑腿接近同一平面时，小腿做爆发式摆动，此时脚尖外转、脚背绷直，以脚背内侧部位触击球。击球后踢球腿及身体继续随球向前。

（2）脚背内侧转身踢球：助跑结束前倒数第二步应向球的侧前方跨出（即与出球方向在支撑脚一侧的侧前方），最后一步略跳动并伴随转身，脚尖对准出球方向，膝关节微屈，身体向支撑脚一侧倾斜，其余各环节与踢定位球同。

三、接球

接球是指运动员有目的地用身体的合法部位把运行中的球接下来，控制在所需要的范围内，以便更好地衔接下一个技术动作。接球是为下一个动作服务的，接球质量的好坏直接影响下一个动作的顺利完成。比赛中来球性质、状态不同，所以接球应根据不同情况，采用不同的动作方法。

接球的方法有多种，常用的有脚内侧、脚背正面、脚背外侧、脚底、大腿、腹部、胸部、头部等部位的接球。

（一）脚内侧接球

这是用脚内侧部位接球的一种技术。由于脚触球面积大，动作简单，较易掌握，比赛中经常使用这种技术接各种地滚球、平球、反弹球、空中球（图5-2-5）。

图5-2-5　脚内侧接球

（1）脚内侧接地滚球：支撑脚脚尖正对来球，膝关节微屈，同侧肩正对来球。接球腿提膝，大腿外展，脚尖微翘，脚底基本与地面平行，脚内侧正对来球并前迎，当脚内侧与球接触的一刹那迅速后撤，把球接在脚下。若需将球接在侧面时，支撑脚脚尖应向同侧斜指，脚内侧与来球方向成一定角度触球，同时支撑脚提踵，以前脚掌为轴做适当转动，身体移动。当来球力量不大时，只需将脚提到一定的高度，并使脚内侧与地面形成锐角轻触球。也可在触球时用下切动作使球前进之力部分转变为旋转力，而将球接在脚下。

（2）脚内侧接反弹球：根据来球的落点，及时移动到位，支撑脚与球落点的相对位置在球的侧前方，支撑腿膝关节微屈，身体向接球后准备运球的方向偏移；接球腿提起小腿放松，脚尖微翘，脚内侧对着接球后准备运球的方向并与地面成一锐角，当球落地反弹刚离地面时，大腿向接球后球运行的方向摆动，用脚内侧部位轻推球的中上部。用这种方法接球时，也可在触球时使球产生旋转以达到接好球的目的，但应注意球的旋转并及时加以调整。

（3）脚内侧接空中球：根据来球的速度及运行轨迹，及时移动到位。若接抛物线较小的平空球则应根据临场的实际情况选择适当高度的接球点，将接球腿抬起，使脚内侧部位对准来球的方向并前迎，脚在接触球的一瞬间后撤，并将球接在所需的位置上。

（二）脚背外侧接球

（1）脚背外侧接地滚球：将接球点放在接球腿一侧，支撑腿膝关节微屈。接球腿提起屈膝，脚内翻使小腿和脚背外侧与地面成一锐角，并对着接球后球运行的方向，脚离地面的高度应略等于球的半径，然后大腿向接球后球运行的方向推送，同时身体随球移动。

（2）脚背外侧接反弹球：根据来球的落点及时移动到位，支撑脚站在来球落点的侧后方，除触球部位外，其他环节均与脚背外侧接地滚球相同。

（三）脚背正面接球

这种方法多用于接有较大抛物线的来球。根据球的落点，及时移动到位，脚背正面上迎下落的球，当球与脚面接触的一瞬间，接球脚与球下落的速度同步下撤，此时大腿膝关节、踝关节、脚趾均保持适度的紧张，脚尖微翘将球接到需要的地方。

脚背正面接高空落下之球时，也可以将脚微抬起，并适度上翘，当球接触脚背的瞬间踝关节放松将球接到身体附近。

（四）脚底接球

由于脚底接球技术便于掌握，易于将球接到位置，故常被用来接各种地滚球和反弹球。

（1）脚底接地滚球：身体正对来球方向，移动前迎，支撑脚站在球的侧面（或前或后均可），脚尖正对来球方向，膝关节微屈，同时接球腿提起，膝关节微屈，脚略背屈，使脚底与地面小于45度角（且脚跟离开地面），一般以前脚掌接触球的上部为宜。在触球瞬间接球脚可轻微跖屈（前脚掌下点）将球停住，也可根据需要在接球同时将球推向前方或拉向身后。

（2）脚底接反弹球：根据来球落点，及时前移迎球，支撑脚站在落点侧后方，脚尖正对来球方向，球落地瞬间，用前脚掌去触球的中上部，微伸膝，用脚掌将球接在体前。若需接在身后则应在触球瞬间继续屈膝，将球回拉，并伴随支撑脚以前脚掌为轴旋转90度以上。

（五）大腿接球

大腿接球一般可以用来接抛物线较大的高空球和略高于膝的低平球。

（1）大腿接抛物线较大的下落球：面对来球方向，根据球的落点迅速移动到位，接球腿大腿抬起，当球与大腿接触的瞬间大腿下撤将球接到需要的位置上。

（2）大腿接低平球：面对来球方向，根据来球高度，接球腿大腿微屈，送髋前迎来球，当球与大腿接触瞬间收撤大腿，使球落在所需要的位置上。

（六）胸部接球

由于胸部接球部位较高，加之胸部面积大、肌肉较丰满等特点，易于掌握，故是接高球的一种好方法。胸部接球包括挺胸式、收胸式两种方法。

（1）挺胸式接球：面对来球站立（两脚左右或前后开立），两膝微屈，重心置于支撑面内，上体后仰，下颌微收，两臂自然张开，维持身体平衡。接触球瞬间，两脚蹬地，膝关节伸直用胸部轻托球的下部使球微微弹起于胸前上方。对于较高的平直球也可采用这种方法将球接于胸前，但触球瞬间膝关节由直变屈，脚由提起状态变全脚掌落地，整个身体保持接球时的姿势，下撤将球接在胸前。

（2）收胸式接球：多用于接齐胸高的平直球。面对来球，两脚左右或前后开立，两臂自然张开，挺胸迎球，触球瞬间收胸、收腹、臀部后移将球接在体前。若需将球接在体侧时，则触球瞬间转体将球接在转体后相应的一侧。

（七）头部接球

高于胸部的来球可用头部接球。

根据球的运行路线，面对来球，用前额正面接触球的中下部，下颌微抬，两臂自然张开，提踵伸膝，触球瞬间全脚掌着地，屈膝、塌腰、缩颈，全身保持上述姿势下撤将球接在附近。

四、运球

运球技术从狭义上讲，仅是指运球的方法，即指用身体的某一部分触球，使球能随运球者一起运动；从广义上看，则不仅让球随人运动，还必须越过对方的防守，也就是说如何使用这些运球方法达到越过对方防守的目的。这里就包含了运球方法的运用问题。

（一）动作要领

常用的运球技术有脚内侧、脚背正面、脚背外侧、脚背内侧运球。

1. 脚内侧运球

要求在运球前进时支撑脚始终领先于球，位于球的侧前方，肩部指向运球方向，支撑腿膝关节微屈，重心放在支撑腿上，另一条腿提起屈膝，用脚内侧推球前进，然后运球脚着地。

由于肩部指向运球方向，身体侧转，虽然移动速度较慢，但身体前倾有利于将对方与球隔开，因而这种技术多用在运球寻找配合传球时，或有对方阻拦需用身体做掩护时。

2. 脚背正面运球

运球时身体持正常跑动姿势，上体稍前倾，步幅不宜过大，运球腿提起，膝关节稍屈，髋关节前送，提踵，脚尖下指，在着地前用脚背正面部位触球后中部将球推送前进。

由于脚背正面运球时身体持正常跑动姿势，故可以发挥出较快的速度，因而这种技术多用在运球前方一定距离内无对手阻拦时。

3. 脚背外侧运球

运球时身体持正常跑动姿势，上体稍前倾，步幅不宜过大，运球腿提起，膝关节稍屈，髋关节前送，提踵，脚尖绕矢状轴向内旋转，使脚背外侧正对运球方向，在运球脚落地前用脚背外侧推拨球的后中部。

脚背外侧运球时，身体姿势与正常跑动时相同，因而可以发挥出较快的速度，故与脚背正面运球有相同的用途。另外，利用脚腕的动作可以很快改变脚背外侧面所正对的方向，故在运球脚一侧改变方向时也多采用这种运球方法。这种方法能用身体将对手与球隔开，故掩护时也常使用。

4. 脚背内侧运球

身体稍侧转并自然协调放松，步幅小，上体前倾，运球腿提膝外展，膝微屈外转，提踵，脚尖外转，使脚背内侧正对运球方向，在运球脚落地前用脚背内侧推拨球，使球随身体前进。

脚背内侧运球由于身体稍侧转，不能采用正常跑动姿势，因而不适用于高速运球。但由于接触部位和支撑位置的特点易于完成向支撑脚一侧的转动，故多用于向支撑脚一侧的转动变向运球。

5. 其他

（1）拨球：利用脚踝关节向侧面的转动，以达到用脚背内侧或脚背外侧触球的目的，将球拨向身体的侧前方、侧方、侧后方。

在过人时若使用拨球，还要在拨球后立即跟上推球，使球加速按预定方向运行。

（2）拉球：将前脚掌放在球的上部或侧上部，另一脚在球的侧后方支撑，然后触球脚向后下方用力将球拉回。

回拉球一般都是为躲开对方的抢球而在对方出脚的瞬间将球拉回造成对方抢球落空，造成其重心随抢球脚前移，乘对手难以返回的瞬间将球迅速推送出去越过防守。

拉球时，除了往回拉以外，也常使用接触球的上部向左右侧拉球的方法。

（3）扣球：这种方法与拨球相同，不同的是它的用力是突然的并伴随着突然转身或急停，使对手在来不及调整重心的瞬间，突然从反方向推送球越过对手的防守。

（4）挑球：用脚背部位触球的下部并突然向上方挑起，在对手来不及实施挡球动作时球已越过，运球者随球迅速跟进。注意球一般不要挑得太高。

（5）颠球：运球过程中，有时球在空中或地面上跳动，根据对手抢截时所处位置或实施抢截时间，用恰当的部位将球颠起，越过对手以达到过人的目的。

（二）运球过人方法

前面所述仅是运球的基本方法，掌握了这些基本方法后，在无对手阻拦时可以将球控制在自己的周围。但若遇对手阻挡时，必须恰当地综合使用这些方法，抓住对手瞬间出现的漏洞，达到越过对手的目的。

1. 利用速度强行过人

持球者以突然的快速推拨球（力量较大）并与快速的奔跑相结合越过对手的阻拦。使用这种方法必须具备以下几个条件：对手身后的较大纵深内无其他的防守者。或其他防守者难以补位，或持球者高速运球时对手跑上来准备抢球，或持球者与防守者僵持时持球者突然推拨球起动。这种方法主要是利用自己的起动速度或抓住对手突停突起或突然起动时所耽误的时间。

2. 利用身体的掩护强行过人

当持球者接近对手时双方速度减慢，持球者侧身用身体靠住对手以另一侧脚将球拨出，同时转身将对手倚在身后并随球越过对手。这种方法一是要求持球队员有能力倚住对手而不被对方挤开；二是将球控制在远离对手一侧，对手伸脚时不能触及球；三是在抵住对手时不可将重心偏离支撑腿，否则一旦对手闪开时自己也失去平衡。

3. 利用变速运球过人

对手在持球者侧面，持球者用另一侧脚运球，利用运球速度的变化达到甩掉对手或越过对手的目的。这种方法主要针对防守者是被动的，容易被运球者甩掉达到过人的目的。有时则采用突停突起甩掉对手，运球者必须能很好地控制球与自己的身体，做到球随人来，人随球走，才能达到过人的目的。

4. 恰当地组合推、拨、挑、扣、拉、颠等动作过人

以单脚或双脚轮流选用上述动作，使组合起来的动作适时地变化运球的方向与速度，使对手难于判断过人的方向与时机，或造成对手重心出现错误的移动，运球者抓住其漏洞而越过对手。

5. 利用穿裆球过人

当运球者遇到对手从正面阻拦时，发现对手两脚开立较大，而且重心在两脚之间，运球者应侧身运球接近对手，抓住时机将球从对手两脚之间推（拨）过，身体也随着从防守者侧面越过并控制球。这种过人的方法有时可以收到奇效。因为一般防守运球队员时，多把注意力放在防止运球者从身体侧面越过，加之防守者使用左右开立的站法，脚下站得比较死，转身比较困难，妨碍了转身、起动的速度。当防守者两腿左右开立并不大时，可以用假动作引诱防守者使其两腿分开较大，然后再使球穿裆而过。

6. 人球分路过人

这种方法主要是利用防守者注意力集中在球上，并认为可以触到球的心理，达到过人的目的。因此当防守者出脚抢球时，运球者抢先将球推（拨）到前方，而防守者的抢球脚未触到球着地时，身体重心也移过来了，这时运球者迅速从防守的另一侧越过去控制球，防守者再转身起动很难追上。若在推球时使用“蹭”的方法，蹭出弧线球来，就更有利于运球者越过防守者后控制球。

7. 运球假动作过人

这种方法是运球者利用腿部、上体的晃动使对手产生错觉，在对手做抢球动作

时，使其重心产生错误的移动，运球者则抓住时机从另一方向越过对手。

（1）注意观察对手所处的位置，然后再决定所采取的过人方法。运球者应根据临场防守者所处的位置及状态来决定自己应采取的过人方法。例如：当运球者高速运球接近对手时，若对手快速迎上来抢球，就可以利用速度强行过人。

（2）掌握好过人时机。过人的时机要根据临场防守者的情况而定。如运球行进速度很快时，则应离对手距离近些再实施过人动作，否则对手将有时间转身起动将球追上。用假动作过人时，应善于利用对手因判断错误而造成重心移动的时机实施过人动作，这样，对手再调整重心时已为时过晚。

（3）掌握好过人时的距离。除利用速度强行过人外，其他方法都应是在距离对手一大步的地方并应大于运球者与球的距离，对手勉强可以触到球，但不会先于运球者触及球。另外，这样的距离也便于运球者在做出动作使防守者重心发生错误移动时越过对手，而对手难于再进行成功的回追抢截。

五、抢截球

抢截球技术是指运动员在足球竞赛规则允许的范围内，使用身体的合理部位将对手的控球权夺过来或破坏掉。

1. 正面跨步堵抢

抢球者两脚前后开立，迎着运球者而站，两膝微屈，身体重心下降并置于两脚间，当运球者与抢球者间的距离缩小到一定范围（即抢球者上前跨一大步可能触及球），运球者脚触球后即将落地或刚刚落地时，抢球者后脚用力蹬地并跨步向前，以脚内侧去堵截球，当已堵住球时，另一只脚应迅速上步。若与对手同时触球，则抢球者应将另一只脚迅速前移做支撑脚，抢球脚在不脱离球的情况下迅速向上提拉，使球从对手脚面滚过，身体重心也迅速跟上并将球控制好。

2. 合理冲撞抢球

当防守者并肩与运球者跑动追球时，防守者重心稍下降，靠近对手一侧的手臂紧贴身体，利用对方同侧脚离地的过程，用肘关节以上部位适当冲撞对手同样部位，使对手身体失去平衡，乘机将球控制住。

3. 正面铲球

移动接近控球者，膝关节微屈，重心下降，当控球者触球脚触球后尚未落地时，抢球者双脚沿地面向球滑铲，随即用手扶地做向一侧的翻滚，并尽快起身。

六、头顶球

头顶球是指运动员有目的地用前额将球击向预定的目标的动作。足球比赛中不仅要处理各种各样不同形式和不同性质的地滚球，同时也要处理各种空中球；现代足球比赛中对时间与空间的争夺异常激烈，头顶球技术的使用不仅使运动员占据空间，又能争取时间，所以头顶球是处理高空球的最重要手段。使用头顶球技术，不仅可以进行传球、抢断球、高球射门，而且利用鱼跃头顶球可以扩大运动员的控制范围、防守时抢险。

头顶球技术分前额正面头顶球与前额侧面头顶球。

1. 前额正面头顶球

前额正面头顶球是由额肌覆盖着的额骨正面部分去击球的一种动作方法，接触部位在前额的前上方。

（1）原地头顶球：身体正对来球方向，眼睛注视运动中的球，两脚左右开立（或前后开立），膝关节微屈，重心置于两脚间的支撑面上（或后脚上），两臂自然张开。当球运行到将垂直于地面的垂线时，两腿用力蹬地，迅速向前摆体，微收下颌，在触球瞬间颈部做爆发式振摆，用前额正面击球中部，上体随球前摆。

（2）跑动头顶球：跑动头顶球的动作要领与原地顶球相同，只是第一环节应正对来球跑出抢点。球顶出后，由于跑动速度较快，为保持平衡身体须随球向前移动。

（3）原地跳起头顶球：这种技术用在本方传来或对方传来高球时运用。屈膝，重心下降，然后两脚用力蹬地起跳，同时两臂屈肘上摆，在身体上升阶段展腹挺胸，两臂自然张开，眼睛注视来球，身体自然成背弓。当球运行至身体额状面时，迅速收腹，上体前摆，触球瞬间颈部做爆发性振摆，用前额正面将球顶出。同时两腿向前做振摆，球顶出后两腿屈膝屈踝落地。

（4）跑动跳起头顶球：一般助跑跳起顶球时都使用单脚起跳。根据来球的速度、运行轨迹，选好起跳位置，及时跑到起跳点，起跳前一步稍大些，起跳脚用力蹬地跳起，同时另一腿屈膝上摆，两臂屈肘自然上提。其余各环节与原地跳起头顶球相同。

2. 前额侧面头顶球

（1）原地头顶球：根据来球的运行速度、运行轨迹，及时移动到位。两脚前后开立（或左右开立），出球方向的异侧脚在前，重心逐渐过渡到前脚上，眼睛注视来球，前膝微屈，两臂侧前后，自然张开，当球运行至体前上方时，用力蹬地前脚掌并适度旋转，上体随着向出球方向扭摆，同时用力向击球方向甩头，以前额侧面击球的后中部。

（2）跑动头顶球：与原地额侧头顶球动作要领相同，不同的是此动作是在快速跑动中开始和完成的，注意完成动作后的身体平衡。

（3）跳起头顶球：分为原地跳起顶球与助跑跳起顶球。起跳动作及第一环节与前额正面跳起头顶球相同。在起跳后的身体上升阶段上体向出球的相反方向侧摆，在身体达到最高点时，上体急速向出球方向摆出，颈部扭摆甩头，用前额侧面击来球的后中部，将球击向预定的目标。落地时屈膝以缓冲落地力量并保持身体平衡。

七、假动作

足球比赛中，运动员为了争取时间、空间的优势，取得控球权或控制好球以达到射门的目的，常采用一些虚假动作掩饰自己的真实意图。虚假动作使对手产生错误的判断，造成重心错误的偏移，形成对自己有利的形势以实现自己的目的。假动作渗透在各种技术中，如踢球、接球、顶球、运球、抢截球、掷界外球以及守门员技术等。

1. 传球前的假踢

如传球前为了使堵住传球路线的对手闪开空当，可先向一方做假踢动作，当对手去堵假踢的传球路线时，突然改变踢球脚法将球从另一方向传出。

2. 接球前的假接

如对手在体侧紧逼的情况下，可先向一侧做假接球动作，当对手重心发生不适当的偏移时，突然改变向另一侧接球。

3. 接球前的假顶

接高度在胸以上的空中来球，对手迎面上来准备在自己接球后立即抢截，接球者可做出假顶的动作，迫使对手减速或停下，远离自己准备截获顶出之球，此时突然用头或胸将球接在自己控制范围。

4. 顶球前的假接

面对高空来球，做出胸部接球的假动作，诱使对手逼近准备抢球，等对手逼近时，突然用头将球传出，使对手来不及去防守接球的队员。

5. 运球过人假动作

（1）运球过人时的虚晃假动作。如面对对手控球过人时，对手逼得较紧，可向一侧用身体或腿部做虚晃动作（或是身体与腿同时并用）诱使对手跟随运球虚晃动作发生重心的偏移，然后迅速用另一例脚背外侧向同侧拨球，并转身越过对手。

（2）用减速或停顿的假动作，再突然启动的方法越过对手。快速运球时，对手在自己一侧紧追不舍，待跑至与自己持平时，做一个减速或停顿的假动作，使对手产生错觉。当对手也减速或停顿时突然加速推球向前甩掉对手。

（3）当对手在侧后追抢时，运球者上前用异侧脚向前从球上跨过，诱使对手堵抢，然后用同一脚脚背外侧将球向另一侧扣回（或用另一脚脚背内侧将球扣回）；甩掉对手。

（4）防守者从正面迎上准备抢球，运球者用一只脚假做向另一侧前方踢球，诱使对手上前堵截，此时改假踢脚为支撑脚，用另一脚内侧将球向另一侧推出或向对手胯下将球推过，接着迅速绕过对手运球前进。也可用脚背外侧做假踢将球从对手胯下拨过，运球继续前进。

6. 抢球假动作

作为防守者，当对手运球向自己跑来时，如果防守者能调动进攻者，就可以变被动为主动，而抢截假动作就是达到此目的的一种手段。如先使用假动作去堵截某一方向，使进攻者不敢从这一方向出球或运球，而从另一方向出球或运球，而这正是抢截真动作实施的方向，就可将球截获。

八、掷界外球

由于掷界外球时接球人不受越位规则的约束，因此，掷界外球不仅用于恢复比赛，而且可以为进攻创造有利条件。尤其是在前场距对方底线30米内掷界外球，将球直接掷到门前，可以给对方造成很大威胁。

1. 原地掷界外球

面对出球方向，两脚前后或左右开立，每脚均应有一部分站立在边线上或边线外。膝关节弯曲，上体后仰成背弓，重心移到后脚上（左右开立时，重心在两脚间），两手自然张开，拇指相对，持球的侧后部，屈肘将球置于头后。掷球时，后脚用力蹬地（或两脚用力蹬地），两腿迅速伸直，身体重心由后脚移到前脚，收腹屈体，同时两臂急速前摆。当球摆到头上时用力甩腕将球掷入场内。掷球时，后脚可沿地面向前滑动，两脚均不得离地。

2. 助跑掷界外球

两手持球放在胸前，在助跑迈出最后一步时，上体后仰成背弓，同时将球上举至头后，掷球时的动作与原地掷界外球动作相同。将球掷出后，后脚可在地面上向前滑行，但不得离地。

九、守门员技术

（一）接球

接球是守门员最主要的技术，它包括接地滚球、平空球和高空球。

1. 接地滚球

（1）直腿式：两腿自然并立，脚尖正对来球，上体前屈，两臂并肘前迎，两手小指靠近，手掌对球。手触球的刹那随球后引屈肘、屈腕，两臂靠近将球抱于胸前。

（2）跪撑式：多用于向侧移步接球。接左侧球时，左腿屈，右腿跪撑于左脚附近，距离不得超过球的直径，其余动作与直腿式接球相同。接右侧球时，动作相同，方向相反。

2. 接平空球

指膝以上、胸以下的空中球。接球时面对来球，两手掌心向上，两手小指相靠，前迎接球。上体前屈，当手触球时两臂向后撤引缓冲，将球抱于胸前。

3. 接高空球

面对来球，两臂上伸，两手拇指相对呈八字形，其余四指微屈，手掌相对。在最高点手触球瞬间，手指、手腕适当用力，缓冲来球并将球接住，顺势转腕屈肘、下引将球抱于胸前。

（二）击、托球

1. 拳击球

守门员在与一个或多个对手争抢空间或自己身体失去平衡时，运用拳击球。

准确判断来球运行路线，及时移动到位，握紧拳，在接近球的刹那迅速出拳击球。拳击球有单、双拳击球，单拳击球动作灵活，摆动幅度大，击球力量大。双拳击球接触球面积大，准确性高。

2. 托球

判断来球运行路线后，向后跃起托球。托球时手指微张，手掌向外翻转，用手掌前部触球的下部，使球改变运行轨迹，呈弧线越过球门横梁。

（三）扑、接球

1. 扑侧面球

异侧脚用力蹬地，双手快速向侧伸出，一手置于球后，另一侧手置于球的侧后上方。同时身体向同侧脚方向倒地，落地时以小腿、大腿、臀、肘外侧依次着地，落地后抱球团身。

2. 扑平空球：近侧脚用力蹬地使身体跃起，身体在空中伸展，手指用力抓住球，接球后以球、肘、肩、上体、臀、腿外侧依次着地并迅速团身。

（四）发球

1. 手掷球

（1）单手肩上掷球：两脚前后开立，两膝弯曲，单手持球，屈臂于肩上。掷球时，持球手臂后引，同时身体随之侧转，重心移到后脚上。掷球时，后脚向后蹬地，用转体和挥臂、甩腕的力量将球掷向预定的目标。

（2）侧身勾手掷球：两脚前后开立，身体侧对出球方向，单手持球后引，臂微屈，同时重心移到后脚上。掷球时，后脚用力向后蹬地，同时转体，重心由后脚移向前脚。当持球手臂由后经体侧沿弧线摆至肩上时，手指和手腕用力将球掷向预定的目标。

2. 脚踢球

（1）踢空中球：将球置于体前，在球自由下落过程中踢球。它多用于远距离传球或雨天场地泥泞时。

（2）踢反弹球：体前抛球，在球落地后反弹起来的瞬间将球踢出。它比踢空中球准确性要高，速度较快，出球弧度低，隐蔽性强。

这两种踢球的动作与脚背正面踢球基本相同，但由于要求踢得远，所以守门员都是向前上方踢。

第三节　足球运动基本战术

一、进攻战术

（一）宽度

比赛中一旦本方获得控球权，就应充分利用比赛场地的所有空间向对方发动进攻。无球队员要尽量利用场地的宽度，积极跑动，最大限度地松懈防守队员之间在左右方向上的联系，为本方插入队员创造更好的可利用的进攻空当。

（二）深度

在充分利用场地宽度的同时，又要充分利用场地的纵深距离，进攻队员要有意识地在不同方位上形成不同距离的纵深梯次，要积极向防守队员身后的空当区域穿插与突破，并应时刻意识到防守队员身后球门前的空当是进攻队员首先要争取利用的区域。

（三）灵活

在进攻时的战术配合中，运动员要在按照赛前制定的全队战术打法的总体规划基础上，根据比赛中的实际情况，灵活机动地改变和调整战术行动的实施方案，随机应变。

（四）渗透

进攻时，要充分利用所有比赛场地空间，不断地通过传球、运球和无球队员的积极跑位等各种有效技术手段向对方球门逼近，向对方球门前层层渗透。进攻队员要观察敏锐、反应迅速、动作突然，向防守队员身后的防守漏洞穿插、渗透、传球或运球突破，以争取迅速接近对方球门射门得分。

二、防守战术

（一）延缓

快速防守、延缓对方的进攻速度是防守成功的重要因素。当本方失去控球权的瞬间，每一个队员都要意识到不能让对手发动快攻。此时离球最近的队员要以最快的有效方法去封堵对方控球队员向前传球或运球发动进攻的路线，以争取让本队的其他队员有时间回防到位，形成稳固的防守体系。

（二）纵深

快速回防到位，迅速构成纵深层次防守体系是防守成功的重要条件。当队员封堵对方控球队员的传球或运球路线时，其他无球的防守队员要快速地盯防自己身边有可能接球的对手，迅速回到自己的防守位置上，将自己防守区域内的对手纳入自己的防守范围之内，并迅速与其他同伴建立起完整的防守体系。

（三）平衡

加强保护、争取防守力量平衡和局部优势是防守成功的基础。当对方控球继续向本方球门区域进攻时，防守队员要向中路收缩，减少防守队员之间的防守距离，压缩身后防守空当，争取在局部防守中获得防守力量的优势。这样可以大大提高防守队员间相互支援的有效性，特别是提高防守队员身后空当的防守保护及补位的及时性和有效性。

（四）控制

紧盯控制，阻止对方射门是防守成功的最终体现。当对方已经攻到本方球门前射门有效区域内时，攻方的得球队员随时有起脚射门的威胁。首先要对控球队员严密控制，封堵控球队员的射门角度阻止其起脚射门；其次要对有可能接球的队员进行紧逼盯人，限制其活动的自由，更不能让其接球射门。对于在球区附近出现的射门机会，都要尽最大的努力破坏掉。

（五）守中寓攻

积极防守是进攻的前奏，因此在防守时要有重新得球发动进攻的充分思想准备。防守过程中，防守队的前锋队员要有意识地占据能够为本方抢球成功后发动快攻的位置，从而对攻方的后卫线构成潜在的威胁，使得攻方后卫队员有明显的后顾之忧，达到为本方后防线减轻防守压力的效果。

三、定位球

（一）直接任意球进攻

直接任意球是可以直接射门得分的罚球。罚球时，应由两名罚球队员站于罚球位置上，这样可以使对手产生疑问不能确定哪一位是主罚队员。在罚球区中路附近的直接任意球射门方式一般有近射、弧线球射门、快速射门、战术配合射门。

（二）间接任意球进攻

间接任意球指主罚队员不能直接踢球射入对方球门的任意球。方法有：快速一拨即射；空中抢点射门及空中掩护射门；声东击西，攻其不备。

（三）角球进攻

角球进攻有两个有利条件：一是罚角球可以直接射门得分，二是进攻队员直接接角球不受越位犯规限制。角球的进攻方法一般有以下几种：直接踢弧线球射门、将球直接踢向威胁区域、中短距离配合战术角球。

（四）掷界外球进攻

掷界外球进攻应当考虑以下几个方面：尽快将球掷出，发动快速进攻；掷给无人防守的同伴；向前掷球；掷出的球应当便于接球员接控；若掷球队员示意接球者用头顶回，则应掷胸部高度的球，从而保证球被传至掷球队员脚下；接球的队员要为掷球队员创造足够的空间。

（五）防守直接任意球

由于直接任意球可以直接射门得分，因此，防守直接任意球的首要任务是防止对手直接射门。比赛中常常采取布置防守人墙的方法来封堵对手射门的有效角度和面积。在布置人墙时应明确以下几个问题：由谁来组织布置人墙？由多少人来排防守人墙？排人墙的队员何时可以散开？

（六）防守间接任意球

在罚球区内防守间接任意球时，人墙应当尽可能地保护更大的球门区域面积。当全部队员都必须退到球门线上排人墙时，守门员应当在人墙的中心位置。当球一被踢出，全体防守队员应当立刻迎球上抢，这样可更好地封堵射门的角度，也可使对手处于越位犯规状态。

（七）角球防守

防守角球与防守直接和间接任意球的原则基本相同。守门员除位置外还要注意脚的姿势，应当斜向站位在球门线上，在保证能看到罚球队员的同时，又能对罚球区内的防守和进攻队员的活动进行全面观察。除守门员外，对方罚角球时，在前门柱和后门柱处各有一到两名防守队员，专门负责防守两个门柱区域的来球和攻方队员的攻击活动。这两名防守队员在抢点和空中争顶能力方面都应较强。

第四节　足球运动基本规则

一、比赛场地及用球

足球比赛的场地必须是长方形，两条较长的边界线叫边线，两条较短的线叫端线。长度为90～120米，宽度为45～90米。

国际比赛的场地长度为100～110米，宽度为64～75米。

世界杯足球赛场地长度是105米，宽度是68米。

比赛场地是用线来标明的，这些线作为场内各个区域的边界线应包含在各个区域之内。所有线的宽度不超过12厘米。比赛场地被中线划分为两个半场。

在场地中线的中点处做一个中心标记，以距中心标记9.15米为半径画一个圆圈。

（一）球门区

球门区在场地的两端，从距每个球门柱内侧5.5米处，画两条垂直于球门线的线。这些线伸向比赛场地内5.50米，与一条平行于球门线的线相连接。由这些线和球门线组成的区域范围是球门区。

（二）罚球区

罚球区在场地的两端，从距每个球门柱内侧16.5米处，画两条垂直于球门线的线。这些线伸向比赛场地内16.5米，与一条平行于球门线的线相连接。由这些线和球门线组成的区域范围是罚球区。

在每个罚球区内距球门柱之间门线的中点11米处设置一个罚球点。在罚球区外，以距每个罚球点9.15米为半径画一段弧。

（三）旗杆

在场地每个角上各竖一根不低于1.5米的平顶旗杆，上系小旗一面。在中线的两端、边线以外不少于1米处，也可以放置旗杆。

（四）角球弧

在比赛场地内，以距每个角旗杆1米为半径画一个四分之一圆，称为角球弧。

（五）球门

（1）球门必须放置在每条球门线的中央，球门柱和横梁必须是白色的。

（2）球门由两根距角旗杆等距离的垂直的柱子和连接其顶部的水平的横梁组成。

（3）两根柱子之间的距离是7.32米，从横梁的下沿至地面的距离是2.44米。

（六）球

（1）用皮革或其他适当的材料制成。

（2）圆周不长于70厘米，不短于68厘米。

（3）重量在比赛开始时不多于450克，不少于410克。

（4）压力在海平面上等于0.6～1.1个大气压力（600～1 100克/平方厘米或8.5～15.6磅/平方英寸）。

二、队员人数及装备

（一）队员

（1）一场比赛应有两队参加，每队上场队员不得多于11名，其中必须有一名守门员。如果任何一队少于7人则比赛不能开始。

（2）在由国际足联、洲际联合会或国家协会主办的正式比赛中，每场比赛最多可以使用3名替补队员，部分比赛规定可使用3次5人的换人方式。

（3）在所有的比赛中，替补队员名单必须在比赛开始前交给裁判员。未被提名的替补队员不得参加比赛。

（4）替补队员时必须遵守以下规定：

① 替补前应先通知裁判员。

② 替补队员在被替补队员离场，并得到裁判员信号后方可进入比赛场地。

③ 替补队员只能在比赛停止时从中线处进场。

④ 当替补队员进入比赛场地，即完成了替补程序。

⑤ 从替补队员进入比赛场地起，替补队员成为场上队员，而被替补队员终止为场上队员。

⑥ 被替补下场的队员不得再次参加该场比赛。

⑦ 所有替补队员无论上场与否，裁判员均有权对其行使职权。

（二）基本装备

1. 队员必需的基本装备

（1）运动上衣。

（2）短裤。如果穿紧身内裤，必须与短裤的主色同一颜色。

（3）护袜。

（4）护腿板。

（5）足球鞋。

2. 守门员服装要求

每名守门员的服装颜色必须有别于本队其他队员、裁判员和助理裁判员。

（三）违规及判罚

对于任何违反队员必需基本装备规则的进行以下处理：

（1）比赛不需要停止。

（2）裁判员指出上场队员的装备有问题后，该队员应离开比赛场地去调整装备。

（3）除非该队员已经调整好装备，否则应在比赛停止成死球时离开比赛场地。

（4）离开比赛场地调整装备的队员在未得到裁判员许可前不得重新进场。

（5）裁判员在允许队员回场前需检查队员装备。

（6）队员只有在比赛成死球时方可重新进入比赛场地。

三、裁判员的权限和职责

每场比赛由一名裁判员控制，他被任命具有执行与比赛有关的竞赛规则的权力。

1. 裁判员职责

（1）执行竞赛规则。

（2）与助理裁判员及当有第四官员时，和他们一起控制比赛。

（3）记录比赛时间和比赛成绩。

（4）因违反规则停止、推迟或终止比赛。

（5）因外界干扰停止、推迟或终止比赛。

（6）如果他认为队员受伤严重，则停止比赛，并确保将其移出比赛场地。

（7）如果他认为队员只受轻伤，则允许比赛继续进行直到成死球。

（8）当一个队被犯规而根据“有利”条款能获利时，则允许比赛继续进行；如果预期的“有利”在那一时刻没有接着发生，则判罚最初的犯规。

（9）当队员同时出现一种以上的犯规时，则对较严重的犯规进行处罚。

（10）裁判员不必立即向可以被警告和罚令出场的队员进行处罚，但当比赛成死球时必须这样做。

（11）对于自己未看到的情况，可根据助理裁判员的意见进行判罚。

（12）未经批准的人员不得进入比赛场地。

（13）比赛停止后重新开始比赛。

2. 裁判员的决定

裁判员根据与比赛相关的事实所作出的决定是最终的。只有在比赛未重新开始前，裁判员可以根据自己的判断或助理裁判员的意见而改变确实不正确的决定。

四、比赛时间

（1）比赛分为两个半场，每半场45分钟。特殊情况经裁判员和双方同意另定除外。任何改变比赛时间的协议（如因光线不足每半场减少到40分钟）必须在比赛开始之前制定，并要符合竞赛规程。

（2）队员有中场休息的权利，在竞赛规程中必须阐明中场休息的时间。

（3）中场休息不得超过15分钟。

（4）只有经裁判员同意方可改变中场休息时间。

（5）在每半场比赛中损失的所有时间应被扣除，主要有以下几种情况：

① 替换队员损失的时间。

② 对队员伤势的估计损失的时间。

③ 将受伤队员移出比赛场地花费的时间。

④ 拖延比赛的时间。

⑤ 因任何其他原因所损失的时间。

五、比赛开始和重新开始

通过掷币，猜中的队决定上半场比赛的进攻方向，另一队开球开始比赛。下半场比赛两队交换比赛场地，猜中的队开球开始比赛。

1. 开球

开球是比赛开始和重新开始的一种方式，当处于以下状态时需要开球：

（1）在比赛开始时。

（2）在进球得分后。

（3）在下半场比赛开始时。

（4）在决胜期两个半场开始时。

开球可以直接射门得分。

2. 坠球

坠球是在比赛进行中因竞赛规则未提到的原因而需要暂停比赛之后，重新开始比赛的一种方法。有关坠球的相关规定如下：

（1）裁判员在比赛停止时球所在的地点坠球。

（2）当球触地比赛即为重新开始。

六、比赛进行及死球

1. 比赛成死球

当遇到下列情况时比赛成死球：

（1）当球不论从地面还是空中全部越过球门线或边线时。

（2）当比赛已被裁判员停止时。

2. 比赛进行

球从球门柱、横梁或角旗杆弹回场内，球从比赛场地上的裁判员或助理裁判员身上弹回场内均为比赛进行中。

七、计胜方法

（1）当球的整体从球门柱间及横梁下越过球门线，而此前未违反竞赛规则，即为进球得分。

（2）在比赛中进球数较多的队为胜者。如两队进球数相等或均未进球，则比赛为平局。

（3）竞赛规程应说明，若比赛结束为平局，是否采用决胜期或其他步骤以决定比赛的胜者。

八、越位

队员处于越位位置本身并不是犯规。

1. 队员处于越位位置

队员接本方队员传球的一瞬间，比倒数第二名对方队员（距守方球门）更接近于对方球门线，此时处于越位位置。

处于越位位置的队员，在触及球的一瞬间，裁判员认为其试图借此位置进球或干扰比赛才被判为越位犯规。

2. 队员不处于越位位置

（1）队员在本方半场内。

（2）队员齐平于倒数第二名对方队员。

（3）队员齐平于最后两名对方队员。

九、犯规行为

裁判员认为，如果队员草率地、鲁莽地或使用过分的力量违反下列六种犯规中的任何一种，将判给对方踢直接任意球：

（1）踢或企图踢对方队员。

（2）绊摔或企图绊摔对方队员。

（3）跳向对方队员。

（4）冲撞对方队员。

（5）打或企图打对方队员。

（6）推对方队员。

如果队员违反下列四种犯规中的任何一种，在犯规发生地点直接判给对方踢直接任意球。

（1）为了得到对球的控制权而抢截对方队员来球时，于触球前触及对方队员。

（2）拉扯对方队员。

（3）向对方队员吐唾沫。

（4）故意手球（不包括守门员在本方罚球区内）。

十、罚球点球

当比赛进行中，一个队在本方罚球区内由于违反了可判为直接任意球的十种犯规之一，应判对方队员执行罚球点球。

罚球点球可以直接进球得分。

在每半场比赛或决胜期结束时，应允许延长时间执行完罚球点球。

十一、掷界外球

掷界外球是重新开始比赛的一种方法。

掷界外球不能直接进球得分。

十二、球门球

球门球是重新开始比赛的一种方法。

球门球可以直接射入对方球门而得分。

十三、角球

角球是重新开始比赛的一种方法。

角球可以直接射入对方球门而得分。

思考题

1. 简述现代足球运动的发展过程。
2. 简述接球的几种基本身体部位。
3. 简述越位规则及判断越位的方法。

第五章　足球运动微课视频

脚背内侧运球

脚背外侧运球

脚背正面接空中球

脚背正面踢定位球

脚背正面踢球

脚底接地滚球

脚内侧拨球

脚内侧接地滚球

脚内侧踢空中球

拉球

内脚背踢球

第六章 排 球 运 动

学习目标：

1. 了解排球运动的起源和发展。

2. 掌握排球运动的基本技术和战术。

3. 掌握排球运动的竞赛规则。

章前导言：

排球运动的场地设备比较简单，基本的比赛规则容易掌握且可以变通。因此，在世界上广泛流传和发展，深受各国人民的喜爱。本章主要介绍排球运动的起源和发展，排球的基本技术和战术，相应的训练原则和方法，以及排球运动的基本竞赛规则。使读者对排球运动有初步的认识，激发学习兴趣和热情。进一步扩大排球运动的影响力。

第一节 排球运动概述

一、起源

排球起源于美国，它诞生于1895年。美国马萨诸塞州霍利约克基督教青年会有位叫威廉斯盖·摩根的体育干事，想出了把流行的网球搬到室内的主意，他把网球允许落地再击回去的打法改为不许落地，用手击球，并把体积小、速度快的网球，改为体积大、速度慢的篮球胆，并把网球网挂在篮球场的中央进行比赛，并逐步发展为今天的排球运动。

二、排球运动的特点

（一）形式的多样性和广泛的群众性

排球运动的场地设备比较简单，基本的比赛规则容易掌握且可以变通，既可在球场上训练和比赛，亦可以在一般的空地上活动。地板上、沙地上、草地上、雪地上，甚至水中都可以进行排球活动，其形式多种多样。运动量可大可小，参加的人数可多可少，适合于不同年龄、不同性别、不同训练程度的人在不同的环境条件下进行活动，具有广泛的群众性。

（二）技术的全面性和高度的技巧性

排球比赛规则规定，每个队员必须进行位置轮转，都要参与防守和进攻，要求每个队员必须全面掌握各项技术，能在各个位置上比赛。由于排球比赛中球不能落地，不得持球和连击，且每队击球次数又有严格的规定。击球时间的短暂，击球空间的多变，决定了排球技术高度的技巧性。

（三）激烈的对抗性和严密的集体性

排球比赛中，双方的攻防转换始终是在激烈快速的对抗中进行的。双方竞技水平越高，对抗争夺也越激烈。高水平比赛对抗的焦点集中表现在网上的扣球与拦网之间。在排球比赛中，除了发球和偶然的一次击球过网之外，比赛双方都在充分利用规则允许的3次击球机会，通过精心设计和巧妙配合，在瞬间完成激烈的攻防转换和完美的战术组合，体现了严密、默契的集体性。

（四）轻松的娱乐性和高雅的休闲性

排球运动形式多样，不拘一格。既可进行正规的比赛，高水平的争斗，也可用于游戏、娱乐，只要有一块空间，沙滩或草地，尽可享受运动之乐趣。排球比赛，隔网进行，双方争斗，没有直接的身体接触，温文尔雅，安全惬意，是人们欢愉、休闲的理想方式。

（五）活动的全身性与良好的观赏性

排球规则规定，球可以触击身体的任何部位，这使技术动作越来越多样化，既可使用手打，也可运用脚击、头顶等技术，加上前扑、倒地、滚翻、鱼跃等防守动作，从而扩大了防守范围，增加了起球机会，使比赛显得精彩纷呈，吸引观众，具有良好的观赏性。现行的排球规则赋予了排球比赛新的生命力，比赛时间相对缩短且固定在一定的时间内，得失分手段增多，比赛日趋激烈，强弱队差距缩小，胜负悬念增大，观众兴趣浓厚，赛场气氛热烈。简而言之，新规则的实施，增强并提高了排球比赛的观赏性，有利于该项运动的发展与市场的形成。

（六）攻防技术的两重性

在排球比赛中，各项技术都既能得分，又能失分，每项技术都具有攻防的两重性。排球各项技术都是攻中有防、防中有攻，相互转化、相互制约。所以，要求技术准确熟练，既要有攻击性又要有准确性。

三、排球运动的功能

（1）参加排球运动，可以提高人们的力量、速度、灵敏、耐力、弹跳、协调、反应等身体素质和运动能力，改善身体各器官、系统的机能状况，还能够培养机智勇敢、沉着冷静、坚强果断的心理品质。

（2）可以培养团结协作、克服困难、争取胜利的集体主义精神。通过训练和比赛，增进运动队之间的交流，运动员之间的团结，促进技术水平的提高。

（3）普及、提高体育运动，推动群众性体育活动的广泛开展，丰富人们的文化生活，提高健康水平。

（4）通过比赛，开展国际交流，促进全世界人民的友谊和团结，提高国家威望，振奋民族精神。

四、我国排球发展的概况

1919年，广东台山县成立了中国第一个农民排球组织，该县后来成为全国闻名的“排球之乡”。1914年5月，在北京举行的第二届全运会设了男子排球赛，这是我国首次举行的全国排球赛。

中华人民共和国成立后，排球运动和其他运动项目一样，有了较快的发展。1951年，根据国际规则，结合国内情况制定了我国6人制排球规则，经中华全国体育总会筹委会审定通过并在全国试行。同年举行全国篮、排球比赛大会，正式采用6人制排球比赛。

下面将我国6人制排球的发展分七个阶段加以叙述：

第一阶段：继承学习阶段（1951—1956年），这一阶段主要继承我国9人制排球的上手传球、勾手大力发球、正面及勾手扣球、快球和拦网等技术，以及快球掩护进攻和集体拦网等战术。学习苏联和东欧先进技术，并逐步推广6人制排球。

第二阶段：摸索发展阶段（1956—1966年），这一阶段各省市自治区根据各自的特点，开始摸索发展各自不同的风格和打法。邀请大松博文带领当时的世界冠军日本女排访华、明确地提出“三从一大”的训练原则，对当时排球运动的发展起了很大的推动作用，在走自己技术发展的道路方面，迈出了可喜的一步。

第三阶段：低潮阶段（1966—1972年），当时社会环境使正处于上升时期的排球运动受到了严重的干扰。刻苦顽强的训练作风和严格训练的优良传统遭到彻底破坏。

第四阶段：恢复阶段（1972—1980年），1972年，体育主管部门召开了三大球训练工作会议，总结过去的经验教训，明确了技战术指导思想，制定了五年排球发展规划，建立了排球训练基地，有计划地每年组织集训。

第五阶段：高峰阶段（1981—1986年），这个阶段中国女排取得世界大赛五连冠。男排获第五名的佳绩，均属历史最好成绩。

第六阶段：反复阶段（20世纪80年代—2002年），中国女排上升下降几经反复。男排下降后低至20世纪70年代末、80年代初的水平。

第七阶段：回升阶段（2003年至今），在2003年的世界杯、2004年的雅典奥运会和2006年里约奥运会等比赛上女排多次夺得世界冠军，男排正继续奋斗。

五、排球运动发展趋势

（1）全：发、垫、传、扣、拦各项技术、战术全面，身体素质（速度、力量、协调性、灵敏、柔韧、耐力）各方面均衡，心理素质过硬，战术意识强，有较多参加重大比赛的实践经验。

（2）高：身材高大、弹跳好。目前，各国都在专攻自己的特色技术和培养高大选手，且极为重视专项弹跳力训练。例如，古巴女排每周4次力量训练，弹跳力极为出色的路易斯虽然身高仅有1.73米，但可摸高3.30米。

（3）快：反应快、启动快、位移速度快，要求从发球一传→二传→扣球的节奏快。

（4）准：准确。

（5）变：技术、战术变化多端。

六、国际排球联合会与世界排球赛事

国际排球联合会于1947年在巴黎成立。它管辖的正式比赛有：

（1）奥运会排球比赛。

（2）世界排球锦标赛。

（3）世界杯排球比赛。

（4）残奥会排球比赛。

（5）沙滩排球赛。

第二节 排球运动基本技术

一、准备姿势

一般来讲，准备姿势分为半蹲准备姿势、稍蹲准备姿势、低蹲准备姿势三种。技术要点：屈膝、提踵、含胸、收腹、微动。

二、发球

（一）正面上手发球（以右手为例）

面对球网，两肢自然开立，左脚在前，左手托球于体前。左手用掌平稳而准确地将球抛在体前右肩前上方，高度约50厘米。同时，右臂经腹、胸抬起，屈肘后引，肘略高于肩，上体稍向后仰。五指并拢，指尖朝上，手腕稍后仰保持一定的紧张，眼睛注视球体。击球时，右脚蹬地，重心前移，以收腹、屈体迅速带动手臂的挥动。挥臂成直线，在右肩前上方，用手掌坚硬部位击中球的后下部（图6-2-1）。

（二）正面下手发球

下手发球动作技术简单，可作为学习发球技术的入门动作。其技术要点为面对球网，左脚在前，两膝微屈，左手持球于胸前，右手自然下垂，眼视前方。左手将球在体右侧抛起，高约20厘米。抛球时，身体重心后移，同时右手后摆。击球时，右脚蹬地，身体重心前移，右臂伸直，以肩为轴向前摆至腹前，用掌根击球的后下部。击球后，随着击球动作身体重心前移，迅速入场（图6-2-2）。

图6-2-1 正面上手发球

图6-2-2 正面下手发球

（三）侧面下手发球

侧面下手发球是侧对网站立，转体带动手臂由体侧后下方向前挥动，在体前肩以下的高度击球过网的一种发球方法。这种发球，可借助转体力量带动手臂挥动击球，比较省力，但攻击性不强，一般适用于初学的女生。

三、传球

正面双手传球

正面双手传球是最基本的传球方法，它控制球面积大，手和全身动作容易协调配合，传球的准确性和稳定性也高，是掌握和运用其他各种传球方法的基础。

正面传球多采用稍蹲准备姿势，两脚左右开立，约同肩宽，两膝稍弯曲，上体自然挺起，两手自然抬起，放松，置于脸前，准备传球。当球下降接近前额时，蹬地伸膝，两手向前上方迎击来球。当来球距额前1米左右时，则开始向上伸臂和伸膝，两手迎击来球，击球点在额前上方一球左右为宜。传球的用力动作，主要是以手指、手腕的弹力及伸臂伴送和伸膝蹬地的全身协调性用力将球传出。用力顺序是：蹬地、伸膝、伸腰、伸肘、伸臂，手指、手腕屈伸（图6-2-3）。

四、垫球

（一）正面双手垫球

两脚开立稍比肩宽，垫球手臂与地面形成一定的夹角，看准来球，两臂夹紧前伸，插到球下，用前臂腕关节以上10～15厘米的地方两臂桡骨内侧形成的平面击球的下部。向前上方蹬地抬臂，迎击来球，使插、夹、抬、蹬连贯完成，灵活控制传球方向和力量（图6-2-4）。

图6-2-3　正面双手传球

图6-2-4　正面双手垫球

（二）体侧垫球

当来球飞向在体侧，而身体来不及移动正对来球时，即要采用侧垫。例如，球从左（右）侧飞来时，左（右）脚往外跨出一步，右（左）脚前脚掌内侧蹬地，重心随即移至左（右）脚上，左（右）膝弯曲。同时两臂向侧伸出，右（左）肩向下倾斜，使两臂击球面截住球的飞行弧线，两前臂并拢成一平面，异侧的前臂触球偏底部。用力时，腰部发力，重心内转，两肩向前用力稍有迎击动作，将球垫出。

（三）背垫

首先判断球落点、方向和背网距离，迅速移动到落点处，背对出球方向，两臂夹紧伸直，插到球下。击球时，蹬地、抬头挺胸、展腹，直臂向后上方摆动击球。

五、挡球

（一）双手挡球

双手挡球多用于挡击胸部高度以上力量大、速度快的来球。双手挡球的手形有：抱拳式和并掌式。抱拳式的手法是：两肘弯曲。一手半握拳，另一手外抱，两掌外侧朝前。并掌式的手法是：两肘弯曲，两手虎口交叉，两掌外侧朝前，合并成勺形。双手挡球时无论使用哪种手法，两肘都必须弯曲，肘关节朝前，手腕后仰，用掌外侧和掌根组成的平面挡击球的后下部。击球点在脸前或两肩上，击球时手腕应保持一定的紧张，用力适度。

（二）单手挡球

单手挡球主要用于高度较高、力量较轻、在头上方或侧上方的球。单手挡球的方法有：掌根击球和掌心击球。掌根击球时，手张开，手腕后仰，手指自然弯曲，用掌根平面击球；运用掌心击球时，击球手掌虚握拳，用掌心的平面击球。不管采用哪种手型挡球，击球瞬间手腕要紧张、后仰，用力适度，使击球平面朝前上方，对准球的后下部击球。如来球较高时，还可采用跳起挡球。

（三）扣球

在助跑跨出最后一步的同时，两臂绕体侧向后引，左脚在落地过程中制动，两臂自后积极向前摆动，随着双腿蹬地向上起跳，两臂配合起跳用力上摆。起跳后，挺胸展腹，上体稍向右转，右臂向后上方抬起，身体成反弓形。挥臂时，以迅速转体、收腹动作发力，并带动肩、肘、腕各部位关节成鞭甩动作向前上方挥动。击球时，五指微张成勺形并保持紧张，用全手掌包满球，以掌心为击球中心，击球的后中部，同时主动用力屈腕屈指向前推压，使扣出的球加速上旋。击球点在起跳和手臂伸直最高点的前上方。空中完成击球动作后，身体自然下落，为了避免腿部负担过重，应尽量用双脚的前脚掌先着地，同时顺势屈膝，缓冲身体下落的力量

（图6-2-5）。

①　②
图6-2-5　扣球

（四）拦网

拦网是指在网前跳起用双手阻拦对方的扣球，它既是防守技术，也是进攻手段。拦网可分为单人、双人和集体拦网三种。拦网是防守的第一道防线，是反攻的重要环节。面对球网，两脚平行开立约与肩宽，两手自然置于胸前。可采用并步、跨步、滑步、交叉步、跑步等，将身体重心移动到拦网位置，准备起跳。起跳时，身体应正对球网后起跳，或在起跳过程中在空中使身体转向球网。起跳时，膝关节弯曲，两脚用力蹬地，两臂在体侧划小弧用力上摆，带动身体向上垂直起跳。空中击球时，起跳后稍收腹，控制平衡。两手从额前贴近并平行网向网上沿前上方伸出，两臂伸直，两肩尽量上提。拦击时，两手尽量伸向对方上空，接近球，两手自然张开，屈指屈腕呈勺型。当手触球时，两手要突然拦腕，用力捂盖球的前上方。

第三节　排球运动基本战术

一、进攻形式和进攻打法

当前，排球运动已进入了一个新的发展时期，随着队员技术水平的提高，排球进攻战术日趋丰富多彩。进攻战术可分为进攻形式和进攻打法两个方面。

（一）进攻形式

进攻形式，即进攻时所采用的组织形式。进攻形式可分为两类：一类是由前排队员做二传组织进攻的“中一二”进攻形式和“边一二”进攻形式；另一类是难度较大的由后排队员做二传组织进攻的“插上”进攻形式。

1.“中一二”进攻形式

由前排中间的3号位队员担任二传，其他5名队员将来球垫传给二传队员，再由二传队员将球传给4号位或2号位队员扣球的进攻形式，称为“中一二”进攻形式，如图6-3-1所示。

这种形式是排球进攻最基本、最简单的形式。其特点是一传的目标明确，二传队员易于接应，加之战术配合简单，便于组织进攻。缺点是战术配合方法较少，进攻点不多，突然性不大，战术意图易被对方识破。这种形式适合于技术水平较低的队采用。但有时技术水平较高的队在来不及组织复杂战术进攻的情况下，也采用这种进攻形式。

2.“边一二”进攻形式

由前排边的2号位队员担任二传，将球传给3号位或4号位队员扣球的进攻形式，称为“边一二”进攻形式，如图6-3-2所示。

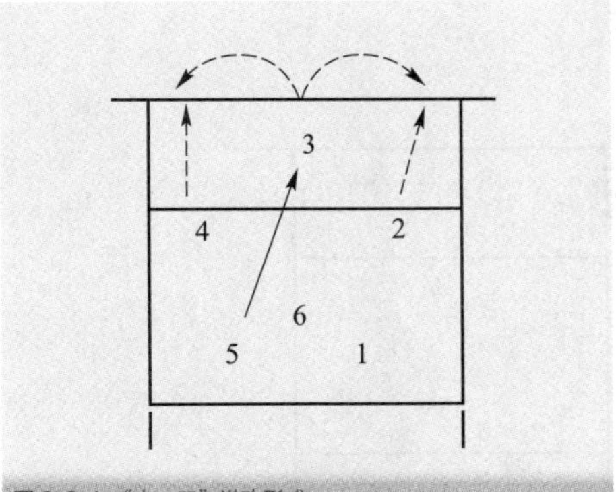

图6-3-1 “中一二”进攻形式

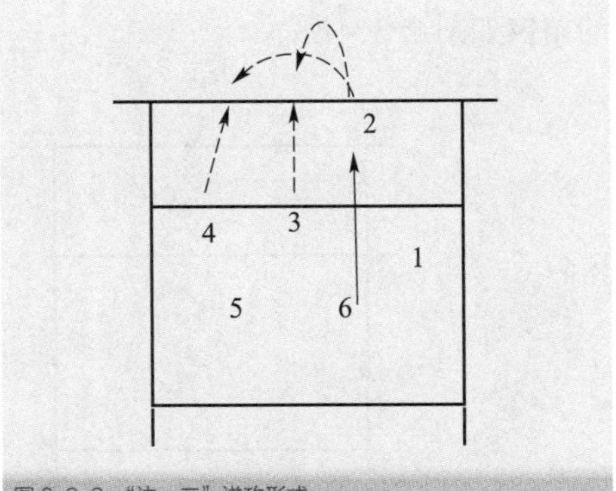

图6-3-2 “边一二”进攻形式

这种形式也比较简单，容易掌握。但由于对一传、二传的要求都较高，组织“边一二”进攻形式要比组织“中一二”进攻形式的难度大，其战术配合也较为复杂。“边一二”进攻形式，由于两名进攻队员的位置相邻，便于进行互相掩护的进攻配合，可以组织较多的复杂战术。因此，“边一二”突然性和攻击性要比“中一二”进攻形式大。

采用“中一二”和“边一二”进攻形式时应注意以下几点：

（1）在采用“中一二”形式时，当二传队员轮转到4号位或2号位时，应采用换位的方法，把二传队员换到3号位，便于组织进攻。当二传队员轮到4号位或2号位时，接发球的站位如图6-3-3所示。

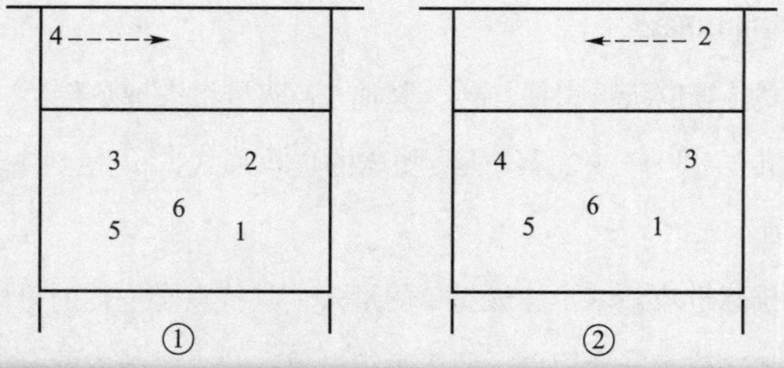

图6-3-3　接发球的站位

（2）在采用“中一二”形式时，3号位二传队员如果向两边都采用正面传球时，可以居中站位。如果二传队员利用正面长传或背后短传时，站位可靠近2号位区。

（3）在采用“边一二”形式时，二传队员应在2、3号位之间，不要紧靠边线站立，以便运用快球战术。

（4）在采用“边一二”形式时，当二传队员轮转到4号位或3号位时，可采用换位方法，把二传队员换到2号位。当二传队员轮转到4号位或3号位时，接发球时的站位如图6-3-4所示。

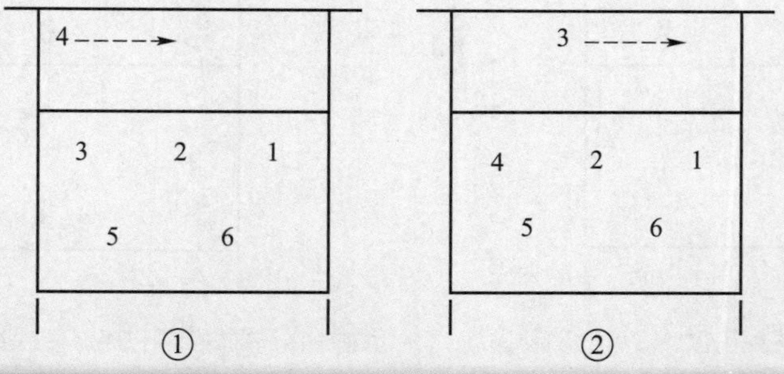

图6-3-4　接发球的站位

（二）进攻打法

进攻打法是指排球比赛中，一传队员、二传队员和扣球队员之间所进行的各种进攻战术配合的方法，其目的是为避免对方的拦网、突破对方的防线、争取主动、扩大战果。

1. 强攻

强攻是指凭借队员个人的身高和弹跳力，利用扣球的力量和个人扣球战术，强行突破对方的防御。强攻打法可分为4种。

（1）集中进攻：当二传队员向4号位或2号位传出弧度较高、落点较集中在3、4或3、2号位之间的球时，所组织的扣球进攻称集中进攻。这种打法由于弧度小，便于扣球队员助跑和挥臂扣球，一般适合初学者和较低水平的队运用。

（2）拉开进攻：二传队员将球传到网边标志杆附近时所进行的进攻打法称为拉开进攻，如图6-3-5所示。这种打法能扣直线和小斜线球，既利于避开拦网，也便于制造打手出界。

（3）围绕进攻：进攻队员从二传队员后面绕到前面扣球称为前围绕进攻，如图6-3-6所示；进攻队员从二传队员前面绕到后面扣球称为后围绕进攻，如图6-3-7所示。围绕跑动换位的目的是充分发挥进攻队员扣球特长和避开对方的拦网。

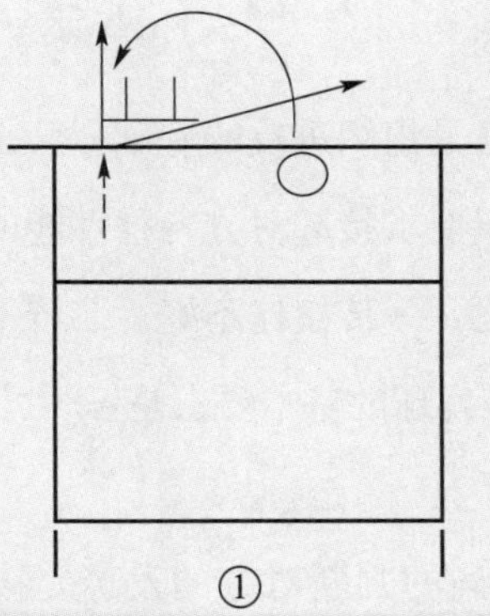

图6-3-5　拉开进攻示意图

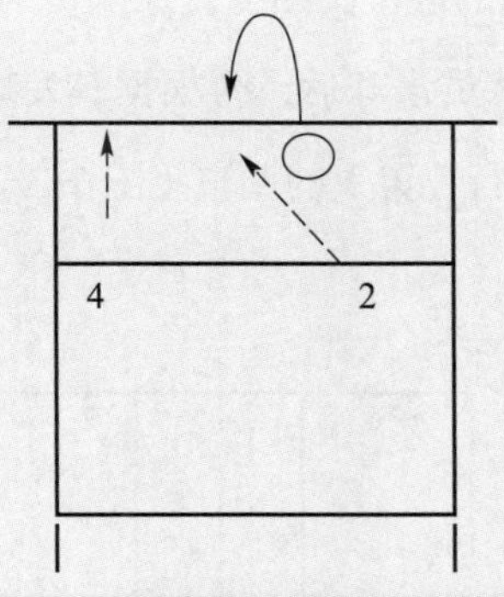

图6-3-6　前围绕进攻示意图

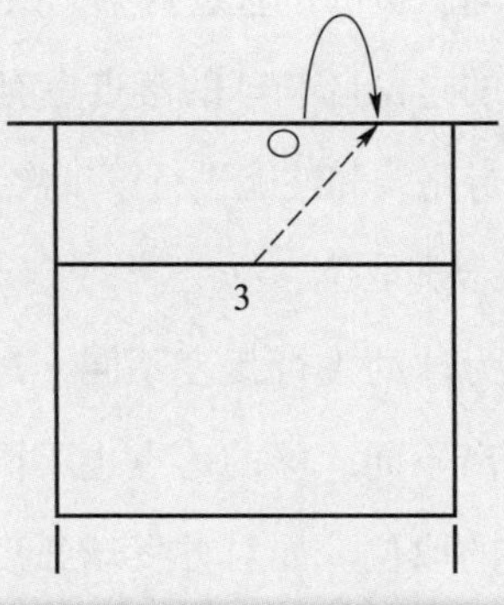

图6-3-7　后围绕进攻示意图

（4）调整进攻：当一传不到位，球的落点离网较远时，由二传队员或其他队员将球调整到网前所进行的扣球进攻打法称为调整进攻。这种打法在接扣球后反击时运用较多。

2. 快攻

快攻是指二传将球传至稍高于球网上沿，以提高扣球速度，缩短过网时间的击球手段。它是在一传到位的基础上，通过扣球人的快速跑动，互相配合组成各种进攻战术。

最简单并常用的快攻有：集中的近体快攻、背快、平拉开扣球等，其特点是有突然性、效果好、牵制性强，有利于争取时间、空间和组织各种变化的进攻战术。

组织快攻战术，主要靠二传和扣球队员的密切配合。二传要根据扣球人特点、一传落点和扣球助跑路线、起跳位置和时间，主动配合传球。扣球人应根据一传的落点和二传的位置来确定助跑路线、起跳位置和时间，主动与二传配合。

二、接发球及进攻

（一）接发球基本要求

接发球既是防守，又是进攻的开始，既是组织进攻的基础，又是由防守转入进攻，变被动为主动的转折点。好的一传不仅要求接起对方各种性能的发球，而且能为二传队员顺利地组织进攻创造条件。反之，一传接球不好，二传不仅难以组织有效的进攻，而且还会造成直接失分。因为接发球的基本要求是：

1. 正确判断

高质量的一传，很大程度上取决于正确的判断对方的发球。接发球时，队员的精力要高度集中，密切注意对方发球队员的情况，充分做好接球的准备。首先应根据发球队员的位置进行第一次判断，以确定合理的取位。因为发球队员的位置不同，球的过网区和球的落点也有所变化。当发球队员击球后，再根据其发球手法、球的飞行路线和性能进行第二次判断，及时移动进行位置上的调整（图6-3-8）。

2. 合理取位

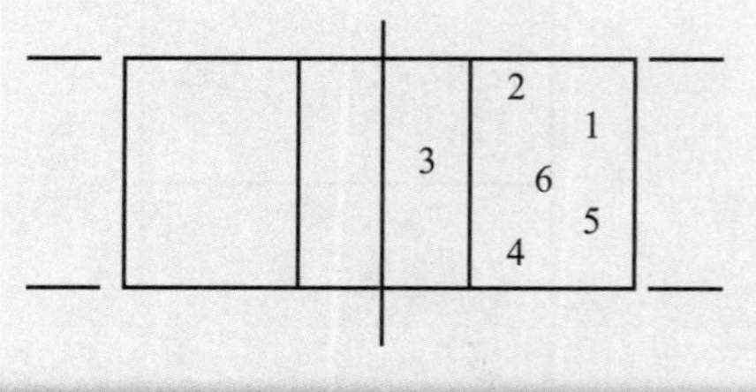

图6-3-8 站位

因为球的飞行弧度不同，过网后与球网的距离不同，球的落点也不同，故要进行合理的取位。如对方发球弧度高，落点分散，接发球的站位就应前后分散均衡。如对方发球速度快、弧度平、落点比较集中，接发球的位置要压后，前后排队员要靠近。取位时不要站在阴影区内，因为一般情况下，球不会落在阴影区内。还要根据本队进攻战术的需要采取不同的站位。

在接发球取位时，还应注意不要因为同排队员左右位置和同列队员前后位置颠倒而犯规。

3. 分工与配合

接发球时，每一个接发球队员都应该明确接发球防守的范围。划分范围不仅是平面的，还应根据来球的弧度高低进行立体的空间划分。明确了各自接发球的范围，就可避免接发球时互抢、互让和相互干扰的现象发生。

（1）接发球的分工：由于发球技术本身的特点，决定了发球的落点较多地集中在中、后场，加之前排队员还担负进攻任务，故后排队员接发球的范围可相对扩大些。另外，还可根据队员接发球的具体情况，发挥队员个人的专长，接发球技术好的球员防守范围可大些，反之可小些。

（2）接发球的配合：队员之间应互相保护，互相弥补。当一人接发球时，其他队员特别是相邻队员应注意保护，随时准备接应。一旦球蹭手飞出界外、平冲入网时，其他队员都应全力抢救，这样既可减少失误，又可鼓舞士气。

（二）接发球阵形

在选择接发球阵形时，不仅要有利于接球，还要考虑本方所采用的进攻战术及对方发球的特点。下面介绍五人接发球阵形及变化：

1. “W”站位阵形

初学者比赛多采用“中、边一二”进攻阵形，大多站成“W”形，也称“一三二”站位。5名队员分布均衡，前面3名队员接前场区的球，后排2名队员接后场区的球，职责分明，如图6-3-9所示。

这种站位的缺点是队员之间的“结合部”相应增多，也不利于接对方发到边角上的球。

2. “M”站位阵形

“M”形站位，也称“一二一二”站位，其优点是队员分布更加均匀，分工明确，前面2名队员接前区球，中间队员负责中区的球，后面2名队员接后区球，如图6-3-10所示。这种站位对接落点分散、弧度高、速度慢的下沉飘球、高吊球及发到边线、角上的球时较为有利。缺点是不利于接对方发到场地两腰及后区的大力球、平飘球等。

五人接发球阵形的优点是每人接一传的范围相对较小，并在接发球时已经站成了基本的进攻阵形，组织战术比较方便。但队员之间“结合部”增多，对队员与队员的配合要求较高。

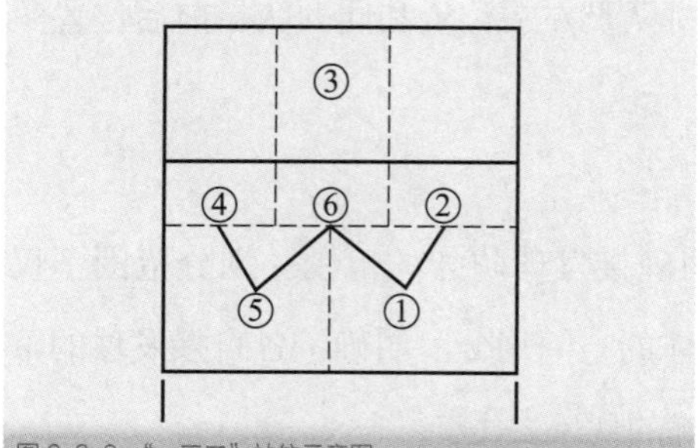

图 6-3-9 “一三二”站位示意图

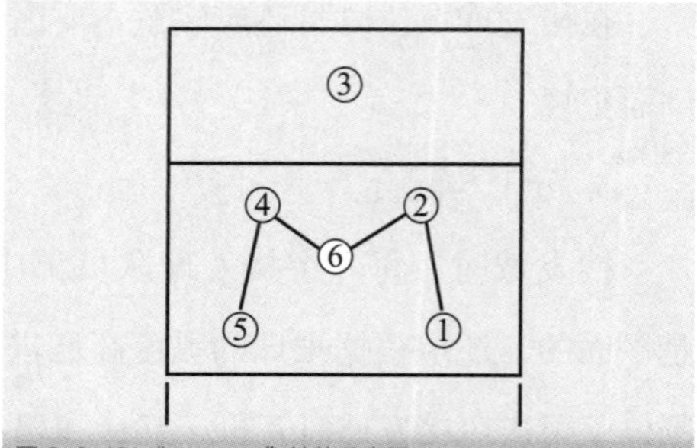

图 6-3-10 “一二一二”站位示意图

（三）接发球进攻的战术变化

在接发球进攻的战术变化中，强攻战术是基础，快攻战术是重点，各队应根据队员的技术、战术水平以及临场的实际情况，合理地运用快攻、强攻，灵活组织多种多样的战术配合，给对方出其不意的攻击，以取得良好的进攻效果。

1.“中一二”进攻的战术变化

在运用“中一二”进攻战术时，不同水平的队，可采用不同的变化方法。水平较低的队，可采用4号位、2号位队员定位进攻的方法。还可在定位进攻的基础上，采用定位和活点相结合的进攻形式。

（1）定点进攻

示例一：3号位二传队员传给4号位队员或2号位队员集中或拉开进攻（图6-3-11）。

示例二：3号位二传队员传给4号位队员拉开或2号位队员背传半高球（图6-3-12）。

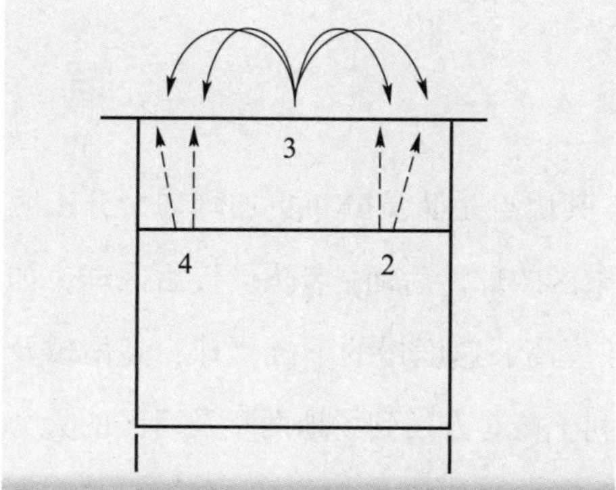

图 6-3-11 “中一二”进攻战术变化（一）

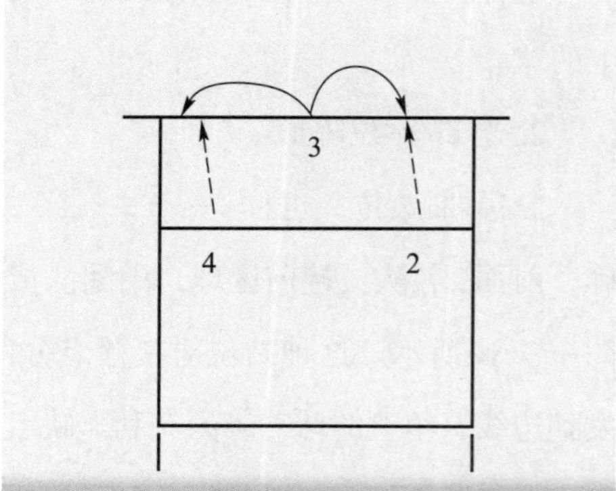

图 6-3-12 “中一二”进攻战术变化（二）

（2）定位与跑动换位两点进攻

示例一：4号位队员定点进攻，2号位队员跑动换位进攻（图6-3-13），其方法有：

① 斜线助跑到二传队员前面扣前快球。

② 在二传身后扣背快球。

示例二：2号位队员定点进攻，4号位队员跑动换位进攻（图6-3-14），其方法有：

① 内切快球助跑扣3号位前快球。

② 内切大跑动扣二传队员身后的背半高球。

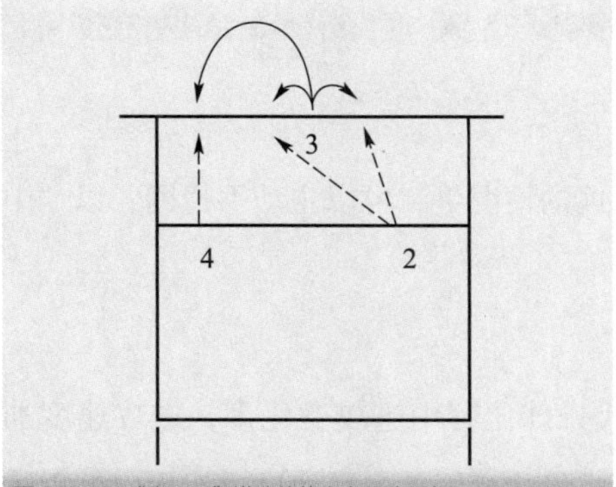

图6-3-13 “中一二”进攻的战术变化（三）

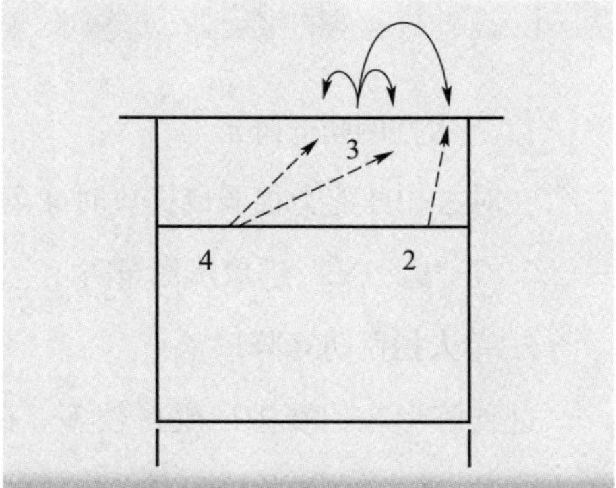

图6-3-14 “中一二”进攻的战术变化（四）

2.“边一二”进攻的战术变化

“边一二”进攻战术也可根据本队水平而变化其方法，除组织前排两名队员定位进攻外，还可以组织定位与跑动换位进攻。

（1）定位进攻

示例一：3号位队员扣一般集中球，4号位队员扣一般拉开球（图6-3-15）。

示例二：4号位队员扣定位拉开高球，3号位队员进行向前的实扣或掩护（图6-3-16）。

（2）定位与跑动换位两点进攻

4号位队员扣定位球，3号位队员围绕跑动到2号位二传队员身后扣背快球或半高球（图6-3-17）。

三、接扣球及进攻

（一）接扣球防守形式及变化

拦网是防守的第一道防线，它可以直接得分，可以给对方心理造成压力，使扣球者手软，给本方防守反击创造条件。

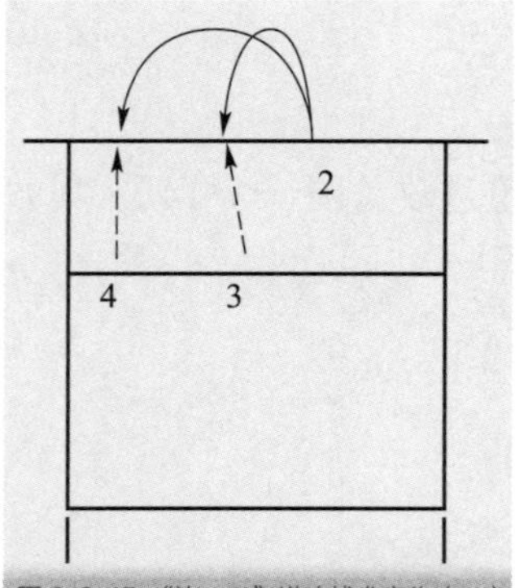

图 6-3-15 “边一二”进攻战术变化（一）

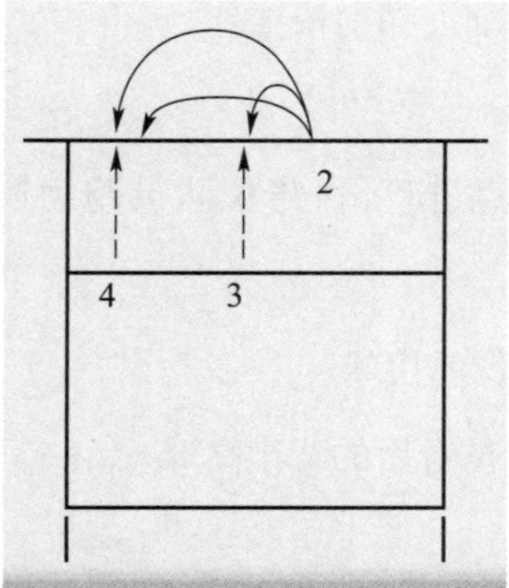

图 6-3-16 “边一二”进攻的战术变化（二）

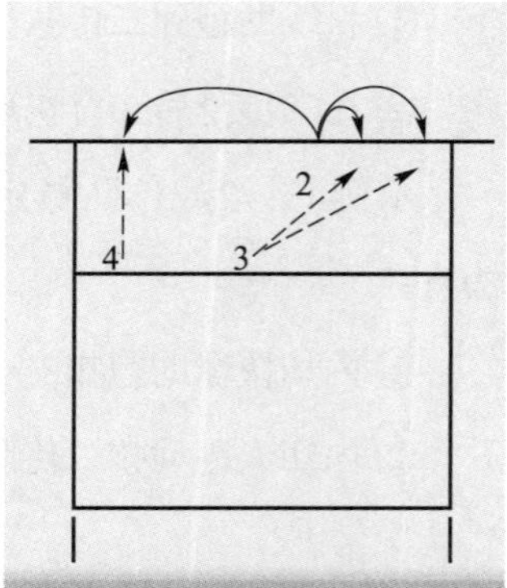

图 6-3-17 “边一二”进攻的战术变化（三）

1. 无人拦网防守阵形

在对方扣球能力很弱或进攻时球离网很远的情况下，可以主动不拦网，以“中一二”或“边一二”进攻阵形布防。

2. 单人拦网防守阵形

这种阵形在比赛中出现得较多。在现代排球比赛中进攻变化多，进攻速度加快，除对方调整扣球及拉开高点扣球可以组成集体拦网外，其他进攻战术中就很难组成集体拦网。所以单人拦网防守阵形也就显示出其重要性。

对方组织进攻时本方前排队员在网前应与对方相对区域的扣球人相对，人盯人拦网。

3. 双人拦网防守阵形

双人拦网在现代排球比赛中是运用最多的阵形。它主要有以下几种：

（1）双人拦网“边跟进”防守阵形：“边跟进”也叫“马蹄”防守阵形，它是对方2号位或4号位扣球，本方靠近边线的队员根据扣球人的特点跟进防守或接对方的吊球及前区球，由于呈“马蹄”形，所以中心较空。在比赛中根据本方的拦网和对方扣球人特点，采用“死跟”和“活跟”两种形式。如果本方拦网已封住对方扣球路线时，防守队员应果断跟进接对方吊球，如本方拦网未能及时封死对方扣球路线时，队员应根据实际情况，决定跟进还是定位防守。这是根据队员的场上经验和与同伴的熟练配合来决定的。1、5号位队员在进行跟进的同时，6号位队员应及时补位，以防止因跟进出现的空隙。4、5号位或2、1号位也相应内移，以缩小出现的空当。

（2）双人拦网“心跟进”防守阵形：“心跟进”防守是由防守效果好，战术意识强的后排队员跟进防对方的吊球及前区球，跟进队员一般是由后排二传队员担任。因为这样可以直接组织进攻。

“心跟进”防守一般在本方拦网较好，对方运用吊球较多的情况下使用。它虽然解决了心空问题，但后场防守由于人少，力量相对减弱。因此，在防守时要求拦网将本方6号区空间封死。后排二传跟进，6号位队员注意补由于本方二传跟进1号区出现的空当。其他队员负责自己的防守区域。

（二）接扣球进攻

接扣球进攻在比赛中出现的次数较多，是得分主要手段，对比赛的胜负起着重要作用。进攻战术可采用接发球战术的形式，但运用时要复杂困难得多。

接扣球进攻战术的运用能力，首先取决于拦网的效果和后排防守起球的到位程度，还要看二传手的组织能力，其他队员调整传球的能力和扣球队员强攻能力、快攻意识等。

接扣球进攻除直接拦死、拦回外，还有以下两种情况：

1. 触及拦网人手后的组织进攻

在比赛中，球被拦起落在本方场区的情况不少，而这种球的飞行很不规律。因此，要根据具体情况灵活运用各种打法组织反攻。

2. 后排防起后的组织进攻

在前排队员没有拦到球时，主要靠后排防守起球组织反攻。

当后排5、6号位队员防守起球不到位时，离球最近的队员应作调整二传组织进攻。当后排防起的球到位时，前排二传队员立即转身传球，其他队员也要准备接应，接发球进攻所运用的战术都可采用。

四、接传、垫球及其进攻

比赛中，对方因接发球、接扣球或其他球不到位时，不能组织有效的进攻而采用传或垫将球推到本方场区时，本方采用的反击手段为接传、垫球组织进攻。这种处理球的进攻应与接发球组织进攻相同，可以打出各种不同的进攻变化。但应注意的是，虽然对方不能组织有威力的进攻，但在处理球时也会给本方造成各种困难球。因此，本方要时刻保持精神高度集中，做到每球必争。各位队员都要随时做好准备。

（1）前排：应及时做好接应和快攻准备。

（2）二传：应及时做好组织进攻的准备。前排二传，当判断对方不能组织进攻时，应快速做好后撤准备；当不需要自己接球时，应快速移动至传球位置准备组织反攻。

（3）后排：当对方不能组织进攻时，后排应早做接球准备。

排球运动除发球外都是由防守转为进攻，技术是防守与进攻质量的保证。技术是基础，要高质量地完成攻、防战术，就必须有高质量的技术做保证。因此，技术的教学与训练，在排球运动中是非常重要的。

在技术的保证下，培养队员的攻防意识，使其熟练衔接由防转攻的各环节；加强队员攻、防保护意识，使其熟练掌握由防转攻的各种变化的战术打法。

排球战术的教学与训练要遵循排球运动的攻防规律。采用不同的教学训练手段，提高队员的竞技水平，使其能够积极主动地防守，灵活多变地进攻。

第四节　排球运动基本规则

一、排球比赛特性

排球比赛是由两队球员在以球网为分隔的比赛场地上进行的一种团队竞技。有多种比赛形式，可以给人们提供不同的参与感和观赏体验。

比赛的目标是要每队采用合乎规定的方法击球过网，使其落于对方的场地上，同时防止球在自己的场地上落地。每一队有3次机会将球击回对方的场区（拦网触球除外）。

比赛由发球开始，球员击球过网进入对方的场区，双方往返击球，直到球触地、出界或一队无法正确地回击为止。

排球比赛中，球队赢得一球则获得1分（得球得分制），当接发球队赢得一球，该队得到1分并取得发球权。

二、排球场地设备与器材

排球的比赛区域包括比赛球场和无障碍区，是对称的长方形。

1. 比赛区域范围

比赛球场是一个18米×9米的长方形场地，四周设有相互对称且为5～7米宽的长方形无障碍区域。场内自地面向上至少12.5米的空间必须无任何障碍。

2. 场地表面

（1）场地表面必须平坦、水平并且一致，以避免球员受伤。粗糙、湿滑的球场严禁使用。世界级及正式比赛，仅允许使用木质或人造橡胶的场地。

（2）室内球场的表面必须为浅色。世界级及正式比赛，球场的界线皆为白色，场地与无障碍区域则须用不同颜色加以区别。

（3）室外球场可有每米0.5厘米的倾斜度，以便于排水。界线禁止用固体材料做成。

3. 球场界线、中线和攻击线

（1）界线：所有的球场界线皆为5厘米宽，且必须为浅色，并与地面及其他线条颜色不同。比赛球场由两条边线及两条端线所构成。边线与端线称为球场界线，均包含在比赛球场范围内。

（2）中线：中线把球场分割成每边为9米×9米的两个半区，此线从网下延伸至两条边线。

（3）攻击线：攻击线位于中线的中心点向后3米处。

4. 场区及区域

（1）前区：世界级及正式比赛，在攻击线约两侧各画5段长15厘米，宽5厘米，间隔20厘米的虚线，虚线总长为1.75米（含线宽）。前区延伸至边线以外至无障碍区底为止。

（2）发球区：发球区为位于端线之后（不含端线）、宽9米的区域。此区域两侧有两条位于端线之后20厘米、长度15厘米的短线，延伸至边线。两条线皆计入此区域的宽度范围内。深度方面，发球区可延伸至场外无障碍区域尽头。

（3）替补区：替补区是由两条攻击线的延伸线至记录台的区域。

（4）热身区：世界级及正式比赛中，面积3米×3米的热身区位于无障碍区域外球队席两侧。

（5）惩罚区：惩罚区位于两队球员席后方，面积约1米×1米，以5厘米宽的红色为界线，并有两张椅子。

5. 球网构造

球网宽1米，长9.50米，垂直挂于中线轴的上方。网面由10厘米见方的黑色网孔组成。网顶有5厘米宽的水平带子，系以白帆布对折，沿球网的全长缝住。带子的两端各有一个孔，孔中穿有绳索与网柱相系，使网顶呈拉紧状态。带子的中间有一可弯曲的钢索，以利于将球网紧系于网住上。在网的下方（无水平带），有一条绳子贯穿于网孔之中，以系紧两网柱，使球网下半部呈拉紧状态。

（1）标志带：垂直紧系于两边线上方球网上两条宽5厘米、长1米的白色带子称为标志带。标志带视为球网的一部分。

（2）标志竿：标志竿是由玻璃纤维或类似的物质制成的一支具有弹性的竿子，长为1.80米，直径为1厘米。两支标志竿紧立于标志带的外缘，每一支标志竿上部均有80厘米的长度超出网顶，每10厘米涂以对比鲜明的颜色，以红白相间为佳。

标志竿应视为球网的一部分且作为有效穿越空间的两侧界限。

6. 球

球必须为圆形，以柔软具有弹性的皮革制成，球胆以橡胶或类似质料制成。

球的颜色一致且为浅色，圆周65～67厘米，重量260～280克，内部气压为0.40～0.45千克/平方厘米。

三、排球比赛参加人员规定

1. 球队组成及要求

（1）每一球队最多包含12名球员、1名教练、1名助理教练，1名运动医护人员及1名医师。队长为球员之一且需在记录表上注明。每一球队可从12名决定名单中选出一位登记为自由防守球员。

（2）只有登录在记录表上的球员，方可参加比赛，一经教练、队长在记录表上签名后，概不得更换。

2. 球队位置安排

（1）未参赛球员必须坐在球员席或者热身区，教练及其他成员坐在球员席，但可以暂时离座。球员席位于记录台旁无障碍区以外。

（2）只有球队成员可以坐在球员席，即将比赛球员可参与热身。

（3）比赛中，未上场比赛球员可在热身区徒手热身，暂停时可在他们球场后方无障碍区做热身运动。

局间休息球员可在无障碍区用球热身。

3. 球员装备

球员的装备包括运动衫、短裤及球鞋。

（1）运动衫、短裤及袜子必须全队一致，且整洁及颜色相同。

（2）球鞋必须轻便柔软，由橡胶或皮革制成。世界级成人组锦标赛中，鞋子的颜色也必须全队一致，但商标的颜色图样可以不同。比赛服必须符合标准规格。

（3）球员运动衫的号码必须使用1～18号。

四、排球比赛判定

1. 得1分

（1）如果有两次以上连续犯规发生，只算第一次犯规。

（2）如果双方同时发生犯规，称双方犯规，该球不计，重新比赛。

2. 胜1局

第1局至第4局，先获得25分并至少领先2分的队胜1局（第5局除外）。若比数为24：24时，则必须领先对方队2分为止（如26：24、27：25）。

3. 胜1场

（1）获胜3局的球队为该场比赛的胜队。

（2）若局数为2：2时，在决胜局（第5局）的比赛中，先获得15分并领先对方队2分的队为胜。

4. 比赛程序

（1）掷硬币：赛前第一裁判需掷硬币决定第一局发球权及场地权，若进入决胜局，第一裁判需再次掷硬币进行发球权及场地权的选择。掷硬币时需在两队队长面前进行。

掷硬币事宜。

（2）若两队先后进行网前热身，则由先发球的球队先行开始。

5. 比赛的开始

第一裁判员鸣笛后开始发球，而比赛的计时始于发球员击球的瞬间。

6. 死球的构成

比赛中运动员犯规，裁判鸣笛时，构成死球。若无犯规，则自鸣笛时构成死球。

7. 界内球

当球触及包括球场界线在内的场内地面时，即为界内球。

8. 界外球

（1）球体触地的部分完全落在界线外时。

（2）球触及球场以外的任何物体，如天花板或非比赛球员时。

（3）球触及标志竿、绳子、网柱或标志竿、标志带以外的球网本身时。

（4）球体全部或一部分在有效的球网空间外通过其垂直面时。

（5）球体全部通过网下垂直面。

思考题

1. 简述排球运动的主要特点。

2. 简述上手发球和下手发球的区别。

3. 简述排球运动的基本进攻战术。

第六章　排球运动微课视频

背后垫球技术

侧面垫球技术

垫球基本姿势

滑步移动

基本步法的前进与后退

交叉步移动

扣球技术（自抛自扣）

扣球技术

拦网技术

移动拦网技术

原地上手发球技术

正面上手传球技术

正面下手垫球技术

正面下手发球技术

第七章 乒乓球运动

学习目标：

- *1. 了解乒乓球运动的起源和发展。*
- *2. 了解乒乓球运动的价值和意义。*
- *3. 掌握乒乓球运动的基本技术和战术。*
- *4. 掌握乒乓球运动的竞赛规则。*

章前导言：

乒乓球运动是世界上流行广泛的一项运动，尤其在中国，更是深受人民喜爱。本章内容主要介绍乒乓球运动的起源和发展，乒乓球的基本技术和战术，相应的训练原则和方法，以及乒乓球运动的基本竞赛规则。加深读者对乒乓球运动的认识和了解，激发学习兴趣和热情。

第一节　乒乓球运动概述

一、乒乓球运动的起源与发展

（一）乒乓球运动的起源

大约在19世纪后半叶，由于受到网球运动的启示，在一些英国大学生中，流行着一种极类似现在乒乓球的室内游戏，叫作“戈西马（Goossime）”或“弗利姆——弗拉姆（Flim-Flam）”。这种游戏没有统一规则，有10分、20分为一局的，也有50分或100分为一局的，发球时，可将球直接发到对方台面，亦可把球先发到本方台面再跳至对方台面。所用器材也和今天的大不一样，球拍是空心的，用羊皮纸粘贴而成，形状为有长柄的椭圆形。为了不损坏家具，在橡胶或软木实心球的外面，往往包一层轻而结实的毛线。有时，在饭桌上支起网来打；有时索性就在地板上用两个椅子做支柱，中间挂起网来打。虽然打起来不十分激烈，但颇有一番乐趣。

大约在1890年，有位名叫詹姆斯·吉布（James Gibb）的英格兰人到美国旅行时，偶然发现了一种用赛璐珞制成的空心玩具球，弹跳力很强。于是，他就将这种球稍加改进后，逐步在英国和世界各地推广起来。也许因为此球在桌上打来打去发出了“乒乒乓乓”声音的缘故，英国一家体育用品公司，首先用“乒乓”（PingPong）一词作了广告上的名称。就这样，乒乓球运动才开始得此绘声之名。

1926年，由于发现了“乒乓”一词是商业注册名称，而且原英国乒乓球协会也缺乏代表性，因此便解散了原组织，重新成立了“桌上网球”（Table Tennis）协会。“桌上网球”这个名字一直沿用了数十年，国际乒联至今还采用着这个名字。汉语的“乒乓球”是从声音上得名的，但将其翻译成英文时，仍为“Table Tennis”。

（二）乒乓球运动的发展

乒乓球运动的发展可分为五个阶段：

1. 欧洲全盛期

最初运动员使用木制球拍，速度慢，旋转也不强，因此打法简单，只是挡来挡去，胶皮出现后，开始有了削下旋的防守型打法，这种打法曾在欧洲流行一时。

2. 优势转向亚洲（日本）

20世纪50年代，日本以长抽打法称霸乒坛，结合快速步法，击败了欧洲的下旋削球，从此上旋打法占了优势。

3. 中国直拍近台快攻打法崛起世界乒坛

20世纪50年代，中国开始走上世界乒坛。通过参加几届世界锦标赛，总结正反面的经验，在技术上保持了快和狠的特点，训练上狠抓基本功，形成和创造了以“快、准、狠、变”为特点的技术风格，发明了直拍近台快攻打法。

4. 欧洲复兴欧亚对抗

在中国乒乓球发展的同时，欧洲选手也从失败和挫折中总结经验教训，学习并发展了日本弧圈球技术，创造了以弧圈球为主结合快攻和以快攻结合弧圈球这两种打法。20世纪70年代以来，中国创造了正、反手高抛发球，发展了推挡技术中的加力推。减力挡和推挤弧圈球，增加了正手快拉小弧圈球、正手快带弧圈球等技术。世界乒乓球进入欧亚对抗的界面。

5. 进入奥运时代，欧亚竞争更加激烈

1988年，乒乓球被列为奥林匹克运动会的正式比赛项目，各国更加重视乒乓球的普及和提高。

进入21世纪后，中国乒乓球运动员技术水平发展迅速，逐步在世界乒坛占据了领先地位。

二、国际乒乓球联合会简介

国际乒乓球联合会（简称国际乒联）宗旨是在国际比赛中维护乒乓球规则，并根据乒乓球战术的发展经常对这些规则作一些改变和补充，以扩大和推动乒乓球运动发展。

1926年1月，在德国柏林举行了一次国际乒乓球比赛。在比赛同时召开的参加国代表会议上，在德国勒赫曼博士的倡议下，决定举办欧洲乒乓锦标赛（即后来的世界乒乓球锦标赛）并建议成立国际乒乓球联合会。同年12月，国际乒联在伦敦正式成立，并把在伦敦举行的欧洲锦标赛命名为第一届世界乒乓球锦标赛。

国际乒乓球联合会是由各个国家和地区的乒乓球协会组成的一个国际单项体育组织。主席办公室设在中国北京，行政中心设在英国。

国际乒联的最高权力机构为全体代表大会。代表大会每两年召开一次，并于同时同地举办世界乒乓球锦标赛。是世界上规模较大的国际单项体育组织。

三、中国乒乓球运动取得的成绩

中国于1953年3月参加了国际乒乓球联合会。

中国乒乓球兴起于20世纪50年代末，正当日本队处于巅峰状态时，中国选手容国团在第二十五届世乒赛上，为中国夺得了第一个世界冠军，这个冠军给中国人带来荣誉、尊严、自信。中国人把太多的希望与感情都浓缩在一个小小的乒乓球上。白色的乒乓球带动了当时5亿中国人奋发向上的干劲，自然而然，乒乓球在中国普及开来。在1961—1969年，共举行了5届世乒赛。中国队仅参加了第二十六、二十七和二十八届的比赛。3届比赛共计21个锦标，中国选手获得了11个，占全部锦标的52%。

具有“快、准、狠、变”独特风格的中国近台快攻打法和以“稳、低、转、攻”为指导思想的中国削球打法，把世界乒乓球运动推向了一个新的发展阶段。20世纪60年代，乒乓球速度慢，未能充分显示出近台快攻打法应有的威力。不过，弧圈球对世界乒乓球技术的发展起到了很大的促进作用。在20世纪50年代，日本称霸世界乒坛的时候，中国开始登上了世界乒坛，第一代国手总结了正反两面的经验教训，在技术上保持了快和狠的特点，训练上狠抓基本功，加强了击球的准确性和变化，提高了对削球的进攻技术，逐渐形成和创造了以“快、准、狠、变”为技术风格的独特的直拍快攻打法。1961年，第二十六届世乒赛在北京举行。这是新中国成立以后，中国举办的第一次世界大赛。中国乒乓队在家门口获得4枚金牌。这一次国民与乒乓球的零距离接触，再次把中国的乒乓球运动开展推向一个新高潮、新阶段。1971年，著名的“乒乓外交”打破了中美之间的政治坚冰，成为世界外交史上的一段佳话。乒乓球从此被称为国球，在中国体育发展史上写下了最浓重的一笔。

四、乒乓球的锻炼价值

乒乓球的特点在于它的小巧、灵活、所需的场地小，适于在各种环境下开展运动。因此，这项运动可以作为一项终身健身体育运动，具有较高的锻炼价值。

1. 趣味性、观赏性和竞技性相结合

乒乓球有灵活多变的特点，容易调动人的全身运动，其运动过程也是妙趣横生的享受过程。另外，其高水平的竞赛则具有很高的观赏性，在欣赏中，我们能充分体会到运动员的高超技艺及刺激的对攻。

2. 提高神经系统的灵敏性

乒乓球体积小，重量轻，打起来速度快、变化多，打球时精神高度集中，视觉灵敏，思维快速多变。因此，乒乓球运动能够提高大脑皮层兴奋与抑制的转换速度，提高神经系统的灵敏性。

3. 有效地发展心理与智能

乒乓球能够培养积极进取、机智果断的优良品质，培养勇敢顽强的良好心理素质。另外，有资料证明，经常进行乒乓球运动的人往往性格开朗、积极。

4. 全面促进人的健康，增强体质

打乒乓球需要身体发力击球，快速移动站位，甚至补救险球，因此经常参加乒乓球运动可以改善心血管系统功能，有利于新陈代谢，提高整体机能水平，全面促进人的健康。

5. 具有健美价值

乒乓球运动能够调动身上的每一块肌肉，从而使人体更加匀称、协调、富有美感。特别是对于爱美的女学生更有很大的吸引力。

第二节　乒乓球运动基本技术

一、球拍的基本握法

乒乓球握拍方法分直拍握法和横拍握法两种，不同的握拍方法各有其优点，从而产生各种不同的打法。

（一）直拍握法（图7-2-1）

直拍握法的特点是正反手都用球拍的同一拍面击球，出手快，正手攻球快速有力，攻斜、直线球时，拍面变化不大，对手难以判断。

（二）横拍握拍法（图7-2-2）

横拍握拍法的特点是正反手攻球力量大，攻削球时握法变化小，反手攻球容易发力也便于拉弧圈；但正反手交替击球时，需变换击球拍面，攻斜、直线时调节拍形的幅度大，易被对方识破。

图7-2-1　直拍握法

图7-2-2　横拍握拍法

（三）握拍注意事项

（1）无论哪种握法，握拍都不应过紧或过松。过紧会使手腕僵硬，影响发力时的手腕动作，过松则影响击球力量和击球的准确性。

（2）握拍不宜太浅。直握时，食指和拇指构成的钳形不能过大或过小，以免影响手腕动作的灵活性。

（3）在变换击球的拍面、调节拍面角度时，要充分利用手指的作用。

（4）不应经常变化握拍方法，否则会影响打法类型及风格的形成，尤其是初学者更应注意。

二、基本步法

（一）单步

1. 移动方法

以一只脚为轴，另一只脚向前、后、左、右不同方向移动，身体重心随之落在移动脚上。

2. 实际运用

（1）接近网小球时常用。

（2）削追身球时常用。

（3）单步侧身攻打来球落点位于中线稍偏左或对推中侧身突袭直线或对搓中提拉球时常用。

（二）跨步

1. 移动方法

一脚蹬地，另一脚向移动方向跨一大步，蹬地脚随后跟上半步或一小步，身体重心即移到跨步脚上。

2. 实际运用

（1）近台快攻打法，用来对付离身体稍远的来球时常用。

（2）削球打法，左、右移动击球时常用。

（3）跨步侧身攻使用，即当来球速度较慢，但离身体稍远时，左脚向左前上方跨一大步，右脚随即跟上一小步，同时配合腰部右转动作，完成侧身移动。

（三）并步

1. 移动方法

一脚先向另一脚并半步或一小步，另一脚在并步脚落地后随即向来球方向移动一步。

2. 实际运用

（1）快攻选手在左右移动中攻或拉球时使用。

（2）削球选手正反手削球时使用。

（3）并步侧身攻球时使用，多用于拉削球，即右脚先向左脚后并一步，以便转体，随之左脚向侧跨一步。

（四）跳步

1. 移动方法

以来球异侧脚用力蹬地，两脚同时离地向来球方向跳动。

2. 实际运用

（1）快攻选手左右移动击球时使用，常与跨步结合起来使用。

（2）弧圈类打法由中台向左、右移动时常用。

（3）跳步侧身攻或拉时使用，但在空中需完成转腰动作。

（4）削球选手在接突击时常采用，但以小跳步来调整站位用得较多。

（五）交叉步

1. 移动方法

以靠近来球方向的脚作为支撑脚，该脚的脚尖调整指向移动方向，远离来球方向的脚在体前交叉，向来球方向跨出一大步，身体随之向来球方向转动，支撑脚跟着向来球方向再迈一步，这是前交叉步。后交叉步则是在体后完成交叉动作。

2. 实际运用

（1）快攻或弧圈打法在侧身攻、拉后扑打右角空当或从右大角变反手击球时使用。

（2）在走动中拉削球时使用。

（3）削球打法接短球或削突出击时使用。

三、发球技术

（一）正手发奔球

1. 特点

球速急、落点长、冲力大，发至对方右大角或中间偏左位置，对对方威胁较大。

2. 要点

（1）抛球不宜太高。

（2）提高击球瞬间的挥拍速度。

（3）第一落点要靠近本方台面的端线。

（4）击球点与网同高或稍低于网。

（二）反手发急球与发急下旋球

1. 特点

球速快、弧线低，前冲大，迫使对方后退接球，有利于抢攻，常与发急下旋球配合使用。

2. 要点

（1）击球点应在身体的左前侧与网同高或比网稍低。

（2）注意手腕的抖动发力。

（3）第一落点在本方台区的端线附近。

（三）发短球

1. 特点

击球动作小，出手快，球落到对方台面后的第二跳不出台，使对方不易发力抢拉、冲或抢攻。

2. 要点

（1）抛球不宜太高。

（2）击球时，手腕的力量大于前臂的力量。

（3）发球的第一落点在球台中区，不要离网太近。

（4）发球动作尽可能与发长球相似，使对方不易判断。

（四）正手发转与不转球

1. 特点

球速较慢，前冲力小，主要用相似的发球动作，制造旋转变化去迷惑对方，造成对方接发球失误或为自己抢攻创造机会。

2. 要点

（1）抛球不宜太高。

（2）发转球时，拍面稍后抑，切球的中下部。越是加转球，越应注意手臂的前送动作。

（3）发不转球时，击球瞬间减小拍面后仰角度，增加前推的力量。

（五）正手发左侧上（下）旋球

1. 特点

球的左侧上（下）旋转力较强，对方挡球时向其右侧上（下）方反弹，一般站在中线偏左或侧身发球。

2. 要点

（1）发球时要收腹，击球点不可远离身体。

（2）尽量加大由右向左挥动的幅度和弧线，以增强侧旋强度。

（3）发左侧上旋时，击球瞬间手腕快速内收，球拍从球的正中向左上方摩擦。

（4）发左侧下旋时，拍面稍后仰，球拍从球的中下部向左下方摩擦。

（六）反手发右侧上（下）旋球

1. 特点

右侧上（下）旋球力量强，对方挡住后，向其左侧上（下）反弹。发球落点以左方斜线长球配合中右近网短球为佳。

2. 要点

（1）注意收腹和转腰动作。

（2）充分利用手腕转动配合前臂发力。

（3）发右侧上旋球时，击球瞬间球拍从球的中部向右上方摩擦，手腕有一个上钩动作。

（4）发右侧下旋球时，拍面稍后仰，击球瞬间球拍从球的中下部向右侧下摩擦。

（七）下蹲发球

1. 特点

下蹲发球属于上手类发球，我国运动员早在20世纪50年代就开始使用。横握拍选手发下蹲球比直拍选手方便些，直拍选手发球时需变化握拍方法，即将食指移放到球拍的背面。下蹲发球可以发出左侧旋和右侧旋球，在对方不适应的情况下，威胁很大，关键时候发出高质量的球，往往能直接得分。

2. 要点

（1）注意抛球和挥拍击球动作的配合，掌握好击球时间。

（2）发球要有质量，发球动作要利落，以防在还未完全站起时已被对方抢攻。

（3）发下蹲右侧上、下旋球时，左脚稍前，身体略向右偏转，挥拍路线为从左后方向右前方。拍触球中部向右侧上摩擦为右侧上旋，从球中下部向右侧下摩擦为右侧下旋。

（4）发下蹲左侧上、下旋球时，站位稍平，身体基本正对球台，挥拍路线为从右后方向左前方。拍触球右中部向左上方摩擦为左侧上旋，从球中部向左下部摩擦为左侧下旋。

（5）发左（右）侧上、下旋球时，要特别注意快速做半圆形摩擦球的动作。

（八）正手高抛发球

1. 特点

最显著的特点是抛球高，增大了球下降时对拍的正压力，发出的球速度快，冲力大，旋转变化多，着台后拐弯飞行。但高抛发球动作复杂，有一定的难度。

2. 要点

（1）抛球勿离台及身体太远。

（2）击球点与网同高或比网稍低，在近腰的中右处（15厘米）为好。

（3）尽量加大向内摆动的幅度和弧线。

（4）发左侧上、下旋球与低抛发球动作相同。

（5）触球后，附加一个向右前方的回收动作，可增加对方的判断（结合发右侧旋球，更有威力）。

四、击球力量的控制

乒乓球运动是一项对技巧性要求很高的体育运动，对于力量运用的要求也是如此。除了需要爆发力之外，更需要讲究力量的运用，这是提高击球质量，保证击球准确性的重要环节。

（一）不同打法的击球力量

一般的攻球，如近台快攻、扣球时，均以撞击力为主，用力方面要尽量接近球心。一般的旋转球，如弧圈球、搓球等，则以摩擦为主，用力方面要远离球心些。

（二）不同击球距离的击球力量

（1）近网短球以腕发力为主。

（2）近台球和以快为主的打法，如近台快攻、推挡等，以前臂发力为主；以力量为主（如扣球）和拉弧圈球的打法，则以大臂发力为主并带动前臂。

（3）离台较远的球，如中、远的拉球和攻球，都以大臂发力为主带动前臂。

（三）根据战术的需要调节击球力量

（1）发力：依靠自己的挥拍速度，在击球的瞬间发挥出爆发力，使球产生最快的速度和最大的力，这是在比赛中运用最多的得分手段。

（2）借力：借对方来球的力量把球回击过去。借力只能回击冲力较强的来球，如弧圈球、扣球等。借力击球要求掌握好拍面角度，击球的时间一般是第一时间，即上升初期。

（3）减力：放慢回球速度，如放短球、减力挡等。它能起到变化节奏的作用，尤其是防弧胶拍和长胶拍运用借力时效果最好。

五、击球时间的控制

来球在本方台面弹起后，球从着台点上升到回落的过程，可分为上升初期、上升期、高点期、下降初期，以及下降期五个时期。

击球时间要依各种类型打法、体型高矮，来球性能有所不同。根据自己的特点，找好和固定球时间，有助于提高球的命中率。

（1）快攻型打法：以快为主，突出速度，多数情况下击球上升期，如近台攻球、推挡就是击球的上升期。推挡也有推高点期的，主要在以力量为主时，靠本身发力推压。

（2）弧圈球打法：以旋转为主，故要充分发挥挥拍击球时的摩擦力量，击球时间稍迟些。如前冲弧圈球一般是击球的最高点；加转弧圈球一般是击球的下降初期。

（3）削球型打法：主要是后发制人，削球时间大都在下降期。如以近削为主的，一般是削球的下降初期，中、远台削球一般是削球的下降期。

以上介绍的击球时间只是一般规律，随着乒乓球技术的发展，速度与旋转的结合运用，在击球时间上都力争加快。但是，快与慢是相比较而存在的；快是为了削慢，快慢结合又能破坏对方的击球节奏。所以在练习中掌握击球时间要以快为主，能快能慢，快慢结合，运用自如。

六、击球位置的控制

合理的击球位置，对提高击球的准确性和动作的协调性很有帮助。击球位置不对，不但会使动作变形，而且也容易击球失误。

合理的击球位置，一般指身前击球。尤其是攻击型选手，身前击球显得特别重要。身前击球具体一点说，就是把击球点选在身前，并在身前找好球与拍的距离（击球距离）。

不同的风格和类型打法，击球距离是不同的。如以快速变化打法为主的人，回击一般来球，球与拍的间隔较短。由于球与拍距离近，不仅有利于加快击球时间，而且动作也较容易固定。以力量为主的人，球与拍的距离较长，有利于增大击球力量。因此，各种类型打法的人，总是千方百计地找好击球距离，特别是强调在身前找好击球距离，这点是十分重要的。

要取合理的击球位置，必须对不同路线和落点的来球作出正确的判断，选择好击球点，迅速移动脚步。例如，当站位离台较近而对方的来球又急又长时，要及时移步后退，才易找到好的击球位置；当站位离台较远时，对方发个短球，应及时向前上步，否则就会因身体距离击球点太远而失误；回击追身球来不及移动脚步时，则需借助收腹转体，让出一点距离。

七、判断来球

判断来球是打乒乓球首要的一个环节，它是确定移动步法和击球技术的根据。

（一）判断来球路线的主要方法

（1）从对方击球时拍面的方向判断来球的路线。一般说来，对方球拍触球时，拍面所朝的方向，即为对方的触球路线，例如，对方在正手一侧击球，球拍触球时，拍面正对自己的右角，为斜线球；拍面正对自己的左角，为直线球。

（2）从来球通过网顶的位置来判断来球的路线。例如，对方在正手一侧击球，球从网的中部或中部偏右的位置越过，球将飞向自己台面的右方；来球从网的左边越过，球将飞向左角。

（3）根据自己打出球的落点，预先判断来球路线。例如，反手重压对方反手斜线大角度球，对方很难回击直线球，一般回球路线多在自己左半台或靠中间的位置。

（二）判断来球的旋转性质

（1）根据对方击球时实际的挥拍发力方向和摩球的部位来判断球的旋转性质。如对方由上向下发力挥拍击球，多为下旋球；由左上向右下发力挥拍击球，多为下旋球。

（2）根据对方击球时发力的大小以及摩擦的“厚薄”来判断来球旋转的强弱。对方挥拍擦击球的动作幅度大，挥拍速度快，摩擦“薄”，则来球旋转强，反之则弱。

（3）判断来球的落点

来球落点可从对方击球时的力量轻重来判断。

八、接发球技术

接发球判断得正确与否，直接影响接发球的方式和接发球的成败。为了判断发球的旋转性质、旋转强度及来球线路落点，应利用各种信息进行综合分析。下面为接各种发球的具体接发球方法：

1. 接上旋球（奔球）

正反手攻球或推挡回接，拍面适当前倾，击球的中上部，调节好向前的力量。

2. 接下旋长球

用搓球、削球、提拉球回接，搓或削时多向前用力。

3. 接左侧上、下旋球

可采用攻球和推挡（搓球或拉球）回接，拍面稍前倾（后仰）并略向左偏斜，击球偏右中上（中下）部位，以抵消来球的左侧上（下）旋力。

4. 接右侧上、下旋球

可采用攻球或推挡（搓球或拉球）回击，拍面稍前倾（后仰）并向右偏斜，击球偏左中上（中下）部位。回接要点和方法与接左侧上、下旋球相同。

5. 接近网短球

用快搓、快点或台内突击回接，主要靠手腕和前臂的力量。

6. 接转与不转接

在判断不准的情况下可轻轻地托一板或撇一板，但要注意弧线和落点。

7. 接不同性能球拍的发球

长胶、生胶、防弧胶拍的发球基本属不转球，用相应的方法回接。

8. 接高抛发球

如球着台后拐弯的程度大，应向拐弯方向提前引拍。

九、削球技术

（一）远削

1. 特点与运用

击球动作大、球速慢、弧线长，有利于削转与不转球和以落点变化来牵制对方。常适用于对付对方的扣杀球、弧圈球和提拉球。它是以削为主打法的选手必须掌握的基本技术之一。

2. 要点

（1）向上引拍，是为了增大削击球的用力距离。

（2）在下降期击球，但不能过于低于台面。

（3）要保持足够的撞击力，否则球不会过网。

（二）近削

1. 特点与运用

动作幅度小、回球速度快、前进力较强，多用于近削逼角，有一定的威胁，往往能获得主动或直接得分。一般用来对付轻拉球和一般的上旋球。

2. 要点

（1）向上引拍比肩略高。

（2）根据来球的情况调节拍面后仰角度。

（3）前臂发力为主，手腕配合下压，击球后没有前送的动作。

（三）削弧圈球

1. 特点与运用

削加转弧圈球是削球手必须掌握的一项重要技术。由于加转弧圈球上旋强，触拍后向上的反弹力极大，处理不好容易回出高球甚至出界，所以难度较大。

2. 要点

（1）应在来球的下降后期触球，此时，球的旋转已减弱。

（2）击球点一般选在右腹前为宜，并适当放低些，这样可利用来球部分向上的反弹力形成自然的回球弧线，有利于提高削球的准确性。

（3）球拍触球时，拍面不能过分后仰，应触球的中下部；如来球旋转较强，可使拍面竖直些，并适当加大手臂向下压球的力量。

（4）触球时，手腕应相对固定，以免回球过高。

十、推挡球技术

（一）快推

1. 特点与运用

快推的特点是站位近，动作小，借力还击，速度快，线路变化多。适用于回击一般的拉球、推挡球和中等力量的攻球。在相持中能发挥回球速度快的优势，推压两大角或袭击对方空当，为自己的进攻创造条件。它是推挡球最常用的一项技术。

2. 要点

（1）击球前靠近身体，前臂适当后撤引起。

（2）在前臂向前推送的过程中，完成外旋动作。

（3）转腕动作不宜过大，关键是时机要恰当。

（二）加力推

1. 特点与运用

回球力量重，速度快，击球点较高，充分发挥手臂的推压力量。比赛中运用加力推可迫使对方离台，陷于被动局面（如侧身正手攻前一板，然后加力推底线或大角度），与减力挡搭配使用，能有效地调动对方，获得主动。它适用于对付速度较慢、旋转较弱的上旋球或力量较轻、着台后弹起比网稍高的来球。

2. 要点

（1）球拍后撤，以增大用力距离。

（2）击球点适当离身体远一点。

（3）击球时间不宜过早或过迟。

（4）要有效地把身体各部分的力集中在击球的一瞬间。

（三）挡球

1. 特点与运用

球速慢，力量轻，动作较简单，初学者容易掌握。它可以帮助初学者熟悉球性，认识乒乓球的击球规律，提高控制球的能力。

2. 要点

（1）挡球是推挡球技术的基础，初学者应形成正确的动作手法。

（2）引拍时，上臂应靠近身体。

（3）前臂前伸近球，手腕手指调节拍形，食指用力，拇指放松。

（四）减力挡

1. 特点与运用

回球弧线低、落点低、力量轻。回接对方的大力扣杀或加力推挡时能减弱回球的力量，如与加力推结合运用，可以前后调动对方，是对付中台两面拉或两面攻打法的有效战术，它还常用于接加转弧圈球。

2. 要点

（1）击球前，身体重心略升高，稍屈前臂，球拍保持合适的前倾角度。

（2）触球瞬间，有意识地做手臂和手腕后收的动作。

（3）削弱来球反弹力的同时，借来球的力量将球挡过去，回球速度快。

第三节　乒乓球运动基本战术

一、乒乓球战术概述

所谓乒乓球运动的战术，即乒乓球运动员为争取比赛胜利，综合运用技术、心理和身体素质的方法。

在乒乓球比赛中，心理与身体素质的运用往往是结合到战术之中的，一般较少有单纯运用心理与身体素质的情况。例如，关键时刻对方手软了，根据对方的心理状态，大胆地运用压对方正手的战术。所以，有人把乒乓球战术定义为："根据彼、我诸方面的情况，为争取比赛的胜利而合理地运用技术的方法。"这种说法突出了问题的主要矛盾。

技术是战术的基础。掌握了全面、实用的技术，才有可能运用多变的战术。同样，在比赛中，只有合理地运用战术，才能使技术得以充分发挥。在训练中，只有带着战术意识去练技术，才能练就真正实用的技术。我们见过一些训练刻苦但成绩并不理想的运动员，其中一个很重要的原因就是他们练习技术时缺乏战术目的，只是一味地练，至于所练技术在比赛中起什么作用、怎样使用，不太清楚，这样练就的技术在比赛中并不实用。

技术与战术既有区别又有联系，二者相互制约、相互依存。技术、战术是不断地发展的。一般地说，技术的发展往往走在战术的前面。改进了原有技术，出现了新技术，可能会产生新战术。但是，先进的战术，又可以反过来积极地促进技术的提高与发展。

二、发球抢攻战术

发球抢攻是我国乒乓球运动员的重要战术之一。近年来，世界各种类型打法的运动员都越来越重视这一战术，并使之有了很大发展。

（一）发球抢攻战术使用要点

（1）注意发球与抢攻的配合。发球时，应明确对方都可能怎样接、接到什么位置、自己怎样抢攻等。

（2）注意发球抢攻与其他战术的配合。现在接发球水平越来越高，有时接过来的球很难抢攻。此时，可先控制一板，争取下一板抢攻。不能一心只想发球后就抢攻，一旦无机会，或盲目抢攻、或显得无计可施，都会形成相持球的被动。

（3）注意提高发球的质量，将速度、旋转和落点的变化结合起来。同时，应特别强调发球样式的创新，为抢攻制造更多的机会。当前，应特别注意克服发球种类“清一色”高抛、发球落点只短无长的现象。

（4）抢攻应大胆果断，不论对方用搓、拉（包括弧圈球）等技术接发球，自己应都能抢攻。抢攻的技术好，可以增加发球的威力。因为对方接发球顾虑多，就容易出现失误，从而为我方创造机会。

（5）每个运动员应有两套特别突出的发球抢攻战术，多而不精或只有一招，都不好。

（二）发球抢攻战术类型

1. 正手发转与不转球后抢攻

一般以发至对方中路或右方短球为主，配合左方长球。开始以先发短的下旋球为好，以控制对方不能抢攻或抢拉，然后再发不转球抢攻。发不转球时，尽量发近台球，或发至对方攻势较弱的一侧；如果对方不适应此发球，还可适当发其正手位。若能发半出台球，则效果更好。

欧洲以拉弧圈球为主的选手，往往发不转球到直拍选手的左方或中路近网，配合左长的下旋球。因为直拍选手反手遇强烈下旋球多以搓回接，欧洲选手正好可以抢拉弧圈球。

另外，可有计划地发短球后，先快搓两大角长球，再伺机抢攻或抢拉（冲）。这样，既可避免盲目抢攻，还可打乱对方接发球后就准备防守的战术。

2. 侧身用正手发高、低抛左侧上、下旋球后抢攻

侧身用正手发高、低抛左侧上、下旋球时，落点控制在对方中左短、左大角、中左长、中右（向侧拐弯飞行正好至对方怀中）或右短的位置，可配合一个直线奔球。

左手执拍的选手采用此套发球抢攻的战术，威胁更大。一般多用侧身发高抛球至对方右近网位置，对方轻拉至反手，可用推挡狠压（也可用侧身攻）一板直线，或直接得分，或为下板球的连续进攻制造机会；若对方撇一板正手位球，可用正手攻一斜线至对方反手。

近年来，由于高抛发球的运用越来越普遍，却又没有什么新的发展，所以，它的作用已大不如前。为了增强高抛发球的效果，除使其技术本身有所发展外，还应强调与低抛发球及其他发球配合运用。

3. 反手发右侧旋后抢攻

此战术尤其适合擅长反手进攻的选手运用。一般多发至对方中右近网或半出台位置，然后用正、反手抢攻对方反手。亦可发长球至两大角。一般发至对方正手位置时，对方常会轻拉直线，可用反手抢攻斜线。若发至对方反手，还可伺机侧身抢攻。

对横拍削球手，以发至中右半出台位置为好。因为横握拍用正手接右侧旋球不便发力，控制能力低。

反手发右侧上、下旋球，应强调出手动作快。对方接发球的一般规律是：来球短，回球也短。发球抢攻者应有这方面的意识。

4. 反手发急球后抢推、抢攻

此战术在运用时，可分下面两种情况：

（1）反手发急上旋球至对方反手后，侧身抢攻。要求急球必须速度快、力量大、线路长。最好能有一个直线急球配合。

（2）擅长反手推挡的选手，或遇到对方反手推攻较差的选手，可发急下旋球后用推挡紧压对方反手再伺机侧身攻的战术。

为增强上述战术的效果，可与发右方小球配合运用，以长短互相牵制，相得益彰。

5. 反手发高抛右侧上、下旋球后抢攻

一般以发至对方正手位或中右近网位置为主，配合发两大角长球，伺机抢攻。

第三十八届世乒赛女单冠军曹燕华擅用此战术。

6. 下蹲发球后抢攻

可以将左侧上、下旋与右侧上、下旋球结合运用，落点上应有长、短变化。此战术可对付只会用搓球技术接发球的选手，发球以上旋球为主。

下蹲发球后的抢攻落点以中路为最佳，往往可直接得分。当然，还要注意灵活变化，攻击对方的弱点或声东击西。

三、对攻战术

两名进攻型选手相遇，形成攻对攻的局面时，常采用下列战术。

（一）压对方反手，伺机正手攻或侧身攻

（1）一般用于对付反手较弱或进攻能力不强的对手。例如，第三十五届世乒赛时，匈牙利选手就用正、反手弧圈球压住中国选手的反手，趁中国选手击出较高的球后即发力猛冲。

（2）压对方反手时，可用推挡、反手攻或弧圈球。

（3）压对方反手准备侧身前，应主动制造机会，或突然加力一板、或攻压一板中路、或攻压一板大角度，尽量避免盲目侧身。

（二）压左调右（亦称压反手变正手）

1. 适用范围

（1）自己反手不如对方反手时，主动变线，避实就虚。

（2）对方侧身攻的意识极强，用变其正手的方法，既可偷袭空当，又可牵制对方的侧身攻。

（3）对付正手位攻击力不够强的选手。

（4）自己正手好，主动变对方正手后伺机正手攻。

（5）自己反手攻击力很强，可在变对方正手位时直接得分或取得主动。

（6）左手执拍的选手用此战术较多，因变线的角度大，右手执拍的选手往往被动。

2. 注意问题

（1）变线的这板球应有质量。例如，推挡变线凶狠，这样对方难以发力，自己侧身抢攻就容易。

（2）避免习惯性变线，被对方适应，反遭被动。

（3）应主动变线，切忌被动变线，否则易给对方提供抢攻的机会。

（三）压左等右

压左等右战术即紧压对方反手，等着对方变线，自己用正手抢攻。此战术多在对方采用压左调右的战术时使用。运用时，压对方反手要凶些，否则对方变线较狠，自己往往被动。

以上三个战术经常结合运用。例如，对方反手较弱或准备不足时，先用压对方反手的战术；但对方注意了反手，或增多了侧身攻后，就应改用变对方正手的战术。而当自己在反手位得利后（包括侧身攻），对方往往会频频变线到自己正手，此时自己又应采用压左等右的战术。

（四）调右压左

1. 运用方法

先打对方正手，将其调到正手位并被迫离台后，再打其反手位。注意，调正手位的这板球要凶，否则易遭对方攻击。

2. 适用范围

（1）对方左半台进攻能力较强，压对方反手位未占主动时。例如，我国快攻手在对付擅长侧身抢攻（冲）的单面攻选手时常采用此战术。

（2）对付正手位进攻能力不很强，或反手位只能近台、不擅离台的直拍快攻选手。

（五）用加减力量压对方反手、中路后

此战术用于对付站位中台的两面拉（攻）的选手。运用此战术时，一般应先用加力推（攻）将对方压下去，再用减力挡将其诱上来，然后伺机加力扣杀。如果仅有减力挡，无有加力推，就容易招来被动。

（六）连压对方中路或正手

一般在下列情况下运用此战术：

（1）对方的反手攻击力较强。

（2）对方属两面拉（攻）打法，但反手强、正手弱。

（3）对方虽为两面攻选手，但遇中路球习惯于侧身攻。

四、拉攻战术

拉攻是进攻型打法对付削球打法的主要战术，即用拉球（包括一般拉球、小上旋和弧圈球）找机会，然后伺机突击（包括扣杀和抢冲）。具体运用时，有如下几种：

（一）拉一角

拉一角为主，伺机突击自己的特长线路或中路追身。具体拉哪一角，可从两方面考虑：

（1）选择对方削球较弱（不稳或旋转变化不强）的一面。

（2）拉对方攻势较弱的一面。

选择这样的拉球线路，既容易寻找突击的机会，又可避免（或减少）对方的反攻。

由于突击的难度比拉球大，因此以自己最擅长的线路突击可以提高命中率。中路追身球是削球手的共同弱点，接此类球时易出高球或直接失误。所以，突击中路又是对付削球手的最佳线路。但是，突击中路的技术难度较大，应注意在平时训练中狠抓这一技术的训练。

（二）拉中路杀两角或拉两角杀中路

拉中路杀两角，是从中路找机会，然后杀两角得分。对付站位较近或控制落点较凶的削球手效果尤好。对于中路球，削球手不容易发挥削球技术，更难以削出落点很凶的球，所以，突击的机会就比较多。

拉两角杀中路，是从两角找机会，然后突击中路得分（或是突击中路后，使对方削出更高的机会球，再大力扣杀两大角）。

（三）拉左杀右或拉右杀左

这两个战术实际是拉一角杀另一角。一般拉对方削球或反攻较弱的一角，杀另一角。由于拉与杀线路的变化，常使对方不适应而导致其被动或失误。

（四）拉直杀斜或拉斜杀直

这两个战术各具特点。拉斜线，比较保险、稳健；杀直线，突然性强、速度快，但技术难度较大。拉直线，仅从线路方面讲技术难度较大，但拉球本身技术难度小、较稳健；杀斜线，比杀直线较容易，命中率也高。比赛中，具体采用哪个战术，还需依对方和个人的情况而定。一般说来，拉斜杀直比拉直杀斜战术运用得多。

（五）拉长球配合拉将出台的球

在具体运用中，有以下两种方法。

（1）先拉长球（包括小上旋和弧圈球）至近对方端线处，迫使对方后退削球，再突然拉一板中路偏右的短球（将出台），使对方难以控制而削出高球，突击得分。

（2）先拉将出台的轻球，再发力拉接近端线的长球，使对方因来不及后退而削出高球或失误。若能拉出将出台的强烈上旋的弧圈球，再配合前冲的长球，则效果更好。

（六）变化拉球的旋转

一般拉球的选手，可拉真（强烈上旋）、假（不转）及侧旋弧圈球，用旋转的变化来增加对方削球的困难。如能将侧旋球拉至对方中路，则效果更好。

（七）拉搓、拉吊结合

运用此战术时，一定不要搓、吊过多，否则自己越搓（吊）越软，对方还会利用此机会反攻。

为防对方的反攻，搓和吊球的弧线一定要低并讲究落点。一旦对方反攻后，应坚决回击好第一板，使其难以连续进攻。

（八）拉、搓、拱结合

此战术多为一面使用长胶、一面使用反胶球拍的运动员在对付削球打法运动员时运用。一般先用弧圈球（包括小上旋及一般拉球）将对方拉下台去削，然后用搓球又将其引上台来，对搓中再突然用拱球找机会，伺机发力突击。

（九）稳拉为主

这是直拍削球手或攻削结合打法的运动员在对付削球打法运动员时的一种战术，在双方对拉过程中伺机发力攻。遇反攻能力较强的削球选手时，应慎用。

五、削攻战术

（一）削转与不转球

旋转变化是削球选手争取主动的关键，从目前世界乒乓球技术的发展看，没有旋转变化的削球是难以取胜的。

一般是先削加转球，使弧圈球选手难以抢冲并拉得手臂发硬后，突然送出不转球，伺机上前反攻。

在具体运用中，有时还采用削加转球至对方反手，削不转球至对方正手，伺机进行反攻的战术。

还有人以连续削接近端线的不转长球为主，使对方拉球失误或自己伺机反攻。

使用不同性能球拍的削球选手应充分发挥球拍的特点，不仅反手擅长倒拍削球，正手亦应掌握此项技能。

（二）逼两角

此战术分先逼左角、再逼右角和先逼右角、再逼左角两种方法。对手右方攻势强的，先逼其左角；对手左方攻势强的（如擅长侧身拉攻），先逼其右角。

此战术若能和旋转变化相结合则效果更好。例如，先逼对方右角，再突变其左角，配合转与不转的变化，对方在来不及侧身攻时多以搓过渡，判断不清就容易出高球或下网，削球选手可伺机反攻。

（三）逢斜变直、逢直变斜

削球选手在接突击球时，往往是接过去就算，结果常遭对方连续攻击，最终难免失分。为在被动中争得主动，应采用“逢直变斜、逢斜变直”的战术，使对方不能站在一个固定的位置上击球，增加了对方连续进攻的难度。

（四）破坏对方长短球的战术

（1）如对方调的小球较高，位置也合适，削球手应果断地上前反攻。

（2）如对方调的小球又短又低，很难反攻，可采用摆短、劈两大角或控制一板到对方攻势较弱的地方，不让其起板突击，争取自己抢攻。

（3）如果发现对方在有意实施调小球的战术，可主动削近对方端线的不转长球。这样，对方很难再调小球，若硬要放小球也很容易失误或出现漏洞，削球手可上前攻之。

（五）攻、削、挡结合

1. 削、挡结合

（1）主动运用削、挡结合战术，一般是异线变化。例如，先用削球连逼对方反手大角度，对方侧身拉后，再突然上前挡一板至其正手空当，然后伺机反攻。

（2）被动运用：在对方搓中突击、发球抢攻或调小球后打突击时，皆可在台前挡一板。既可缓解来不及后退削球的燃眉之急，又可变化击球节奏，变被动为主动。

2. 拱、挡、削结合

此战术多为使用长胶球拍的直拍选手采用。在近台，用反手拱斜、直线后，伺机用正、反手抢攻；当对方轻拉时，可轻挡对方两大角（一般多挡至对方反手），对方被迫改搓或轻轻将球托起后，迅速反攻；若对方发力拉时，一般以削球回接，伺机变挡或攻。这种打法在回球的旋转、落点、力量、节奏上皆有变化，所以，往往使对方有心理压力。

六、搓攻战术

搓攻战术，是进攻型打法的辅助战术之一，又是削球打法相互交锋时的主要战术之一。

（一）搓反手大角再变直线

此战术主要用来对付不擅长反手进攻的选手。先逼住对方反手大角，视其准备侧身攻或将注意力都放到了反手后，就变线至其正手，伺机抢攻。

（二）搓转与不转球

一般以先搓加转球为主，然后用相似的动作搓不转球，对方不适应或一时不慎就会将球搓高，为自己进攻创造机会。在运用旋转变化时，最好能与落点相结合，二者相辅相成。

（三）快搓（或摆短）短球配合劈两大角长球

短球，特别是加转短球，对方抢攻的难度比较大，但只搓短球对方又容易适应。近年来欧洲选手攻台内短球的技术有很大提高，所以，应注意用两大角长球配合。对付进攻型选手（尤其是弧圈球选手）时，应特别讲究搓球的速度和落点，并应尽量少搓，树立搓一板即攻的指导思想。

（四）搓中转快攻

（1）对搓中先拉一板弧圈或小上旋。

（2）搓中突击：直拍正胶快攻选手，在遇到旋转不特别强烈或位置比较合适的搓球时，应大胆运用搓中突击或快点的技术，由此而转入连续进攻。

（3）搓中变推：遇对方搓过来的不转球（包括长胶、防弧圈球拍搓过来的球），直拍进攻型选手可用推挡对之，由搓变推，转为快攻。

第四节　乒乓球运动基本规则

一、合法发球

（1）发球时，球自然地置于不持拍手的手掌上，手掌张开，保持静止。

（2）发球员须用手把球几乎垂直地向上抛起，不得使球旋转，并使球在离开不执拍手的手心之后上升不少于16厘米，球下降到被击出前不能碰到任何物体。

（3）当球从抛起的最高点下降时，发球员方可击球，使球首先触及本方台区，然后越过或绕过球网装置，再触及接发球员的台区。在双打中，球应先后触及发球员和接发球员的右半区。

（4）从发球开始，到球被击出，球要始终在比赛台面的水平面以上和发球员的端线以外；而且从接发球方看，不能有发球员或其双打同伴的身体或他们所穿戴

（带）的任何物品阻挡接发球员观察球的视线。

（5）球一旦被抛起，发球员的不执拍手臂应立即从球和球网之间的空间移开。球和球网之间的空间由球和球网及其向上的延伸来界定。

（6）运动员发球时，应让裁判员或副裁判员看清是否按照合法发球的规定发球。

① 如果裁判员对运动员发球合法性有怀疑，在一场比赛中第一次出现时，判重发球，并警告发球方。

② 此后，裁判员对该运动员或其双打同伴发球动作的合法性再次怀疑，将判接发球方得1分。

③ 无论是否第一次或任何时候，只要发球员明显没有按照合法发球的规定发球，无须警告，应判接发球方得1分。

（7）运动员因伤病而不能严格遵守合法发球的某些规定时，可由裁判员作出决定免于执行。

二、合法还击

对方发球或还击后，本方运动员必须击球，使球直接越过或绕过球网装置，或触及球网装置后，再触及对方台区。

三、比赛次序

（1）在单打中，首先由发球员发球，再由接发球员还击，然后发球员和接发球员交替还击。

（2）在双打中，首先由发球员发球，再由接发球员还击，然后由发球员的同伴还击，再由接发球员的同伴还击，此后，运动员按此次序轮流还击。

四、重发球

（1）如果发球员发出的球，在越过或绕过球网装置时触及球网装置。

（2）如果接发球员或接发球方未准备好时，球已发出，而且接发球员或接发球方没有企图击球。

（3）由于发生了运动员无法控制的干扰，而使运动员没能成功发球、还击或遵守规则。

（4）裁判员或副裁判员暂停比赛。

以上四种情况判发球员重发球。

五、暂停比赛的情况

（1）由于要纠正发球、接发球次序或方位错误。

（2）由于要实行轮换发球法。

（3）由于警告或处罚运动员。

（4）由于比赛环境受到干扰，以致该回合结果有可能受到影响。

六、1分

除被判重发球的回合，下列情况判运动员失1分：

（1）运动员未能正确发球。

（2）运动员未能正确还击。

（3）运动员在发球或还击后，对方运动员在击球前，球触及了除球网装置以外的任何东西。

（4）对方击球后，球没有触及本方台区而越过本方台区或端线。

（5）运动员连击或阻挡。

（6）运动员穿戴的任何东西使比赛台面移动。

（7）运动员穿戴的任何东西触及球网装置。

（8）运动员不执拍手触及比赛台面。

（9）双打时，对方运动员击球次序错误。

（10）执行轮换发球法时，每位运动员都轮发一分球，直至该局结束，如果接发球方进行了13次合法击球，则判发球方失分。

（11）用不合乎规定的拍面击球。

七、一场和一局比赛

在一局比赛中，先得11分且双方比分差距大于等于2分的一方为胜方。10平后，先领先2分的一方为胜方。一场比赛由奇数局组成。

八、发球、接发球次序和方位的错误

（1）裁判员一旦发现发球、接发球次序错误，应立即暂停比赛，并按该场比赛开始时确立的次序，按场上比分由应该发球或接发球的运动员发球或接发球；在双打中，则按发现错误时那一局中首先由发球权的一方所确立的次序进行纠正，继续比赛。

（2）裁判员一旦发现运动员应交换方位而未交换时，并按该场比赛开始时确立的次序，按场上比分运动员应站的正确方位进行纠正，再继续比赛。

（3）在任何情况下，发现错误之前的所有得分均有效。

九、轮换发球法

（1）如果一局比赛进行到10分仍未结束（双方都已获得至少9分时除外），或者在此之前任何时间应双方运动员要求，应实行轮换发球法。

① 当时限到时，球仍处于比赛状态，裁判员应立即暂停比赛。由被暂停回合的发球员发球，继续比赛。

② 当时限到时，球未处于比赛状态，应由前一回合的接发球员发球，继续比赛。

（2）此后，每位运动员都轮发1分球，直至该局结束。如果接发球方进行了13次还击，则判接发球方得1分。

（3）轮换发球法一经实行，将一直使用到该场比赛结束。

思考题

1. 简述中国乒乓球运动的主要特点。
2. 简述乒乓球运动握拍方法的区别。
3. 在乒乓球比赛中，何为无效发球？

第七章　乒乓球运动微课视频

单步移动

跳步移动

交叉步移动

横板持拍方法

直板持拍方法

横板正手发奔球

横板反手发奔球

直板正手发奔球

直板正手发下旋球

直板反手发奔球

横板正手发下旋球

横板正手攻球

横板反手拨打

直板反手推挡

直板正手攻球

第八章 羽毛球运动

学习目标:

1. 了解羽毛球运动的起源和发展。

2. 了解我国羽毛球运动的发展和取得的成绩。

3. 掌握羽毛球运动的基本技术和战术。

4. 掌握羽毛球运动的竞赛规则。

章前导言:

本章主要介绍羽毛球运动的起源和发展，详细介绍了羽毛球运动的基本技术和战术、相应的训练原则和方法以及羽毛球运动的基本竞赛规则。为初学者提供相应的理论和实践依据，扩大羽毛球运动的影响。

第一节 羽毛球运动概述

一、羽毛球运动的起源与发展

现代羽毛球运动出现于19世纪。大约1870年在英国出现了用羽毛、软木做的球和穿弦的球拍。1873年，英国公爵鲍弗特在格拉斯哥郡伯明顿镇的庄园里进行了一次羽毛球游戏，从此，羽毛球运动便逐渐开展起来。“伯明顿”即成了羽毛球的名字，英文的写法是“badminton”。1875年，世界上第一部羽毛球运动规则草拟于印度普那。1893年英国的14家羽毛球俱乐部倡议组成了世界上第一个正规的羽毛球协会，进一步修订了规则，重新规定了统一的场地标准。

1899年该协会举办了首届全英羽毛球锦标赛。1934年，由英国、加拿大、丹麦、爱尔兰、法国、荷兰、新西兰、苏格兰和威尔士等国家和地区的羽毛球组织发起成立了国际羽毛球联合会（简称国际羽联），总部设在伦敦。从此，羽毛球真正成为一项世界性的体育运动。

二、国际羽毛球组织

1934年，国际羽毛球联合会（简称“国际羽联”）成立并通过了各会员国共同遵守的《羽毛球规则》。国际羽联的宗旨是：从国际方面管辖各国羽毛球运动；管辖国际羽毛球各种比赛并为比赛制定规程；加强会员协会之间的友谊，促进羽毛球运动的发展。国际羽联的最高权力机构是代表大会，每年5月至7月召开。理事会由每届代表大会任命，负责日常工作。

从1992年起羽毛球被列为奥运会的一项正式比赛项目。

三、世界重大羽毛球赛事简介

（一）汤姆斯杯

汤姆斯杯羽毛球赛是世界上最高水平的男子羽毛球团体赛，即世界男子羽毛球团体锦标赛，每两年举办一次。1934年国际羽联成立时，英国人乔治·汤姆斯（George Thomas）被选为主席，5年后，汤姆斯在国际羽联会议上提出，组织世界性男子团体比赛的时机已成熟，并表示将为这一比赛捐赠一个奖杯，称为“汤姆斯杯”。

（二）尤伯杯

尤伯杯羽毛球赛即世界女子羽毛球团体锦标赛，是世界上最高水平的女子羽毛球团体赛。

尤伯杯赛由国际羽联创办于1956年。尤伯夫人全名为贝蒂·尤伯，是英国30年代著名女子羽毛球选手。尤伯杯赛制同汤姆斯杯赛一样，在1982年以前是每三年举行一次，比赛采用七场四胜制。自1984年开始，改为每两年举行一次，采用五场三胜制。

（三）世界羽毛球锦标赛

世界羽毛球锦标赛由国际羽毛球联合会举办。本赛事于1977年开始举办，1983年前为每三年举行一次，1985年起改为每两年举行一次，比赛设男子单打、女子单打、男子双打、女子双打和混合双打五个项目。

（四）苏迪曼杯

苏迪曼杯，又称世界羽毛球混合团体锦标赛，奖杯是印度尼西亚羽毛球协会代表本国人民向国际羽毛球联合会捐赠的一座奖杯。赛制采用五场三胜制，由男子单打、女子单打、男子双打、女子双打和混合双打等五个项目组成，是代表一个国家羽毛球整体水平的最重要的世界大赛，与汤姆斯杯赛和尤伯杯赛齐名。

第二节　羽毛球运动基本技术

一、手法

（一）握拍法

1. 正手握拍法

握拍之前，先用左手拿住球拍，使拍面与地面垂直。再张开右手，使手掌下部靠在球拍的握柄底托部位，虎口对着球拍框。小指、无名指、中指自然并拢，食指与中指稍稍分开，自然弯曲并贴在拍柄上。握拍的时候，不要过于用力，手部肌肉要放松。只是在击球的一刹那，手指突然紧握拍把而发力。

2. 正手搓球握拍法

在正手握拍的基础上，拇指、食指、中指和无名指稍松开，使拍柄离开掌心，拇指斜贴拍柄内侧的上小棱边上，食指稍向前伸，使第二指带斜贴在拍柄外侧的宽面上。

3. 正手勾对角握拍法

在正手握拍的基础上，拍柄稍向外转，拇指斜贴在拍柄内侧的宽面上，食指第二指关节和其他三指的指根贴在拍柄外侧的宽面上，拍柄不贴掌心。

4. 反手握拍法

反手一种是有正手握拍法把球拍框往外转（即往左方向转），拇指前内侧部位贴在拍柄的窄面部位，食指向中指、无名指、小指方向并拢。通常反手握拍的时候，手心与拍柄之间有一定的空隙，这样握拍法有利于手腕力量和手指力量的灵活运用。

5. 反手搓球握拍法

在正手握拍的基础上，拇指、食指、中指和无名指稍松开，拍柄离开掌心同时使球拍向内转，拇指贴在拍柄内侧的上小棱边上，食指第三关节贴在拍柄外侧的下小棱边上。

6. 反手勾对角握拍法

在正手握拍的基础上，拇指、食指、中指和无名指稍松开，拍柄离开掌心，同时将拍柄向内转动，拇指第二关节的内侧贴在拍柄的上小棱边上，食指第二指关节贴在拍柄的下中宽面上，其余三指自然抓在下中宽面和拍柄内侧的宽面上。

（二）发球法

发球技术可分为正手和反手发球技术。一般来说，发网前球、发平球、发平高球、发平球和发网前球均可采用正手发球法。基本的技术有：发高远球、发平高球、发平球、发网前球、反手发网前球、反手发平球。

1. 正手发高远球

所谓高远球是把球发的又高又远，使球向对方底线上方飞去，球的飞行路线与地面形成角度，要大于45度角，使球在对方场区底线附近垂直下落。身体重心放在右脚上面，身体自然地微微向后仰，右手向右后侧举起，肘部稍弯曲，左手拿球（可拿球的任何部位）并自然地置于胸前。准备发高远球的时候，站在离前发球线一米左右的发球场区中线附近，面对球网，左脚在前，右脚在后，两脚之间自然分开（图8-2-1）。

图 8-2-1　正手发高远球

2. 正手发高平球

正手发高平球姿势、动作和发正手高远球一样，只是发力方向和击球点不同，发高平球时球运行的抛物线不大，使球迅速地越过对方场区空中而落到底线附近，球在空中的路线和地面形成的仰角在45度左右。发球时，左手把球举在身体靠右前方并使球下落；右手同时由大臂带动小臂，以小臂加速球拍的从右后方向前，并往左前方挥动。当球落到击球人腰部稍下方的一刹那，紧握球拍，手腕向前上方、以向前方为主发力鞭打击球，击球时，其动作幅度比发高远球的动作小。

3. 正手发网前球

发网前球就是把球发到对方发球区内的前发球线附近，球拍触球时，拍面从右向左上方切击球，使球刚好越网而过，落在对方前发球线附近（图8-2-2）。

4. 反手发网前球

反手发网前球就是运用反手发球技术把球发至对方发球区内前发球线附近，击球时球拍由后向前推送击球，使球运行的弧线最高点略高于网顶，球拍触球时，拍面采取切削式击球，使球落到对方场区的前发球线附近（图8-2-3）。

图8-2-2　正手发网前球

图8-2-3　反手发网前球

5. 反手发平球

反手发平球与发正手球的球路、角度、落点一样。发球时，球拍的挥动方向也与反手发网前球一样，只是在击球的一刹那，手腕有弹性的击球，拍面与地面的角度接近垂直，将球击到双打后发球线以内的区域。

（三）击球法

1. 后场击球技术

（1）击高球

击高球是后场击球技术之一，高球分为高远球和平高球。击高远球就是把球打得又高又远，平高球飞行的速度比高远球快，弧线比高远球低，是后场进攻的有效技术之一。击高球可分为正手、头顶、反手击直线和对角线高球（图8-2-4）。

① 正手击直线高球和对角线高球

在右后场区击球的位置上，左脚在前，右脚在后，稍屈膝，侧身对网，重心在右脚前脚掌上面，左手自然上举，重心下降准备起跳。起跳的同时右臂、肩、胸舒

图 8-2-4　后场击高球

展；跳起后手腕控制球拍对准来球路线，快速挥拍击打球的后部，球即沿着直线飞行，若手腕控制拍面击球托的右下方，球则沿着对角线方向飞行。击球后，手臂随惯性自然回收至胸前。

② 顶击直线高球和对角高球

由于来球是飞往左后场区，击球点应选择在头顶上方。准备姿势和动作要领与高远球相似，但击球前要求上体稍后仰，以便更好地发力。如果对方过来的球飞往后场区，那么击球点应该选择在头顶上前方的部位，用力挥拍鞭击球托后部，使球沿直线高飞过网。头顶击对角高球，握拍手法略有不同，用拇指和食指向左捻动拍柄，使虎口对准拍的小棱边，球拍仍由右后绕过头顶，小臂向前方内旋带动手腕收发力，形成鞭打，击球托的左后部。击球后，小臂内旋较明显，惯性作用较大，手臂自然往前摆动。

③ 反手击高远球

如果对方的来球向左后场区的时候，要迅速把身体转向后方，移动到适合的击球位置，背对球网，反手握拍，沿半弧形路线挥拍击球，把球击向后上方。当对方的来球落向左后场区的时候，迅速把身体转向左后方，移动到适合的击球位置，背对球网，并用反手握拍法握拍；最后一步右脚跨向左后方，球拍由身前举到左肩附近，以大臂带动前臂转动，击球时前臂由左肩上方往下绕半弧形，最后一刹那手指紧握球拍，击球点应在右肩上方为好，根据还击的需要掌握好球拍的角度鞭打进行击球，把球击向后上方。击球后，转身，手臂回收至胸前（图 8-2-5）。

（2）吊球

如果对方击来高球，本方可以将球从后场轻击、轻切、轻劈到对方的近网附近，称为吊球。吊球根据其动作方法、球的飞行弧线的不同可分为轻吊、拦吊、劈

图 8-2-5　反手击高远球

吊；根据出手的位置和球落向的位置又可分为：正手吊直线球和对角线球、头顶吊直线球和头顶吊对角线球、反手吊直线球和反手吊对角线球（图 8-2-6）。

图 8-2-6　吊球

① 正手吊直线球和对角线球

击球前动作同正手击高球。吊直线球时，击球用力的方向是朝前下方，但是击球瞬间，小臂突然减速，用手腕的闪动向下轻轻切击球托的右侧后下方，使球越网后即下落，击球后，手臂随惯性自然收回至胸前。吊对角线球时，击球用力的方向是对角线斜下方。

② 头顶吊直线球和头顶吊对角线球

击球动作几乎和头顶直线高远球相似，只是在击球的瞬间，小臂突然内旋并向前下方挥拍，手腕的外伸后展带动球拍轻点球托的左侧后下部，球沿直线飞行。吊对角线球时，击球一刹那，手臂突然反腕（内旋）往前下方挥拍，经手臂和手腕的后伸外展带动球拍轻切或轻点球拖的左侧后下部，使球沿对角线飞行，球越网后下落。

③ 反手吊直线球和反手吊对角线球

反手吊直线球和反手吊对角线球的击球前的动作同反手击高球动作类似。不同的是小臂要上摆，用拇指内侧顶住拍柄，手腕向后“甩腕”轻击球托的后下部位，使球的飞行方向朝着直线和对角线方向落到对方网前。

（3）扣杀球

① 正手侧身扣杀直线球和对角线球

准备姿势与正手击高球相似。不同之处是右脚起跳后，身体后仰成反弓后收腹用力，靠腰腹力量带动大臂、大臂带动前臂、前臂带动手腕，形成向下鞭打的用力，用球拍正面击球托的后部，无切击，使沿球直线向前下方快速飞行。击球后立即成还原准备姿势。扣杀对角线球准备姿势同正手扣杀直线球。不同之处是右脚起跳之后，身体向左前方转动用力，协助手臂向对角方向击球（图8-2-7）。

图8-2-7　正手侧身扣杀直线球和对角线球

② 正手腾空突击扣杀球

击球前，右脚稍前，左脚稍后，身体稍前倾、屈膝，重心落在右脚上，准备起跳。起跳后，身体向右后方腾起，上身向右后仰成反弓形，右臂右上抬，肩尽量后拉。击球时，前臂快速举起，手腕从后伸到前屈膝缓冲，右脚右侧着地，重心在右脚前；左脚在左侧前着地，并迅速还原。

③ 头顶扣杀直线球

准备姿势同头顶击高球。不同之处是挥拍击球时，靠腰腹带动上臂、前臂、手腕的鞭打动作，全力向对角线下方击球。球拍面和击球方向水平面的夹角小于90度。

④ 头顶扣杀对角线球

准备姿势同头顶击高球。不同之处是挥拍击球时，靠腰腹带动上臂、前臂、手腕的鞭打动作，全力向对角线下方击球。球拍面和击球方向水平面的夹角小于90度。

⑤ 头顶腾空突击扣杀

击球前，身体向左侧后方倾斜，重心落在左脚上，屈膝准备起跳。起跳后，身体向左侧后方腾起，上身向左后仰成反弓形，肩后拉，右臂往右后上抬，前臂垂于头后放松，手腕后伸外展。击球时，前臂迅速由头后举起，手腕旋内压腕，在前臂内旋的带动下鞭打向前下方击球。头顶扣杀直线球的准备姿势同头顶击高球类似，不同之处在挥拍击球时，要靠腰腹带动大臂，协调小臂、手腕的综合力量形成鞭击动作，全力往下方击球，拍面与水平面的夹角小于90度，击球时要全力向对角线方向击球。

⑥ 反手扣杀球

反手扣杀球的准备动作与反手击高球相同，不同之处是击球前的挥拍用力要大，跳起后身体反弓加上手臂、手腕的延伸、外展的鞭打用力，可向对方的直线或对角线的下方用力，击球瞬间球拍与扣杀球方向的水平夹角应小于90度。

2. 前场击球技术

前场技术包括网前的放、搓、推、勾、扑、挑球等。其中搓、推、勾、扑属进攻技术，要求击球前期动作有一致性，击球刹那间产生突变；握拍要活，动作细腻，手腕、手指要灵巧，以控制好球的落点。前场击球的威胁较大，因球飞行距离较短，落地快，常使对手措手不及而直接得分。即使不能直接得分，也能迫使对方被动回球，创造下一拍的机会。若网前进攻和中后场进攻能紧密结合起来，则能发挥前后场的连续进攻，掌握主动权（图8-2-8）。

（1）放网前球

① 正手放网前球

正手放网前球：当对方将球击至自己正手方向网前时，以正手握拍法，用球拍轻轻切、托，将球向上弹起恰好一过网就朝下坠落，其一般的动作是：侧身向球的方向移动，上身稍前倾，右手握拍于体前。步法移动的最后一步是右脚向来球方向。跨大弓箭步，身体重心要提高，前臂伸向来球，要往前上方举，上身稍上仰，斜对网。争取高点击球，握拍手放松，稍收腕，向球托斜侧切击或搓切。击球过程中左手要向后平举以协调动作。挥拍的力量、速度和拍面角度的大小，主要取决于来球离网的远近和速度的快慢。来球离网远，速度快些，则放球时的力量要大些，反之则力量要小些。击球后，身体还原成准备姿势。

② 反手放网前球

反手放网前球：击球前的动作要领同正手放网前球动作，只是方向相反。击球

图 8-2-8　前场击球技术

时反手握拍，反面迎球，主要靠小臂的前伸、外旋和手腕由内收至外展的合力，轻托底部把球轻松过网。击球后，整个动作还原成下次击球的准备姿势。

（2）网前搓球

① 正手网前搓球

击球前，小臂稍外旋，手腕由后伸至稍内收；击球时在正手放网前球动作基础上，加快挥拍速度，搓切来球的右下部，使球旋转滚过网。

② 反手网前搓球

击球前，小臂前伸外旋，手腕由内收转至外展状；搓击球的右侧后底部，使球侧旋滚动过网。另外还可以小臂稍伸直，手腕由外展到内收，带动球拍向前切送，击球托的后底部，使球下旋。

（3）网前推球

① 正手推直线球

站在网前，当球飞过来，球拍向右侧前上举。在肘关节微屈回收时，小臂稍外旋，手腕稍后伸，球拍也随着往右稍下后摆，拍面正对来球。小指和无名指稍松开，使拍柄稍离开手掌鱼际肌。拇指和食指稍向外捻动拍柄，拍面更为后仰。

② 正手推对角线球

推对角线技术的准备姿势和击球前动作与推直线相同，但是击球时击球点在右肩前，要推击球托的右侧后部，使球沿对角线方向飞去。这时，手腕控制拍面角度，闪腕时手臂不要完全伸直。

③ 反手推直线球

在网前较高的击球点上，以反手握拍法，用推击的方法向对方底线击出弧度较平，速度较快的球.其击球动作是：用反手握拍法，前臂伸时稍外旋，手腕由外展至伸直闪腕，中指、无名指和小指突然握紧拍柄，拇指顶压球拍，往前挥拍，推击球托的左侧面。

④ 反手推对角线球

反手推对角线的击球动作基本与推直线相同，区别点是在击球一刹那要急速向右前方挥拍，推击球的左侧后部，使球沿对角线方向飞行。

（4）网前勾球

① 正手网前勾对角线球

勾球一般采用并步加蹬跨步上网的步法。在步法移动的同时，球拍随着前臂向右前上方举起。前臂前伸的同时，稍有外旋，手腕微后伸，这时的握拍稍有变化——将拍柄稍向外捻动，使拇指贴在拍柄的宽面上，食指的第二指节贴在与其相对的另一个宽面上，拍柄不触及掌心。击球时，靠前臂稍有内旋往左拉收，手腕由稍后伸至内收。球拍拨击球托的右侧下部，由手腕和手指控制拍面角度，击球后，球拍回收至胸前。

② 反手网前勾对角线球

在步法移动的同时，手臂向左侧前方平举（注意手臂不要伸直，稍弯曲即可）。击球时，随着肘部下沉，前臂回收外旋的同时，食指和拇指协调用力捻动拍柄，使拍面拨击球托的左侧后部，将球沿对角线飞越过网，击球后，球拍回收至胸前，为回击下次的来球作积极的准备。

（5）扑球

扑球是当来球在网顶上方时，能以最快的速度上网扑压来球的技术动作。扑球可分为正手扑球和反手扑球两种，其路线有直线，对角线和扑随身球三种。扑球在网前进攻技术中是威胁较大的一种技术。扑球的关键在于“快”。首先是判断快。一经作出判断，即要求起动快并采用蹬跨步或跳步上网，同时出手快，抓住来球在网顶的最高点机会出手，以迅雷不及掩耳之势，一举解决战斗。

网前扑球时。身体腾空跃起或右脚蹬跨的同时，前臂往前上方举起，球拍正对来球方向。击球时，随着手臂由屈至伸，利用手腕由后伸至向前闪动及手指的顶压，将球扑下。其中手腕是控制力量的关键，只有挥拍距离短，动作小，爆发力强，扑击的球才会具有一定威胁。如果球离网顶较近，就采用“滑动式”扑球方式，用手腕从右向左将球摸压下去，这样可以避免球拍触网犯规。扑球后，注意腿上的缓冲，控制重心，以免身体触网。

（6）挑球

① 正手网前挑球

准备动作同正手放网动作。击球前前臂充分外旋，手腕尽量后伸。击球时，从右下向右前方至左上方挥拍击球。在此基础上，若球拍向右前上方挥动，挑出的是直线高球；若球拍向左前方挥动，挑出的则是对角高球。

② 反手网前挑球

准备姿势同反手放网动作。击球前右臂往后拉抬肘引拍。击球时前臂充分内旋，手腕由屈至后伸闪动挥拍击球。若球拍由左下向左前上方挥动，则球向直线方向飞行；若球拍由左下向右前上方挥动，则球向对角线方向飞行。前场技术易出现的毛病：手腕与手指运用不当，不是用力过猛，就是扣面控制不好，使击出的球离网太高，太远或落网；站位离网过近，妨碍了击球动作；击球前肘部过直。

3. 中场击球技术

（1）挡网前球技术

① 正手挡直线网前球技术

用接杀球的步法移至右场边线、身体右倾，手臂右伸，前臂外旋，手腕外展。击球时，前臂内旋稍翻腕带动球拍由右下向前上方推送击球，把球推向直线网前。

② 正手挡对角网前球

准备姿势同正手挡直线网前球技术。挥拍击球时，在肘关节屈收的同时前臂稍有内旋，手腕由后伸到内收闪动击球托的右侧。击球点在身体右侧前方，手腕手指控制拍面角度，使球向对角线网前坠落。

③ 反手接杀挡直线网前球

用接杀球的步法移至左场区边线，身体左转前倾，右肩对网，右肘弯曲，手腕外展，引拍至左肩前上方。击球时，借对方来球的冲力，以前臂带动球拍由左上方向左前方用拇指的力量挥拍轻击球托，把球挡回直线网前。击球后，身体右转成正面对网，球拍随身体的移动收至体前。

（2）挑高球技术

① 正手接杀挑直线后场高球

击球前右臂稍向右后拉，前臂外旋，手腕尽量后伸，引拍于右后侧。击球时，前臂内旋，手腕从后伸到收腕闪动，急速向前挥拍将球挑到对方后场。击球后前臂内旋，球拍向体前上方挥动再回收到体前。

② 反手接杀挑后场高球

击球前，小臂内旋，手腕外展，引拍至左侧前。当对方杀左边线球时，快速移动球前，大臂支撑，小臂急速往右前方挥摆，手腕由外展至后伸闪动，握紧球拍，加上拇指的顶力，全速挥拍击球，使球向直线方向飞行。若向对角线方向挥拍，则球向对角线方向飞行。

4. 抽球技术

① 正手平抽球

站在右场区的中部，两脚平行站立稍宽于肩，重心在两脚间，微屈膝收腹，正手握拍举于右肩前。击球前肘关节前摆，前臂稍往后带外旋，手腕稍外展至后伸，引拍至体后。击球时前臂内旋，手腕伸直闪动，手指抓紧拍柄，球拍由右后向右前方高速平扫切击来球。击球后手臂左摆，左脚往左前方迈一步，右脚跟一步回中心位置。

② 反手平抽球

右脚前交叉在左侧前，重心在左脚上，右手反手握拍在左侧前。击球前肘部稍上抬，前臂内旋，手腕外展，引拍至左侧。击球时，在髋的右转带动下，前臂外旋，手腕由外展到伸直，挥拍击球托的底部。击球后，球拍随身体的回动收回到右侧前。

二、步法

（一）基础步法

1. 起动

对来球一定要有准确的判断，从原有位置上的准备接球姿势转为向击球位置出发的动作，称为起动。一场比赛要起动几百次（基本上是每回击一拍起动一次）。要做到起动快，必须反应敏捷、判断准确和起动的准备姿势正确。准备姿势可分为两种，一种是接发球姿势（必须按规则要求原地站立），左脚在前，右脚在后，侧身对网，重心在前脚，右脚跟离地，双膝微屈，收腹含胸，放松提拍屈臂举在胸前，两眼注视对方发球动作；另一种是对打过程中的准备姿势，一般右脚在前，左脚在后，脚前掌着地，脚跟提起，膝关节微屈，上体稍前倾，重心落在两脚之间，持拍于腹前，整个姿势要协调放松，保持一触即发的起动姿态。

2. 移动

移动主要指从原位置起动后到击球位置的移动过程。移动的基本步法有垫步、交叉步、小碎步、并步、蹬转步、蹬跨步和腾跳步等。运用这些方法，构成了从中心位置到场区不同位置击球的组合步法——后退步法、两侧移动步法和上网步法：自中心位置到击球点的步数，一般用一步、两步或三步，这必须根据当时球距身体的远近来决定。影响移动速度的因素有步数的多少、步频的快慢和步幅的大小。

（1）垫步：当右（左）脚向前（后）迈出一步后，后脚跟进，紧接着以同一脚向同一方向再迈一步，为垫步。垫步一般作为调整步距用。

（2）交叉步：左右脚交替向前、向侧或向后移动为交叉步。另一脚向前面的为前交叉步，而一脚向后面的为后交叉步。交叉步一般在后退打后场球时使用得较多。

（3）小碎步：以小的交叉步移动被称为小碎步。由于步幅小，步频快，一般在起动或回动起始时用。

（4）并步：右脚向前（或向后）移动一步时，左脚即刻向右脚跟并一步，紧接着右脚再向前（向后）移动一步，称为并步。

（5）蹬转步：以一脚为轴，另一脚作向后或向前蹬转步。

（6）蹬跨步：在移动的最后一步，左脚用力向后蹬的同时，右脚向来球的方向跨出一大步，称为蹬跨步。它多用于上网击球，在后场底线两角移动抽球时也常采用（图8-2-9）。

（7）腾跳步：起跳腾空击球的步法为腾跳步。它可分为两种：一种是上网扑球或向两侧移动突击杀球时，以领先的脚（或双脚）起跳，作扑球或突击杀球；另一种是对方击来高远球时，用右脚（或双脚）起跳到最高点时杀球。

图 8-2-9　蹬跨步

3. 到位配合击球

移动本身不是目的，它是为击球服务的，所谓“步法到位”，即指根据不同的击球方式，运动员站到最适合作出该种击球动作的最有利的位置上，如果没有占据最理想的位置，最后（击球前）还需要作小步调整，使击球动作能协调发力。

4. 回动（回中心位置）

击球后，应尽力保持（或尽快恢复）身体平衡，并立刻向中心位置移动，以便在中心位置上做好迎击下一个来球的准备，称为回动。初学者往往缺乏“回中心”的意识，哪里打完球就停在哪里，这是必须改正的。当然，运动员随着比赛经验的积累。逐渐体会到并非千篇一律地每击一次球都必须回中心，而应根据比赛当时的实际情况，根据双方技、战术的特点，选择最合理回击对方来球的回动路线和回动位置。

（二）综合步法

羽毛球的步法和手法（即各种击球法）是相辅相成、不可分割的。许多击球技术都是靠熟练、快速、准确的脚步移动来完成的。不掌握正确的步法，就会影响各种击球手法的学习和掌握，而在比赛中如没有移动到位，就会使手法失去应有的积极作用。主要的步法有：上网步法；后退步法；两侧移动步法；起跳腾空突击步法。

1. 上网步法

上网步法包括：跨步上网；垫步或交叉步上网；蹬跳上网。不论用哪种步法上网，其上网前的站位及准备姿势都是一样的。即站位取中心位置，两脚左右开立（稍有前后），约同肩宽，两膝微屈，两脚前脚掌着地，后脚跟稍提起并左右微动；上体稍前倾，右手持拍于体前，两腿注视对方的来球。

（1）跨步上网：判断准对方来球后，左脚掌内侧用力蹬地并侧身向来球方向迈出，接着右脚也向前迈一大步，以脚掌外侧和脚跟先落地，再过渡到前脚掌，右膝关节弯曲并成弓箭步。紧接左脚自然地向前脚着地方向靠上小半步。击球后，右脚蹬地用小步、交叉步或并步回到中心位置。跨步上网时注意事项：右腿成弓箭步时，要防止因上网前冲力过大使重心越过右腿而失去身体平衡，另外，前脚脚尖应朝着边线方向，而不应朝向内侧。

（2）垫步或交叉步上网：判断准对方来球方向和落点后，右脚先迈出一小步，左脚立即向右脚垫一小步（或从右脚后交叉迈出一小步），左脚着地后，脚内侧用力蹬地，右脚再向网前跨一大步成弓箭步，身体重心在前脚。击球后，前脚朝后蹬地，小步、交叉步或并步退回到中心位置。垫步或交叉步上网的优点：步子调整能力强，在被动情况下，能利用蹬力强、速度快的特点迅速调整脚步，去迎击来球，垫步或交叉步上网的注意事项同跨步上网。

（3）蹬跳上网：蹬跳上网是在预先判断来球的基础上，利用脚的蹬地，迅速扑向球网，以争取在球刚越过网时立即进行还击。单打或双打中常用此步法上网扑球。其步法是站位稍靠前，对方一有打网前球的意图后，右脚稍向前刚一点地便起蹬侧身扑向网前。击球后应立即退回中心位置。蹬跳上网既要快，又要防止因前冲力过大而触网或过中线犯规。

2. 后退步法

后退步法有右后场区后退步法和左后场区后退步法。右后场区后退步法主要是正手的后退步法；左后场区后退步法包括头顶后退步法和反手后退步法。不论是哪种后退步法，其移动前的准备动作和站位皆同上网步法。

（1）正手后退步法正手后退步法有并步和交叉步两种。实战中可根据场上情况和个人特点灵活使用。判断准来球后，先调整重心至右脚，然后右脚蹬地迅速向右后撤一小步，同时上体右转，左肩对网，接着，左脚用并步靠近右脚（或从右脚交叉后撤一步），右脚再向后移至来球位置。在移动的同时，必须完成挥拍击球前的预备动作，待球在右肩上方下落时，作正手原地或起跳击球。击球后，身体重心随右脚前移迅速用小步跑或并步回到中心位置。

（2）头顶后退步法：头顶后退步法是对方来球向左后场区，用头顶击球技术还击时所采用的后退步法。头顶后退步法也可用并步或交叉步移动后退。判断准来球后，右脚蹬地撤向左后方，同时，髋关节及上体向右后方转动（转动的幅度比正手后退要大些），且稍有后仰。接着，左脚用并步或交叉步后撤，右脚再退至来球位置用头顶击球技术击球。击球后，迅速回到中心位置。

（3）反手后退步法

反手后退时，应根据离球距离的远近来调整移动步子。如离球较近，可采用两步后退步法。一种是左脚先向左后方撤一步，接着，上体左转，右脚向左后方跨一步，背对网。另一种是右脚先向左脚并一步，然后，左脚向左后方跨一步，同时上体左转，右肩对网作反手击球。如离球较远，则要采取三步或五步后退步法。三步后退时，右脚先向左脚并一步，左脚再向左后方撤一步，同时上体左转，右脚再向左后方跨一步至来球位置，背对球网，作反手击球。如三步移动还未到来球位置，则左脚右脚再向后移动一步即成五步移动步法。

3. 两侧移动步法

两侧移动步法多用于接对方的扣杀球和打来的半场低平球。其移动前的准备姿势及站位基本同上网步法。

（1）向右移动步法判断准来球后，上体稍倾倒向左侧，左脚掌内侧用力蹬地，右脚同时向右侧跨大步，髋关节随之右转、上体稍倾倒向右侧，重心在右脚上。若距来球较近，可采用上述动作，若距来球较远，则需左脚先向右脚垫一小步再起蹬，右脚同时向右侧跨大步。

（2）向左移动步法判断准来球后，上体稍倾倒向右侧，右脚掌内侧用力蹬地，左脚随髋关节的转动同时向左侧跨大步。若来球较远，左脚先向左侧移一小步，紧接着右脚往左侧方向起蹬并转身，向左跨大步。

4. 起跳腾空突击步法

起跳腾空突击步法主要运用于向左、右两侧稍后的位置移动，突然起跳拦截对方击来的弧线较低的平高球。它的特点是起动快、动作突然，常在对方尚未站稳之际，给其以袭击，使对方防不胜防。当判断准来球飞向右侧底线且弧线较低时，右脚先向右后跨一步，接着左脚向右后侧蹬地，右脚起跳，身体向右侧后方跃起，截住来球，用正手击球技术扣杀或劈吊对方空当。当来球飞向左侧底线时，用右脚掌蹬地，左脚起跳，用特点击球技术突击对方。在运用起跳腾空突击步法时应注意击球后落地时，要控制好身体平衡，并立即回到中心位置。

第三节　羽毛球运动基本规则

一、羽毛球竞赛规则

（1）一场比赛：由双方各一名或两名运动员进行的比赛，是羽毛球比赛决定胜负的基本单位。

（2）单打：双方各一名运动员进行的比赛。

（3）双打：双方各两名运动员进行的比赛。

（4）发球方：有发球权的一方。

（5）接发球方：发球方的对方。

（6）回合：自球被发出至死球前的一次或多次连续对击。

（7）击球：运动员的球拍向前挥动一次。

（一）场地和场地设备

（1）羽毛球场地是一个长13.40米，双打宽6.10米，单打宽5.18米，场地中央被球网平均分开的长方形场地。羽毛球场地横向被中线平分为左右两个半区；纵向被分为前场、中场、后场。前场就是从前发球线到球网之间的一片场地；后场是指从端线到双打后发球线之间的一片场地；中场是前发球线与双打后发球线之间的一片场地。双打场地对角线长14.723米。

（2）场地的各区域用宽40毫米的线画出。线的颜色应是白色、黄色或其他容易辨别的颜色。

（3）所有的线都是它所界定区域的组成部分。

（4）从场地地面量起，网柱高1.55米。当球网被拉紧时，网柱应与地面保持垂直。网柱及其支撑物不得伸入场地内。

（5）不论是单打还是双打比赛，网柱都应放置在双打边线上。

（6）球网应由深色优质的细绳编织成。网孔为均匀分布的方形，边长15～20毫米。

（7）球网上下宽760毫米，全长至少6.10米。

（8）球网的上沿是用宽75毫米的白带对折成的夹层，用绳索或钢丝从中穿过。夹层的上沿必须紧贴绳索或钢丝。

（9）绳索或钢丝应牢固地拉紧，并与网柱顶齐平。

（10）从场地地面起至球网中央顶部应高1.524米，双打边线处网高1.55米。

（11）球网两端与网柱之间不应有空隙。必要时，应把球网两端与网柱系紧。

（12）羽毛球可由天然材料、人造材料或混合制成。无论是何种材料制成的球，飞行性能应与由天然羽毛和薄皮包裹软木球托制成的球的性能相似。

（13）羽毛球拍长不超过680毫米，宽不超过230毫米，由拍柄、拍弦面、拍头、拍杆、连接喉五部分构成。

（二）竞赛规则

1. 挑边

比赛开始前应挑边。有优先权的一方在先发球或先接发球和在哪一个场区内开始比赛作出选择。另一方在余下的一项中选择。

2. 计分方法

（1）除非另有规定，一场比赛应以三局两胜定胜负。

（2）20平后，领先得2分的一方胜该局。除此情况外，先得21分的一方胜一局。

（3）对方“违例”或球触及对方场区内的地面成死球，则该方胜这一回合并得一分。

（4）一局的胜方在下一局首先发球。

3. 交换场区

（1）以下情况，运动员应交换场区：

① 第一局结束。

② 第二局结束（如果有第三局）。

③ 在第三局比赛中，一方先得11分时。

（2）如果运动员未按以上规则规定交换场区，一经发现，在死球时需立即交换。已得比分有效。

4. 发球

（1）合法发球

① 一旦发球员和接发球员做好准备，任何一方都不得延误发球。发球时发球员球拍的拍头做完后摆，任何迟滞都是延误发球。

② 发球员和接发球员，应站在斜对角的发球区内，脚不得触及发球区和接发球区的界线。

③ 从发球开始至发球结束前，发球员和接发球员的两脚，都必须有一部分与场地的地面接触，不得移动。

④ 发球员的球拍，应首先击中球托。

⑤ 发球员的球拍击中球的瞬间，整个球应低于发球员的腰部。

⑥ 发球员的球拍击中球的瞬间，球拍杆应指向下方。

⑦ 发球开始后，发球员必须连续向前挥拍，直至将球发出。

⑧ 发出的球向上飞行过网，如果未被拦截，球应落在规定的接发球区内。

⑨ 发球员发球时，应击中球。

（2）一旦运动员站好位置准备发球，发球员的球拍头第一次向前挥动，即为发球开始。

（3）一旦发球开始，发球员的球拍击中球或未能击中球，均为发球结束。

（4）发球员应在接发球员准备好后才能发球，如果接发球员已试图接发球，即被视为已做好准备。

（5）双打比赛发球时，发球员和接发球员的同伴应在各自的场区内。其站位不限，但不得阻挡对方发球员或接发球员的视线。

5. 单打

（1）发球区和接发球区

①一局中，发球员的分数为0或双数时，双方运动员均应在各自的右发球区发球或接发球。

②一局中，发球员的分数为单数时，双方运动员均应在各自的左发球区发球或接发球。

（2）击球顺序和位置

一回合中，球应由发球员和接球员交替从各自所在场所一边的任何位置击出，直至成死球为止。

（3）得分和发球

①发球员胜一回合则得1分。随后，发球员再从另一发球区发球。

②接发球员胜一回合则得1分。随后，接发球员成为新发球员。

6. 双打

（1）发球区和接发球区

①一局中，发球方的分数为0或双数时，发球方均应从右发球区发球。

②一局中，发球方的分数为单数时，发球方均应从左发球区发球。

③接发球方上一回合最后一次发球的运动员应在原发球区接发球。他的同伴接发球的站位与其相反。

④接发球员应是站在发球员斜对角发球区的运动员。

⑤发球方每得1分后，原发球员则变换发球区再发球。

⑥发球都应从与发球方得分相对应的发球区发出。

（2）击球顺序和位置

每一回合发球被回击后，由发球方的任何一人和接球方的任何一人，交替在各自场区的任何位置击球，如此往返直至死球。

（3）得分和发球

①发球方胜一回合则得1分。随后发球员继续发球。

②接发球方胜一回合则得1分。随后，接发球方成为新发球方。

（4）发球顺序

每局比赛的发球权必须按如下次序传递：

①首先是发球员，从右发球区发球。

②其次是首先接发球员的同伴，从左发球区发球。

③然后是首先发球员的同伴。

④接着是首先接发球员。

⑤ 再接着是首先发球员，如此传递。

（5）运动员在比赛中不得有发球、接发球顺序错误或在一局比赛中连续两次接发球。

（6）一局胜方的任一运动员可在下一局先发球；一局负方的任一运动员可在下一局先接发球。

7. 发球区错误

（1）以下情况为发球区错误。

① 发球或接发球顺序错误。

② 在错误的发球区发球或接发球。

（2）如果发现发球区错误，应予以纠正，已得比分有效。

8. 违例

以下情况均属违例：

（1）不合法发球。

（2）发球时的违例。

① 球挂在网上或停在网顶。

② 球过网后挂在网上。

③ 接发球员的同伴接到球或被球触及。

（3）比赛进行中的发球违例。

① 落在场地界线外（即未落在界线上或界线内）。

② 从网孔或网下穿过。

③ 未从网上方越过。

④ 触及天花板或四周墙壁。

⑤ 触及运动员的身体或衣服。

⑥ 触及场地外其他物体或人。

⑦ 被击时停滞在球拍上，紧接着被拖带抛出。

⑧ 被同一运动员两次挥拍连续两次击中（但一次击球动作中，球被拍框和拍弦面击中，不属违例）。

⑨ 被同方两名运动员连续击中。

⑩ 触及运动员球拍，而未飞向对方场区。

（4）比赛进行中的违例。

① 球拍、身体或衣服，触及球网或球网的支撑物。

② 球拍或身体，从网上侵入对方场区（击球时，球拍与球的最初接触点在击球者网这一方，而后球拍随球过网的情况除外）。

③ 球拍或身体，从网下侵入对方场区，导致妨碍对方或分散对方的注意力。

④ 妨碍对方，即阻挡对方紧靠球网的合法击球。

⑤ 故意分散对方注意力的任何举动，如喊叫、故作姿态等。

9. 重发球

（1）由裁判员或运动员（未设裁判员时）宣报“重发球”，用以中断比赛。

（2）以下情况为“重发球”。

① 发球员在接发球员未做好准备时发球。

② 在发球过程中，发球员和接发球员都被判违例。

③ 发球被回击后球停在网顶或球过网后挂在网上。

④ 比赛进行中，球托与球的其他部分完全分离。

⑤ 裁判员认为比赛被干扰或教练干扰了对方运动员的比赛。

⑥ 司线员未能看清，裁判员也不能作出裁决时。

⑦ 遇到不可预见的意外情况。

（3）“重发球”时，该次发球无效，原发球员重新发球。

10. 死球

以下情况为死球：

（1）球撞网或网柱后，开始向击球方的地面落下。

（2）球触及地面。

（3）裁判员宣报了“违例”或“重发球”。

11. 裁判职责和受理申诉

（1）裁判长对比赛全面负责。

（2）临场裁判主持一场比赛并管理该球场及其周围。裁判员应向裁判长负责。

（3）发球裁判员应负责宣判发球员的发球违例。

（4）司线裁判对球在其分管线的落点宣判“界内”或“界外”。

（5）临场裁判员对其所分管职责内的事实的宣判是最后的裁决。

二、裁判员手势

（一）裁判员的具体手势（图8-3-1）

图 8-3-1 裁判员具体手势

（二）发球裁判的手势要求

击球瞬间，球拍杆未指向下方，整个拍头明显低于发球的整个握拍手部，相应的裁判手势见图 8-3-2；击球瞬间，球的整体未低于发球员的腰部，相应的裁判手势见图 8-3-3；不正当的延误的击出。一旦双方站好位置，发球员球拍头第一次向前挥拍即为发球开始，挥拍必须继续向前，相应的裁判手势见图 8-3-4；发球击出前，脚不在发球区内、触线或移动，相应的裁判手势见图 8-3-5；最初的击球点不在球托上，相应的裁判手势见图 8-3-6。

（三）对司线员的要求

司线员应坐在所负责的延长线上，最好面向裁判员，在实际安排时，司线员的位置与场地的理想距离为 2.5～3.5 米。

当球落在界外时，大声清楚地报“界外”的同时，双臂侧举，使裁判员能看清楚，相应的手势见图 8-3-7。

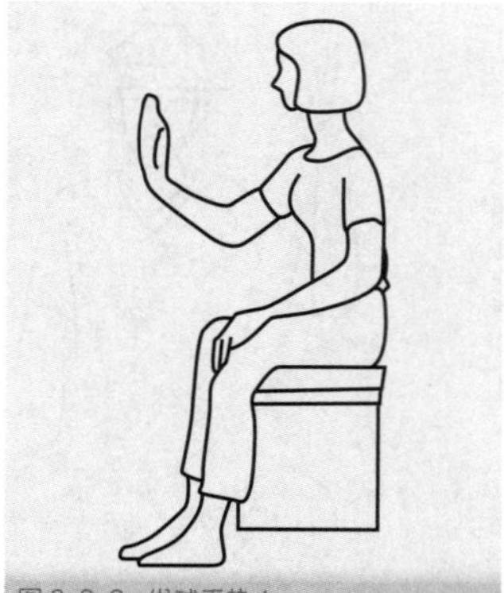
图 8-3-2　发球手势 1

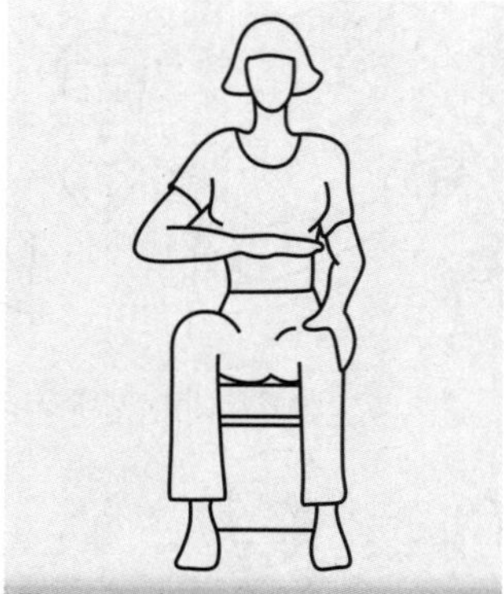
图 8-3-3　发球手势 2

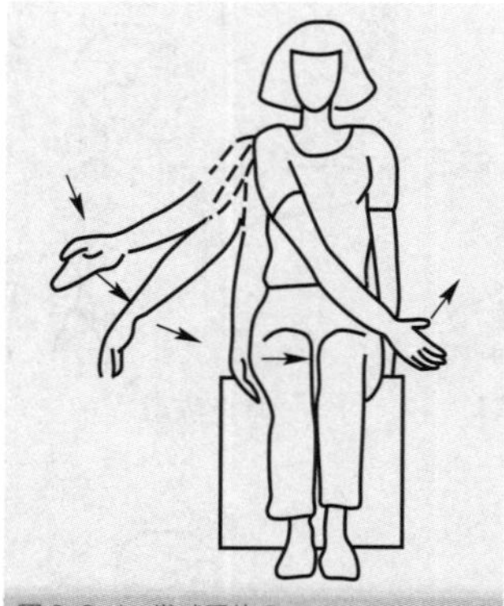
图 8-3-4　发球手势 3

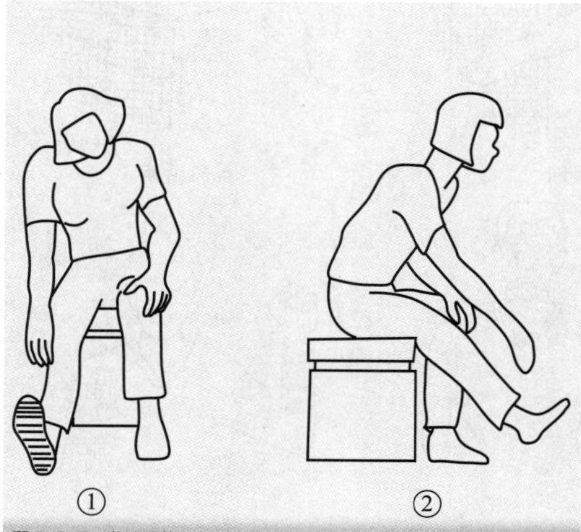
图 8-3-5　发球手势 4

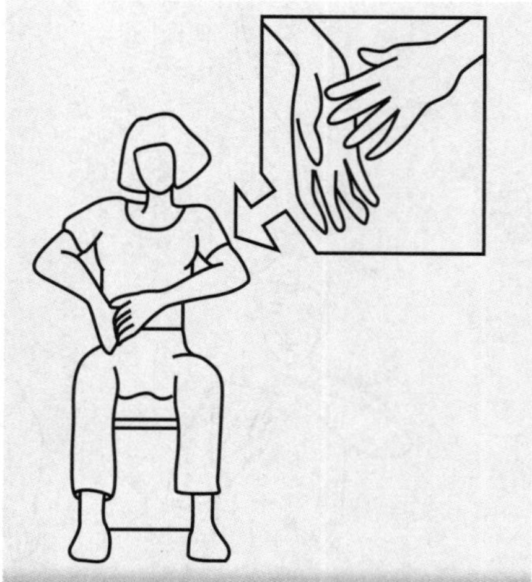
图 8-3-6　发球手势 5

如果球落在界内，只用手指向界内，相应的手势见图 8-3-8。

如果视线被挡住，应立即举起双手，盖住眼睛，相应的手势见图 8-3-9。

图 8-3-7　界外球

图 8-3-8　界内球

图 8-3-9　视线受阻

思考题

1. 简述羽毛球运动的起源。
2. 简述现代羽毛球运动的主要赛事。
3. 简述正反手击球时握拍的区别。
4. 简述何为有效发球。

第八章　羽毛球运动微课视频

并步　垫步　反手发球　反手高远球

后撤步　交叉步　正、反手搓球　正、反手挑球

正、反手推球　正、反手握拍　正手吊球　正手发球

正手高远球　正手杀球

第九章 橄榄球运动

学习目标：

○ 1. 了解橄榄球运动的起源和发展。

○ 2. 掌握橄榄球运动的基本技术和战术。

○ 3. 掌握触式橄榄球运动的竞赛规则。

章前导言：

○ 橄榄球是一项在欧美地区十分流行的运动，在一些国家的校园中，深受学生们的喜爱，橄榄球运动节奏紧张，对抗激烈，具有很强的观赏性和竞技性。本章主要介绍橄榄球运动的起源和发展、基础的动作要领以及相关规则，使学生对这项运动有一定的认识并主动参与其中。

第一节 橄榄球运动概述

一、橄榄球运动简介

橄榄球运动是一项两队相互对抗的、剧烈而又富有观赏性的球类运动项目。比赛在平坦的长方形场地上进行，比赛场地是由比赛区域和达阵区域组成。比赛区域长100米，宽70米，位于球门后的达阵区域长大于10米，但不能超过22米。

比赛由两队各15人或7人，以遵守公平竞争的精神为原则，根据规则，靠带球、传球、踢球和压球触地尽可能争取得分，以最终比分判定胜负。

橄榄球比赛是通过运用个人技术的相互配合，以达到攻守的目的。经常参加橄榄球运动能有效地增强身体素质，提高人体各器官系统的功能，同时既能培养勇敢顽强、机智果断、坚忍不拔、团结协作的优良品质和集体主义精神，又可以陶冶人的情操，培养高尚的人格。

二、橄榄球的起源

橄榄球起源于英国，原名为拉格比式足球，简称拉格比。因其球形很像橄榄，故在中国被称为“橄榄球”。拉格比原本是英国中部的一座城市，在那里有所拉格比学校，是橄榄球运动的诞生地。

1823年，在拉格比学校里举行了一次足球比赛，在比赛中，有个名字叫埃利斯的16岁学生，因一次踢球失误，感到很惋惜，竟不顾一切地抱起球跑向对方球门，快接近球门时就起脚射门。以后在该学校的足球比赛中，抱球跑的情况常有发生，虽然是犯规，却给人们一个新的启示，这种抱球跑的行为，给比赛增加了激烈竞争的对抗气氛，时间一长也就被人们接受了，成为一种合法的动作。就这样，一项有利于身体全面发展的，具有很高观赏价值的新运动——橄榄球运动，逐渐地从足球运动中派生出来了。

三、橄榄球运动的发展

1839年以后，这项运动在剑桥等大学逐渐开展起来，并相继成立了拉格比俱乐部。1871年正式成立了英式橄榄球协会。1890年，成立了国际橄榄球组织，1906年，在法国举行了国际橄榄球比赛。1900年，现代奥林匹克运动的鼻祖顾拜旦先生将英式橄榄球引入奥运会。在1900年法国巴黎奥运会、1908年英国伦敦奥运会、1920年比利时安特卫普奥运会和1924年法国巴黎奥运会上，橄榄球都是正式比赛项目。

七人制橄榄球运动起源于1883年的苏格兰地区，1883年4月28日举办了第一次七人制橄榄球锦标赛，揭开七人制橄榄球的历史。起初的七人制橄榄球比赛，上下半场各为15分钟，而后为使一项比赛在一天内赛完，而把半场比赛时间减为沿用至今的7分钟。

国际橄榄球理事会于1993年4月16日选择在苏格兰的爱丁堡举办第一届世界杯七人制橄榄球锦标赛。

2009年10月9日，在丹麦首都哥本哈根召开的国际奥委会（IOC）第121次全会投票决定，七人制橄榄球成为奥运会的正式比赛项目。

“触式橄榄球”是从联盟式橄榄球简化而来的，最早源于澳洲南悉尼青年橄榄球俱乐部（South Sydney Junior Rugby League Club）。他们在训练中将擒抱（tackle）改为碰触（touch），至今已有数十年历史。触式橄榄球主要为初学者所设计，不强调身体对抗，强调速度、传球与全队的配合，保留了撞式橄榄球的娱乐性，更加大众化。在触式橄榄球中基本上不会有身体碰撞发生，整个比赛过程中几乎没有暴力的成分，是一项十分安全的运动。

四、我国橄榄球运动的发展

1990年中国留学生从日本将橄榄球运动介绍到中国。在日本友人的支持下，1990年12月15日，中国第一支正式的橄榄球队正式宣告成立。

1991年4月，北京市高校成立了橄榄球协会，并聘请了许多外国专家来华讲学。进入21世纪，在中国橄榄球协会的组织下，中国橄榄球运动全面融入国际，赛事频繁，竞技水平不断提高，取得迅猛发展。2002年12月以沈阳体育学院为基地建立了我国第一支女子橄榄球队，并参加了2003年、2004年两次香港国际七人制橄榄球邀请赛，从此，女子橄榄球在北京、辽宁、吉林、山东等省市开始兴起，中国女子橄榄球队全面走向世界。

第二节　橄榄球基本技术与战术

橄榄球个人技术，是指队员在橄榄球比赛中所采用的合理动作的总称。

在橄榄球比赛中要求队员能够在快速敏捷的动作中和激烈对抗的条件下，准确地完成传、接、踢球、持球跑、躲闪等技术动作。队员只有熟练地掌握了橄榄球个人技术，才能在比赛中合理地处理好球，以达到战术上的要求，因为任何战术都需要技术做保证，技术是战术的基础，战术是技术的升华。

一、传球技术

（一）传球技术分析

传球是队员有目的地用手把球传向预定目标的动作，是组织攻防战术的基础。传球不仅给本队队员送去准确而好接的球，同时也是摆脱对方防守的最佳手段。

传球技术是橄榄球比赛中运用最多的一项技术，它是组织进攻的纽带，是衔接其他各项技术的桥梁，是快速、灵活、多变战术的基础。在比赛中，队员传球技术要想做得熟练准确，快速突然，方式多样，必须经过反复练习和实战才能很好地掌握。传球在比赛中是获得进攻优势的基础。

在比赛中只有3种传球形式：向侧面传球（横传球）或向后传球；改变比赛方向传球；在防守线薄弱处或防守十分优势的地域空间增加补充队员的传球。

（二）有效传球

一个好的传球有许多要求，准确性是其中最为重要的。良好的传球将帮助保持进攻移动方向指向阵线排列，防守将不能向进攻边路移动，因此形成下一步的进攻得分机会。

传球的高度也是关键。如果传球低于胸部，接球者在接球时必须向下看，这意味着该队员注意力要从跑动上转移到球上，而且也会丧失进攻机会。传球太高，则会袒露出接球者的肋部，易受扑搂攻击。理想传球是传向接球者的胸部位置，传球力量适中，接球后对球队十分有利，便于进行比赛。

虽然只有3种基本传球形式，但有各种不同方式的传球都涉及臂、腕、手指的动作。短而有力的横传球，只要手指、手腕用力拨球即可。对于长传球需要传球者充分摆臂，同时需要腿部、髋部和肩部协调发力。

最为有效的传球应该是在做传球动作时始终不断地把球控制在自己的体前，在身体四周和臀部后面甩球都会导致传球不准确。当距离身后接球队员2～3米远传球时，要转体使胸部对向接球人，然后用正常的传球技术传球，这样会使传球准确到位。

练习传不同的长传球对提高传球技能是非常重要的。当队员和队友的团队距离加大时，传球需要调动身体的许多部位。非常近的传球只用前臂，但长传球将涉及臂、肩、背和腿。越是长传球就越可能使传球人无法即刻跑到位支援新的持球队员，因为尽力的长传球会使传球人有向传球方向的反作用力。

要记住当球离手时，要使球从下向上移动形成一个弧线，虽然会导致球速的损失，但球的下落点会比较接近目标，并且也容易接球。

（三）传球时机

当带球跑动接近防守者时，双手持球于胸前是最安全的方式，同时，这个姿势可以做出许多传球动作。当防守队员向持球者做扑搂动作时，该姿势能够帮助持球者保护好球，在无防守时的跑动是可以采用手和前臂夹球于肋部的姿势。当练习者用最快速度跑时，单臂持球跑动动作可帮助持球队员保持身体平衡。

在比赛时，进攻队员有许多机会创造空间支援其他队员跑位。进攻队员的任务是只要有最小的空间存在，就能事先有所识别或创造以多打少的情况。传球成功的关键是把防守队员吸引到自己附近，让他们错误地扑搂自己，然后传球给其他进攻队员创造空间，完成突破。当练习进攻技术时，要掌握传球时机，以便找到创造空间和进攻情况下的优势。大学生初学者在练习传球和接球技巧时，防守队员要改用双手触摸持球队员背部代替扑搂。这样可使进攻队员在防守压迫下不会受伤并能精确提高传球的准确度。

（四）传球原理

传球是手臂以肩为轴，做弧形的圆摆运动（图9-2-1）。

由球所画出的圆弧*ABC*的切线*LBM*是传出球的路线，如果想把球传得更远，则必须把轴移至*Y*，并且球必须在切线上的*D*点出手才能实现。这些是依靠腰的动作、膝部的弯曲及腕部顺序用力完成的。

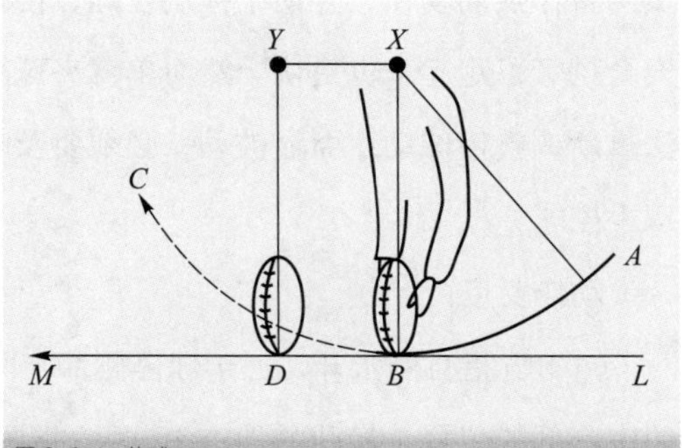

图9-2-1　传球

（五）传球后的跟进支援

比赛中支援者往往并不能跑动到位，因此必须培养传球完成后，支援者在侧部或纵深跟近支援的能力。支援者要从不同的角度和距离跑动支援。传球者有时向后传球，有时传出了平传球，即差不多是平行于阵线的传球，无论什么情况，传球者必须确定传球要安全到位并前去支援。

如果是跑动支援者，在球到达前，跑动支援者必须确定自己的跑动路线。好的队员只有当球在空中飞行时，才最后确定跑动支援路线。这样才能不被防守队员注意，确保掩护持球队员能够有效地突破防守线。

当队员遇到较多的防守行为时，要被迫重新调整传球时间。较好的方式为宁可暂时被扑搂也不要过于专注传球。

（六）原地传球技术

1. 持球的重要意义

橄榄球队员需要有良好持球技术以便在进攻中应对不同的情况。在比赛中要占有充分的进攻优势，就要求队员必须保持控球。作为一名成熟的橄榄球学习者，要有精湛的基本持球技术。

现代橄榄球比赛应尽可能长时间地控制球权。首要任务就是获取球权。

2. 持球方法

一名队员无论何时都能用双手持球并处理球。当一名扑搂队员扑住持球者时，这时要求持球者能够安全地传球或控制住球，同时也要求能够把球传得更为准确。当持球者把球抱至体前或在体前移动时，双手五指延球瓣方向伸直分开，把球牢牢抓紧。要用手指持球，不要用手掌握球（图9-2-2）。

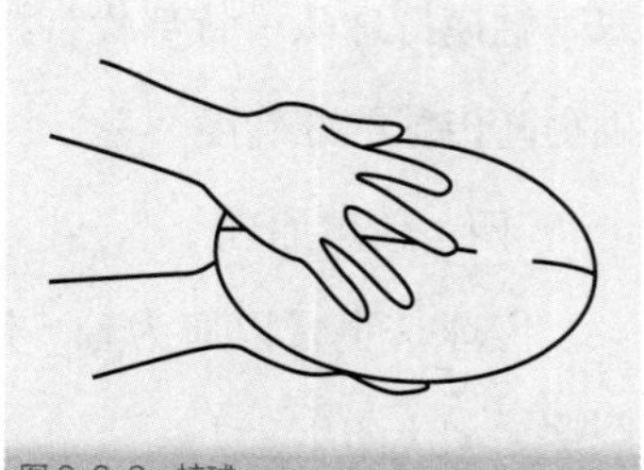
图9-2-2 持球

当持球队员跑动时，应双手把球置于腹前或单手屈肘把球夹住。因为这样持球跑动有利于持球队员两臂作摆动动作，并便于控制住球，使球可以被安全携带，跑起来也更快。然而单臂夹球跑动因无法重新调整传球动作而显被动，必须要及时调整用双手控球。

动作要点：

（1）五指自然张开，握于球体侧部，两拇指相对似“八”字形，在球体横切面的中心部的位置（最凸的地方），两食指置于球体两侧，平行于球体纵轴线，其余手指自然伸张。

（2）掌心空出，腕部与球尾部对齐，用两手的五指有力地控制球。

（3）两臂微屈，腕部伸直，使肘关节保持灵活自如地将球持于腰部的位置（图9-2-3）。

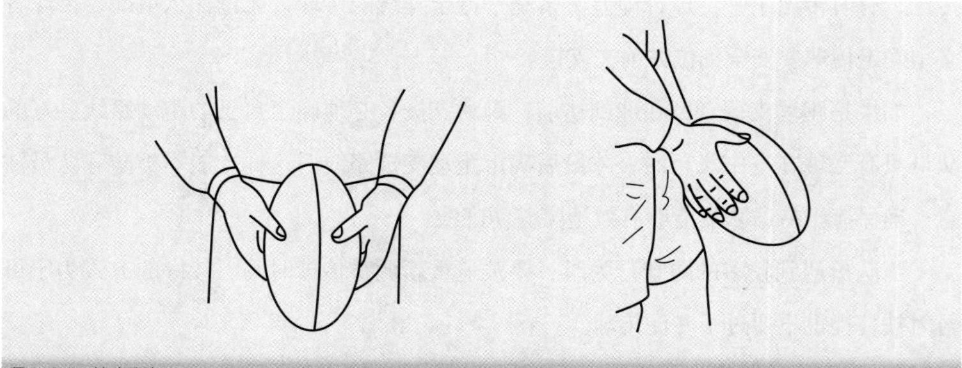
图9-2-3 持球手臂

3. 摆动传球（以向左侧传球方向为例）

球在场地上移动时，队员可向任何方向跑动，但持球者传的球只能向两侧或向后传球，所以横向传球是传球的基础。

传球前，两脚左右开立，略宽于肩，两膝保持微屈，上体保持正直，挺胸收腹，肩部与腕部放松站立持球。

传球时，腰部向传球方向（左）扭转，重心移动在右脚上，注意躯干部不要后仰，同时右肩向前移动，两臂屈肘向后摆动，做向侧发力动作，通过右脚的蹬地力量，使身体重心逐渐移至左脚；带动躯干部位协调用力，使两臂以肩为轴摆动发力，当球摆至体前最低点时，腕部伸张开始发力，最后通过手指力量把球弹拨送出（图9-2-4）。

图9-2-4 摆动传球

传球时的传球路线是对准接球人伸在斜前方的手作为目标，把球传在接球人体前，传球时应多为接球人着想，要尽力传出便于接球人处理的球。

传球的距离有时短，有时长，有时要转身面向接球者传缓慢的球，有时球要传得相当远，要用力使球旋转，使其快速到达场上队员的手里（表9-2-1）。

表9-2-1 摆动传球练习方法

准备	实施	随送
① 两手持球，五指控球。 ② 持球于胸部。 ③ 观察防守队员。 ④ 随后当准备传球时，注意接球。 ⑤ 调整好球的速度、方向、高度、距离和力量。	① 朝接球者摆臂。 ② 用手指指根部推球。 ③ 双手控制球的方向。 ④ 手指和手腕用力拨球出手。	① 球出手后要看球路。 ② 手指随球向传球目标跟送。 ③ 改变跑动方向，随球支援接球者。

4. 传球的运用

当传球者准备传球时，传球者必须确定多远、多高和多大力量来传出该球。短传就应该柔和传球，把球控制在胸前，腕部轻柔朝上对准接球人，用手指弹拨球。这种传球也常常用在拾地滚球后并把球弹拨给己方队员。当传球者沿着进攻线跑动时，对于长传球需要加大传球的臂力，对准接球队友把球传得更远。对于传给跑位不及时的队员，传球者就得转腰和转肩加大传球力量。

5. 传球技巧

根据传球原理，不论传球者是直臂摆动传球还是屈臂摆动传球，出球点一定要在摆动的最低点出球，如果提前发力出球，会使传出的球向下，如果出球过晚，会使球向上。

球的控制是依靠手指和手腕来完成的，初学者往往手指和手腕的用力不够协调，使得球出手后出现旋转、上跳、下降、曲线等不到位的现象，这需在反复练习中，逐渐提高控制球的能力。在传短距离球或快球时，传球者要把肘关节加大弯曲，以便加快传球的速度；在传远距离球时，要加大传球力量和加长摆臂半径。

6. 接球方法

在比赛中，进攻者必须在瞬间作出决定，带球队员需迅速选择朝防守队员跑动的角度，判断何时传球，传何种类型的球以及如何快速有效地完成传球后的支援行动。接球人的选择是在不断的变化当中，他必须决定跑动的角度与防守和带球者的关系并用双手准备提供一个目标去接球，跑进带球者可视的范围内，决定下次进攻是在哪个地方。

成功的接球，应该总是用双手作出目标。提供目标的最好方法是把双手置于胸前对准传球人，同时手掌要对着球。有了参照目标就会使带球者容易看到，并且还能起到诱骗防守者的作用。持球者可以做假传球或故意地漏掉让下一个站线的队员接球。传球人在传球前要看准目标，并且瞄准球，以便球准确到达接球人的手前。传球者应该不断地练习传从低到高的球，练习传有力量的球，这样有利于提高球的运行轨迹到达目标高度的准确点上。

接球动作要点：

（1）膝屈，躯干部略前倾。

（2）头和两肩对正传球者，两臂伸直，注视来球。

（3）用离球较远的手来接球，另一只手迅速压住球。

（4）接球后立即作出传球动作，接与传应是连贯动作。

（5）抓球的中部，用双手握牢，眼盯住球，接球时应做到：盯住球，看着球传到手中。

7. 练习方法

（1）面对面传球

这是一种可提高手腕扭转，增加腕部力量并体会转腰与膝等一连串技术的练习方法。开始时，间距4米，逐渐拉大距离。

（2）“一”字传球

成一列横队间距4～5米，传到最后一人时全体向后转向回传球。

（3）“Z”字传球

传至最后一人时，向后转再倒过来向回传球。

（4）方形传球

逆时针传后再顺时针传。

（5）圆形传球

每两人相距约4米，人面向外，先后用顺时针和逆时针方向传球。

（七）跑动传接球技术

1. 跑动传球（以向左传为例）

在传球前，将头对着接球者的方向，用手腕和手指将球传出，传球的目标在接球者的腰前位置，传球后向着接球者背后移动（图9-2-5）。

图9-2-5　跑动传球

2. 跑动接球

接球者尽可能和传球者保持3～5米纵深距离且跟随平行移动。不要为了接球而缩短与传球者的距离。跑在斜行路线时，接到球后，重新建立进攻路线，进入下一次的传球，接球后下一个动作就是传球，要在3步之内做出这个动作。

3. 交叉跑动传球

这是一种改变进攻方向的传球配合。首先持球队员横向拉开跑动，向垂直于接球纵向的交点会合，在会合点转身传球，由支援的同伴改变方向继续进攻。在交叉传球中，持球队员必须转向接球同伴，而且要把球交给他，使防守者看不到球，把交叉和假交叉混合起来，真假难辨，如图9-2-6所示。对于跟进队员，必须要接近持球队员，从持球队员的手中把球取走，有时要比近传更可靠。

图 9-2-6　交叉跑动传球

在许多比赛中，当防守压迫紧时，进攻就无法创造空间。为使防守出现混乱或创造更多的空间，应该考虑使用交叉跑位传球。这种传球能快速变换进攻方向，或由于传球隐蔽容易撕开防守，从而创造一些时机或空间，对防守造成被动影响。

进行交叉跑位传球，首先要跑出对防守人有一定威胁的路线。一旦防守者开始跟随跑动者的跑动路线，被跑动者的跑动所吸引，在两者将要相互靠近时，跑动者要改变跑动路线和接球同伴做交叉跑位，当跑动者和接球同伴交叉于交汇点时，跑动者要持球做腰部转体，躯干朝向后面接球同伴，眼睛注视接球者的接球手并用手轻轻向上拨球，把球传至接球队员的体前。一个轻柔的上挑传球，会使接球者加速把球接稳，同时会避开防守视线。一旦跑动者把球传出，尽管跑动者已跑离了接球人的方向，此时仍必须努力重新加入进攻，成为一名跑动支援者。

当带球者准备传球时，应双手持球于胸部位置，用手指触球，并逼近防守者，到达防守者和接球者之间后，快速改变跑动角度。传球时，向上传出一个轻柔的挑球，传球的同时转体，以便用以遮挡防守者的判断。传球后应跑动支援接球队员。接球者应注意观察传球者的动作，待球传出后加速跑向落点。

4. 围绕跑动传球

击破防守有三种方法。一是横向围绕增加进攻队员，以多打少（进攻人数上有重叠）；二是纵向突破，穿破防守（穿透进攻）；三是用球越过防守（踢球进攻）。围绕跑动传球是一种既可以在进攻当中创造出以多打少，也可以使另外附加队员通过空当穿过防守的战略。

围绕传球依据横向拉开传球为带球者提供选择跑动形式。一种选择形式是带球人传球给下一个相邻的站线队员，然后立即跑向新带球队员身后，并重新跑位站线去接回传球，如图9-2-7所示；另一种带球形式是有意错过相邻的站线队员和传球，从而在第三个接球队员的位置接球。中间队员然后向后跑动，跑到新带球队员外侧接回传球。

图9-2-7　围绕跑动传球

进行围绕跑动传球与许多横向传球方法基本相同，只是接球队员不直接传球给围绕跑动者，要待围绕跑动者到达将要进行进攻的空当时传球。这就会使接球者产生一个有效的跑动进攻线，既能穿破防守，也可传出插上重叠进攻。

围绕跑动传球的传球者准备传球时应双手持球于胸部位置，手指控球，略向防守者内侧方向跑动，从传球方向迅速摆脱防守人。传球时，以接球人为目标，用两臂、手腕和手指发力传球，把球传进空当。传球后应迅速跑动支援或接回传球。

围绕跑动传球，首先要向防守人跑去，通过持球跑动吸引防守者朝持球者防守，然后在远端外侧的进攻线上创造一个突破口，如图9-2-8所示。如果围绕者是跑动支援者，围绕者一定要有目的地跑好进攻线，当围绕者接到球后迅速加速，穿过防守，如图9-2-9所示。

当作围绕传球时，围绕队员可以运用假传球做跑动诱骗，然后将球传给处于良好位置的另一名队员，也可带球改变方向或拖住朝围绕队员防守的最后一名防守者，并为在外侧进攻队员创造以多打少局面。

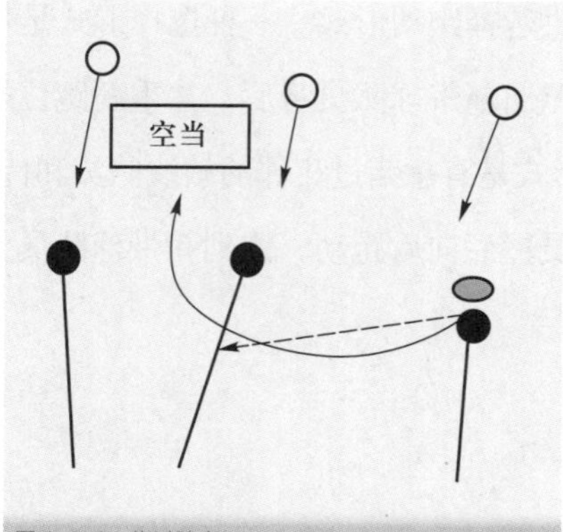

图 9-2-8　绕过防守

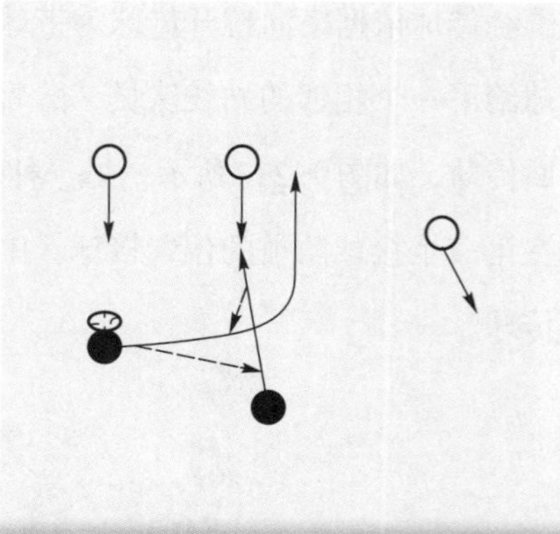
图 9-2-9　穿过防守

5. 旋转传球技术

旋转传球特点是传球速度快、距离远，一般传锋球员采用较多。其种类很多，有传地上静止球，有站立旋转传球，有跑动旋转传球等。在七人制橄榄球比赛中被普遍采用。

旋转传球的技巧是：持球手要横向持球的两侧部位，两手上下相互错开，向右传球左手托后，手指略微下沉并为主要用力手，右手控制球的方向；向左传球。反之。在传球时，除了依靠下肢及腰、臂的力量外，球出手时要尽量利用挥动手腕部的动作，用手指拨转球体侧部，使球沿着球体的纵轴产生旋转出手，双臂摆动的幅度不能超过肩部，传球方向基本上是由传球前的上步方向决定（图 9-2-10）。

图 9-2-10　旋转传球技术

6. 跑动传球练习方法

（1）两人面对站立，相距2米，控球在腰部高度互相传球。只用右手手腕发力，不准用臂部运动来帮助。在规定的时间内逐渐增加传球的次数。熟练后换左手练习。

（2）把球放在地上，一脚踏到球旁，单手把球传给别人。熟练此动作以便能熟练地用左右手传出旋转球。注意：上步脚的方向即是出球的方向。

（3）双手传球练习，队员从地上“扫”起球时手不能向后摆。

（4）在扑搂中传球

三人练习，一人站在前扮扑搂人，一人持球，另外一人做持球者的支援。用步行的速度练习上述转身背向传球绕过扑搂人，然后传走球的方法。

这种传球技术没有一定的技术要求，主要是因为被扑搂时，情况千变万化，这就要求传球者头脑清楚，基本功好，在急促短暂的情况中把球处理好。在扑搂中的传球要掌握好以下技巧：

① 时常保护着球，免被对方有机可乘。

② 不要慌乱中急忙把球传出，这样会造成不良的后果。

③ 被从侧面或后面扑搂时，可以用双手把球传给队友。但记住最好等感受到被扑搂时的冲撞力量停止以后才传。

④ 如果被正面扑搂，可以转身背向扑搂，然后把球向后传走，或者让他冲过来，然后把球抬起，绕过他的头或身体单手慢慢传走。

二、跑动技术

跑动的步法是战胜对手的有效武器。在比赛中，有许多情况会使持球队员孤立，自己将不得不依靠不同的方法去战胜最后一名防守队员。全速跑动或许是战胜一名防守队员最容易的方法，这样就需要发展一些本能的躲闪技巧。

除了全速跑外，基本的闪避技术是由改变步幅、变向和侧步组成的。当在直线上全速跑动又做突然闪开，这会给扑搂队员造成极大的困难。这种形式的跑动如果没有灵巧的基础是很难提高的。为能提升跑动技能，最好选择以练习基本的变步、侧步、变向的闪躲技能等作为练习方法，来帮助提高跑动技术。

（一）跑动技术分类及方法

在橄榄球运动中，大部分运动是在跑动中完成的。这种跑动技术与短跑技术大不相同，不仅要求运动员具有绝对速度，而且应具有躲闪、急停、变向等应变能力，随时调整各种步伐。因此，灵活并富有弹性的跑技是橄榄球运动中所需要的。跑技可分以下三类：持球时的跑技、支援时的跑技、防守时的跑技。

1. 持球时的跑技

当持球跑动时，对方一定会扑搂的。要对付他们的阻截必须运用基本步伐（左右跨步、交叉步等）躲闪，一般向守方队员的内侧或外侧跑动，并运用正确的持球、合理掌推技术和假动作。

（1）持球方法

双手持球时，手腕向上翻，持球于体前，配合基本步伐左右摇摆跑动，如图9-2-11所示。单手持球时，将球夹在腕和胸部之间，不可让球掉下，另一只手以备运用做掌推动作。单手持球有两种方式，一种是持球的纵轴（图9-2-11），另一种是持球的横轴（图9-2-12）。

图9-2-11　持球的纵轴

图9-2-12　持球的横轴

（2）变向跑

变换方向是用于自己与对方扑搂者之间有一定距离时所采用的躲闪技术。对于正面来的防守者，可以任意变向到左边或右边，而从斜前方来的防守者，原则上采用向内变向跑来摆脱是比较容易成功的。在持球跑动中要故意向防守的右边做目标跑进（用眼盯住那个地方），目的在于吸引对方的注意力，然后用右脚内侧蹬地，把腰向左扭转，左脚跨向左边将上体向左前方倾斜，同时把重心移至左脚上，右脚在左脚前踏出，此时左手抱球，右手准备掌推对方（向右侧变向其动作相反）。

（3）变速跑

变速跑指通过速度或步幅的改变，以达到摆脱对方擒抱或扑搂的目的。通常是以一定的速度接近对方又突然提高或放慢速度，使对方难以下手擒抱或扑搂，为避免对方的防守，经常结合变向手段更易获得成功。

2. 支援时的跑技

支援持球的同伴，必须要有机智的跑法。如大家都盲目地跑向持球者，将会妨碍持球者的跑动，甚至撞倒持球者。队员必须视野开阔，根据情况判断决定自己行动。队员跑成一条线，当对方将持球者扑倒在地时，这些队员全部越位也毫无办法，因此，支援时的位置一定要有层次，遇情况可随时处理，支援跑时一定要有很好的判断力，预判出将可能发生的情况。

3. 防守时的跑技

预判在防守的跑技中也同样重要。首先要判断对方从何处发动进攻，并积极堵截给对方施加压力，不给对方发动进攻的时间和空间。同时要把争抢扩大到对方的防守阵地上。因此防守者除掌握各种步伐，扩大视野、纵观全局外，提高战术意识也是非常重要的。

4. 假传球技术

假传球技术属于持球时跑技的另一种形式。它是指持球队员假装传球，使防守队员去跟球或者至少使其想到球，从而骗过对方又获得机会的一种跑动方法，在防守上有一条要领：捉住人和球，但在比赛中往往将其忽略。持球队员必须让防守队员相信其将要传球，其技巧和基本传球的要点相同，只是没有真正把球传出去。

（二）跑动技术专项练习

1. 变步躲避

当持球跑动时，扑搂者通过观察持球队员的速度和方向，预判在什么位置对持球者进行扑搂，从而截断持球者的跑动路线。当面对扑搂者时，持球者通过扑搂者接近的角度获得的空间，在这一个范围内决定如何躲避防守。如果没有外侧空间，内侧突破被封死，持球者选择横向移动受限制，这样持球者要吸引防守者朝自己跑动，然后通过改变步幅手段加速摆脱。

持球者首先通过稍微放慢速度实施自己的策略。这样将迫使防守者稍微改变方向并选择一个新的扑搂线路。一旦防守队员盯住这个新角度靠近，持球者即刻加速离开。改变步幅的移动也包括从将要被扑搂者扑搂的方向离开。

2. 侧步方法

当一名带有一定跑动角度的对方队员朝持球者跑来时，持球者往往快速作出改变进攻方向。这个动作是通过向同一方向的跑动，然后迅速侧步改变方向，用不同的角度欺骗防守队员，这种移动被称为侧步。许多年轻队员做这种动作十分自然，尤其他们在与另一个队的比赛中，通过这个动作来躲闪和穿梭突破防守。

侧步首先必须判断好在什么地点进攻，然后开始从该地点改变角度离开。当防守队员接近时，加速，然后用外侧腿向侧面迈步，同时把身体重心全部移到前脚掌上，这使防守队员认为进攻意图在外侧空间，当防守队员也跟随向外侧移动时，把外侧腿的身体重心转移到内侧后腿上，让防守队员发生“脚步错乱”。

侧步时，外侧脚做支撑，身体重心移至该脚上，然后快速把重心从支撑脚移开，从防守者内侧或外侧通过。这一过程中要始终观察防守者。

3. 变向方法

当持球者已经在进攻线上跑动且防守队员与持球者十分靠近并准备实施扑搂时，通常使用变向技术。在这种情况中，要吸引防守队员接近自己，然后改变跑动线路，使双腿摆脱防守队员两臂的伸展。如果持球者打算向左侧变向时，要贴身持球或者双手持球，用左脚内侧和右脚外侧跑动突然改变方向突破防守队员。在向左变向时，把球控制在左手臂和左侧胸部位置里。向右变向动作相反。

当进攻队员和防守队员之间有空间时，有时可能接到一个传球。当这种情况出现时，屈身变向，要尽可能加速，向防守队员身后空间逼近。如果在变向中增加可控变步，持球者将很难被扑搂到。

4. 变速练习

在通过防守队员之前，进攻队员往往从跑动开始就进行加速了。加速时要加大自己的步幅和步频。要从不同的速度练习加速。例如，从慢跑到3/4的速度，从3/4速度到全速。当努力加速时，做向左或向右变向。尽最快可能去达到速度目标。

尽管在长距离跑的过程中可以做变向，但实际上变向的步幅只覆盖几米的距离，因此应该以大约20米的距离，进行短距离练习。当做变向练习时，一个好的方法是在一个范围内布置标识物去做练习，这样便于设计跑动线路和加速距离。

练习过程中，要求5次通过标点没有滑倒或碰到一个标点。可以适当提高或降低难度。

5. 防守追逐练习

（1）在10米线至阵线的区域范围放置标识物，以便防守队员从自己后面接近时，自己向22米区域进入。防守队员必须等练习者带球开始跑动时才能做防守动作。在开始跑动后，练习者必须尽快进入22米区域内，这样能够吸引防守队员的注意。一旦跑进22米区域内，可放慢速度，吸引防守队员向自己追赶。

（2）带有躲避的得分练习。在场地内用线标出记号并计量标识点的位置。根据距离判断两名队员的速度而设置标识点，一直使通道标识到达阵线，在进攻队员稍后一点建立防守队员标识点。练习者目的是在标识的转角处为得分。如果防守队员的标识点在外侧太远，练习者将很容易得分；太近，将无法战胜防守队员。选择一个速度与练习者相当或稍快于练习者的防守队员，这是最好的一项提高方法。

每次开始跑动时，以防守队员为目标，做一次触摸式扑搂，然后绕设置的标识物向阵线迅速跑动。追逐者在练习者绕第一个标点时开始起动，当练习者做全力加速时，要保持观察防守队员。观察过晚，就可能被抓住，观察过早可能会在绕标识物时出现滑倒。

6. 绕障碍练习

变向穿越障碍物带有韵律要求，练习开始用走步，逐渐增加步幅。用最高速度进行练习是不可能的，因此必须在通过各门时控制好速度。除了和防守队员并排向阵线跑动外，必须控制跑动速度，用最好的时机在比赛中战胜防守。

练习者要跑动且能够控制住身体重心，进行闪躲和穿行。在能自我控制下越快跑动越好。

7. 对单人防守的侧步进攻练习

在10米×10米的区域内进行一对一攻防。攻防二人在不同边角同时起动向区域内跑动。当进攻队员接近防守队员时，头朝向一角，外侧腿用力蹬地，后腿向防守队员空隙（缺口）迈步。该情况下要降低身体重心，单臂伸展穿过防守，向阵线跑动得分。

三、战术理论

橄榄球运动是攻防转换非常快的一项集体项目，对运动员技术、战术、身体素质和意志品质提出了很高的要求。“一人为大家，大家为人人”的精神应始终贯彻在每一名队员的行动中。

橄榄球战术所指的是在比赛攻守过程中，为了战胜对手，根据主客观的实际情况所采用的个人行动和整体配合的总称。

战术在比赛中的作用是将全队的力量组织起来，发挥每一名队员的特长，根据对手和自己的情况，采用一定的阵型和配合方法，使队员在技术、身体素质、战术意识等方面发挥较高水平，从而取得比赛的胜利。

比赛原则是战术教学训练的重要组成部分。在教学训练中必须使队员明确：参加比赛就是要力争取胜。要取得胜利就要依靠进攻，完成进攻到达阵得分。同时还要注意防守，不让对方达阵得分。

（一）进攻原则

1. 获得广阔的空间

当队员持球后，其同伴要及时跑位，把防守队员拉开，通过快速的跑动传球及踢球动作向前推进，寻找薄弱环节突破，制造对方防守上的漏洞。一般来讲，对方已经退守到位，前锋应及时赶到，持球队员应敢于向前推进，受阻时立即转身，待同伴支援后形成突破。在22米线外尽可能避免盲目踢球，造成失去球权或使己方队员处在越位位置上。

2. 不断制造连续进攻的机会

通过跑动传球、个人突破不断形成冲击，并不断缩小对方防守区域，使球逐渐接近对方门后区，制造得分的有利时机。

3. 机动灵活随机应变

在实施进攻战术过程中，除了向前推进或形成得分机会外还要求队员能机动灵活地运用个人技巧，摆脱对方防守，从而达到得分目的。这种能力是建立在队员身体素质全面发展、技术动作熟练和良好的战术意识基础之上的。

（二）防守原则

1. 延缓对方的进攻

进攻时一旦失去球权，离对方控制球队员最近的己方队员要立即封堵，阻止控制球队员的推进和传球，以达到延缓对方进攻的时间，不给对方进行快速反击的机会，所获得的时间可以使同伴迅速布置防守阵型。如果在可行时，采用扑搂技术使其失去球权乃至夺回球权。

2. 寻找平衡

在失去球权后，除了阻挠对方控制球外，其他队员应迅速退守，使防守队员在人数上与对方相等或以多防少。队员头脑要十分清楚，切记盯人防守，不可使对方形成以多打少的局面。

3. 对位盯人

每个队员都要紧紧盯住对手，不让对手轻易向前推进和有意识地传球，不给对方突破达阵的机会，力求把对方控制的球夺过来，转守为攻。

橄榄球战术教学必须要求队员遵守上述原则，不得放任轻率，以免一人失误致使全队遭受损失。

第三节　橄榄球比赛形式与规则

一、比赛形式

1. 场地

英式橄榄球场场地长100米，宽70米，面积几乎是触式橄榄球场地的两倍。场地上还有不少辅助线，达阵区（底线后的得分区）有H型的球门。

触式橄榄球场场地面积小了很多，通常是长70米，宽50米，相当于半个足球场。除了中线、十米线、五米线没有更多的辅助线——这意味着你玩的时候，少了很多条条框框。达阵区里，也没有球门，只要球在达阵区里触地，得一分。

2. 时间

英式橄榄球上下半场各40分钟，中间休息10分钟。

触式橄榄球上下半场可以是20分钟，10分钟甚至7分钟，中场休息2分钟。

3. 队员

触式橄榄球为6人制，进攻方在半场内站成一条斜线或者三角的阵型；防守方在另一半场一字散开。

4. 得分

英式橄榄球每次达阵得5分。达阵一方另有一次射门机会，如果队员能将球踢入H形球门的上半部，再得2分。

触式橄榄球达阵一次得1分。

5. 球落地

触式橄榄球进攻时只要球一落地，就算犯规，不管是落在你前面还是后面，发球权就要交给对方。只有一种情况会被红牌罚下——恶意撞人。

二、犯规和得分

1. 触摸

双方队员都允许主动触摸对方，触摸范围包括身体的任何部位（和衣服、鞋子、头发等）以及球，进攻方有6次被触摸的机会。

2. 触摸和传球

持球队员一旦被触摸后，即不能再传球，否则视为犯规。

3. 拾球者

拾球者是指当队友放下球后捡起球的人。

4. 越位

当发生一次触摸后，防守的全部队员必须退回线后5米处，否则视为犯规；防守队员在拾球者尚未触摸到球之前不能向前方移动，拾球者不允许推迟时间拾球；

5. 边线

如果持球队员触到或跨越边线，则被视为出界，需交换球权。比赛将在队员出界处向内横向移动5米的地方重新开始。若持球队员出边线前被触摸，则算一次触摸。

6. 阻挡

进攻方的队员不允许阻挡防守队员的试图触摸。防守队员不允许阻挡进攻方试图接球的队员。

7. 达阵得分

持球队员在被触摸前将球在达阵线或达阵区触地，即视为达阵得分，达阵获得一分。拾球者不允许直接达阵得分。

8. 换人区

比赛双方都可以在任何时候换人。被换上场的人只有在被换下的人出场后方能进场参加比赛。换人必须在换人区范围内进行。

9. 持球权

当有以下情况发生时将交换球权：① 球掉地；② 拾球者持球时被触摸；③ 发生6次触摸；④ 持球队员踩到或跨越边线；⑤ 不正确的滚球；⑥ 不正确的轻踢；以上球权的改变都将以滚球来重新开始比赛。

10. 传球

进攻队员可以传球、扔或递球给任何一个没有越位的队友，但向前传球是不被允许的。

11. 轻踢球

轻踢发球发生在放球点，放球于地上后，用脚轻踢/碰后（球不超过1米）并捡起球。进攻方的任何队员都可以轻踢发球。

12.（1）进攻犯规：① 被触摸后传球；② 没有退到被触地点滚球；③ 前传球；④ 被触碰前滚球；⑤ 没有按“最少暴力”原则触摸。

（2）防守犯规：① 没有按“最少暴力”原则触摸；② 离滚球地后退不够5米，或犯规后后退不足10米；③ 对裁判判罚相抵抗；④ 耽误比赛；⑤ 其他故意犯规的情况。

13. 滚球

滚球意味着新一轮进攻的开始，持球队员滚球时必须面对达阵线（不可侧身滚球），且将球放在滚球点并处于两腿之间的地方，向后滚球且球不能超过1米。队员不能耽误滚球。

14. 掷币

掷币胜出的一方队长将有权选择上半场的进攻方向和换人区域，并且该方赢得开球权，裁判将监督掷币。

15. 恶劣的比赛行为不能容忍

任何恶劣的行为将导致犯规队员受到处罚，罚时或甚至被罚出场取消剩下的比赛资格，这些将依据犯规的情节轻重予以处理。

思考题

1. 简述橄榄球运动的发展过程。
2. 橄榄球的进攻战术有哪些？
3. 橄榄球的犯规行为有哪些？

第九章　橄榄球运动微课视频

双手持球　单手持球　接球技术　迂回跑

变速跑　原地横传球　跑动横传球　旋转球

比赛放拿球　交叉传球　假传球　落踢

远距离踢球　踢地滚球　接踢球

第十章 散打运动

学习目标:

- *1. 了解散打运动的起源和发展。*
- *2. 掌握散打运动的基本技术和战术。*
- *3. 掌握散打运动的竞赛规则。*

章前导言:

散打运动是中华传统武术的主要组成部分，是传统武术在技击和对抗上的精华，也是现代体育运动项目之一，是具有独特民族风格的体育项目，多年来在民间流传发展，深受人民喜爱。本章内容主要介绍散打运动的起源和发展，散打的基本技术和战术，相应的训练原则和方法，散打运动的基本竞赛规则。使读者对散打运动有更加全面的认识，激发学习兴趣和热情，扩大散打运动的影响力。

第一节 散打运动概述

一、散打运动简介

散打也叫散手，古时称相搏、手搏、技击等。简单而言就是两人徒手面对面地打斗。散打是中华武术的精华，是具有独特民族风格的体育项目，多年来在民间流传发展，深受人民喜爱。散打的起源与发展和中华民族悠久历史同步。它从先辈的生产劳动、生存斗争缘起，但又服务于此，演化至今成为华夏民族灿烂文化遗产中的瑰宝。原始社会人类为了猎取食物，长期与野兽搏斗，学会了与野兽搏斗所使用的不同方法，如拳打、脚踢、抱摔等简单的散打技术，并模仿一些野兽猎取食物的本领，如猫扑、狗闪、虎跳、鹰翻等。

散打是竞技武术的一个主要表现形式，以踢、打、摔、拿四大技法为主要进攻手段。另外，还有防守、步法等技术。散打也是现代体育运动项目之一，双方要求按照规则，利用踢、打、摔等攻防战术进行徒手搏击、对抗，是中国传统武术的擂台形式，也是武术与现代体育运动相适应发展而成。

1979年，随着中国武术热的再度兴起，国家体育委员会按照竞技体育模式，首先在浙江省体委、北京体育学院（现北京体育大学）和武汉体育学院进行了武术对抗性项目的试点训练，并于同年5月在广西南宁举行的全国武术观摩交流大会上做了首次汇报表演。同年，又进行了几次比赛。1982年，国家体委制定了《散打比赛规则》。1987年，散打被国家体委批准为正式比赛项目，并设“团体锦标赛”和“个人锦标赛”。

现代散打对传统技击术进行归纳、整理，舍弃它们的具体形态，找出其共性规律，即把中国各拳种门派的拳法、腿法通过规整，总结出它们的基本运动形式，经过高度抽象，确定进攻技术具有两种运动形式：一种是直线型方法，另一种是弧线型方法。拳法以冲、掼、抄、鞭，腿法以蹬、踹、扫、摆、勾为内容，摔法则根据“快摔”的要求和“无把”的特点，主要把握“破坏重心”和“抡圈”的要点，创造出“接招摔”和“夹打摔”的方法。同时，防守技术也划分为“接触式防守”和“不接触式防守”两种。散打从比赛形式上采用了中国传统的“打擂台”的方式，一方掉擂出局即为输方。在赛制上采用三局两胜制，先赢两局者即为赢家。

二、散打运动的特点

散打具有极为突出的攻防特点，有攻必有防，攻防是一对矛盾体，在散打中双方总是想办法击中对手，而不被对手击中，运动员就是在这种条件下进行训练的。经过长期训练，运动员掌握了散打技术，遇敌而不慌，在敌方突然袭击的一瞬间能迅速地做出相应的防守和防反动作，在激烈的打斗中，击中没有经过散打训练的人较为容易，同时也能防守对方的一些进攻，即使被对方击中，抗击能力也比一般人强。女性掌握几项散打技术，对防身更有好处，因为女性容易受到各种威胁，女性在与歹徒搏斗的关键时刻突然使用擒拿或攻击歹徒要害处能化险为夷脱离险境。公安人员和武警战士、保卫人员等掌握一些散打技术，对保卫人员生命安全，维护国家财产，打击犯罪分子都能起到事半功倍的效果。散打是一项对抗性很强的运动，练习散打能培养机智、顽强、勇敢、灵活、果断等意志品质。

武术散打是中华民族的优秀文化遗产，是在中国特定的社会历史条件下逐渐演变发展形成的，因此它具有鲜明的民族特色。中国散打不同于拳击，也不同于跆拳道，更不同于用头顶、肘撞、膝击的泰拳和用摔、拦、擒方法的柔道等搏击（格斗）术；散打设擂比试，又不同于西方国家有缆绳圈住场地的自由搏击，也不同于日本的空手道、相扑、跆拳道、忍术等。武术散打要求“远踢、近打、贴身摔”，它的民族形式不是凝固的，也不能理解为“过去形式”“历史形式”或“传统形式”。民族形式有鲜明的时代性，因此形式不是单一的，而是多变的、演进的。

散打的运动形式，突出地反映出武术的特殊本质——技击性，同时又明显地区别于使人致伤致残的技击术，不包含置人于死地的绝招妙计。散打规则严格规定了不准向对方后脑、颈部、裆部进行攻击，也不允许使用反关节动作及肘、膝的技法，但可以运用武术各种流派的技法。散打运动的内在特点，决定了它以相互对抗的形式来表现，所以，散打的基本形式就是对抗性。这种对抗，是在双方掌握了散打的基本动作和基本技术，经过一段的训练，在没有固定格式的情况下，在规则规定的范围内进行较技、较勇、较智，一分上下。

第二节　散打运动基本功

散打基本功是指练习散打必须具备的身体机能和心理素质等。基本功练习包括一系列专门的综合性练习内容、方式和手段，这些方式和手段，突出了跑、跳、投三大运动的各项专项要求，具备鲜明的内外兼修的特征。散打基本功包含腿功、腰功、肩功等重要内容。腿功体现的是腿部的柔韧性、灵巧性等；腰功体现的是腰部灵巧性，以及和谐掌握高低肢静止的才能和身法技巧的工夫；肩功体现的是肩关节柔韧性、平衡能力的大小以及气力等方面的功夫。

一、腿功

（一）正压腿

面对一定高度的物体，右脚跟放在物体上，脚尖勾起，两腿伸直，两手扶按在右膝上，或用两手抓握右脚，而后上体立腰向前下方振压，用头顶尽量伸向脚尖。两腿交替进行。

学练要点：两腿伸直，立腰挺胸前压。

（二）侧压腿

左腿支撑站立，右脚从体侧搁置到一定高度的物体上，脚尖勾起，左臂上举，右掌立于胸前，两腿伸直，腰部挺拔，上体向右侧下振压，振压幅度要逐步加大，直到上体能侧倒在右腿上。两腿交替进行。

学练要点：两腿伸直，开髋立腰挺胸，上体完整侧倒。

（三）后压腿

背对一定高度的物体，两手叉腰，右腿支持站立，左腿后伸，脚背放到物体上，左腿微弯曲，上体向后下振压，并逐步增大振压幅度。两腿交替进行。

学练要点：两腿伸直，立腰挺胸，头随上体后仰。

（四）仆步压腿

右腿屈膝全蹲，全脚着地，左腿向左侧伸直，脚尖内扣，两手分手抓住两脚脚背，成左仆步。腰部挺直，左转前压。左右仆步交替进行。

学练要点：直腰低头，一腿全蹲，另一腿伸直，两脚紧贴地面。

（五）正搬腿

左腿蜷缩支撑，右腿屈膝提起，右手扶膝，左手抓住左脚，而后将右脚向前后方伸出，直至膝关节挺直，右脚外侧朝前。两腿交替进行。

学练要点：两腿伸直，立腰挺胸，被搬腿的脚尖勾紧。

（六）侧搬腿

左腿直立支撑，右腿从体侧抬起，右手经右小腿内侧绕脚后抱住右脚跟，将右腿蜷缩，脚尖勾紧。两腿交替进行。

学练要点：两腿伸直，立腰挺胸，身材竖立稳定。

（七）竖叉

两腿伸直，前后叉开成直线。右腿后侧着地，脚尖上翘；左腿前侧着地，脚背扣在地上，两臂立掌侧平举。两腿交替进行。

学练要点：立腰挺胸，沉髋挺膝。

（八）劈横叉

两腿伸直向左右两侧叉开下坐成直线，两腿内侧着地。两臂立掌侧平举。

学练要点：髋关节完整关上，立腰挺胸。

二、肩功

（一）压肩

面对垒木，两脚开立同肩宽，上体前俯，两手抓住垒木横杆，低头挺胸、塌腰，用力向下振压。

学练要点：两腿伸直，肩部松沉，用力振压，力点集中于肩部。

（二）单臂绕环

左弓步站立，左手扶按左膝，右臂以肩为轴做直臂的顺、逆时针绕环。两臂交替进行。

学练要点：臂伸直，肩放松，绕立圆。

（三）双臂绕环

开步站立，以肩关节为轴，两臂分手向前和向后做直臂绕环。顺、逆时针绕环交替进行。

学练要点：身体正立，臂伸直，肩放松，绕环协调顺畅。

（四）两臂穿插绕环

开步站立，两臂直臂上举，左臂以左肩关节为轴，向前下做顺时针绕环；同时，右臂以右肩关节为轴，向后下做逆时针绕环。两臂顺、逆时针交替进行。

学练要点：身体正立，两臂伸直，绕环协调顺畅。

三、腰功

（一）前俯腰

并步站立，两手十指交叉，直臂上举，手心向上；上体前俯，挺胸、塌腰，两手努力触地。再两手松开，用两手绕过双腿，抱住两脚跟部，尽量使上体、脸部贴紧双腿。

学练要点：两腿挺膝伸直，上体前俯时，挺胸、塌腰、收髋。

（二）甩腰

开步站立，两臂伸直前举，以腰为轴，上体做前后屈和甩腰动作，两臂也随之甩动。

学练要点：两腿伸直，腰部放松，后甩时低头挺胸，甩腰动作紧凑而有弹性。

（三）涮腰

两脚开立，略宽于肩，上体前俯，以髋关节为轴，两臂向左前下方伸出。而后挥舞两臂，随上体向前、向右、向后、再向左做翻转绕环。左右涮腰交替进行。

学练要点：两腿伸直，以腰为轴，翻转绕环灵活、柔顺。

（四）下腰

两脚开立同肩宽，两臂蜷缩上举；腰向后弯，仰头，挺腰，双手撑地身体呈桥形。

学练要点：两脚支持站稳，膝关节尽量挺直，腰部后弯上顶，脚跟不能离地。

第三节　散打运动基本技术与战术

一、散打基本姿势（实战势）

两脚左前右后开立，略比肩宽，两脚尖微内扣，两膝微屈，重心在两腿之间（正架为左脚在前，反架为右脚在前，个人可根据习惯选择正架或反架，一般是右拳力大，右脚在后。本书均采用正架姿势）；两手左前、右后握拳，拳眼均朝上，左臂弯曲，肘关节夹角为90°～110°，左拳与鼻同高；右臂弯曲、肘关节夹角小于90°，大臂贴于右侧肋部；身体侧立，下颌微收，闭嘴合齿，面部、左肩、左拳正对对手（图10-3-1）。

图10-3-1　散打基本姿势

要点：基本姿势需从实战出发，因此，要便于进攻和防守，并便于移动。姿势不可太低，重心控制在两腿之间，两手紧护躯体，尽量减少暴露给对手的部位。

二、散打基本步法

（一）进步

前脚（左脚）先向前进半步，后脚再跟进半步（图10-3-2）。

要点：进步步幅不可过大，后脚跟进后的身体姿势不变，进步与跟步越快越好。

（二）退步

后脚（右脚）先后退半步，前脚再退回半步（图10-3-3）。

要点：同“进步”。

（三）跨步

左脚（右脚）向左（向右）侧跨半步，右脚略向左脚靠近，两膝弯曲。同时，

图10-3-2　进步

图10-3-3　退步

右臂向斜下伸出，左拳收至腮旁（图10-3-4）。

要点：此步法主要用于侧闪防守，跨步后身体重心下降，以利于反击。两腿要一虚一实，两臂形成较大的防守面。

（四）撤步

前脚向后撤一步，成右前左后，左脚跟离地，右脚尖外展，重心偏于右腿（图10-3-5）。

要点：撤步不要太大（也可撤半步），重心移动不要明显。

图10-3-4　跨步

图10-3-5　撤步

（五）闪步

左脚（右脚）向左（向右）侧闪半步，右脚（左脚）随之向左侧（右侧）滑步。同时，向右（向左）转体90°（图10-3-6）。

要点：此步法也是用于侧闪防守，关键是转体闪躲，侧闪步的同时要转体，以躲闪对方的正面进攻。

（六）垫步

后脚蹬地向前脚内侧并拢。同时，前脚屈膝提起（图10–3–7）。

要点：后脚向前脚并拢要急速，垫步与提膝不脱节、停顿，身体向前移动，但勿向上腾空。

（七）纵步——单脚纵步

一脚屈膝上提，另一脚连续蹬地向前移动（图10–3–8①②）。两脚同时蹬地，使身体向上或向前、后、左、右跳起，再落地（图10–3–8③）。

要点：纵跳时髋关节和上体要保持一定的紧张度，上体保持正直，腾空不要过高。

（八）跃步

右脚蹬地后向前跨越一步，左脚继而再向前上一步，还原成散打基本姿势（图10–3–9①②）。

要点：后脚向前跃步与前脚向前上步要连贯、迅速，上体不要前后晃动，身体不要腾空。

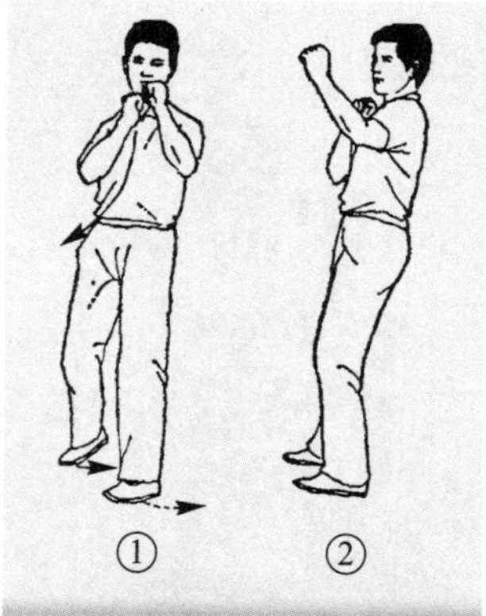

图10–3–6　闪步

图10–3–7　垫步

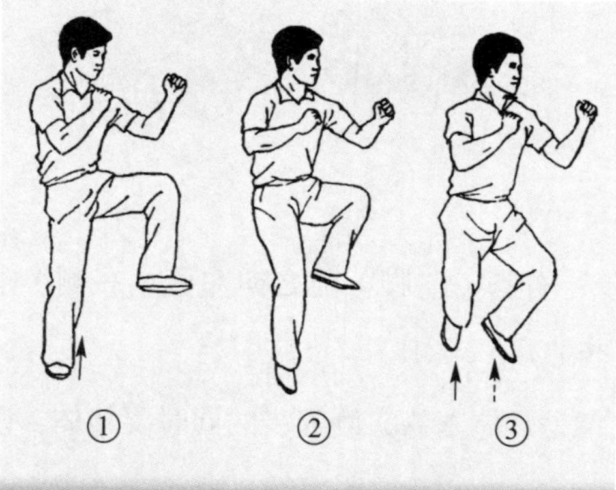

图10–3–8　纵步

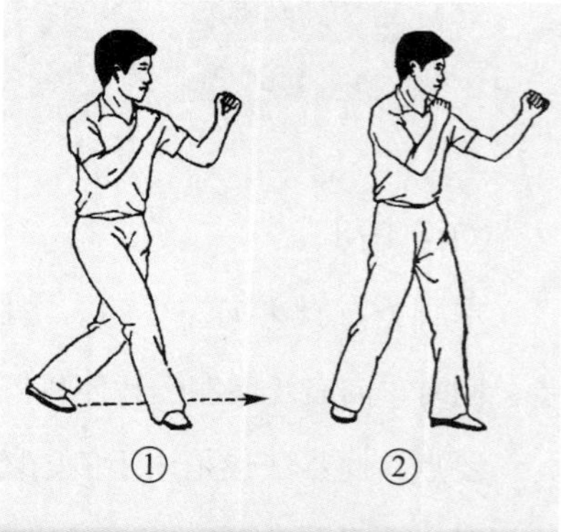

图10–3–9　跃步

第四节　散打主要动作

一、拳法

（一）冲拳（分左、右冲拳）

1. 左冲拳

从基本姿势（正架）开始，即左脚、左手在前（以下同）。右脚微后蹬，重心微前移，同时左拳直线向前冲击，力达拳面（图10-4-1）。

①　②

图10-4-1　左冲拳

（1）要点：冲拳时上体不可前倾，腰微右转；拳面领先，以肩催前臂，臂微内旋，肘微屈向外，使肩、肘、腕基本成水平；快出快收，切勿停顿，迅速还原成基本姿势。

（2）易犯错误与纠正方法

① 撩拳：由于冲拳时肘先动于拳，形成拳先往下再向前撩的错误。

纠正方法：强调以拳领先，勿先动肘，或请同伴帮助，以一手拉拳，一手按肘慢慢体会要领。

② 只动小臂：冲拳时肘关节为轴，只是前臂的屈伸。

纠正方法：强调肩先起动，催肘送拳。

③ 明显后拉：冲拳前先回拉再向前冲击。

纠正方法：放慢速度练习，改正动作的起动路线。

（3）技击用法：左冲拳是一种直线进攻型动作，特点是距离对手较近，易发动，预兆小，灵活性强，可以结合身体高、低姿势，或前进后退，或左右闪躲等击打对手腰以上的任何部位，既可主动进攻，又可防守反击，是进攻技术中最常见、最主要的动作之一。以下为几种技击技术：

① 攻击对手的上盘：双方在对峙的状态下，突然以快速的步法向前移动，同时以左冲拳攻击对手的上盘（上盘指胸部以上，中盘指腰上下，下盘指髋关节以下。以下同）。（图10-4-2①）。

② 攻击对手的中盘：在与对手对峙时，迅速进步俯身抢攻对手中盘（图10-4-2②）。

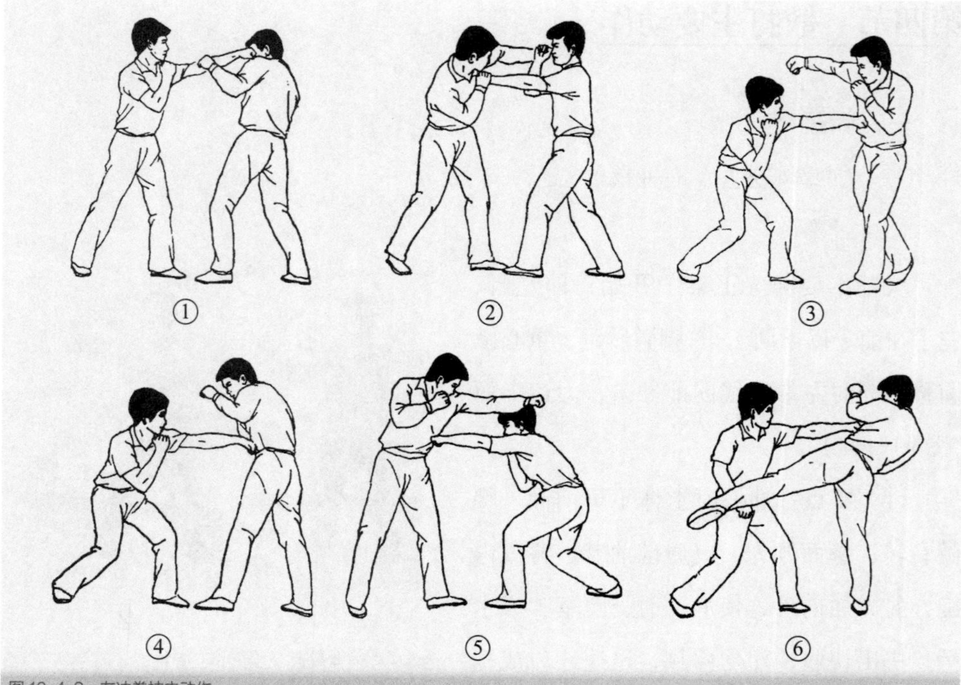

图 10-4-2　左冲拳技击动作

③ 挂挡反击对手左贯拳：假设对手以左贯拳向我方上盘进攻，应以右手挂挡，同时以左冲拳反击其胸部或头部（图 10-4-2③）。

④ 下躲反击对手左冲拳：假设对手以右冲拳向我方上盘进攻，应迅速俯身下躲，同时以左冲拳反击其腹部（图 10-4-2④）。

⑤ 俯身反击对手右贯拳或右冲拳：假设对手以右贯拳或右冲拳攻击我方上盘，应立即俯身下躲，同时，以左冲拳反击对手腹部（图 10-4-2⑤）。

⑥ 右臂外挂后反击对手低横踢腿：假设对手以左低横踢腿攻击我下盘，我右手外挂防守，迅速上步，以左冲拳反击对手躯干以上部位。如对手以高横踢腿进攻，则我右手挂挡后以左冲拳反击（图 10-4-2⑥）。

2. 右冲拳

从基本姿势开始，右脚微后蹬并向内扣转；同时，右拳直线向前冲出，转腰送肩，力达拳面；左拳回收至右肩内侧（图 10-4-3①②）。

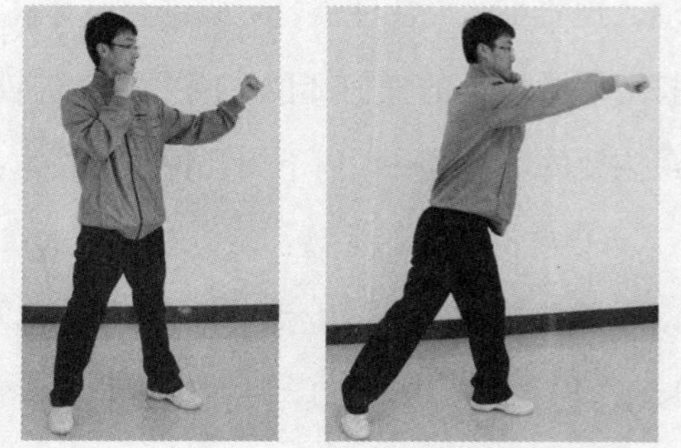

图 10-4-3　右冲拳

（1）要点：右冲拳的发力顺序是起于右脚，传至腰、肩、肘，最后达于拳面；发力时上体向左转动（头不转），以加大冲拳力量；还原时以腰带肘，主动直线回收。

（2）易犯错误与纠正方法

① 上体前倾：冲拳时上体向前移动过多，腰没有向左拧转。

纠正方法：多体会腰绕纵轴方向拧转的要领，克服向前探身的毛病。

② 翻肘撩拳：冲拳时前肘关节先动并外翻，形成撩拳错误。

纠正方法：由教练或同伴帮助，或面对镜子，克服先动肘的毛病。

③ 后引拉拳，预兆明显：没有准确掌握动作的起止路线，或一味追求动作的力度。

纠正方法：面对镜子或由同伴监督，用慢速度放松练习，体会出拳的路线。

（3）技击用法：右冲拳的重要特点是距离长，而且能充分利用蹬腿转腰的力量，冲拳的力度大。在快速的步法移动中或有虚假动作的掩护下出右冲拳，杀伤力较大。它是一种常用的进攻动作之一。

① 抢攻对手中、上盘部位：在双方对峙时，我突然以快速的步法逼近对手，同时以右冲拳抢攻其中、上盘部位。有时为了进攻更加有效，往往在出击右冲拳之前，左拳或左腿先晃一下，以假动作迷惑对手（图10-4-4①）。

② 俯身反击对手左冲拳或贯拳：假设对手以左冲拳或贯拳攻击上盘，我迅速俯身下躲，同时，以右冲拳反击其中盘（图10-4-4②）。

③ 侧闪反击对手右冲拳：假设对手以右冲拳进攻我上盘，我迅速向左侧闪，同时以右冲拳反击其腹部右侧。如对手右冲拳进攻我中、下盘部位时，我以左手拍压防守，同时以右冲拳反击其上盘（图10-4-4③）。

（4）挂挡反击对手右贯拳：假设对手以右贯拳攻击我上盘，我左手迅速挂挡防守，同时以右冲拳反击其躯干或头部（图10-4-4④）。

（5）外挂后反击对手右低横踢腿：假设对手以右横踢腿攻击我下盘，我左手迅速向左斜后外挂防守，再进步以右冲拳反击对手上盘（图10-4-4⑤⑥）。

（6）里挂后反击对手左踹腿或蹬腿：假设对手以左踹腿或蹬腿攻击我中盘部位，我左手里挂防守，再进步以右冲拳反击其中盘以上部位（图10-4-4⑦⑧）。

（二）贯拳（分左、右贯拳）

1. 左贯拳

从基本姿势开始，上体微向右转。同时，左拳向外（约45°）、向前、向里横贯，臂微屈，拳心朝下，力达拳面或偏于拳眼侧，右拳紧贴右侧（图10-4-5①～③）。

（1）要点：贯拳时，肘尖微抬与肩平，含胸收腹，力从腰发，腰绕纵轴向右转动。

图 10-4-4　右冲拳技击动作

图 10-4-5　左贯拳

（2）易犯错误与纠正方法

① 贯拳幅度过大。

纠正方法：面对镜子观察自己动作或由同伴帮助，消除只想加大力度的心理，认真体会贯拳的运行路线，待动作基本定型后再加大动作力量。

② 翻肘过早，出现甩拳。

纠正方法：请同伴帮助，一手拉拳，一手按肘，改正翻肘过早的错误。

③ 向前探身。

纠正方法：多体会向右转腰发力的要领，或同伴帮助控制身体前探。

（3）技击用法：左贯拳是一种横向进攻型动作，距离对手较近，灵活性高，结合身体高、低姿势的变化，击打对手的侧面，上盘可击打太阳穴，中盘可击打腰肋部位，是应用较广的拳法之一。其技击动作如下：

① 抢攻对手右侧头部：双方在对峙的状态下，我突然左闪一步，以左贯拳攻击对手右侧头部（图10-4-6①）。

② 左闪破对手左冲拳：设对手以左冲拳向上盘进攻，我迅速左闪，同时以左贯拳反击其头部（图10-4-6②）。

③ 下躲闪反击对手右贯拳：假设对手以右贯拳向我上盘进攻，我迅速俯身下躲闪，同时以左贯拳反击其肋部（图10-4-6③）。

④ 左闪破对手右冲拳：假设对手以右冲拳攻击我中、下盘，我迅速左闪，同时以左贯拳反击其头部右侧（图10-4-6④）。

⑤ 挂挡反击对手左贯拳：假设对手以左贯拳进攻我上盘，我右手挂挡，同时以左贯拳反击其右侧头部（图10-4-6⑤）。

⑥ 掩肘后反击对手左抄拳：假设对手以左抄拳向我胸、腹部进攻，我右掩肘防守，以左贯拳反击其头部（图10-4-6⑥⑦）。

⑦ 外挂后反击对手左横踢腿：假设对手以左横踢腿攻击我中盘，我右手外挂后急速进步，以左贯拳反击其头部（图10-4-6⑧⑨）。

2. 右贯拳

从基本姿势开始，右脚微后蹬并向内扣转，合胯转腰。同时，右拳向外（约45°）、向前、向里横贯，力达拳面或偏于拳眼侧；左拳屈臂回收至右肩内侧（图10-4-7①～③）。

（1）要点：贯拳发力时，肘尖微抬与肩平，含胸扣肩；右脚内扣，合胯转腰与右贯拳发力协调一致。

（2）易犯错误与纠正方法

参考“左贯拳”。

（3）技击用法：右贯拳也是横向进攻型动作，其特点是能充分借助右脚蹬地转

图 10-4-6　左贯拳技击动作

图 10-4-7　右贯拳

腰的力量，力度较大。发长拳抢攻时往往需要虚假动作的掩护，发短拳时主要用于近距离或贴身的实战。

① 攻击对手头部左侧：双方对峙时，我突然俯身以左拳虚晃一下，假装进攻对手的腹部；紧接上体微微立起，以右贯拳攻击其头部（图10-4-8①）。

② 攻击对手左侧肋部：双方对峙时，我突然做出以左拳攻击对手头部的假象后，迅速俯身以右贯拳攻击其左侧肋部（图10-4-8②）。

③ 挂挡反击对手右贯拳：假设对手以右贯拳攻击我上盘，我迅速以左手挂挡同时以右贯拳反击其头部（图10-4-8③）。

④ 里挂后反击对手右蹬腿或踹腿：假设对手以右蹬腿或踹腿攻击我中盘，我左手里挂防守后，急速进步以右贯拳反击其胸部（图10-4-8④⑤）。

⑤ 掩肘后反击对手右抄拳：假设对手以右抄拳攻击我腹部，我左手向里掩肘后，迅速以右贯拳（短拳）反击其头部（图10-4-8⑥⑦）。

图10-4-8　右贯拳技击技术

⑥ 挂挡后反击对手右横踢腿：假设对手以右横踢腿攻击我上盘，我左手挂挡防守后，急速进步以右贯拳反击其胸以上部位（图10-4-8⑧⑨）。

（三）抄拳（分左、右抄拳）

1. 左抄拳

从基本姿势开始，重心微下沉，左拳由下向前上抄起，肘关节夹角为90°～110°，拳心朝里，力达拳面（图10-4-9①～③）。

①　②　③

图10-4-9　左抄拳

（1）要点：重心下沉是为了更好地利用前脚蹬地拧转后的反作用力，以加大抄拳力量，使动作连贯、顺达，用力由下至上。抄拳时，臂先微内旋再外旋，拳呈螺旋形运行，发力时，腰微右转，发力短促。

（2）易犯错误与纠正方法

① 左拳向外绕行。

纠正方法：面对镜子，不追求用力，重点体会拳的运行路线。

② 抄拳发力时上体后仰、挺腹。

纠正方法：重点体会蹬地转腰的要领以及内力的运用，也可请同伴固定动作姿势。

③ 重心上提、歪胯。

纠正方法：请同伴帮助，一手扶头，一手扶胯，边练习边提示改进。

（3）技击用法：抄拳属上下进攻型动作，主要靠腰、腿的蹬转和运用内力的发劲，拳带螺旋劲，攻打的部位是胸口、胃和下颌，有较大的攻击力。

① 挂挡反击对手左贯拳：假设对手以左贯拳攻击我上盘，我右手挂挡防守。同时，以左抄拳反击其躯干以上正面部位（图10-4-10①）。

② 掩肘后反击对手左抄拳：假设对手左抄拳攻击我胸腹部位，我左转右掩肘

后，即以左抄拳反击其躯干以上的正面部位（图10-4-10②③）。

2. 右抄拳

从基本姿势开始，右脚蹬地，扣膝合胯，腰微左转。同时，右拳由下向前、向上抄起，肘关节夹角为100°～110°，拳心朝里，力达拳面，左拳回收至右肩内侧（图10-4-11①～③）。

① ② ③

图10-4-10　左抄拳技击技术

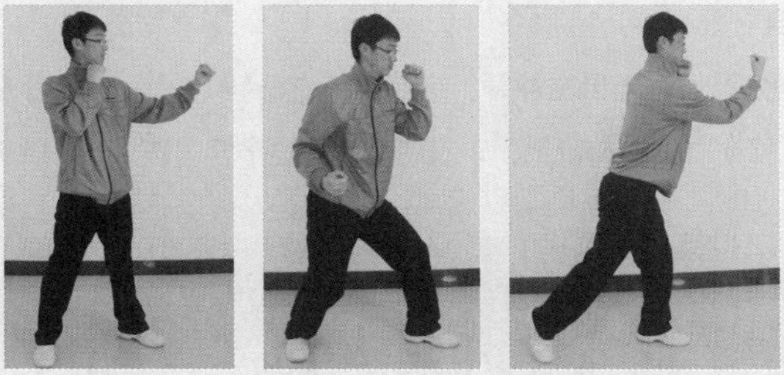
① ② ③

图10-4-11　右抄拳

（1）要点：抄拳时右臂呈螺旋形运行，要借助右脚蹬地、扣膝、合胯、转腰的力量，发力由下至上，协调顺达。

（2）易犯错误与纠正方法

① 右拳严重后拉。练习者只想加大动作力度，出现右拳先后拉再上抄，严重出现预摆（预兆）。

纠正方法：消除用劲心理，着重体会腰、腿、臂的协调用力。

② 身体向上立起。练习者没有掌握合胯转腰的用力方法，过分追求蹬地展髋。

纠正方法：请同伴帮助控制身体重心的起伏，如一手按头，一手给靶（保持正确的高度），体会从腰发力的要领。

（3）技击用法

① 挂挡反击对手右贯拳：假设对手以右贯拳攻击我上盘左侧，我左手挂挡，同时以右抄拳反攻其躯干以上的正面部位（图10-4-12①～③）。

② 掩肘后反击对手右抄拳：假设对手以右抄拳正面攻击我躯干部位，我左手掩肘后，以右抄拳反击其中盘。

①　②　③
图10-4-12　右抄拳技击技术

（四）转身右鞭拳

从基本姿势开始，先出左冲拳，突然身体右后转180°，右脚经左脚后插一步。同时，右拳反臂向右侧横向鞭甩，拳眼朝上，力达拳背（图10-4-13①～④）。

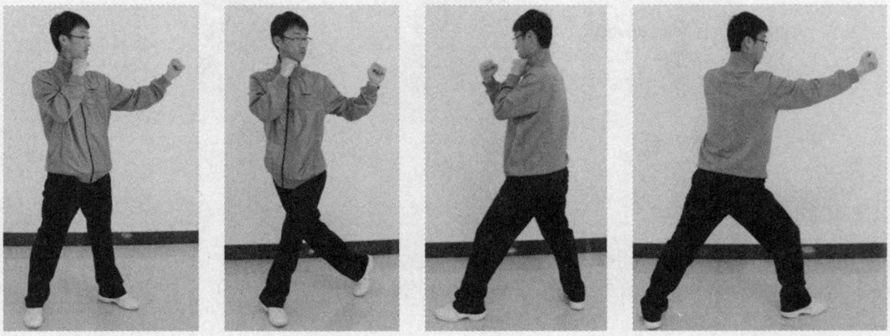
①　②　③　④
图10-4-13　转身右鞭拳

（1）要点：鞭拳转体时以头领先，不能停顿，支撑要稳；同时以腰带臂，前臂外甩。

（2）易犯错误与纠正方法

① 转体停顿，站立不稳。

纠正方法：专做转体练习。

② 前臂没外甩，形成直臂抡打，力点不准。

纠正方法：可原地练习鞭拳，体会前臂外甩的要领。

（3）技击用法：鞭拳也是横向进攻型动作，能借助转体的惯性，动作幅度大，运动路线长，力度较大。用于退守反击时，动作隐蔽、突然，又有较大的攻击力，既可连续追击又可连续退守反击。

① 突然抢攻：假设双方对峙时，我突然以左冲拳虚晃一下，右脚迅速经左脚后插步，同时转体以右鞭拳横击对手侧面（图10-4-14①～③）。

② 退步破对手左、右冲拳：假设对手以左冲拳或右冲拳攻击我上盘，我迅速向右转体180°，同时，左脚经右脚向前上步，闪躲对手的进攻，以右鞭拳反击其头部侧面（图10-4-14④⑤）。

③ 反击对手的左踹腿或横踢腿：假设对手以左踹腿进攻，我左手里挂（若横踢腿则左手拍挡）防守后，右脚迅速向左脚后面插步，同时以右鞭拳反击其侧面（图10-4-14⑥⑦）。

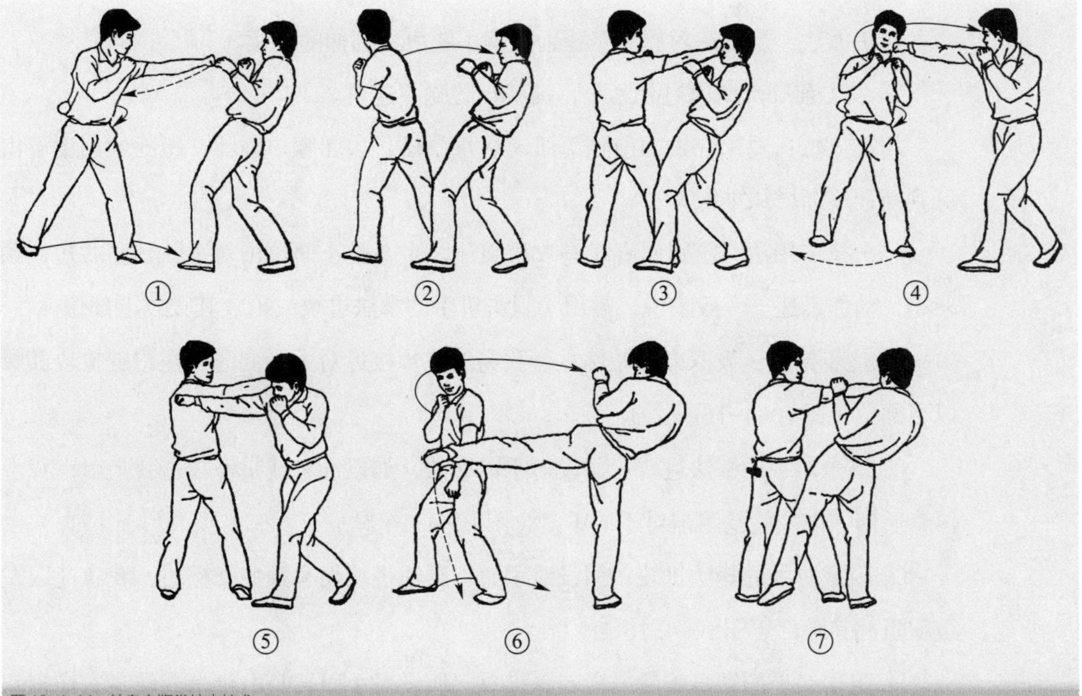

图10-4-14　转身右鞭拳技击技术

二、腿法

（一）蹬腿（分左、右蹬腿）

1. 左蹬腿

从基本姿势开始，右腿直立支撑，左腿屈膝向上提起，伸髋、挺膝，左脚直线向前蹬出，脚尖朝上，力达脚底或前脚掌；上体正直或微后仰，两拳不变（图10-4-15）。

①　②　③
图10-4-15　左蹬腿

（1）要点：屈膝上提与蹬腿动作要连贯，发力时伸髋、挺膝、蹬腿，发力顺达。

（2）易犯错误与纠正方法

① 屈伸不明显。产生的原因是屈膝上提不够，小腿没充分弯曲。

纠正方法：反复练习屈膝蹬腿，强调小腿由屈到伸的要领。

② 发力前腿部肌肉过分紧张，提膝与蹬腿不连贯。

纠正方法：要求在发力前腿部肌肉尽量放松，边屈膝边蹬腿，蹬腿的高度可由低到高，逐渐增加难度。

（3）技击用法：蹬腿属直线进攻型腿法，主要是正面攻击对手，其路线短，预兆小，动作迅速。一般来说，常用于阻击对手的拳法进攻或抢攻其腰以下部位。

① 垫步抢攻：设双方对峙站立，我突然垫步接近对手，同时以左蹬腿抢攻其腰以下部位（图10-4-16①②）。

② 反击对手的拳法进攻：假设对手以拳法，如以冲拳或贯拳攻击我上盘；我上体略后仰，以左蹬腿阻击对手的中盘（图10-4-16③）。

③ 阻截对手的腿法进攻：假设对手想以腿法进攻而有预兆暴露时，我急速以左蹬腿阻截其腿部（图10-4-16④）。

④ 阻击对手的转身鞭拳或横扫腿进攻：假设对手以转身右鞭拳或转身右横扫腿进攻，我在其转身的刹那以左蹬腿阻击对手的背部（图10-4-16⑤⑥）。

2. 右蹬腿

从基本姿势开始，重心前移，左腿直立支撑，右腿屈膝向上提起，伸髋、挺膝，右脚直线向前蹬出，脚尖朝上，力达脚底或脚前掌。两拳屈臂回收护于胸前（图10-4-17）。

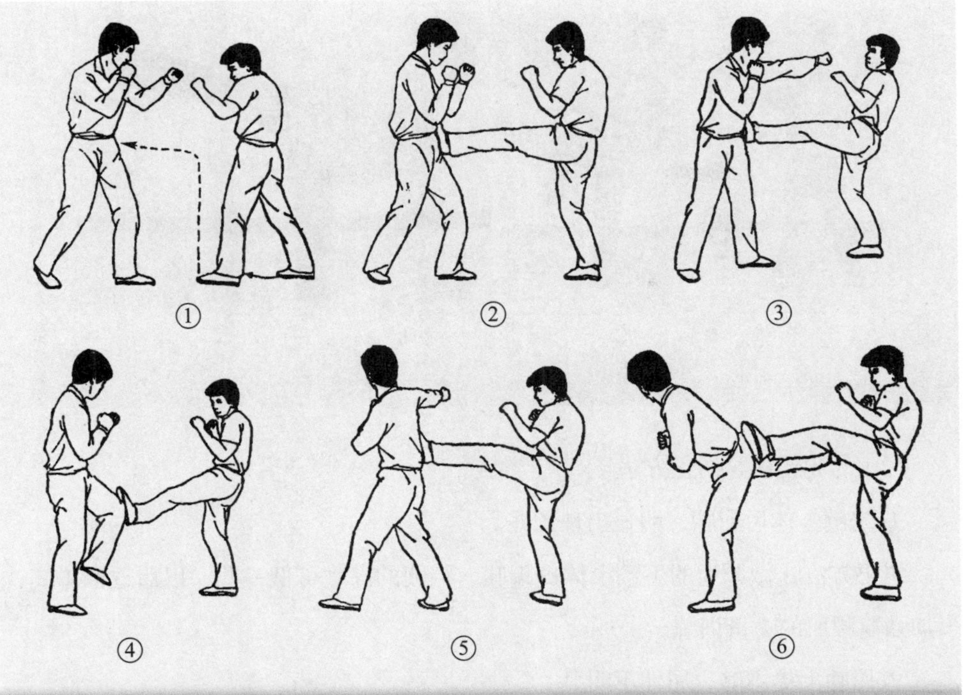

图 10-4-16　左蹬腿技击技术

图 10-4-17　右蹬腿

右蹬腿的要点、易犯错误与纠正方法和技击用法均可参考“左蹬腿”。

（二）踹腿（分左、右踹腿）

1. 左踹腿

从基本姿势开始，重心移至右腿，右脚跟里转，上体向右侧微倾，右腿直立支撑；左腿屈按合胯向斜上提起，伸髋、挺膝，左脚由屈到伸向左侧直线踹出，脚尖勾紧朝内，脚外缘朝上，力达脚底。目视左脚（图 10-4-18）。

（1）要点：屈膝上提与上体侧倾要一致，发力起于髋，顺于膝，达于脚，大小腿屈伸要明显，快出快收，协调连贯。

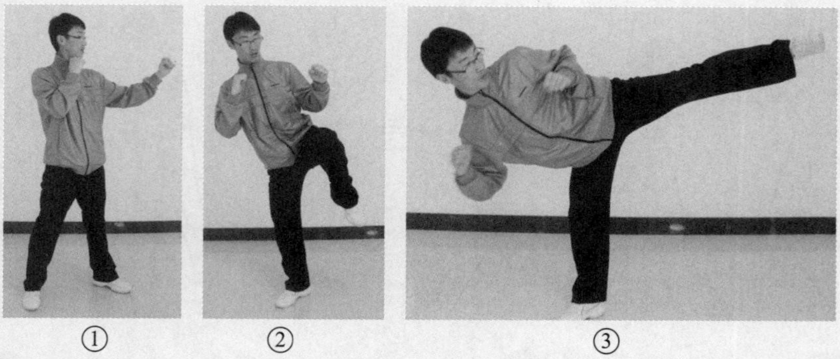

图 10-4-18　左踹腿

（2）易犯错误与纠正方法

① 先倒上体后屈膝，明显出现预兆。

纠正方法：做原地的不倒上体侧踹腿，踹腿的高度可低一些，以后逐渐增高；多加强髂腰肌的力量训练。

② 屈膝上提不够，屈伸不明显。

纠正方法：可一手扶墙或肋木，多练习屈膝侧踹，强调腿的屈伸。

③ 肌肉用力不协调，屈膝与侧踹之间有停顿。

纠正方法：练习低踹腿，强调放松踹腿，重点体会动作的连贯性。

（3）技击用法：踹腿是直线进攻型动作，左踹腿因离对手较近，加之与步法的配合灵活，能随时变化和掌握实战的有效距离。同时，左踹腿速度快、力量大，既能主动进攻，又能防守反击，是散手比赛中应用较广的主要方法之一。

① 垫步抢攻：假设双方在对峙状态时，我突然右脚垫步，以左踹腿抢攻对手的上、中、下三盘（图 10-4-19①②）。

② 侧倒反击对手的拳法进攻：假设对手以冲拳或贯拳攻击我上盘，我迅速侧倒，同时，以左踹腿反击其中盘以下部位（图 10-4-19③）。

③ 撤步反击对手的直线腿法进攻：假设对手以蹬腿或踹腿进攻，我左脚迅速回撤半步躲闪，紧接再以左踹腿反击对手的中下盘部位（图 10-4-19④⑤）。

④ 拍挡反击对手横向的进攻：假设对手以左横踢腿，或转身右横扫腿，或转身右鞭拳向我右侧进攻；我左手拍挡防守后，紧接以左踹腿反击对手的中盘以下部位（图 10-4-19⑥～⑧）。

2. 右踹腿

从基本姿势开始，重心前移至左腿并直立支撑，上体略左转侧倾，左脚跟里转；右腿屈膝合胯向斜上提起，伸髋、挺膝，右脚向右侧直线踹击，脚尖勾紧朝内，脚外缘朝上，力达脚底。两手屈臂护于胸前。目视右脚（图10-4-20）。

图10-4-19　左踹腿技击技术

图10-4-20　右踹腿

（1）要点、易犯错误与纠正方法请参考“左踹腿”。

（2）技击用法

右踹腿能充分借助身体前移的惯性，速度较快，力量很大，也适应较远距离的实战。

① 抢攻对手：假设双方对峙时，我以拳法或左腿虚晃一下，迅速以右踹腿抢攻对手上、中、下三盘；若对手后退，则我左脚纵步缩短距离（图10-4-21①②）。

② 挂挡反击对手的右横踢腿：假设对手以右横踢腿攻击我中、上盘，我左手挂挡之后，迅速以右踹腿反击其躯干部位（图10-4-21③④）。

③ 换步反击对手直线腿法的进攻：假设对手以蹬或踹腿攻击我下盘，我迅速撤回左腿并直立支撑；同时，上体向左侧倾斜，以右踹腿反击对手的腰以下部位（图10-4-21⑤⑥）。

图10-4-21　右踹腿技击技术

④ 抢攻对手的腿法进攻：假设对手以左横踢腿攻击我下盘，在其发力之前，我迅速以右腿抢攻对手的躯干（图10-4-21⑦）。

（三）横踢腿（分左、右横踢腿）

1. 左横踢腿

从基本姿势开始，重心后移，右腿直立支撑，上体微向右倾，右脚跟里转；左腿屈膝内扣向斜上提起，伸髋、挺膝、甩腿，左脚向斜前、向内横踢，脚面绷平，小趾外侧朝上，力达脚背后端。两手护于胸前。目视左脚（图10-4-22）。

①　②　③

图10-4-22　左横踢腿

（1）要点：左腿屈膝内扣，小腿外翻，发力时以大腿带动小腿，小腿横向甩踢，力点要准。

（2）易犯错误与纠正方法

① 左膝没内扣，造成力点在脚弓内侧。

纠正方法：强调膝盖里扣，小腿外翻近似水平，用慢速度练习击打物体，检查力点是否正确。

② 发力时左脚面绷不平，踝关节松懈。

纠正方法：以踢打沙包为主，检查脚型和力点，体会正确的肌肉感觉。

（3）技击用法：横踢腿也属横向进攻型的屈伸性腿法，但大小腿的屈伸没有蹬、踹腿那么明显，其主要特点是起动方便，力度较大（右横踢腿尤为突出），是运用较多的进攻方法之一。

① 垫步抢攻对手的上、中、下三盘：实战中双方对峙时，我突然垫步逼近对手，以左横踢腿抢攻对手的头部、肋部或前腿内侧（图10-4-23①～③）。有时为了提高进攻效果，也可在垫步前以拳法做一下虚晃动作。

② 后闪反击对手右冲拳：假设对手以右冲拳进攻我上盘，我迅速后闪，以左横

踢腿反击对手的中盘以下部位（图10-4-23④）。

③ 拍挡反击对手以拳法或腿法的横向进攻：假设对手以转身右鞭拳或左横踢腿，或转身右横扫腿向我右侧上盘进攻，我两手拍挡，以左横踢腿反击其背部或腹部（图10-4-23⑤）。

2. 右横踢腿

重心前移，左腿直立支撑，上体微左转，左脚跟里转；右腿合胯屈膝上提，右脚经外向斜上、向里横踢，绷脚面，小趾外侧朝上，力达脚背后端。两手收回护于胸前。目视右脚（图10-4-24）。

图10-4-23　左横踢腿技击技术

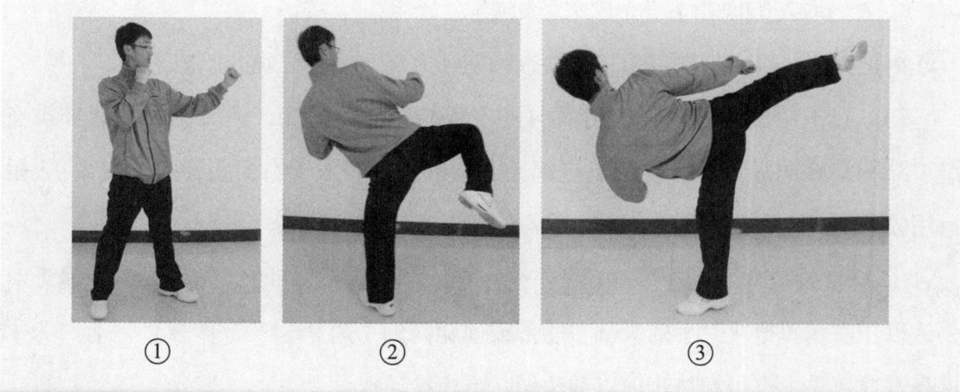

图10-4-24　右横踢腿

（1）要点、易犯错误与纠正方法参考“左横踢腿”

（2）技击用法

① 主动抢攻对手背部或前腿外侧：在双方对峙时，我以拳法或前腿虚晃一招后，迅速以右横踢腿抢攻对手的背部或前外腿侧（图10-4-25①～③）。

② 外挂后反击对手的左腿进攻：假设对手以左蹬腿或踹腿攻击我中、下盘时，我左手外挂，以右横踢腿反击其腿部外侧或踝关节处（图10-4-25④⑤）。

③ 挂挡反击对手右横踢腿：假设对手以右横踢腿进攻我中、上盘侧面时，我左、右手挂挡和拍挡，以右横踢腿反击其左侧（图10-4-25⑥⑦）。

图10-4-25　右横踢腿技击技术

三、散打常用摔法

1. 进身抱腿摔

从基本姿势开始，我左脚进步，右脚再跟进一步（或右脚上步，左脚跟进），屈膝半蹲；两手抱住对手双腿后，身体起立。视具体情况，可灵活采用抱腿侧摔或抱腿踢腿摔（图10-4-26①～③）。也可抱单腿后手别摔（图10-4-26④）。

图10-4-26　进身抱腿摔

（1）要点：进步要进身，动作连贯、迅速；两手与全身用力要一致；上体要尽量贴紧对手的躯干。

（2）易犯错误和纠正方法

① 进身不进步，低头前倾，突臀。

纠正方法：应专门练习进步半蹲的基本动作，重点提高上步与跟步的速度。

② 抱起对手后，全身用力不一致，摔法不干脆。

纠正方法：拟两人配合抱摔为主，体会全身协调配合的用力技巧。

2. 扶颈摔

从基本姿势开始。对手以左贯拳进攻，我右手抓握其左臂。同时，上左步，插右步，左手挟搂对手的颈部，右转体180°，屈膝；接着左手和右手同时向右后下用力，伸腿、弓背、转腰，将对手摔倒（图10-4-27①②）。

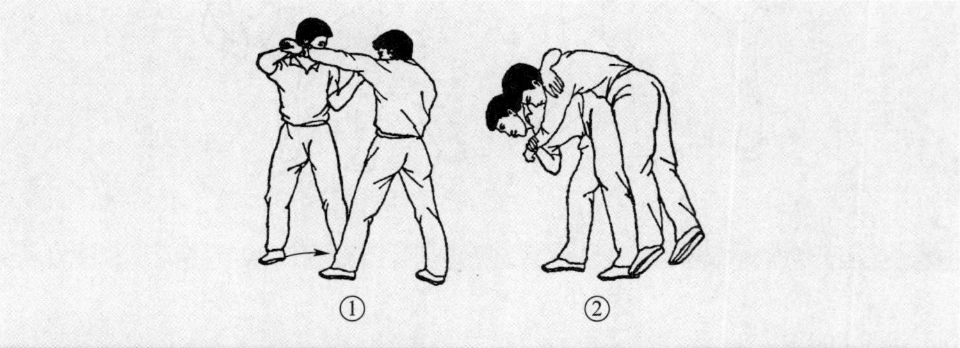

图10-4-27　扶颈摔

（1）要点：上步、跟步和转身抓、搂要迅速、连贯；进身时双腿要半蹲，臀部要贴紧对手的髋关节，左手搂紧对手的颈部。使用摔法时的伸腿、弓背、转腰及两手用力要协调一致。

（2）易犯错误和纠正方法

① 上步、挟颈及转身动作迟缓。

纠正方法：两人一组专门练习上步挟颈及转身的动作配合，提高动作的速度。

② 臀部与对手的髋关节没贴紧，用力不整。

纠正方法：两人练习挟颈摔的动作，先要求方法正确，后要求发力完整，提高摔的质量。

3. 抱腿勾踢腿摔

对手以左腿进攻被我抱住后，我身体微右转。同时，右脚垫步，以左勾踢腿勾踢其右脚踝关节；左手配合按压其颈部，将对方摔倒（图10−4−28①）。如抱住对手右腿；则以右勾踢摔倒对手（图10−4−28②）。

（1）要点：抱腿要抱紧并向上掀起，勾踢与上手下按同时用力。

（2）易犯错误：抱腿抱不紧或下滑，勾踢部位太高（小腿以上）。

（3）纠正方法：以配合练习为主，熟练技术，提高质量。

4. 抱腿别腿摔

对手以左腿进攻被我抱住后，我立即右脚垫步，左脚插至对手的支撑脚脚后跟处。同时，向右转腰、转头，以上体和两臂压倒对手（图10−4−29①）。如抱住右腿后则上右步向左别腿摔（图10−4−29②）。

（1）要点：抱腿后上步要迅速，注意“掀、别、靠、整”四个字。“掀”指“上掀其腿”；“别”指“别住对手的支撑脚”；“靠”指“上体要靠压其被抱之腿”；“整”指“最后的发力要整体一致”。

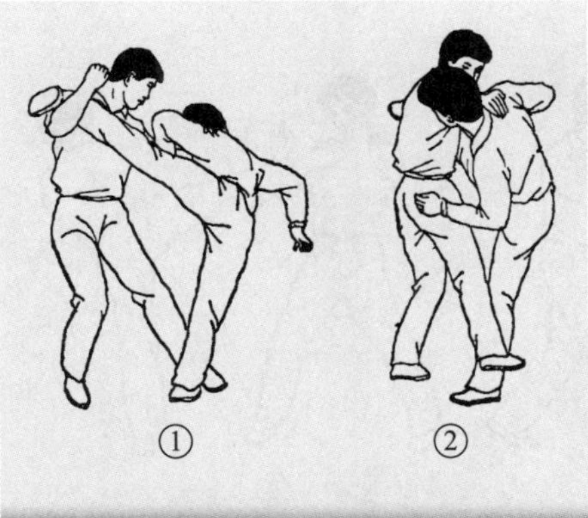

图10-4-28 抱腿勾踢腿摔

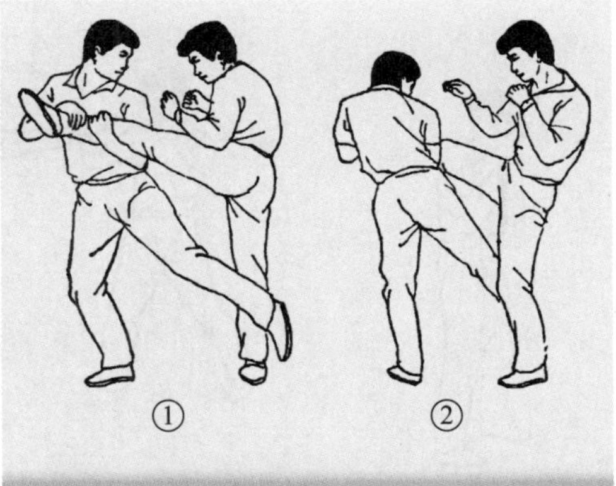

图10-4-29 抱腿别腿摔

（2）易犯错误：要点中的“四个字”，有某一点做得不正确。

（3）纠正方法：两人配合练习改进摔法技术。

四、散打基本防守方法

防守可以节制和削弱对方的攻击，是保护自己并能处于反击位置的方法，其最终目的在于防守后的反击。准确、巧妙的防守，不但能保护自己，而且能为攻击创造更好的条件。主要的防守方法有以下几种。

1. 拍挡防守

从正架基本姿势开始（以下同），左手（右手）以掌心为力点，向里横向拍挡（图10–4–30）。

（1）要点：前臂尽量垂直，拍挡幅度小，用力短促。

（2）易犯错误：防守时向斜前方迎拨，幅度过大。

（3）纠正方法：强调只动前臂，不能伸肘伸臂。

（4）技击用法：防守对方以直线拳法，或横向腿法向我上盘进攻（图10–4–31①②）。

2. 挂挡防守

左手（右手）屈臂向同侧头部挂挡（图10–4–32）。

（1）要点：上臂与前臂相迭，贴于头侧，垂肘，上体含收，防守面要大。

（2）易犯错误：抬肘向外格挡。

（3）纠正方法：面对镜子检查动作规格，也可做攻防练习，检查防守的效果。

（4）技击用法：防守对方以横向的手法或腿法向我中、上盘进攻，如左右贯拳或左右横踢腿等（图10–4–33①②）。

图10–4–30 拍挡防守

图10–4–31 拍挡防守技击技术

图 10-4-32 挂挡防守

图 10-4-33 挂挡防守技击技术

3. 拍压防守

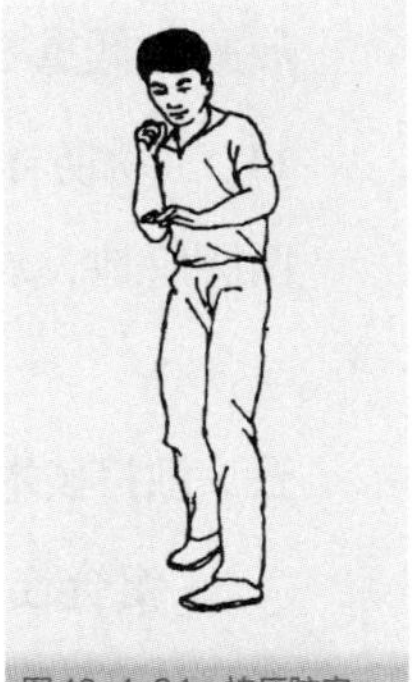

图 10-4-34 拍压防守

左拳（右拳）变掌，以掌心或掌根为力点，由上向前下拍压（图10-4-34）。

（1）要点：拍压时臂弯曲，手腕和掌指要紧张用力，臂内旋，虎口、指尖均朝内。

（2）易犯错误：臂伸直，虎口、指尖朝前或朝下，手腕松懈。

（3）纠正方法：多做徒手的强化练习。

（4）技击用法：防守对方以直线手法或腿法向我中、下盘进攻，如下冲拳和蹬、踹腿等（图10-4-35①②）。

图 10-4-35 拍压防守技击技术

4. 里抄防守

左右手臂微屈并外放，紧贴腹前，拳心向上，同时左右臂屈臂，紧贴胸前立掌，掌心向外。

5. 外抄防守

左右手臂外旋弯曲，上臂紧贴肋部。

6. 提膝防守

重心右移，前腿屈膝起，后腿支撑，上体姿势不变。

7. 截击防守

当对方准备进攻时，使用截腿阻截对方攻势。

8. 后闪防守

重心后移，上体略后仰闪躲。

9. 侧闪防守

上体向左侧或右侧闪躲或用左右闪步防守。

10. 下潜防守

屈膝降低重心，同时低头缩颈向下闪躲，两手护头。

11. 上跳防守

两脚蹬地，屈膝上跳使身体向上腾空躲闪。

五、散打技术练习

（一）组合连击

组合连击是指运用两个或两个以上的动作，连续攻击对方的一种技术。组合连击共分为拳法连击、腿法连击、拳腿连击、拳摔连击、腿摔连击、拳腿摔连击六种。六种连击法既可以单招连续进攻，又可多招连环击打。由于技术动作繁多，所以连击方法千变万化，但不是盲目组合，要根据动作转换的合理性和实战中运用的可行性、时效性来组合搭配才能达到连击重创的目的。在运用时要注意真假结合，虚实相接，使对方处于上下左右多点受击之中，防不胜防。另外，要注意动作之间的衔接。一般来说，第一级的结构是第二级的最佳发力点和攻击姿势。

（二）技术训练

技术训练是散打整个训练中的核心内容。技术水平的高低决定其运动成绩的优劣。良好的身体素质是掌握和提高散打技术的基础，而只有掌握了技术才能充分地发挥身体训练水平，两者互为条件。散打基础训练是指击打、摔、攻、防动作的训练，其目的是使运动员熟练地掌握这些动作并能在实战中灵活自如地应用。以下为技术训练的方法。

1. 原地练习

采用原地练习法，重点要体会要领，不断揣摩动作的线路顺序、力点和身体姿势。练习时要自然放松，不要求快速过度用力，复杂动作可分解练习，由慢到快，逐渐掌握动作的正确方法，不断提高动作质量。

2. 综合步法练习

经过原地练习，基本上掌握动作规范。随后要根据实战的需要结合相应的步法练习，加大攻击距离，增强防守机动性，使技术与实战紧密联系，并使技术动作逐步达到协调、准确，为攻守对抗情况下利用技术打好基础。

3. 假设性练习

通过假想对方的攻防动作或所处状态进行相应的进攻或防守反击。做假想性对打练习，要求有身临其境面对敌打的实战状态，可提高反应能力、动作速度，培养战斗意志，掌握各种战斗的具体打法。

4. 打固定靶练习

打固定靶练习是一种利用胸靶、打脚靶、沙包等辅助性器材作为击打目标的练习，是改进技术动作和提高动作速度、力量的重要手段。要求动作准确、快速，用力充分，朝目标打击。

5. 打活动靶练习

打活动靶练习是指由教练或同伴持小靶不断变换角度、位置和方向，要求练习者反应迅速、灵活，运用多种技术进行击打的一种练习方法。

通过练习可以有效地提高练习者进攻和防守反击的动作质量，提高攻击速度、准确性、距离感以及反应能力、应变能力，建立稳定的条件反射，使动作逐渐达到自动化。

6. 有条件的攻防练习

有条件的攻防练习针对性强，能有效地训练和提高练习者的某些能力和运用某些方法的能力。

7. 任意攻防

如规定力度、速度或与大级别运动员进行比赛，用于提高技法的实战能力，培养在困难条件下的技术运用能力以及敢斗敢拼的良好品质，有效提高练习者的技术水平以及体能，磨炼斗志。这一练习是总结积累实战经验的有效措施。

第五节　散打运动基本规则

一、裁判人员的组成

（一）执行裁判人员的组成

（1）总裁判长1人，副总裁判长1～2人。

（2）裁判长、副裁判长、台上裁判员、记录员、计时员各1人，边裁判员5人。

（3）编排记录长1人。

（4）检录长1人。

（二）辅助裁判人员的组成

（1）编排记录员2～3人。

（2）检录员4～5人。

（3）医务人员3～5人。

（4）宣告员1～2人。

二、比赛场地与服装护具

（一）比赛场地

比赛在高0.6米、长8米、宽8米的木质结构的台上进行。台面上铺有软垫，软垫上有帆布盖单，台面中心画有直径1米的阴阳鱼图。台面边缘有0.05米宽的红色边线；台面四边向0.9米处画有0.1米宽的黄色警戒线。台下四周铺有高20～40厘米、宽200厘米的保护软垫。

（二）服装护具

运动员必须穿戴大会指定的护头、护齿、护胸、护裆、护腿、拳套等。

（1）护头。以软皮革、海绵等材料制成。有保护头部不受损伤和减轻震荡的作用。

（2）护齿。由乳胶或可塑性塑料制成。比赛或练习时含入口中，用上下牙齿咬住，使牙齿不摩擦或不被击伤。

（3）护胸。以软皮革、人造革、海绵和帆布等材料制成，保护躯干和抗击减震。

（4）护裆。以合金铝、海绵、软皮革、橡皮筋等材料制成。用于防护裆部，一般穿入短裤内。

（5）护腿。以帆布、硬牛皮条、松紧布等材料制成，保护小腿胫骨。

（6）拳套。用柔韧细腻光滑的羊皮制成，内衬垫有弹性的羊毛、鬃毛或兔子毛。比赛时，65公斤级以下级别运动员佩戴的拳套重量为226.8克，70公斤级以上级别运动员佩戴的拳套重量为283.5克。整套护具的颜色必须相同，一般为红、黑两色，以利于裁判员识别队员。

三、竞赛性质和办法

竞赛一般分为团体比赛和个人比赛，比赛采用循环赛、单败淘汰赛、双败淘汰赛的赛制，每场比赛3局2胜制，每局净打3分钟，局间休息1分钟。

四、竞赛体重等级

（1）48公斤级：运动员体重≤48公斤。

（2）52公斤级：48公斤＜运动员体重≤52公斤。

（3）56公斤级：52公斤＜运动员体重≤56公斤。

（4）60公斤级：56公斤＜运动员体重≤60公斤。

（5）65公斤级：60公斤＜运动员体重≤65公斤。

（6）70公斤级：65公斤＜运动员体重≤70公斤。

（7）75公斤级：70公斤＜运动员体重≤75公斤。

（8）80公斤级：75公斤＜运动员体重≤80公斤。

（9）85公斤级：80公斤＜运动员体重≤85公斤。

（10）90公斤级：85公斤＜运动员体重≤90公斤。

（11）90公斤级以上级：运动员体重>90公斤。

五、竞赛礼节

（1）介绍运动员时，运动员向观众行抱拳礼。

（2）每场比赛开始前，运动员相互行抱拳礼。

（3）宣布结果时，运动员交换站位，宣布结果后，运动员先相互行抱拳礼，再同时向台上裁判员行抱拳礼，裁判员回礼；然后向对方教练员行抱拳礼，教练员回礼。

六、竞赛规则

（一）禁击部位和动作

（1）禁击部位：后脑、颈部、裆部。

（2）禁用动作：用头、肘、膝和反关节的动作进攻对方，用迫使对方头部先着地的摔法或有意砸压对方，用腿攻击倒地方的头部，用拳连击对方头部。

（二）可击部位和动作

（1）可击部位：头部、躯干、大腿、小腿。

（2）可用动作：除禁用动作外的武术各流派的攻防招法。

（三）得分标准

1. 得3分

（1）在一局比赛中，一方第一次下台，对方得3分。

（2）用转身摆腿击中对方躯干部位而自己站立者。

（3）用主动倒地的动作致使对方倒地，而自己即刻站立者。

（4）使用勾踢将对方踢倒而自己站立者。

2. 得2分

（1）一方倒地，站立者得2分。

（2）用腿法击中对方躯干者。

（3）被强制读秒一次，对方得2分。

（4）受警告一次，对方得2分。

3. 得1分

（1）用手击中对方得分部位者。

（2）用腿击中对方和下肢者（脚除外）。

（3）运动员消极8秒，被指定进攻后8秒内仍不进攻，对方得1分。

（4）主动倒地超过3秒不起立，对方得1分。

（5）使用方法双方先后倒地，后倒地者得1分。

4. 不得分

（1）方法不清楚，效果不明显。

（2）双方倒地或下台。

（3）双方互打互踢。

（4）用方法主动倒地，对方不得分。

（5）抱缠时击中对方。

（四）犯规

1. 技术犯规

（1）消极搂抱对方。

（2）处于不利状况时举手要求暂停。

（3）比赛中，场外进行指导。

（4）比赛中，对裁判员有不礼貌行为或不服从裁判。

（5）比赛中，大声叫喊。

（6）有意拖延比赛时间。

（7）上场不戴或吐落护齿，有意松脱护具。

（8）运动员不遵守礼节。

2. 侵人犯规

（1）在口令开始前或喊停后进攻对方。

（2）击中对方禁击部位。

（3）用不允许的方法击中对方。

七、胜负评定

（1）优势胜利。

① 在一场比赛中，3次有效使用3分动作者为胜方。

② 在比赛中，双方实力悬殊，台上裁判员征得裁判长的同意，判技术强者为该场胜方。

③ 被重击（侵人犯规除外）倒地不起达10秒，或虽能站立但知觉失常，判对方为胜方。

④ 一场比赛中，被重击强制读秒（侵人犯规除外）达3次，判对方胜。

⑤ 比赛中，运动员出现伤病，经医生诊断不能继续比赛者，判对方为该场胜方。

（2）每局比赛结束，依据裁判员评判结果，得分高者为该局胜方。

（3）一局比赛中，一方受重击被强制读秒2次，对方为胜。

（4）一局比赛中，一方2次下台，另一方为该局胜方；两次有效使用3分动作者为该局胜方。

思考题

1. 简述散打运动的主要特点。
2. 简述直线型拳法和弧线形拳法的区别。
3. 简述散打运动中组合技术的运用原则。
4. 简述散打运动的级别划分。

第十章　散打运动微课视频

正、反实战势　冲拳　贯拳　平抄拳

上抄拳　转身鞭拳　平抄拳及转身鞭拳　横踢腿

踹腿　弹腿　蹬腿　转身后扫腿

跨步　垫步　进、退步

第十一章 游泳运动

学习目标:

1. 了解游泳运动的起源和发展。

2. 掌握游泳运动的基本技术和训练方法。

3. 掌握游泳运动的竞赛规则。

章前导言:

游泳运动是全世界广泛开展和普及的运动项目，是奥运会的主要项目之一。本章内容主要介绍游泳运动的起源和发展，游泳的基本技术，相应的训练原则和方法，游泳运动的基本竞赛，以及溺水救护。使读者对游泳运动有更加全面的认识，激发学习兴趣和热情，扩大游泳运动的影响力。

第一节 游泳运动概述

一、游泳运动的起源

人类的游泳活动源远流长。从地球上出现最早的人类开始，人们就在布满江、河、湖、海的地球上生活。为了生存，人们依山打猎、傍水捕鱼。为了捕捉水中的鱼虾和采捞可供食用的动植物，人们需要与水打交道；为了追猎动物和躲避猛兽的侵袭，经常需要跋山涉水，也不可避免地要与水打交道；当洪水泛滥时，更是要与水进行搏斗。人们就是在与大自然做斗争的过程中，逐渐学会了游泳，并使游泳活动得到发展。最初，人们只是模仿水栖动物姿势与动作，在水中移动，久而久之便积累了在水中控制身体的能力，学会了漂浮、游动和潜水，产生了各种游泳姿势。

据史料记载，在5 000多年前的中国古代陶器上，可以看到雕刻着人类潜入水中猎取水鸟以及类似爬泳的图案。在4 000多年前，就有夏禹治水的功绩。相传当时人们在与洪水搏斗中，已发明不少泅水方法。约在2 500年前，我国第一部诗歌集《诗经》就有关于游泳活动的记载。《诗经 · 邶风 · 谷风》“就其深矣，方之舟之；就其浅矣，泳之游之”的诗句，说明那时人们就懂得游泳，能利用游泳技术来克服江河的天然屏障。春秋战国时期，人们经常游泳猎取水中动物，庄子所著《庄子·秋水》云：“夫水行不避蛟龙者，渔夫之勇也。”可见当时渔夫已掌握了较高的游泳技能。随着生产力的发展、阶级的产生和阶级矛盾的激化，出现了战争。这时，游泳由单纯的生活技能又逐步成为一种军事技能。《管子》《孙子》等古兵书，都把游泳列入军事训练的主要项目。从古代绘画雕塑艺术中，也可以看到不少反映游泳的场景。游泳活动能得以不断发展，除生产劳动和军事上的原因外，游泳本身的娱乐功能也是重要的原因。人们从沐浴开始，继而在水中嬉戏，逐渐形成各种水中娱乐活动。

二、现代奥运会游泳项目发展概况

1888年，法国教育家皮埃尔·德·顾拜旦提出了恢复奥林匹克运动会的建议后，得到了很多人和许多国家的支持。1894年6月在法国巴黎召开了国际体育会议，决定1896年在希腊举行第一届奥林匹克运动会并成立奥林匹克委员会，决定每4年举行一次奥林匹克运动会。在举行第一届现代奥林匹克运动会时，就把游泳列为竞赛项目之一。当时只有男子100米、500米、1 200米自由泳三个比赛项目。第二届增设仰泳、障碍泳和潜泳比赛。第三届时比赛的姿势仍然是自由泳和仰泳，取消了障碍泳和潜泳，比赛距离以“码”为单位。1908年，在英国伦敦举办第四届奥运会时，成立了国际业余游泳联合会（简称国际游联），审定了各项游泳世界纪录，并制定了国际游泳比赛规则。规定比赛距离单位统一用“米”。比赛项目，自由泳设100米、400米、1 500米和4×200米接力，仰泳设100米，增设蛙泳项目（200米）。1912年，在瑞典斯德哥尔摩举行了第五届奥运会，开始把女子游泳列入比赛项目，设女子100米自由泳和4×100米自由泳接力。在1952年第十五届奥运会，国际游联决定以后增设蝶泳项目，把蛙泳和蝶泳分为两个项目比赛。从此，竞技游泳发展成四种泳式。此后，运动员为寻求快速度，蛙泳技术逐渐演变为潜水蛙泳，成绩提高很快。在第十六届奥运会，国际游联决定以后蛙泳比赛禁止采用潜水蛙泳技术。随着技术的发展，游泳规则多次进行修改，比赛项目逐渐增加。至1996年第二十六届和2000年第二十七届奥运会，游泳比赛项目达到32项，游泳成为奥运会比赛金牌数仅次于田径的大项。

第二节　游泳运动基本技术

一、爬泳

爬泳，俗称“自由泳”。它是四种竞技游泳姿势中速度最快的一种，按规则要求，在自由泳比赛中，可采用任何一种姿势游进。但由于游爬泳时，身体俯卧在水中，身体几乎与水面平行，有较好的流线型，两腿不停地做上下打水，两臂依次轮流向后划水，因此推进力均匀，动作结构简单，划水效果好，动作配合协调，既省力又能发挥最大的速度（图11-2-1）。所以在自由泳比赛中，人们都采用爬泳技术。

在游泳竞赛中，自由泳比赛项目最多（共14项，占43%），衡量一个国家的游泳水平，往往以该国自由泳水平高低为标准。

在游泳教学和训练中，爬泳是基础项目，是四种竞技游泳的技术基础，学会了爬泳对掌握仰泳、蛙泳、蝶泳都是有利的。因此普及和提高爬泳技术有很重要意义。

现代爬泳技术的特点是：运动员身体姿势高平，采用高肘、屈臂、曲线、加速划水和晚呼吸配合技术。

（一）身体姿势

在游爬泳时，身体应伸直成流线型，几乎水平地俯卧在水面。稍收腹，脸部和前额浸入水中，臀部接近于水面，身体纵轴与水面构成3°～5°角，头与身体的纵轴成20°～30°角，眼睛视线应看向斜前方（图11-2-1），身体可围绕纵轴有节奏地转动，这种转动一般在35°～45°角（图11-2-2）。

图11-2-1　爬泳的身体姿势

游进时的身体转动是由于划臂，转头吸气形成的自然动作，其优点是：便于手臂出水和空中向前移臂；缩短移臂的转动半径，有利于臂的抱水；划水和维持身体平衡，有利于转头吸气。身体转动的大小取决于运动员的技术，个人特点和游泳速度，转动幅度为两肩横轴与水平面构成35°～45°角。

图 11-2-2　爬泳的身体转动

（二）腿部动作

爬泳腿的动作，主要是起维持身体平衡的作用，使下肢抬高，身体保持流线形，以及协调两臂有力的划水动作，并能起一定的推进作用。

爬泳打水的技术要领是：两腿自然伸直，两脚稍向内扣以增大打水面积，踝关节放松，髋关节先发力，以大腿带动小腿做鞭状上下交替打水，打腿幅度以两脚跟的垂直距离30～40厘米为宜，脚不要打出水面，但可溅起一点浪花，打水效果取决于腿部鞭状发力和踝关节的灵活性。

向下打水时，大腿发力开始向下，由于惯性作用，此时小腿和脚仍继续向上移动，膝关节弯曲成160°角。

这时大腿还继续带动小腿，使小腿和脚背向后下方打水，产生两种力量，一是水平分力推动身体向前进，一是上升力，使身体上浮，当大腿开始向上打水时，小腿继续向下，直到伸直膝关节，这两种力继续作用。开始做向上打水的动作，这时大腿带动小腿向上移，髋关节逐渐展开，腿自然伸直，脚跟接近水面完成向上打水，由于腿受到水的反作用力，也产生一部分推动身体前进的力，但也有一个下沉力，所以向上打水时，用较小的力来完成，而向下打水时要用较大的力和较快的速度来完成，以便产生较大的推进力和上浮力。

腿从上向下完成打水动作的过程称之为“下鞭动作”。从上向下打水时，踝关节的灵活性对前进的作用很大，由于踝关节灵活性差，打水只产生向上的分力，而无向前的推进力。

爬泳的两腿配合是随着运动员的个人特点，臂腿配合技术，两臂划水效果和游泳距离的长短而有所不同。

（三）臂的技术

游爬泳时，划臂是推动身体前进的主要力量，臂的技术是由入水、抱水、划水、出水、空中移臂五个部分组成：

（1）入水：臂入水时，肘关节略屈并高于手，手指自然甩直并拢，手指向斜下方切并入水或掌心稍向外侧切入水中，动作要自然放松。

臂的入水点应在肩的延长线上或在身体中线和肩延长线中间。当身体转动时，正好臂屈到身体下面，使划水更加有力，臂入水的顺序是手—前臂—上臂。

（2）抱水：臂入水后，积极插向前下方，并逐渐开始屈腕、屈肘对水，肘关节通过肩关节的内转而稍向外转，保持高肘。到划水开始，手臂与水平面成40° 角时，手和前臂已经接近垂直对水，肘关节屈至150° 角左右，整个手臂像抱一个大圆球一样，使肩带肌群充分拉开，给划水创造有利条件。

（3）划水：划水是指手臂与水平面成40° 角起，向后划至与水面成15° ～20° 角止的这一动作过程，是获得推进力的主要阶段。这阶段又分两部分，从整个臂部划至肩下方与水平面垂直之前称“拉水”，过垂直面后称为“推水”。

拉水是直臂到屈臂的过程，抱水结束时，屈肘为150° 左右，拉水时前臂的速度快于上臂，继续屈肘，当臂划至肩下方时，手在体下靠近身体中线，屈肘为90° ～120° 角、整个拉水应保持高肘姿势，使手和前臂能更好地向后划水。

从拉水到推水，应是连贯地加速完成，中间没有停顿，特别是经过肩下垂直线时，不要失掉手对水的支撑感觉，要使上臂与前臂同时向后划动，同时肩部后移，以加长有效的划水路线。

向后推水是通过屈臂到伸臂来完成的。为了使前臂、手掌能以最大的面积对水，在推水中肘关节要向上，向体侧靠近。

在推水过程中，为了使手掌始终与水平面保持垂直，推水时要逐渐放松腕关节，使手伸展开，与前臂构成一个200° ～220° 角。

整个划水动作，手的轨迹是向下、向后、向上，划水路线呈“S”形。

（4）出水：在划水结束后，臂由于惯性的作用而很快地靠近水面，运动员立即借助三角肌的收缩将臂提出水面。出水时，肩部和上臂几乎同时出水，但肩部稍微早一些，掌心朝后上方。手臂出水动作必须迅速而不停顿，同时动作应柔和，前臂和手掌应尽量放松。

（5）空中移臂：臂在空中前移的动作是手臂出水的继续，不能停顿，移臂时动作应放松自如，尽量不破坏身体的流线型，要和另一臂的划水动作协调一致。

在手臂提出水面前移的前半部分，前臂和手的动作较慢，落水后前移肘关节，移臂完成一半时，肘部继续弯曲。

屈肘程度取决于运动员肩关节灵活性和身体绕纵轴转动的程度。

臂移至肩部时，手和前臂赶上肘部，并逐渐向前伸出，掌心也从后上方转向前下方。接着做入水准备动作，在整个移臂过程中，肘部应始终保持比肩部高的位置。在爬泳划臂的整个周期中，动作是不停顿的，划水动作内部循环是有节奏的。随着阶段的不同，各部分所用的力量也不同，动作速度也应有所区别。

（四）两臂的配合技术

爬泳时两臂的正确配合是前进速度均匀性的最重要条件之一，划水时，依照两臂所处的位置不同，可以分为三种交叉形式：即前交叉、中交叉、后交叉。

（1）前交叉配合：一臂入水时，另一臂处于肩前方，与水平面构成30°左右的角。

（2）中交叉配合：当一臂入水时，另一臂处于肩下垂直部位，与水平面构成90°左右的角。

（3）后交叉配合：当一臂入水时，另一臂划水至腹部下方，与水平面构成150°左右的角。

以上三种配合形式都有其各自的特点，对初学者来说，可以采用第一种形式以便掌握爬泳动作和呼吸动作。采用第二种和第三种形式，有利于发挥两臂力量和提高动作频率，加快速度，保持连续的推进力。

（五）呼吸与臂的配合

在游爬泳时，呼吸动作应有节奏地进行，一般是在两臂各划一次后做一次呼吸。以右臂动作为例，右手入水后，口鼻开始逐渐呼气，在水中呼气的结束部分，呼气速度加快。同时逐渐向右转头，右臂划水结束提肘出水，嘴出水时，把剩余的气快速呼出，这样能把嘴唇边的水吹开，以便立即吸气，右臂出水前移至肩前时吸气结束，然后闭气并将头转正，右臂随之前移入水。

（六）腿、臂和呼吸完整动作的配合

完整的配合技术，是运动员匀速地、不间断地向前游进的保证。目前爬泳的配合动作中有两腿打水6次，简称6∶2∶1，两臂划水各一次，呼吸一次的配合游法，另一种是两腿各打水2次，两臂划水各一次、呼吸一次，简称4∶2∶1，两腿各打水一次，两臂各划水一次、呼吸一次的配合技术，简称2∶2∶1。另外还有采用不规则打水、交叉打水等多种形式的配合技术。

爬泳的各种配合方法各有优缺点：6次打腿配合技术，能保证配合的稳定性，保持臂腿协调配合和保持身体的平衡，用于短距离项目；4次打腿的配合可以减少腿的负担量，2次打腿配合技术有利于发挥两臂作用，加快臂的动作频率。4次腿和2次腿技术在中长距离项目中多见。

二、仰泳

仰泳也叫背泳，是身体仰卧于水中游进的一种姿势，仰泳包括“蛙泳仰泳”和“爬式仰泳”。

19世纪初，就出现了仰泳的最初模式，由于仰泳呼吸方便，游起来省力、耐久，又能拖运，长游中还可以用这种姿势来适当休息，是人们喜欢的一种姿势，具有较大的实用价值。

仰泳的规则要求是：在出发入水、转身后和整个游程中，身体必须保持正常的仰卧姿势。

现代仰泳具有垂直移臂、快频率、入水点远、划水较深、较早、较长、踢水较深和打腿幅度大的特点。

（一）身体姿势

仰泳时身体平直地仰卧于水中，头和肩略高于臀，身体纵轴与水平面构成一个不大的仰角，整个身体处于较高的位置（图11-2-3）。

图 11-2-3　仰泳身体姿势

（1）头部姿势：头在仰泳技术中起着舵的作用，并可控制身体左右转动。头要自然地仰在水面。后脑浸在水中，颈部肌肉放松，水位于耳际附近，两眼看后上方。

（2）腰腹动作：为了保持良好的流线型姿势，游仰泳时，臂部及腰部肌肉要保持适度的紧张，下肋上提，不要含胸。

（3）身体的转动动作，游仰泳时，运动员的身体要不断围绕身体纵轴转动，当一臂划水至一半，另一臂在空中移臂时，身体转动的角度为45°左右。身体转动的目的：一是有利臂出水和做空中移臂动作，二是加强臂的划水力量，三是保持一定划水深度。

仰泳两肩转动一般小于45°角，肩关节灵活性差的大于45°角。

总之，身体姿势的好坏，跟腿部动作效果和配合动作有直接影响，而腰腹肌肉的强弱，对保持身体的姿势和位置以及协调腿臂动作均起重要作用。

（二）腿部动作

仰泳腿部动作的作用是保持身体处于较高的水平姿势，控制身体的摇摆，保持平衡，产生一定的推进力。因此，它能起到平衡、稳定和推进作用。

仰泳腿部动作同爬泳腿部动作相似，不同之处即膝关节弯曲角度比爬泳稍大，约为135°角，打腿的幅度约为45厘米。

仰泳腿部动作通常为“上踢下压”，即“屈膝上踢，直腿下压”。踢腿动作是以大腿带动小腿，小腿带动脚，以“鞭状”踢水的形式来完成。所以，通常把腿部动作称之为上鞭和下鞭动作。

当大腿开始向上移动时，小腿由于惯性作用继续向下，小腿向下移动结束时，大腿与小腿构成130°～140°角，两脚相距40～45厘米。由于股四头肌的紧张收缩，大腿带动小腿向后上方踢水（图11-2-4）。

图11-2-4　大小腿角度

踢水时脚背稍向内旋能加大踢水的面积，踝关节放松灵活，是仰泳踢水产生前进力的关键。

（三）臂部动作

仰泳臂的动作是产生前进力的主要因素，当前仰泳都采用两臂在体侧交替落臂划水技术。其优点是加长了有效划水路线，使推进力的方向指向前方，划水效果好，调动更多的肌肉群参加工作，增加生理横断面。为便于分析，把划臂的一个周期分为入水、划水、出水和空中移臂五部分。

（1）入水：入水时手臂自然伸直，手掌展平小指领先入水，入水点在身体纵轴的延长线上，为了更好地对准水，手掌与前臂应构成150°～160°角（图11-2-5）。这种入水方式，为伸肩做积极的抱水动作创造条件，以便发挥胸大肌、背阔肌的力量。

（2）抱水：当手臂切入水中后，躯干向入水的同侧方向转动，借助前移速度，直臂向深水处积极抓水，同时做转腕和肩臂内旋动作，并开始屈臂。尽量向前伸肩，使手掌、前臂和上臂处于最有利的向后对水位置，形成有利的划水面。这种动作，通常叫“抱水”，完成抱水动作时，臂和身体纵轴构成的角度约40°，手掌离水面30厘米左右，肘关节自然弯曲。

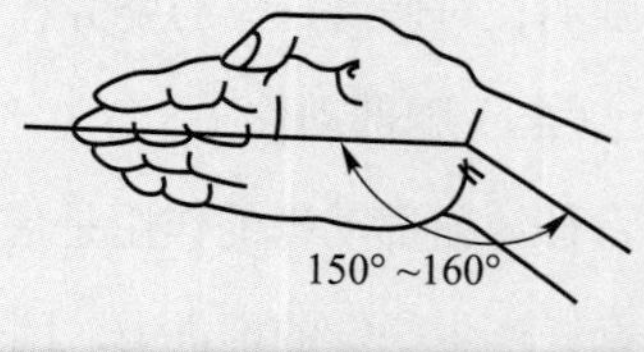

图11-2-5　入水手的动作

（3）划水：仰泳的划水动作是推进身体前进的主要动力，整个动作是由抱水开始，以肩为中心，划至大腿侧下方为止，划水包括拉水和推水两部分。

拉水是在臂前伸抱水的基础上进行的，开始拉水时，前臂内旋，肘关节向下弯曲150°左右，并逐渐下沉至靠近腰部。这样，手掌和前臂对准水加大划水面。在游进时，屈肘角度应逐渐减小，当手掌离水平面15厘米左右，前臂与上臂形成角度为90°～110°，手掌、前臂和肘应同时向后移动（图11-2-6）。

图11-2-6 划水

当手臂划过肩线时，应充分利用拉水的速度和划水面，使手掌、前臂和上臂同时用力向后下方做推压的动作，并利用推水的惯性，使手腕做内旋下压的动作，推水结束时，手掌在臂部下方，离水面40～50厘米（图11-2-7）。划水的整个路线呈“S”形（图11-2-8）。

图11-2-7 仰泳手臂动作

（4）出水：臂出水是指手臂划水结束后迅速提出水面这一动作过程，正确的出水动作是先压水、后提肩，使肩露出水面后，由肩带动上臂，前臂和手依次出水。划水结束时，手掌自然转向下方，并靠拢大腿，用手臂内旋下压的作用力和肩部三角肌收缩力量，使手臂自然地提出水面。

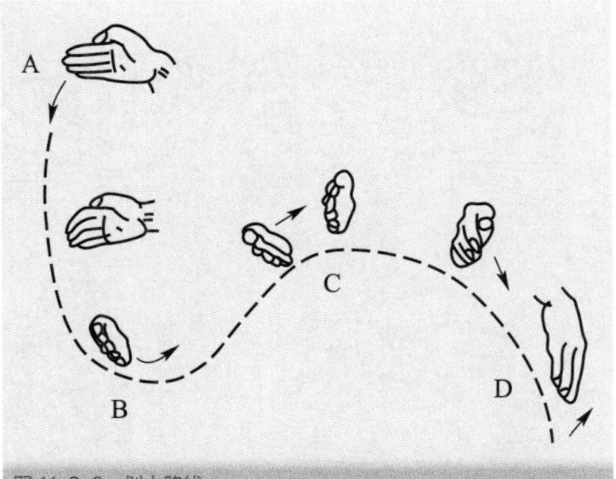

图11-2-8 划水路线

（5）空中移臂：臂出水后，应迅速沿着肩的垂直面向肩前移动。当手臂移过垂直部位后，手掌即开始内旋，使掌心向外翻转为入水动作做好准备。

（6）两臂配合：仰泳两臂的配合采用“连接式”的技术，即当一臂划水结束时，另一臂已入水并开始划水，一臂处于划水的中部，另一臂正处于移臂的一半。

在整个臂的动作过程中，两臂几乎处于完全相反的位置，这样的配合能保证动作的连贯性和速度的均匀性，而且还有助于划水力量的加强。

（四）仰泳呼吸

仰泳的呼吸要有严格的节奏，一般是划臂两次，呼吸一次，吸气时要用口来吸，用口和鼻呼气，应在一臂移臂时吸气，另一臂移臂时呼气。这种呼吸方法可防止呼吸频率过快，并可保证充分的吸气和呼气。

（五）臂腿配合技术

现代仰泳技术中采用6∶2∶1的配合形式，即6次打腿，2次划臂，1次呼吸。这种配合技术能有效地发挥臂和腿的作用，使身体保持平衡和处于较高的位置，也有少数运动员采用4次打腿2次划臂和1次呼吸的配合技术。

三、蛙泳

蛙泳是模仿青蛙游泳动作的一种姿势，早在公元前4000—公元前2000年，在中国、古罗马、埃及就有类似最古老的蛙泳姿势。

蛙泳的规则要求：身体呈俯卧姿势。两肩须与水面平行，两腿要同时在同一水平面上弯曲，向外翻脚及做蹬腿动作。两手应在水面下收回，并需从胸前伸出，在整个游程中，不得做潜泳动作。

现代蛙泳的技术特点是：肩部高拉高起，蹬腿时借助冲力上身呈“冲潜式”，全身伸直滑行（图11-2-9）。

图11-2-9　蛙泳

（一）身体姿势

蛙泳在游进中，身体必须保持较好的流线型姿势，充分发挥手臂和腿的推进作用。

身体水平地俯卧水中，稍抬头，头部置两臂间，掌心朝下，两眼俯视前下方，这时身体纵轴与水平面成5°～10°角。当吸气时，下颌露出水面，肩部升起，这时身体与水平面的角度较大，约15°角。

（二）腿部动作

蛙泳腿部动作是推动身体前进的主要动力。腿部动作由收腿、翻脚、蹬腿、滑行四个阶段组成。

（1）收腿：开始收腿时，两腿随着吸气动作自然向下，两膝自然逐渐分开，小腿向前回收，脚踵向臀部靠拢，边收边分。收腿时，力量要小，放松，自然，两脚和小腿回收时要收在大腿的投影截面内，以减小回收时的阻力。收腿结束后，大腿和躯干成110°～140°角，两膝内侧与髋关节同宽（图11-2-10）。

（2）翻脚：收腿结束时，脚仍向臀部靠，这时膝关节稍向里扣，同时两膝向外侧翻开，这样能使脚和小腿内侧对着蹬水方向，并加大了对水面积，为大腿发挥更大力量做好积极准备。

（3）蹬腿：蹬水动作实际包含有夹水动作，由于蹬水较窄，在两腿并拢时，腿有向下压的动作，这种动作可以使身体升起，有利于向前滑行。

蹬水动作效果的好坏，取决于下列三个因素：

① 腿部关节移动路线和方向：当向后蹬水时，蹬水方向尽量造成使人体产生向前的作用力（图11-2-11）。

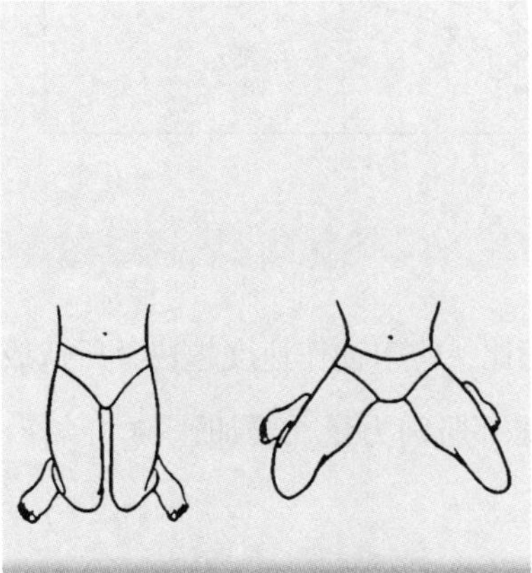

图11-2-10 收腿

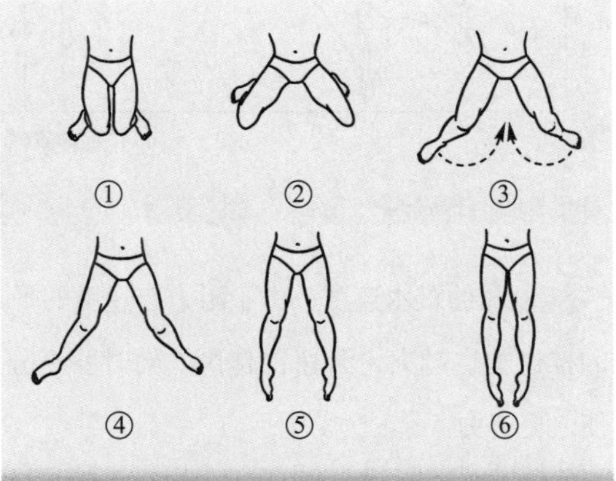

图11-2-11 腿部关节路线

蹬腿时应以大腿发力，先伸髋关节，其次是伸膝，伸裸关节，使蹬水的方向尽量向后（图11-2-12）。

② 蹬水时对水面积的大小：蹬水面积大，能造成较大的推进力。脚掌外翻，以及小腿尽量处于垂直部位，是增大蹬水面积的重要条件。

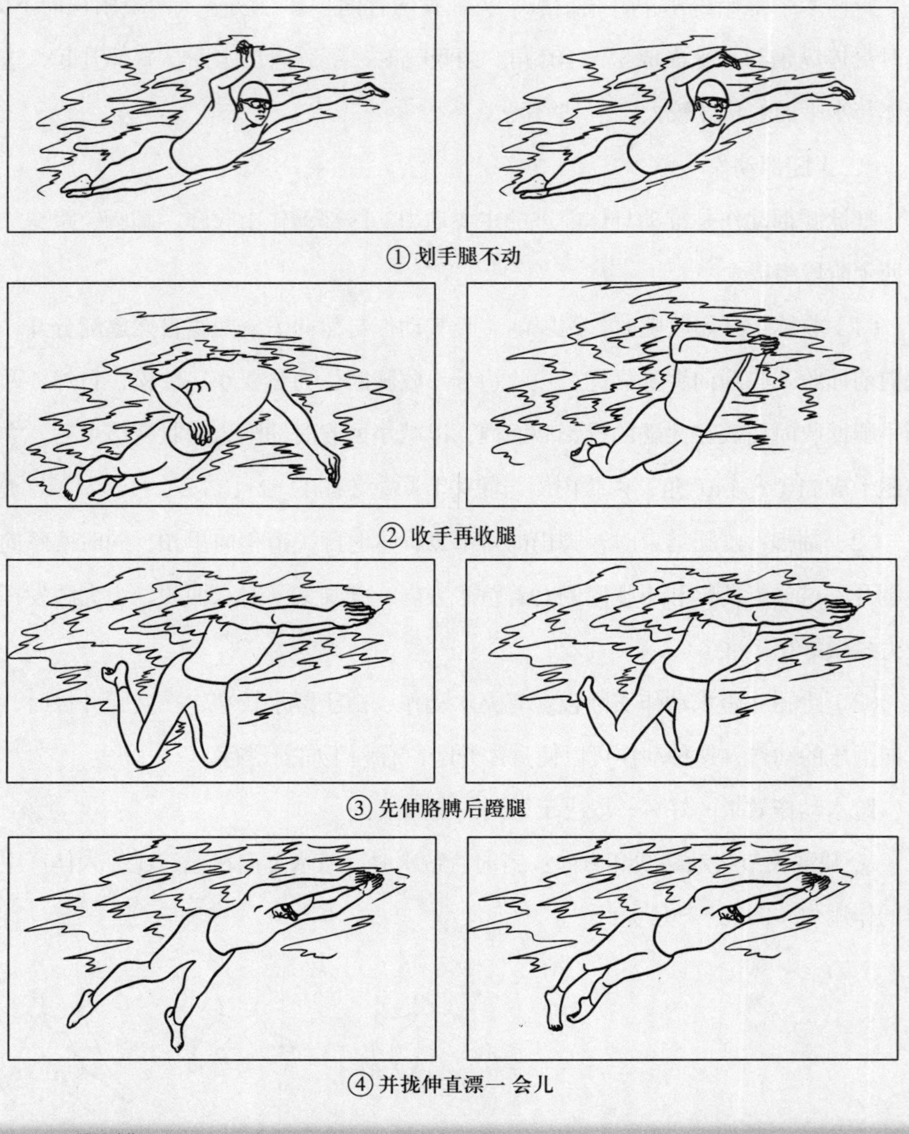

图 11-2-12　蹬腿动作

③ 腿的蹬水速度：由于阻力与速度的平方成正比，蹬水动作速度越快，所造成的推进力也越大，游速也越快。同时要充分发挥腿部肌肉力量，要加速鞭水动作，使之更有力。

（4）滑行：蹬腿结束后，腿处于略低的部位，脚距离水面30～40厘米。这时人体应随着蹬水效果向前滑行，使腿保持较高的位置，减小阻力。

（三）臂部动作

现代蛙泳技术，强调充分发挥手臂划水的作用。因此，掌握合理的手臂划水技术，是提高运动成绩的重要条件。臂部动作由开始姿势、滑下、划水、收手和向前伸臂五个阶段紧密相连的动作组成。

（1）开始姿势：两臂自然向前伸直，两臂与水平面平行，掌心向下，手指自然并拢，使身体成一直线，形成较好的流线型。

（2）抓水：从开始姿势起，手臂先前伸，并使重心向前，前臂和上臂立即内旋，掌心向外斜下方并稍勾手腕，两手分开向侧斜方压水，当手掌向前臂感到有压力，就开始划水。抓水一方面能给划水创造有利条件，另一方面还能发挥身体上浮和前进的作用。

（3）划水：划水是产生牵引力最有效的阶段，在紧接抓水动作后，加速向后划水，整个划水过程保持肘部较高的位置，蛙泳划水主要是凭借拉的力量。

蛙泳划水方向是侧下—后—内，划水路线是椭圆曲线（图11-2-13）。

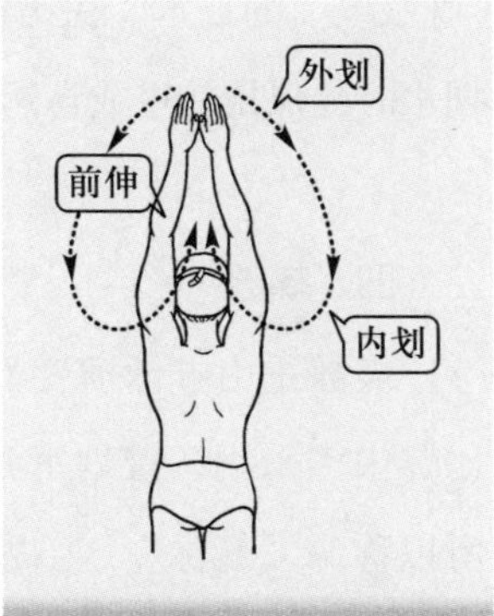

图11-2-13 划水

划水时肘部保持较高的部位，这样做是为了臂能在最有效的角度内向后划水，因此蛙泳的划臂在任何部位都要求肘比手高。

划水中，前臂和上臂屈的角度是不断变化的。一般优秀运动员划水主要阶段，肘关节都屈成接近90°角。因为这个角度能发挥最大的力量，同时能很好地利用胸大肌、背阔肌大肌肉群的力量。手臂划至两臂夹角约120°角时，即应连续过渡到向里做收手动作，划水和收手时，手走的路线应在肩的前下方。

当前，划水技术的特点是：划水路线较宽、屈臂、高肘、手较深。

（4）收手：收手是划水阶段的继续，收手过程也能产生较大的推进力和上升力。动作是由内向上收缩到头的前下方，继而成两手掌向上，最后掌心向下并拢前伸，收手动作应当有利于做快速前伸手动作。在整个收手动作过程中，手的动作应积极地、快速地、圆滑地来完成，收手结束时，肘关节低于手，大小臂成锐角。

（5）伸臂：伸臂动作时由伸直肘关节、肩关节来完成，掌心由朝上逐渐向下方。同时，向前伸出。

现代蛙泳臂的技术特点是：快速的伸臂动作，紧密配合腿的动作。因此，在伸臂的同时，肩要向前伸，不能有停顿的现象。

蛙泳臂划水动作是一个完整的动作，划水轨迹是向侧—下—后—内—前，划水力量是由小到大，划水速度是由慢到快。目前强调高肘划水，在划水过程的前部分，注意以肘关节为支点，发挥前臂屈肌的作用；在划水最有效部分，应注意以肩关节为支点；动作方向是两臂向后拉，并内收。要发挥肩带肌肉的作用，配合紧张有力的蹬水，使动作连贯而不间断地产生向前的牵引力。

（四）臂与呼吸和臂腿、呼吸完整配合

蛙泳的呼吸是和手臂划水动作紧密配合的，它是用口吸气，用口或鼻呼气。在当前蛙泳呼吸技术中，有早吸气和晚吸气两种类型：早吸气是指两臂划水开始时，头和口露出水面，这时运动员将气最后吐完，并迅速做深吸气动作。继而随伸臂低头闭气，当两臂开始滑下时逐渐呼气。晚吸气是指随着臂的有力划水动作，头和肩上升时吸气。

对初学者来说，一般采用“早吸气”技术较为有利，优秀运动员则适合采用“晚吸气”的技术。在比赛中，一般都是一个动作周期呼吸一次。臂腿配合技术是臂划水时腿保持放松或自然伸直姿势。臂内划时同时收腿，臂将伸直时开始蹬夹腿。

四、蝶泳

蝶泳是由蛙泳演变而来的。当蛙泳发展到第二阶段（1937—1952年），人们在比赛中多采用两臂划水到大腿后提出水面，再从空中前移的技术，外形很像蝴蝶，所以称为“蝶泳”。为提高游进的速度的稳定性，有人模仿海豚的波浪击水动作，从而大大提高了游进的速度，因此又把蝶泳称为“海豚泳”。

蝶泳的规则要求是：两者要同时、对称地向后划水和提出水面经空中前摆。身体要完全俯卧，两肩需与水面平行，两腿动作必须同时、对称，并允许垂直上下打水，但要用同一方式游完全程。

现代蝶泳技术特点：以两臂加速划水、身体姿势高平、小波浪、快频率、平移臂、晚呼吸配合技术。

（一）身体姿势

蝶泳没有固定的身体位置，躯干各部分和头不断地改变彼此间的相对位置，由于波浪动作，自然形成上下的起伏（图11-2-14）。

图11-2-14　蝶泳

正确的蝶泳技术是以横轴（腰）为中心，躯干和腿做有节奏的摆动动作，发力点在腰部，以大腿带动小腿，做上下的鞭打水动作。这些动作与头和臂部动作紧密联系在一起，形成蝶泳所特有的波浪动作，这个波浪动作是由下面几个因素形成的。

（1）由于腿向下打水，水对腿的反作用力使臀部上升到水面（图11-2-15）。

（2）由于两臂抱水，进入划水前部时，使头和肩抬高，下肢上浮（图11-2-16）。

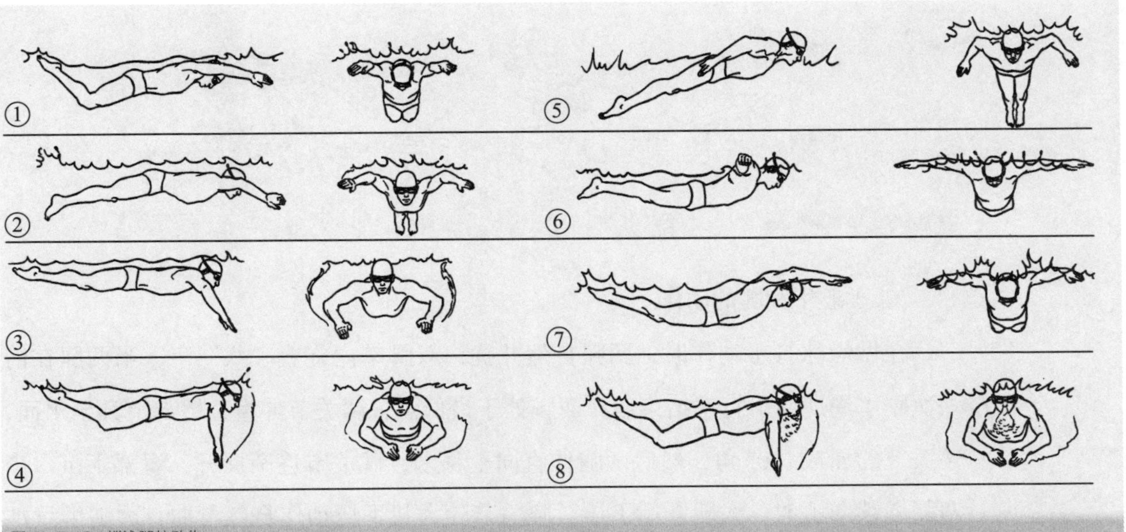

图11-2-15　蝶泳腿的动作

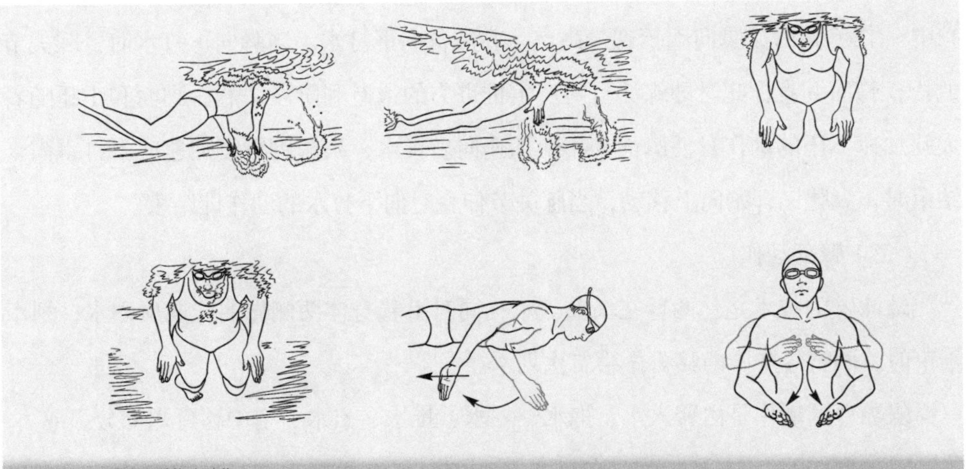

图11-2-16　蝶泳两臂抱水动作

（3）由于空中向前移臂，使头和肩下沉（图11-2-17）。

（4）由于移臂、抬头、吸气，使臀部下沉（图11-2-18）。

以上四个因素所形成的身体上下浪状摆动是有节奏和自然的。它有利于身体各部分的协调配合，使身体始终保持较高的位置，形成较好的流线型。同时给两臂划水和打腿创造了有利的条件。

图 11-2-17　蝶泳头和肩动作

图 11-2-18　蝶泳臀部动作

（二）躯干和腿的动作

在做蝶泳打水动作时，两腿自然并拢，双脚掌内旋成“八”字，当两腿在前一次划水周期向下打水结束后，两脚处于最低点，膝关节伸直，臀部上升至水面，髋关节约屈成160° 角，然后两腿伸直向上移动，髋关节逐渐展开，臀部下沉。当两腿继续向上时，大腿开始下压。膝关节随大腿下压动作自然弯曲。大腿继续加速向下，随着屈膝程度增加，脚抬起接近水面，臀部下降到最低点，膝关节屈成110° ～130° 角时，脚向上抬到最高点，并准备向下打水。当脚向下打水时，踝关节放松，脚面绷直，此时即蝶泳打腿产生推进力的最有利阶段，然后脚面和小腿随着大腿加速下压的动作，使脚面和小腿加速向后推水，当两脚继续加速向下打水尚未结束时，大腿又开始向上移动，当膝关节伸直时向下打水的动作即结束。

（三）臂部动作

蝶泳臂的技术是：两臂在头前入水，同时沿着身体两侧做曲线向后划水；划水结束时，两臂经空中前移再做第二次划水。

蝶泳臂的动作是由臂入水、抱水、划水、推水、出水、空中移臂六部分组成。

（1）臂入水：蝶泳入水动作有宽入水和窄入水两种类型。现代蝶泳技术多采用与同肩宽的肩前入水技术，入水点距肩较近，同时手掌斜插入水，手掌与水面成45° 角，优点在于：臂入水后，略向外下侧抓水即可进入抱水和划水阶段，手掌与水平面成一定角度，可以减少手掌带进气体并能迅速划水，有利于加快动作频率和做高肘划水动作。

臂入水时，手掌领先，小臂、大臂依次入水，入水后不宜向前伸和过分做潜水动作，否则会形成大波浪和造成身体上下起伏现象。

（2）抱水和划水：当两臂入水后，手和前臂内旋向侧下方抓水，接着两臂逐渐向内弯曲，高抬肘，使手掌和前臂成主要的对水面，在进入划水阶段时，使肘保持较高的位置，随后即做加速划水动作，在划水的前半部分，上臂内旋动作和逐步加大肘臂动作是同时进行的，当两臂划至肩下方时，小臂与大臂之间的角度成90°～100°角。然后，手掌、前臂、大臂一起继续加速向后推水。在推水过程中，小臂和大臂的角度逐渐加大，划至腹下时，两手距离最近；然后两手呈弧形向外推水结束整个划水动作。两臂的划水路线是两条对称曲线，优秀运动员一般采用的划水路线是，在抓水后手掌和前臂向内划水至头的下方时，两手距离最近，然后加速向后划。这种划水路线好似钥匙洞，故称之为“钥匙洞”形划水路线，这种技术需要强大的臂力。

（3）出水：当两臂划至髋部两侧时，利用推水的惯性迅速提肘出水，在两臂推水尚未结束时肘已开始做向上提的动作，它由动作的后半部分划水产生的加速度，而使两臂做弧形的向外推水动作，并把从划水至推水时产生的动量，移到了提肘出水和空中移臂上。

（4）空中移臂：当推水结束提肘出水后，双臂由空中前移，开始移臂时肘微屈，手掌几乎向上，肘先于手出水，两臂放松、内旋，沿身体两侧成低平抛物线前摆。整个动作在开始时稍用力，利用臂推水的惯性向前提肘出水。移臂时速度要快，否则会造成躯干下沉。

肩关节的灵活性对蝶泳移臂动作起着重要作用。开始移臂时肩关节上提，肩胛骨并拢，然后向前转肩。肩关节灵活性好的运动员可以迅速、轻松地完成此动作。

第三节　游泳安全与救护

游泳是一项很好的体育运动，同时又是风险性较大的运动方式。如果没有足够的安全防范意识，稍有不慎，常常会发生溺水事件。因此，游泳安全必须引起高度重视。

一、游泳安全

（一）游泳安全小常识

（1）最好和伙伴一起去游泳。单身一人去游泳，在出现险情时，很难得到妥善的救助。

（2）身体患病者不要去游泳。中耳炎、心脏病、皮肤病、肝病、肾病、高血压、癫痫、红眼病等慢性疾病患者，及感冒、发热、精神疲倦、身体无力都不要去游泳，否则不但容易加重病情，而且还容易发生抽筋、意外昏迷而危及生命；传染病患者还易把病传染给别人。另外，女同学在月经期间不宜游泳。

（3）参加强体力劳动或剧烈运动后，不能立即跳进水中游泳，尤其是在满身大汗，浑身发热的情况下，不可以立即下水，否则易引起抽筋、感冒等。

（4）被污染的（水质不好）河流、水库、有急流处，两条河流的交汇处以及有落差的河流、湖泊，均不宜游泳。一般来说，凡是水况不明的江河湖泊都不宜游泳。

（5）恶劣天气，如在雷雨、刮风、天气突变等情况下，也不宜游泳。

（二）游泳前要做好准备活动

在游泳前一定要做充足的准备活动。夏季天气炎热，不做准备活动马上入水，水温、体温、气温相差很大，骤然入水，毛孔迅速收缩，会刺激感觉神经，轻则引起肢体抽筋，重则引起反射性心脏停搏而休克，很容易造成溺水死亡。

游泳前，可通过做徒手操、跳跃、慢跑，使身体各器官、系统进入活动状态，充分活动身体各关节、韧带及肌肉可防止受伤。入水前用冷水淋浴一下，以适应水温，然后再下水。入水后不宜马上快速游泳，更不宜马上游入深水区。应在浅水区适应一段时间后，再逐渐加速。

（三）游泳过程中应注意的问题

（1）应该相互关照、相互关心，而不应该相互嬉水或捉弄对方。和同学一起去游泳，如果提前上岸，要告诉同伴，一起去游泳应该一起回家。

（2）到天然游泳场所（如江河、水塘、水库）游泳，应该和家长、亲人或同伴同去。尽可能不要到野外去游泳。

（3）要注意休息，不要长距离游泳，不要远离伙伴。如果感到身体不适，要告诉同伴并上岸休息，在岸上观看同伴游泳，留心他们的安全。

（4）中小学生不游潜泳，更不能相互攀比潜水时间和距离，这样做很容易发生危险。

（四）游泳中的紧急情况及自救

1. 抽筋

抽筋是指肌肉不自主的强直性收缩。水温过低或游泳时间过长，都可能引起抽筋，发生抽筋时最重要的是要保持镇静。

2. 处理办法

（1）如果发现有抽筋现象，应马上停止游泳，立即上岸休息，并对抽筋部位进行按摩。

（2）如果在深水区发生抽筋，且自己无力处理，而周围又无同伴时，应向岸边呼救，千万不要慌张。

（3）在水中解脱抽筋的方法主要是，牵引抽筋部位，使收缩的肌肉伸展和松弛。具体的解脱方法如下：

① 手指抽筋：将手握成拳头，然后用力张开，这样迅速交替做几次，直到解脱为止。

② 一个手掌抽筋：另一手掌猛力压抽筋的手掌，并做振颤动作。

③ 上臂抽筋：握拳，并尽量屈肘，然后用力伸直，反复几次。

④ 小腿或脚趾抽筋：先吸一口气，仰卧在水上，用抽筋肢体对侧的手握住抽筋的脚趾，并用力向身体方向拉；另一只手压在抽筋一侧肢体的膝盖上，帮助伸直，抽筋就可以得到缓解。如一次不行，可连续做几次。

⑤ 大腿抽筋：吸一口气，仰卧水上，抬大腿，并弯曲膝关节，然后用两手抱着小腿用力使它贴在大腿上，并加振颤动作，最后用力、前伸。

⑥ 胃部痉挛：先吸一口气，仰浮水上。迅速弯曲大腿，靠近腹部，用手稍抱膝；随即向前伸直，注意动作不要太猛，要自然。再次强调，不管发生什么样的抽筋，都先向同伴或其他游泳者呼救。

（五）游泳时耳朵进水的处理方法

由于水有一定的张力，进入狭窄的外耳道后会形成屏障而把外耳道分成两段；同时，由于水的重力作用，使水屏障与鼓膜之间产生副压，维持着水屏障两边压力的平衡，使水不易自动流出。有时外耳道内有较大的耵聍阻塞，则水进入耳道后更易包裹于耵聍周围而不易流出。耳内进水后会出现耳闷、听力下降、头昏，十分不舒服。人们往往非常迫切想把水排出来，有人甚至用不干净的夹子、火柴棒、小钥匙等掏耳洞，这样虽然可侥幸将水屏障掏破，使水流出，但也易损伤外耳道甚至鼓膜而导致耳部疾病。

耳内进水后应及时将水排出，最常用的方法是：

（1）单足跳跃法：患耳向下，借用水的重力作用，使水向下从外耳道流出。

（2）活动外耳道法：可连续用手掌压迫耳屏或用手指牵拉耳郭；或反复地做张

口动作，活动颞颌关节，均可使外耳道皮肤不断上下左右活动而破坏水屏障的稳定性，使水从外耳道流出。

（3）外耳道清理法：用干净的细棉签轻轻探入外耳道，一旦接触到水屏障时即可把水吸出。

如果游泳时污水入耳后处理不当，常会引起以下几种耳病：外耳道炎、外耳道疖肿、耵聍阻塞、鼓膜炎、化脓性中耳炎。如果耳内进水后出现以上症状，应暂时停止游泳并去医院检查，对症治疗。

（六）夏天游泳注意事项

夏天游泳注意事项很多，应从以下几个方面来考虑：

（1）饭后、饮酒不宜游泳。

（2）有开放性伤口、皮肤病、眼疾不宜游泳。

（3）感冒、生病、身体不适或虚弱不宜游泳。

（4）雷雨天气不宜游泳。

（5）水温太低、太凉不宜游泳。

（6）游泳时禁止与同伴过分地开玩笑。

（7）不要到野外游泳。

（8）风浪太大、照明不佳不要游泳。

（9）不明水域不要游泳、跳水。

（10）水浅、人多不可跳水。

（11）要在有救生员及合格场所游泳。

（12）下水前先做暖身运动。

（13）下水的装备要带全，一定要带泳镜。

（14）水中切忌慌、乱，如遇抽筋，请保持冷静，改用仰漂。

（15）平日有机会可以参加心肺复苏术训练及水中自救训练，如遇人溺水，可一面大声呼救，一面利用竹竿、树枝、绳索、衣服或漂浮物抢救。

二、救护

游泳救护工作是保障游泳者生命安全的一项重要措施。游泳救护工作的指导思想是：“立足预防，有备无患。”即以防为主、以救为辅、防救结合、有备无患。

（一）发生溺水事故的原因

（1）技术因素：指不会游泳或刚学会游泳但技术掌握不熟练，以致在体力不支、水情变化或受人冲撞等情况下溺水。

（2）生理、病理因素：指患有不宜游泳的疾病（如心脏病）和在饥饿、过饱、过冷、过度疲劳等情况下游泳，从而引起病理性并发症和生理性低血糖、中暑、抽搐症而导致溺水。

（3）环境因素：指对游泳场所的情况不清楚，如在不了解水深、水底和天然游泳场的水流、水草、漩涡等情况下盲目下水而导致溺水。

（4）伤害因素：指违反游泳场所对游泳者的规定，如在浅水区跳水、在深水区嬉闹等。

（5）缺乏知识因素：指对安全和救生知识不了解，最后导致溺水。

（6）心理因素：指怕水、心情紧张，若稍有意外，就惊慌失措而导致溺水。

（7）组织管理因素：指游泳场所的组织管理不当（如体检、救生力量配备、场地管理中的防范措施等不合规定）而导致溺水。

（二）间接救护技术

间接救护是救护者利用救生器材，对较清醒的溺者施救的一种技术。游泳场所一般都应备有救生圈、竹竿、木板、泡沫块、轮胎、绳子及输氧设备等。下面介绍几种常用的救护器材和使用方法

1. 救生圈

最好在救生圈上系好一条绳子，当发现溺者时，可将救生圈掷给溺者。如在江河里，应向溺者的上游掷圈。溺者得到救生圈后，将他拖至岸边。

2. 竹竿

溺者离岸、船较近时，可将竹竿伸给溺者，切勿捅戳。待溺者抓住后将其推至岸或船边。

3. 绳子

在绳索的一头系漂浮物，将绳子盘成圆形，救护者握住绳子的一端，然后将盘起来的绳子掷在溺者的前方，使溺者握住绳子上岸。

4. 木板（包括一切可浮物）

在没有其他救护器材的情况下，木板也可作为救护器材。将木板掷给溺者，亦可扶木板游向溺者，然后将溺者拖带上岸。

（三）直接救护技术

直接救护技术是救护者不借助任何救生器材，徒手对溺者施救的一种技术。未受过专门训练者，不建议其直接救护。

（四）岸上急救

将溺者救上岸以后，首先要观察溺者的症状，然后再决定是否做人工呼吸或心脏按压，同时找救护车。

1. 观察症状

（1）确认意识：握住溺者的手同时大声呼唤，溺者若有意识的话，就会反握救护者的手，或有回应，有时会有眼皮眨动。此法大致可以确认溺者有无意识。如果溺者仍无反应，救护者可用手拧一拧溺者，看溺者是否有疼痛反应。

（2）确认呼吸情况：把脸贴在溺者的口鼻处，感受呼吸的气流。同时观察溺者胸腹部，若有呼吸，腹部的皮肤就有上下起伏。

2. 确认脉搏

一般触摸手腕的动脉，触摸不到此脉时，就触摸颈动脉。通常脉率成年人为60～80次/分，小孩为80～100次/分。当脉搏只有30次/分左右时（无脉或微跳时），应立刻做心脏按压。

3. 人工呼吸（口对口的呼吸）

当溺者被救上岸后，如果心脏还在跳动但无呼吸，应立刻进行人工呼吸。在进行人工呼吸前，先要清除溺者口鼻中的异物，以保证呼吸道的通畅。有活动的假牙应取出，以免落入气管。如溺者牙关紧闭，救护者从他后面，用一手用力压住溺者头部，另一手下搬溺者颌骨，就可搬开溺者的牙关。在迅速做完上述处理后，接着进行控水，将溺者呼吸道中的水排出，以便进行人工呼吸。控水的方法是：救护者一腿跪着，另一腿屈膝，将溺者腹部放在屈膝的大腿上，一手扶着溺者的头，使溺者嘴向下，另一手压其背部，把水排出后，要立即进行人工呼吸。实践证明，口对口吹气的效果比较好，而且简便易行。操作方法是，使溺者仰卧，救护者在他身旁，用一手捏住溺者的鼻子，另一手托着他的下颌，深吸一口气，然后用嘴对紧溺者的嘴将气吹入。吹完一口气后，离开溺者的嘴，同时松开捏鼻子的手，并用手压一下溺者的胸部，帮助他呼气。如此有规律地反复进行，每分钟做14～20次。开始时可稍慢，以后可适当加快。

在抢救已经停止呼吸的溺者时。需要做很长时间，最好有两人以上轮流进行。

4. 心脏按压

当溺者失去知觉时，心脏按压和人工呼吸同时进行很重要。心脏按压法包括：俯卧压背法、仰卧举臂压胸法、侧卧胸外压放心脏法。这里介绍常用的仰卧举臂压胸法和胸外压放心脏法两种。

（1）仰卧举臂压胸法：此法特点是既可做人工呼吸，又能起到压放心脏的作用，因此遇溺者呼吸、心跳均停止时可采取此法。方法是，溺者仰卧，肩下垫毛巾或衣服，头稍后仰，救护者跪于溺者头部上方，握其两手腕。呼气时，救护者上体前倾，将溺者的双臂弯曲，用溺者两前臂压迫其的双肋处，挤出肺内空气。吸气时，将溺者双手提起，向左右两侧做伸展动作，此时胸腔扩展，空气便会进入肺里。这样反复进行。

（2）胸外压放心脏法：此法使用于溺者无心跳或心跳极微弱时。具体方法是，溺者仰卧，救护者跪在溺者身旁，将一手掌置于溺者的胸骨下端，另一手掌覆在其上，两手掌叠在一起，两臂伸直，借助身体的重力，稳健有力地向下垂直加压。压力集中在手掌根部，使溺者胸骨下陷3～4厘米，压缩心脏，然后抬起手腕，使胸廓扩张，心脏舒张。这样有节奏地进行，成人每分钟60～80次，小孩80～100次，直至心脏重新跳动或确已死亡为止。

做人工呼吸和心脏按压，应先在3～4秒内做2次人工呼吸，然后做15次连续的心脏按压，这样反复进行。另外做心脏按压的同时应注意两点：切颈动脉查脉搏、观察瞳孔。当呼吸停止和心脏停止跳动时，瞳孔就会扩大；反之，瞳孔缩小。

思考题

1. 简述经常参加游泳运动的重要意义。
2. 简述游泳运动的基本泳姿。
3. 简述参加游泳运动的注意事项。
4. 如何进行水中救护？

第十一章　游泳运动微课视频

第一次下水

克服恐惧

过障碍

深水区活动

面朝下漂浮

恢复站姿

跳入水中的正确姿势

蛙泳冲臂

蛙泳伸腿

蛙泳划水

蛙泳换气

蛙泳踢腿

蛙泳蹬腿

自由泳换气练习

蝶泳身体动作

第十二章 健美运动

学习目标：

1. 了解健美运动的起源和发展。

2. 掌握人体各部肌肉的基本结构。

3. 掌握各种肌肉的锻炼方法。

章前导言：

健美是形体美的基础。人体有对称的造型、均衡的比例、流畅的线条、坚强的骨骼、匀称的四肢、丰满的躯体、弹性的肌肉、健康的肤色，这是形体美不可缺少的条件。健美还要求具有充沛的精神、愉快的情绪和青春的活力。本章主要介绍健美运动的相关人体构造知识及肌肉锻炼方法，使读者具备自主参与健美运动的能力。

第一节 健美运动概述

一、健美运动起源与发展

早在古希腊时代的人们就用举重物来锻炼身体，并以此获得强壮健美的体型，这些人和其行为被雕塑家“记录”下来并留存到21世纪，这是健美运动的早期萌芽。

十九世纪晚期，德国人尤金·山道在伦敦音乐厅进行了一次轰动社会的表演，首创了通过各种姿态来展示人体美，而且为现代健美运动的发展奠定了基础，所以他被公认为“国际健美运动的创始人”和“世界上第一位健美运动员”。

健美的“黄金时期”一般是指1940年到1970年。在这段时期中，早期审美观开始发生变化，人们追求更加庞大的肌肉群，对肌肉的对称性和轮廓清晰度提出更高要求。

20世纪40年代初，加拿大人本·韦德和乔·韦德兄弟周游90多个国家和地区，宣传推广健美运动，于1946年创建了国际健美联合会，并商定和推行国际性健美比赛的组织、规则、裁判、奖励等事项。

起初健美比赛仅由男性参加，到1965年出现“宇宙小姐”比赛，1980年“奥林匹亚小姐”比赛也被创立。2000年，国际健美联合会成为国际奥委会正式成员。

二、我国健美运动的发展概况

我国现代健美运动起源于20世纪30年代初期，由欧美传入我国。1944年，在上海举办了第一届上海市男子健美比赛，在当时产生了空前的影响，极大地促进了健美运动的传播和发展。

1983年6月，全国第一次健美比赛——第一届“力士杯”健美邀请赛顺利举办，来自全国9个城市的近40名男运动员参赛。1986年11月，我国成立了“中国举重协会健美委员会”。统一领导开展我国的健美运动。1992年9月8日，经原国家体委报请民政部批准，中国健美协会成立（CBBA），总部设在北京。

2006年12月第15届亚运会在卡塔尔首都多哈举行，健美被列为比赛项目，国家对健美运动高度重视，积极备战，最终钱吉成获得男子健美60公斤级冠军，为中国夺得了亚运会首枚健美项目金牌，创造了中国健美在亚运会上的历史。在2012年第四十六届亚洲健身健美锦标赛中，我国共获得8金4银3铜的好成绩，其中女子获得团体总分第1名。可见，我国健美运动的竞技水平正在逐步提高，随着全民健身计划的实施，中国的健美运动也以日新月异的面貌在各地蓬勃开展。

三、健美与健身

健美和健身是两个不同的概念。健身是健美的初级阶段，要求简单，身体健康，身姿端正，动作协调等就可以了，大多数人能够做到。而健美，不仅要达到健身的目的，还需要具有超常的毅力来进行训练，以使身体各肌肉群的肌肉饱满、形状美观，肌肉线条清晰，全身匀称，并且运动员的肩，背，腹，腿等各个肌肉的围度也是审美的参考依据。健美对于腿部力量和肌肉的分离度与质感要求比较严格。而健身往往是一种综合素质的体现，不仅要有发达的肌肉，而且要求整体的线条美。

四、健美种类

1. 职业健美

健美界中“职业”一词一般是指健美运动员在有晋升资格的业余比赛中获胜并

取得IFBB的职业认证。职业运动员有资格参加一些更高级别的比赛，包括“阿诺德经典”健美大赛及“冠军之夜”比赛，并根据这些比赛的名次决定“奥林匹亚先生”的参赛权；“奥林匹亚先生”则是职业健美领域最高头衔。

2. 自然健美

自然健美运动员称他们的方法相比其他形式的健美运动更注重健身和良好的生活方式。

3. 青少年健美

健美运动中还有很多门类专门针对年轻参赛者。很多职业选手都是从青少年时期就开始进行力量训练。

五、训练方法

负重训练是健美运动的重要训练元素，但健美运动不以追求最大力量为目标，负重训练的目的是增加肌肉量及改善线条；另一方面，控制体内脂肪比例也是健美运动的重点。

增肌的13个方法：大重量低次数、多组数、长位移、慢速度、高密度、念动一致、顶峰收缩、持续紧张、组间放松、多练大肌群、训练后进食蛋白质、休息48小时、宁轻勿假。

1. 大重量低次数

健美理论中用RM表示某个负荷量能连续做的最高重复次数。比如，练习者对一个重量只能连续举起5次，则该重量就是5RM。研究表明：6～10RM的负荷重量适用于增大肌肉体积的健美训练。

2. 多组数

必须专门抽出60～90分钟的时间集中锻炼某个部位，每个动作都做8～10组，才能充分刺激肌肉，一直做到肌肉饱和为止，“饱和度”要自我感受，其适度的标准是：酸、胀、发麻、坚实、饱满、扩张，以及肌肉外形上的明显粗壮等。

3. 长位移

不管是划船、卧推、推举、弯举，都要首先把哑铃放得尽量低，以充分拉伸肌肉。这一条与“持续紧张”有时会矛盾，解决方法是快速地通过“锁定”状态。

4. 慢速度

慢慢地举起，再慢慢地放下，对肌肉的刺激更深。特别是，在放下哑铃时，要控制好速度，做退让性练习，能够充分刺激肌肉。

5. 高密度

“密度”指的是两组之间的休息时间，只休息1分钟或更少时间称为高密度。要使肌肉迅速增大，就要少休息，频繁地刺激肌肉。

6. 念动一致

肌肉的工作是受神经支配的，注意力高度集中就能动员更多的肌纤维参加工作。练某一动作时，就应有意识地使意念和动作一致起来。

7. 顶峰收缩

这是使肌肉线条练得十分明显的一项主要法则。它要求当某个动作做到肌肉收缩最紧张的位置时，保持一下这种收缩最紧张的状态，做静力性练习，然后慢慢回复到动作的开始位置。

8. 持续紧张

应在一整组动作中保持肌肉持续紧张，不论在动作的开头还是结尾，都不要让它松弛，总是达到彻底力竭。

9. 组间放松

每做完一组动作都要伸展放松。这样能增加肌肉的血流量，还有助于排除沉积在肌肉里的废物，加快肌肉的恢复，迅速补充营养。

10. 练大肌群

多练胸、背、腰臀、腿部的大肌群，不仅能使身体强壮，还能够促进其他部位肌肉的生长。在训练计划里要多安排硬拉、深蹲、卧推、推举、引体向上这5个经典复合动作。

11. 进食蛋白质

在训练后的30～90分钟里，蛋白质的需求达高峰期，此时补充蛋白质效果最佳。但不要训练完马上吃东西，至少要隔20分钟。

12. 休息48小时

局部肌肉训练一次后需要休息48～72小时才能进行第二次训练。如果进行高强度力量训练，则局部肌肉两次训练的间隔72小时也不够。不过腹肌例外，腹肌不同于其他肌群，必须经常对其进行刺激，每星期至少要练4次，每次约15分钟。

13. 宁轻勿假

许多初学健美的人特别重视练习重量和动作次数，不太注意动作是否变形。健美训练的效果不仅仅取决于负重的重量和动作次数，而且还要看所练肌肉是否直接受力和受刺激的程度。如果动作变形或不到位，要练的肌肉没有或只是部分受力，训练效果就不大，甚至出现偏差和伤病。事实上，在所有的法则中，动作的正确性永远是第一重要的。宁可用正确的动作举起比较轻的重量，也不要用不标准的动作举起更重的重量。

第二节　健美动作技术

一、胸部

胸肌就是胸部的肌肉，由左右两部分构成，又称胸大肌。位于胸廓的前上部，起自锁骨内侧半，胸骨和第1～6肋软骨，肌束向外侧集中，止于肱骨大结节嵴（图12-2-1）。

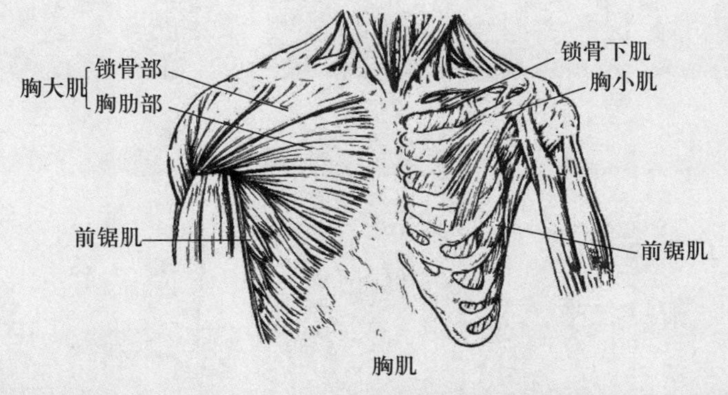

图12-2-1　胸部肌肉

胸肌主要有胸大肌、胸小肌、前锯肌。

胸大肌位置表浅，覆盖胸廓前的大部，呈扇形，宽而厚。起自锁骨的内侧半、胸骨和第1～6肋软骨等处，各部肌束集合向外，以扁腱止于肱骨大结节嵴。

胸小肌位于胸大肌的深面，呈三角形。起自第3～5肋骨，止于肩胛骨喙突。

前锯肌位于胸廓侧面，以肌齿起自上第8或9个肋骨外面，肌束向后内行，经肩胛骨前面，止于肩胛骨内侧缘（图12-2-1）。

（一）俯卧撑

1. 动作要领

两手五指向前支撑地面，挺胸、收腹、紧腰，以胸大肌力量上下升降。

2. 主要采用

（1）宽臂支撑（俯卧时小臂与地面垂直，）（图12-2-2）。

（2）窄臂支撑（略窄于肩，俯卧时两肘关节靠紧肋骨）（图12-2-3）。

（3）跪姿俯卧撑（两个膝盖着地，小腿立起交叉，多用于女生锻炼）（图12-2-4）。

图12-2-2　宽臂支撑

图12-2-3　窄臂支撑

图12-2-4　跪姿俯卧撑

3. 注意事项

注意肩部应与手掌平行，腹部始终收紧。

4. 呼吸方法

用力时吸气，放松时呼气。

（二）双杠臂屈伸

1. 动作要领

杠间距离55～75厘米，双臂屈肘支撑、抬头前引体，肩垂直线与手握点大于15厘米距离，胸肌收缩、低头含胸、伸直双臂。

2. 注意事项

下放的速度要慢，并尽量降低。身体不可随意晃动，要保持平衡。

3. 呼吸方法

用力时吸气，放松时呼气。

（三）肩顶卧上拉（图12-2-5）

1. 动作要领

仰卧在长凳上，两臂伸直，两手持一只哑铃于头部上方，拉至两臂在胸前上方垂直位置。

2. 注意事项

手持哑铃两臂向后时可以弯曲，上拉起至两臂在胸部上方，伸直时要夹紧胸部，回落动作要慢；两手握把不要过紧，以免小臂肌肉过于紧张，影响胸肌训练效果。

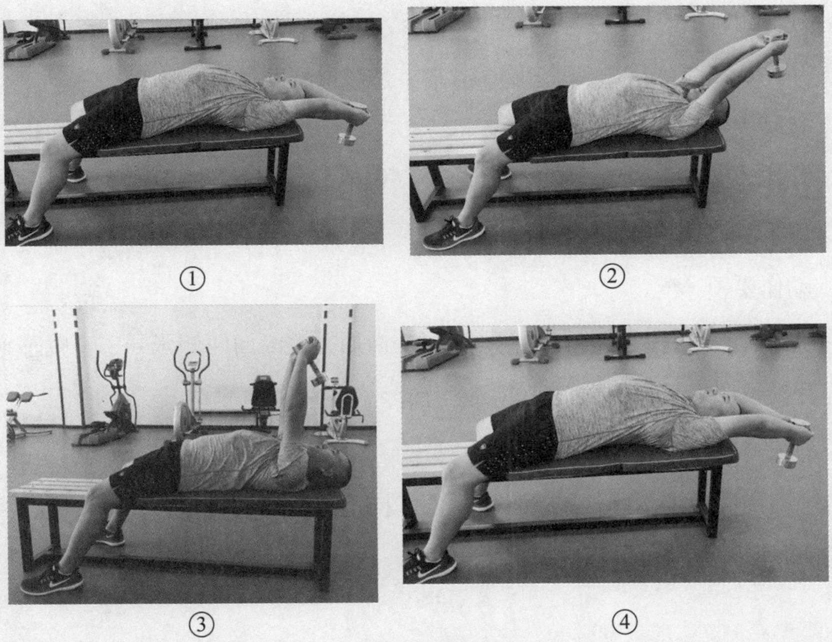

图12-2-5 肩顶卧上拉

3. 呼吸方法

用力时吸气，放松时呼气。

（四）仰卧推举（图12-2-6）

1. 动作要领

仰卧在长凳上，双手握杠铃置于胸部上方锁骨部位，用胸大肌的收缩力量将杠铃向上推至两臂伸直，稍停后缓慢复位。

①　②　③
图 12-2-6　仰卧推举

2. 握距

（1）正常握距发展胸大肌外侧、下缘沟。

（2）窄握距将杠铃置于胸肌下部位，发展胸肌中间肌肉也可以扩大胸部。

（3）宽握距发展肌肉胸大肌翼中、上部位，使外侧宽厚。

3. 注意事项

练习时要挺胸、沉肩不得含胸、耸肩，避免拱腰助力。

4. 呼吸方法

用力时吸气，放松时呼气。

（五）仰卧飞鸟（图 12-2-7）

1. 动作要领

仰卧在长凳上，两臂向上伸直，两肘部微屈并逐渐向两侧张开，一直感到胸大肌被充分拉长。举起时用胸大肌的收缩力量，使两臂伸直复位。

2. 注意事项

练习时肘关节要微屈，不能伸直两肘。向上升起时要收腹、提气、挺胸。使胸大肌充分收紧。

①　②　③
图 12-2-7　仰卧飞鸟

3. 呼吸方法

用力时吸气，放松时呼气。

二、肩部

肩部就像机械中的滚珠和承窝一样，连接着上臂肱骨和肩胛骨。肩部运动包括6个主要动作：弯曲、伸展、外展、内展、内旋和外旋。肩部主要有三角肌、斜方肌、冈上肌、冈下肌、大圆肌、小圆肌等肌肉。

肩部肌肉最主要的就是三角肌，斜方肌（颈根部两侧）也是肩部的一部分。三角肌主要由前、中、后三束肌肉组成（图12-2-8）。

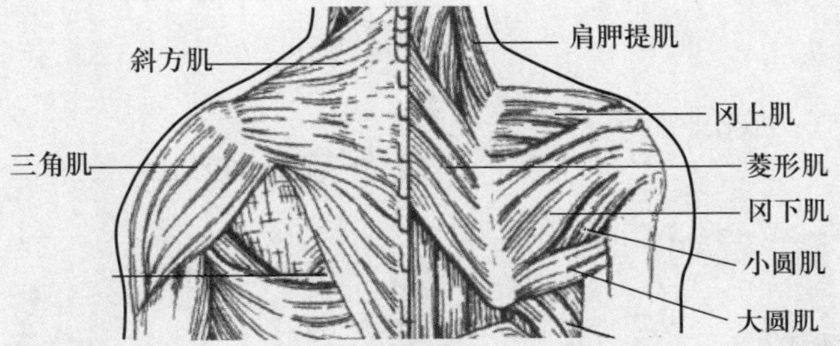

图12-2-8 肩部肌肉

（一）前平举（图12-2-9）

1. 动作要领

两脚开立，身体正直双手握铃，握距与肩同宽，两臂稍弯曲经体前水平位置，再用力控制复位。

图12-2-9 前平举

2. 注意事项

练习时两臂要稍弯曲，举起至前平位置即可，不得借腰部摆动助力完成练习。

3. 呼吸方法

用力时吸气，放松时呼气。

（二）侧平举（图12-2-10）

1. 动作要领

两脚开立，身体正直双手握铃放于体侧，两臂稍为弯曲，用三角肌力量由两侧向上举起直至侧水平位置，稍停后缓慢复位。

2. 注意事项

练习时身体保持双手正直，两臂稍为弯曲，复位动作缓慢。

3. 呼吸方法

用力时吸气，放松时呼气。

图12-2-10 侧平举

（三）俯身飞鸟（图12-2-11）

1. 动作要领

两脚开立，身体向前屈成90°角，挺胸直腰，双手持铃置于体前，两臂稍微弯曲用三角肌的力量由两侧向上扩胸举起，稍停后缓慢复位。

2. 注意事项

练习时身体保持前弯曲成90°角，挺胸直腰，扩胸时不得抬身体。

3. 呼吸方法

用力时吸气，放松时呼气。

图 12-2-11　俯身飞鸟

（四）哑铃推举（图 12-2-12）

1. 动作要领

身体站直，双肩与手处于同一直线上，双手握哑铃，向上推起至两臂伸直。

2. 注意事项

复位动作缓慢，推举时注意力集中三角肌上，肱三头肌为次要补充能量来源。

3. 呼吸方法

用力时吸气，放松时呼气。

图 12-2-12　哑铃推举

（五）站立提拉（图 12-2-13）

1. 动作要领

两脚开立，身体正直，双手正握（握距10～15厘米）杠铃放于体前，用三角肌的力量将杠铃提举至锁骨处，保持肘比腕高，稍停后缓慢贴身还原。

2. 注意事项

练习时身体保持正直，将杠铃提拉至锁骨时，保持肘比腕高。

①　②　③

图 12-2-13　站立提拉

3. 呼吸方法

用力时吸气，放松时呼气。

三、臂部

手臂分为上臂和下臂（前臂），上臂肌均为长肌，可分为前后两群。前群为屈肌，有肱二头肌、肱肌和喙肱肌，后群为伸肌，为肱三头肌。前臂肌位于尺、桡骨的周围，多为长棱形肌，可分为前、后两群。前群为屈肌群，后群为伸肌群（图 12-2-14）。

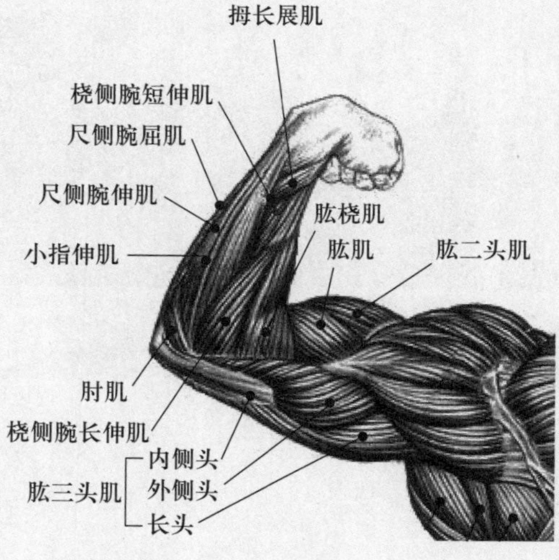

图 12-2-14　臂部肌肉

（一）哑铃绕手（图 12-2-15）

1. 动作要领

身体正直双手握哑铃，两肘关节夹紧肋骨，小臂平行于地面，以手腕为轴，向

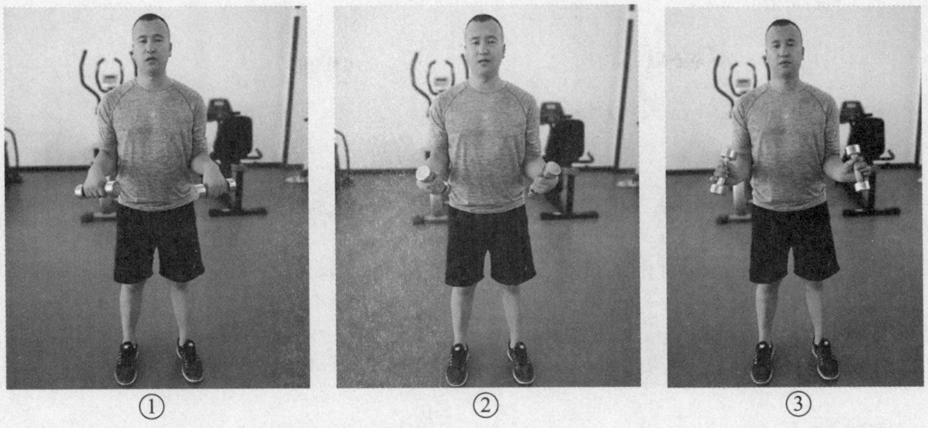

图 12-2-15 哑铃绕手

内或者向外绕环，循环进行。

2. 注意事项

练习时肘关节不要动，始终夹紧肋骨。

3. 呼吸方法

用力时吸气，放松时呼气。

（二）腕弯举（图12-2-16）

1. 动作要领

半蹲或坐在凳后，两手握杠铃，掌心向上，上臂向内夹紧，前臂贴住凳子平面，使腕关节超出凳子前侧，用两前臂内侧肌群的力量使手腕向上弯举。

2. 注意事项

练习要缓慢进行，手腕与肘关节在做动作时不要抬起。

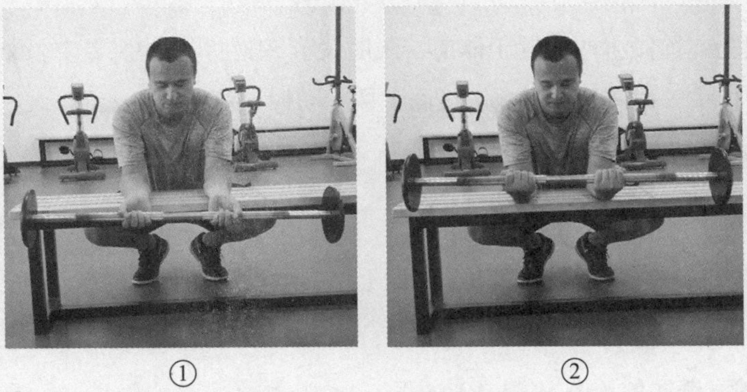

图 12-2-16 腕弯举

3. 呼吸方法

用力时吸气，放松时呼气。

（三）杠铃立式后卷腕（图12-2-17）

1. 动作要领

身体直立，手握杠铃于身体后方臀部位置，双臂伸直，双手与肩同宽，腕关节向后上方弯曲，用两前臂内侧肌群的力量使杠铃向上移动，反复动作。

2. 注意事项

练习要缓慢进行，在做动作时不要屈臂。

3. 呼吸方法

用力时吸气，放松时呼气。

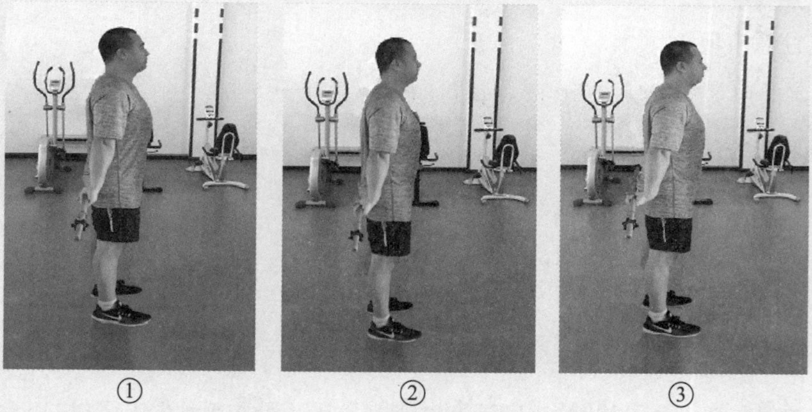

图12-2-17 杠铃立式后卷腕

（四）重锤下压（图12-2-18）

1. 动作要领

身体稍为向前倾，两臂置于体前，两肘关节夹紧肋骨，小臂与地面平行，双手正（反）握把手，用肱三头肌的力量向下伸直两臂。

2. 注意事项

练习时两肘要夹紧，不得外翻，上臂不动，前臂动。

3. 呼吸方法

用力时吸气，放松时呼气。

（五）俯立臂屈伸（图12-2-19）

1. 动作要领

两脚开立，身体向前弯曲成90° 角，挺胸直腰，双手持哑铃上臂上提，肘关节夹

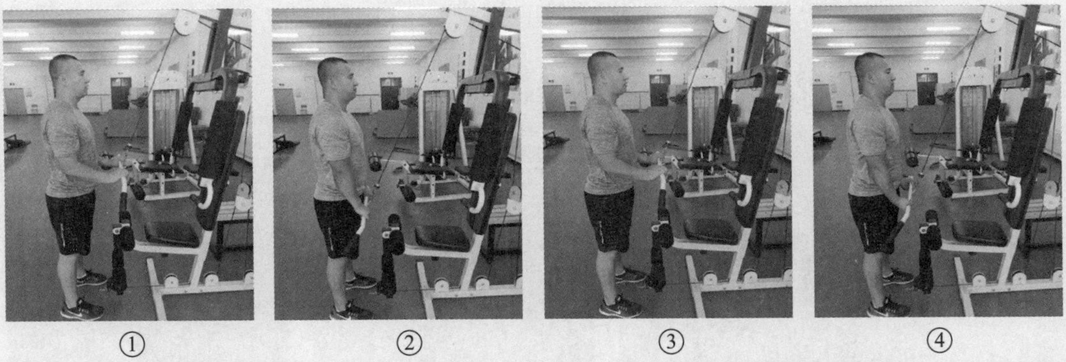

图 12-2-18 重锤下压

图 12-2-19 俯立臂屈伸

紧肋骨，掌心向里（向前），以肘关节为轴，前臂向后做屈伸动作（可做单臂）。

2. 注意事项

练习时肘关节夹住肋骨，前臂做屈伸动作伸直时稍停，再还原。

3. 呼吸方法

用力时吸气，放松时呼气。

（六）杠铃弯举（图12-2-20）

1. 动作要领

身体正直，双手反握（握距与肩同宽）杠铃，两臂伸直，上臂夹紧，肘关节贴住肋骨，以肘关节为轴向上抬起，稍停后缓慢复位。

2. 注意事项

练习时两臂伸直夹紧胸骨，不得借助腰臂的摆动力量向上举，手腕要始终保持同一姿势。

图 12-2-20 杠铃弯举

3. 呼吸方法

用力时吸气，放松时呼气。

（七）哑铃弯举（图 12-2-21）

1. 动作要领

身体正直，双手反握（握距与肩同宽）哑铃，两臂伸直，上臂夹紧，肘关节贴住肋骨，以肘关节为圆心向上抬起，稍停后缓慢复位（可交替进行）。

2. 注意事项

练习时两臂伸直夹紧胸骨，不得借助腰臂的摆动力量向上举，手腕要始终保持同一姿势。

3. 呼吸方法

用力时吸气，放松时呼气。

图 12-2-21 哑铃弯举

（八）俯坐弯举（图12-2-22）

1. 动作要领

两脚开立，半蹲或俯坐，单手反握哑铃，使上臂固定在大腿内侧，用肱二头肌的力量使前臂向上做弯举动作。

2. 注意事项

练习时手腕要始终保持同一姿势。

3. 呼吸方法

用力时吸气，放松时呼气。

图12-2-22　俯坐弯举

（九）托板弯举（图12-2-23）

1. 动作要领

两上臂放在斜板上，握距与肩同宽，伸直手臂，用肱二头肌的力量使前臂向上做弯举动作。

2. 注意事项

练习时控制住肩不要向上拉。

3. 呼吸方法

用力时吸气，放松时呼气。

（十）拉力器弯举（图12-2-24）

1. 动作要领

两手握住把手，握距与肩同宽，伸直手臂，肘关节贴住肋骨，以肘关节为轴向上抬起，用肱二头肌的力量使前臂向上做弯举动作。

图12-2-23 托板弯举

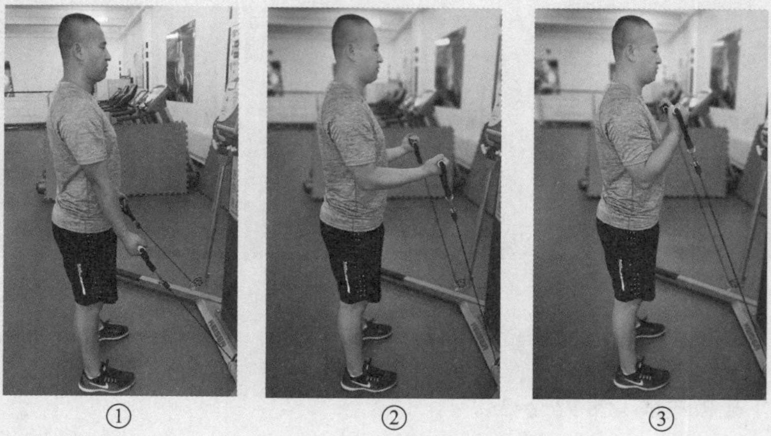

图12-2-24 拉力器弯举

2. 注意事项

控制肘关节。

3. 呼吸方法

用力时吸气，放松时呼气。

四、背部

背部肌群是背部骨骼肌的总称，包括浅层的斜方肌、背阔肌和深层的骶棘肌。

斜方肌位于颈部和上背部，起于枕外隆突、颈椎和胸椎棘突，止于锁骨外侧1/3段，肩峰和肩胛骨。斜方肌下有肩胛提肌、大菱角肌、小菱角肌。

背阔肌位于背中部，起于下部胸椎棘突，全部腰椎棘突和髂嵴等处，肌纤维向外上方集中，止于肱骨上段的前面。

骶棘肌（又叫竖脊肌）位于下背部至棘突两侧，从骶骨的背面一直延伸到枕骨，是一块强大的伸展脊柱的肌肉。其包括棘肌、最长肌、髂肋肌（图12-2-25）。

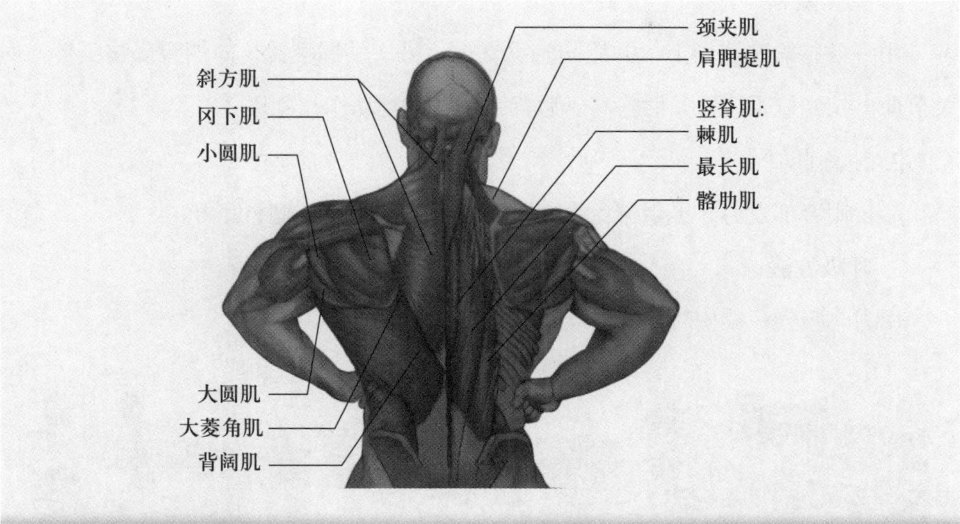

图12-2-25 背部肌肉

（一）俯立提拉（图12-2-26）

1. 动作要领

两脚开立，身体向前弯曲成90°角，挺胸直腰，双手持杠铃置于体前，用背阔肌的力量向上提拉至胸前或腹部（宽握或窄握），稍停后缓慢复位。

图12-2-26 俯立提拉

2. 注意事项

练习时身体保持向前弯曲成90°角，挺胸直腰，拉提时不得抬身体。

3. 呼吸方法

用力时吸气，放松时呼气。

（二）单手哑铃划船（图12-2-27）

1. 动作要领

用一条腿跪在凳子上，并用同侧手支撑。另一手握哑铃，向侧腰部拉哑铃。肘关节向上拉到躯干位置。肘略高于后背，然后重复动作。

2. 注意事项

尽量用背部发力，尽量避免手臂肌肉发力，不要旋转躯干发力。

3. 呼吸方法

用力时吸气，放松时呼气。

图12-2-27 单手哑铃划船

（三）重锤下拉（图12-2-28、图12-2-29）

1. 动作要领

以背阔肌的收缩力量将拉杆垂直拉下，可分为向前拉和向后拉。向前拉至胸前第3～4肋骨处，同时上体稍后仰，尽量抬头挺胸，两肩胛骨向脊柱靠拢，停留1～2秒，沿原路返回成预备姿势，向后拉至肩上。

2. 注意事项

控制上体不要后倾过大，不要驼背。

3. 呼吸方法

用力时吸气，放松时呼气。

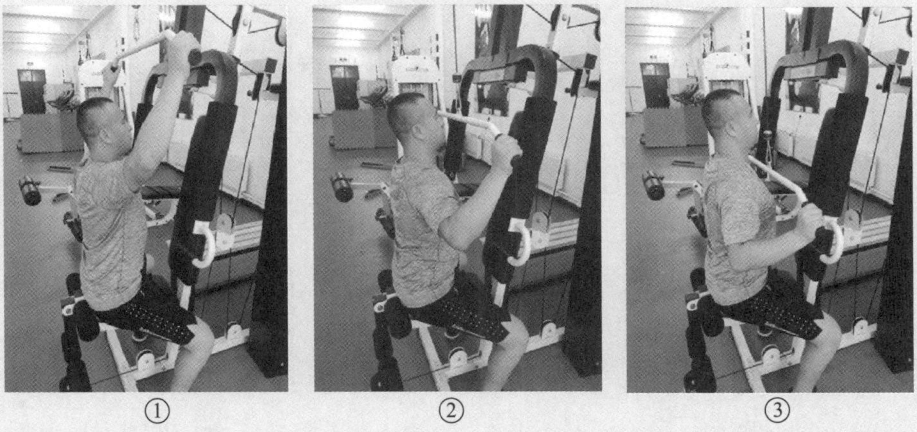

图 12-2-28　重锤下拉 1

图 12-2-29　重锤下拉 2

（四）引体向上（图 12-2-30）

1. 动作要领

两手用宽握距正握（掌心向前）单杠，两脚离地，两臂自然下垂伸直。用背阔肌的收缩力量将身体向上拉起，当下颌超过单杠时稍作停顿，使背阔肌彻底收缩。稍后缓慢复位。

2. 注意事项

把身体尽可能地拉高，不要让身体摆动。下垂时脚不能触及地面。

3. 呼吸方法

用力时吸气，放松时呼气。

①　②　③

图12-2-30　引体向上

五、腰腹部

腹部肌肉，简称腹肌，包括腹直肌、腹外斜肌，腹内斜肌和腹横肌。当它们收缩时，可以使躯干弯曲及旋转，并可以防止骨盆前倾。腹部肌肉对于腰椎的活动和稳定性也有相当重要的作用，还可以控制骨盆与脊柱的活动。软弱无力的腹肌可能导致骨盆前倾和腰椎生理弯曲增加，并增加腰背痛的概率。

腹直肌位于腹前壁正中线的两旁，居腹直肌鞘中，为上宽下窄的带形肌，起自耻骨联合与耻骨结节之间，肌束向上止于胸骨剑突及其附近肋软骨的前面。肌的全长被3～4条横行的腱划分成多个肌腹，腱划由结缔组织构成，与腹直肌鞘的前层紧密结合。

腹外斜肌位于腹前外侧部的浅层，为一宽阔扁肌，起于下8肋，肌束由后外上斜向前内下方，一部分止于髂嵴，而大部分在腹直肌外侧缘处移行为腹外斜肌腱膜。腱膜向内侧参与腹直肌鞘前壁的构成，腱膜的下缘卷曲增厚连于髂前上棘与耻骨结节之间，形成腹股沟韧带。

腹内斜肌位于腹外斜肌深面，大部分肌束向内上方，下部肌束向内下方。腱膜向内侧分为前后两层并包裹腹直肌，参与腹直肌鞘前后壁的构成，腱膜下内侧部与腹横肌腱膜形成联合腱，止于耻骨。

腹横肌：位于腹内斜肌深面，肌束向前内横行，在腹直肌外侧缘移行为腹横肌腱膜，参与构成腹直肌鞘（图12-2-31）。

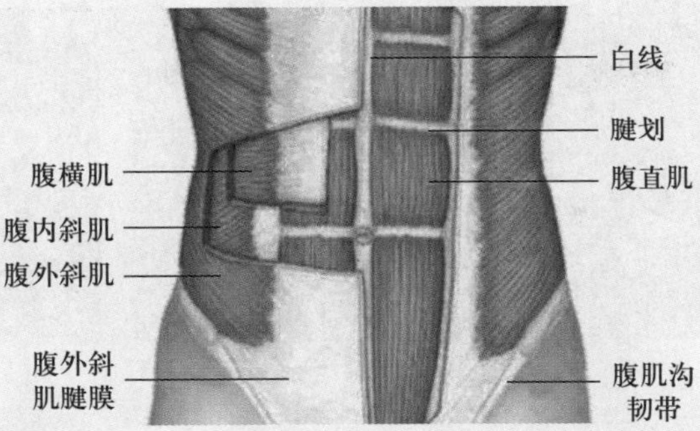

图 12-2-31　腰腹部肌肉

（一）仰卧起坐

1. 屈腿仰卧起坐（图 12-2-32）

（1）动作要领

仰卧在垫子上，双腿屈膝，双手抱头，两膝夹紧，用腹肌的力量向上折体，稍停后缓慢复位。

（2）注意事项

练习时两膝始终夹紧，向上折体时要用上腹肌压迫下腹肌。

（3）呼吸方法

用力时吸气，放松时呼气。

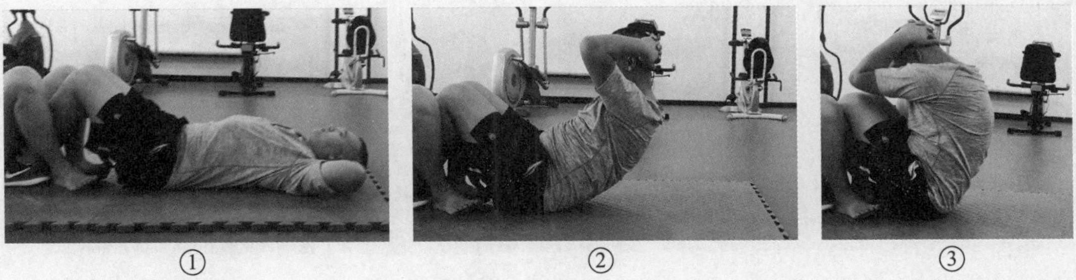

图 12-2-32　屈腿仰卧起坐

2. 直腿仰卧起坐（图 12-2-33）

（1）动作要领

仰卧在垫子上，双腿伸直，双手抱头，两膝夹紧，用腹肌的力量向上折体，稍停后缓慢复位。

（2）注意事项

练习时两膝始终夹紧，向上折体时要用上腹肌压迫下腹肌。

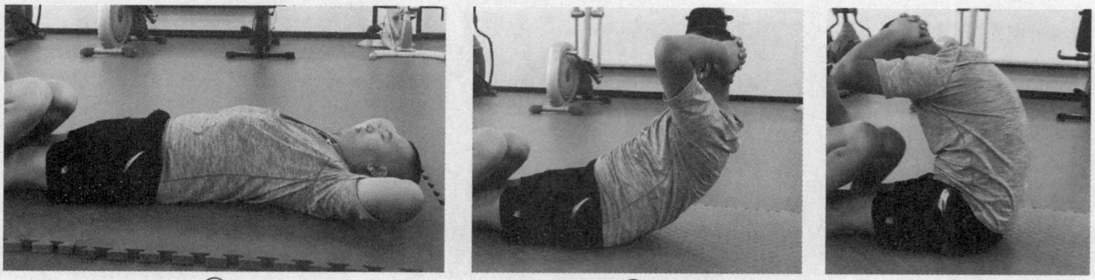

①　②　③

图 12-2-33　直腿仰卧起坐

（3）呼吸方法

用力时吸气，放松时呼气。

3. 转体仰卧起坐（图 12-2-34）

（1）动作要领

仰卧在垫子上，双腿屈膝，双手抱头，两膝夹紧，用腹肌的力量向上折体，转动躯干右臂肘关节点向左膝，之后快速转动躯干左臂肘关节点向右膝。

（2）注意事项

练习时两膝始终夹紧，转向要迅速。

（3）呼吸方法

用力时吸气，放松时呼气。

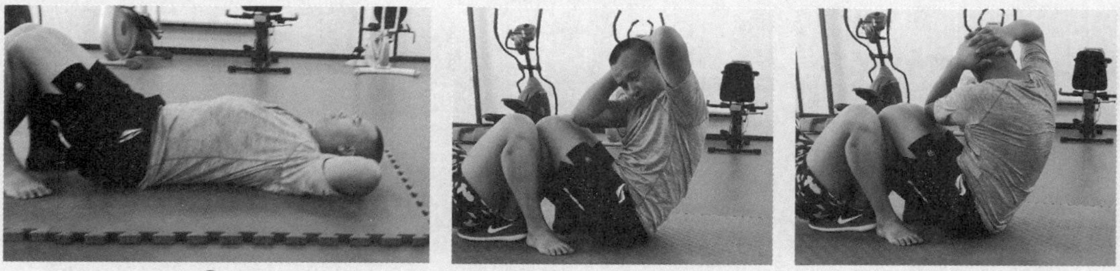

①　②　③

图 12-2-34　转体仰卧起坐

（二）坐姿收腿（图 12-2-35）

1. 动作要领

腿伸直双手后撑斜坐在垫子上、两膝夹紧，用腹肌的力量向上折体及收腿，腿与地面夹角约 30°，稍停后缓慢复位。

2. 注意事项

练习时两膝始终夹紧，还原时，腿要伸直。

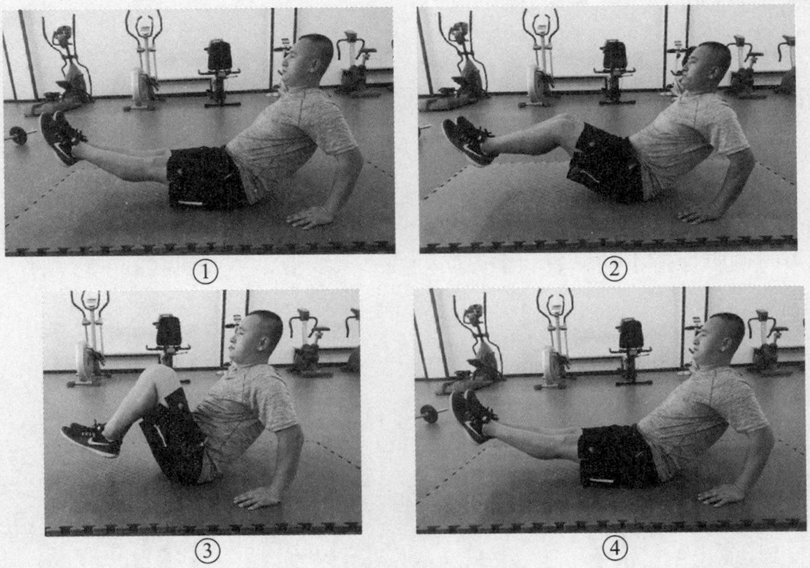
图 12-2-35　坐姿收腿

3. 呼吸方法

用力时吸气，放松时呼气。

（三）仰卧举腿（图 12-2-36）

1. 动作要领

仰卧在垫子上，双手贴于地面，双腿伸直向上抬起至腿与地面垂直，稍停后缓慢复位。

2. 注意事项

上快下慢，两膝始终伸直，不要抬头。

3. 呼吸方法

用力时吸气，放松时呼气。

图 12-2-36　仰卧举腿

（四）哑铃侧弯（图12-2-37）

1. 动作要领

两脚分开，身体正直，单手正握持铃放于体侧，身体向一侧倾斜至最低点，然后向另一侧稍微倾斜一些，重复进行。

2. 注意事项

练习时两脚保持不动，肩、手方向处在一条线上，不要屈髋。

3. 呼吸方法

用力时吸气，放松时呼气。

① ② ③

图12-2-37　哑铃侧弯

（五）悬垂举腿（图12-2-38）

1. 动作要领

（1）支撑悬垂：以小臂支撑在器械上，肩顶起来，不要缩肩，直腿上举至水平，停留1～2秒，再慢慢还原成预备姿势。

（2）完全悬垂：悬垂于单杠上，进行练习时，直腿上举至水平，停留1～2秒，再慢慢还原成预备姿势。

2. 注意事项

直腿练习时，尽量不要屈膝（另外可屈膝上提）。

3. 呼吸方法

用力时吸气，放松时呼气。

（六）两头起（图12-2-39）

1. 动作要领

仰卧在垫子上，双手举过头顶贴于地面，双腿伸直向上抬起，同时手臂带动上

图 12-2-38 悬垂举腿

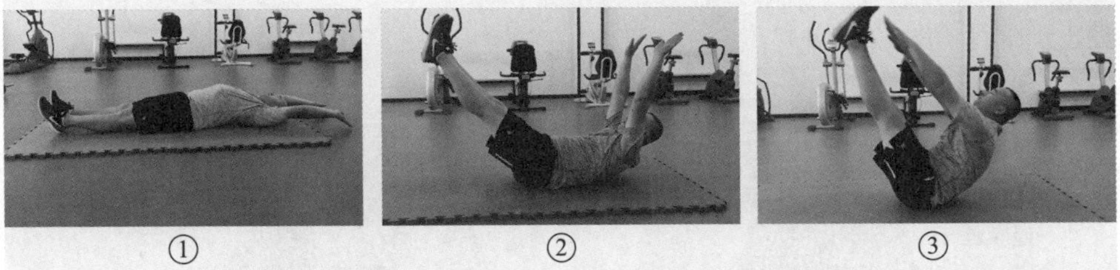

图 12-2-39 两头起

身向上抬起，手脚在身体达到平衡点时接触，之后复位。

2. 注意事项

控制好平衡，两膝始终伸直。

3. 呼吸方法

用力时吸气，放松时呼气。

六、腿臀部

腿部分为大腿和小腿两部分，大腿由股骨构成，小腿由胫骨和腓骨构成。

腿部肌肉是下肢骨骼肌的总称。可分成髋肌、大腿肌、小腿肌和足肌四部分。髋肌能使大腿后伸和向外转动；大腿肌能使膝伸直；小腿肌收缩时能提起足跟；足肌有维持足弓的作用。

髋肌前群，主要是髂腰肌，可屈髋关节；后群位于臀部，浅面有强厚的臀大肌，内有臀中肌，再里面还有臀小肌和梨状肌。

大腿肌前群，又叫伸肌群，有股四头肌，即股直肌、股中肌、股外肌、股内肌。以四个头分别起于髂骨和股骨，四头相合，形成强大的股四头肌腱，包绕髌骨的前面和两侧，再向下以髌韧带止于胫骨粗隆，主要作用是伸膝关节，缝匠肌可屈髋、膝两关节。

大腿肌后群，又叫屈肌群，有腘绳肌，即股二头肌、半腱肌、半膜肌，共同起于坐骨结节，经髋关节和膝关节后面止于胫骨和腓骨上端，故有伸髋关节，屈膝关节的作用。

大腿肌内侧群，也叫内收肌群，包括股薄肌、耻骨肌、长收肌、短收肌、大收肌5块，作用都是内收髋关节，外展肌群包括阔筋膜张肌、臀中肌、臀小肌。

小腿肌前群，包括胫骨前肌、趾长伸肌、拇长伸肌，都可使足背屈。

小腿肌后群，由浅面的腓肠肌和深面的比目鱼肌合成。腓肠肌以内侧头和外侧头起于股骨下端的后面，比目鱼肌起于胫，腓骨上端的后面，两肌向下以强大的跟腱止于跟骨（图12-2-40）。

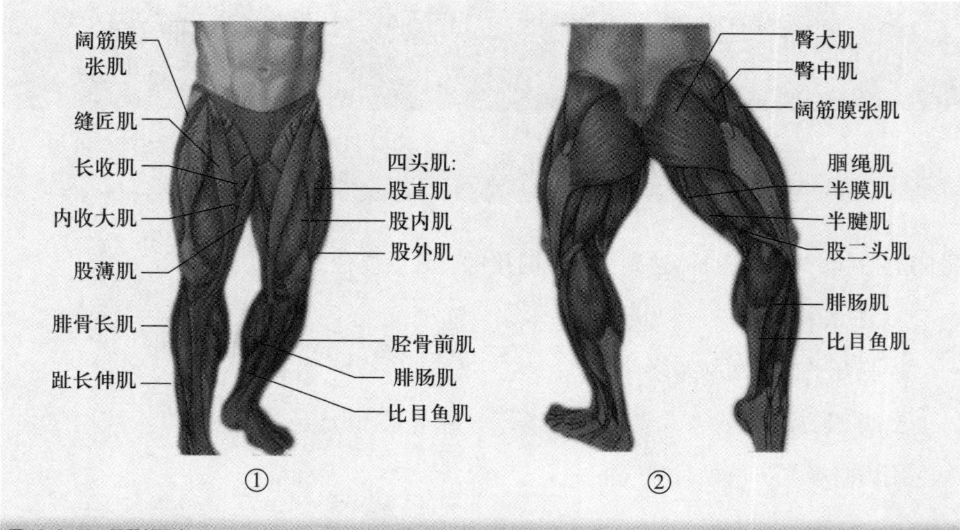

图12-2-40 腿臀部肌肉

（一）负重半蹲（图12-2-41）

1. 动作要领

两脚开立与肩同宽，保持抬头、挺胸、紧腰的身体姿势，慢慢下蹲至大腿与地面成90°～120°夹角，利用股四头肌的力量复位到站立姿势。

2. 注意事项

杠铃要始终保持垂直向上运动，下蹲时臀向后走撅起，不要夹臀。

3. 呼吸方法

用力时吸气，放松时呼气。

图 12-2-41 负重半蹲

（二）肩前深蹲（图 12-2-42）

1. 动作要领

两脚开立与肩同宽，两手正握比肩稍宽，将杠铃置于肩前锁骨上，做下蹲至全蹲姿势，稍停后再复位。

2. 注意事项

练习时腰背部不得放松，不能弓腰、要提臀，手控制住杠铃，起立时要抬头。

3. 呼吸方法

用力时吸气，放松时呼气。

图 12-2-42 肩前深蹲

（三）弓箭步蹲（图12-2-43）

1. 动作要领

将杠铃置于颈后肩上，挺胸塌腰，背腰部肌群始终收紧，两脚前后成弓箭步开立，做下蹲动作，稍停，起立伸膝蹬后腿动作至两腿伸直。

2. 注意事项

重心在两腿之间，身体保持正直上下移动，前侧大腿与地面平行。

3. 呼吸方法

用力时吸气，放松时呼气。

①　②　③　④

图12-2-43　弓箭步蹲

（四）坐姿腿屈伸（图12-2-44）

1. 动作要领

以股四头肌收缩力，由小腿将托板向上举起至腿伸直，缓慢降低腿部高度，还原到初始姿势。

2. 注意事项

手握住把手，臀尽量不要离开椅子，双膝弯曲角度不要超过90°。

3. 呼吸方法

用力时吸气，放松时呼气。

（五）俯卧腿弯举（图12-2-45）

1. 动作要领

俯卧于训练机上，手握住把柄，后脚跟勾住托板滚轴下方，抬脚直至膝关节完全屈起，慢慢回落。

2. 注意事项

手握住把手，臀部不要抬起过高，双膝伸直时控制好，不要受伤。

①　②　③
图 12-2-44　坐姿腿屈伸

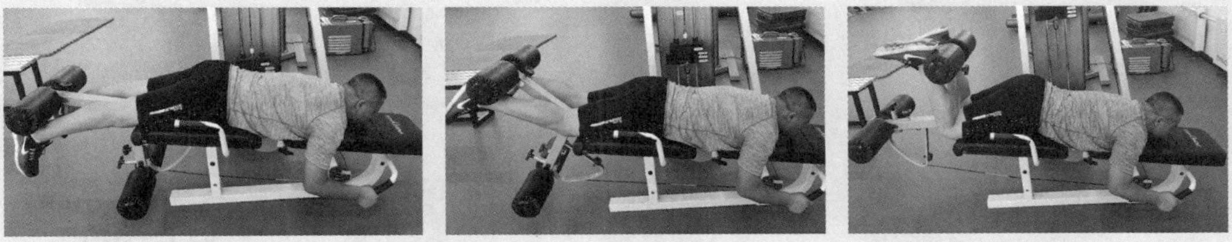
①　②　③
图 12-2-45　俯卧腿弯举

3. 呼吸方法

用力时吸气，放松时呼气。

思考题

1. 健美运动有哪些种类?
2. 健美运动有哪些训练方法?

第十二章　健美运动微课视频

肩顶卧上拉	仰卧推举	仰卧飞鸟	颈后推举
站立提拉	俯身飞鸟	腕弯举	腕屈伸
托板弯举	俯坐弯举	俯立臂屈伸	仰卧屈臂上拉反握
重锤下压反握	重锤下拉颈后	俯立提拉	俯立挺身
俯卧挺身	负重左右绕行	仰卧举腿	坐姿收腿
悬垂举腿	弓箭步蹲行进	坐姿腿屈伸	俯卧腿弯举
单腿哑铃站立提踵	负重提踵		

第十三章　健美操运动

学习目标：

1. 了解健美操运动的起源和发展。

2. 掌握健美操运动的基本技术和动作组合。

3. 掌握健美操运动的竞赛规则。

章前导言：

健美操运动是一项以有氧运动为基础，以健、力、美为特征，融体操、舞蹈、音乐为一体的身体练习。它既是健身美体、陶冶情操的大众健身方式，又是竞技运动的一个项目。健美操是由于人们对健身、健美的追求而形成和发展起来的。随着遍及全球的健身热和娱乐体育的发展，健美操以其强大的生命力风靡世界。本章主要介绍健美操运动的起源和发展，健美操的基本技术和动作组合，相应的训练原则和方法，以及健美操运动的基本竞赛规则，使读者对健美操运动有更加全面的认识，激发学习兴趣和热情。

第一节　健美操运动概述

一、健美操的起源与发展

（一）国际健美操的起源与发展

健美操的起源可追溯到两千多年前。古希腊人对人体美的崇尚举世闻名，他们喜爱采用跑、跳、投掷、柔软体操和健美舞蹈等各种体育项目进行人体美的锻炼。而古印度很早就有瑜伽术，其中的一些姿势与当前流行的健美操常用基本姿势是一致的。因此，可以说古代人对健身健美的追求是现代健美操形成与发展的基础。

19世纪末20世纪初，欧洲出现了许多体操流派，他们在理论和实践上的创新对健美操的发展起到了推波助澜的作用。而20世纪80年代初，随着遍及全球的健身热和娱乐体育的发展，健美操以其强大的生命力风靡世界。美国是对世界健美操的发展有着重要影响的国家，其代表人——影视明星简·方达根据自己的健身体会和经验，撰写了《简·方达健美术》一书。该书自1981年出版后，引起了世界的轰动。她以现身说法，促进了健美操在世界范围内的推广。自1985年开始，美国正式举办一年一度的健美操锦标赛，并确定了竞赛项目和规则，使健美操逐渐发展成为竞技性运动项目。

（二）我国健美操的兴起与发展

世界性的健美操热是在20世纪70年代末传到我国的。当时北京、上海、广州等地相继举办了各种健美操培训班。随后，各种新闻媒介对国外各种健美操的介绍，逐步推动了健美操在我国的广泛开展。

1984年，北京体育学院成立了健美操研究组，接着上海体育学院成立了健美操教研室，率先开设了健美操课程。一些大专院校也根据国家教委对高校体育教学的要求，逐步开设了健美操普修或选修课，从而把我国的健美操从社会引向了学校。

1986—1988年，健身健美操和竞技健美操在我国得到了长足的发展。1986年4月，在广州举行了我国首次“全国女子健美操邀请赛”；1987年5月，在北京又成功举办了首届正式的竞技健美操比赛——“长城杯”健美操邀请赛。为了有组织、有计划地推动全国大学生健美操运动的发展，1992年2月，在北京成立了中国大学生体育协会健美操、艺术体操协会。1992年9月，中国健美操协会在北京正式成立，标志着我国健美操运动进入一个崭新的发展阶段。近年来，随着社会大众对健康的重视程度越来越高，健美操受到了广泛关注。

二、健美操的概念

健美操是一项以有氧运动为基础，以健、力、美为特征，融体操、舞蹈、音乐为一体的身体练习。它既是健身美体、陶冶情操的大众健身方式，又是竞技运动的一个项目。

三、健美操运动的分类

健美操可分为健身性健美操和竞技性健美操，其具体分类见表13-1-1。

表13-1-1　健美操运动分类

健身性健美操			竞技性健美操
徒手健美操	器械健美操	特殊场地健美操	
一般健美操	轻器械健美操	水中健美操	男子单人
拳击健美操	踏板操	固定器械健美操，如功率自行车	女子单人
搏击操	哑铃操		混合双人
瑜伽健身术	橡皮筋操		三人
拉丁街舞	健身球操		混合六人

（一）健身性健美操

健身性健美操的主要目的为：锻炼身体，保持健康。

健身性健美操动作简单，实用性强，音乐速度也较慢，且为了保证一定的运动负荷和锻炼的全面性，动作多有重复，并均以对称的形式出现。练习时间可长可短，在练习的要求上也可以根据个体情况而变化，严格遵循“健康、安全”的原则，防止运动损伤的出现，在保证安全的基础上达到锻炼身体的目的。

1. 徒手健美操

（1）一般健美操：练习目的为提高人体的心肺功能和有氧代谢能力。

（2）搏击健美操：练习目的是增强肌肉的力量、弹性和身体的柔韧性，尤其是对腰腹有特殊的效果。

（3）拉丁街舞：练习形式多以群体练习为主，动作变化丰富，规律性不强，不仅能提高学员的协调能力，而且能调节学员心理。

（4）瑜伽健身术：有着独特的塑身理论，讲究自然的平衡与协调，是一种注重身体健康和力量，通过集中意会，调整呼吸并做出各种身体姿势，主要目的是调节身体的平衡和控制能力，达到“联合整体”的目的，是一种最安全、有效的塑身练习。

2. 器械健美操

器械健美操是指利用轻器械，以力量练习为主的一种有氧健美操，练习目的是使练习者保持肌肉外形，增强肌肉力量和防止肌肉退化，从而延缓衰老，使人更健康。例如，踏板健美操加大了腿部的运动负荷，增加了运动量，但减轻了对下肢关节的冲击力，同时也使动作更加多样化。哑铃操、橡皮筋操、健身球操等可锻炼到全身每一肌肉群，有效地提高肌肉力量，尤其是上肢力量，弥补了徒手健美操的不足。

3. 特殊场地健美操

特殊场地健美操在国外发展很快，国内开展较少，目前我们了解到的有水中健美操和固定器械健美操。水中健美操是目前国外非常流行的一种独特的健美操练习形式，它可以减轻人在做运动时地面对膝、踝关节的冲击力，有效减少关节的负荷，并利用水中的阻力以及水传导热能快的原理提高练习效果，达到锻炼身体和减肥的目的，因此深受中老年人、康复病人和减肥者的喜爱。固定器械健美操，如功率自行车等，可以固定在某一处，学员可根据自己的需要进行练习，达到锻炼身体的目的。

（二）竞技性健美操

竞技性健美操要求运动员在音乐伴奏下，完成连续复杂和高强度动作，表现动感、力量、柔韧、音乐才能，该项目起源于传统的有氧健身操。成套动作必须展示连续的动作组合与踏步、吸腿跳、弹踢腿跳、后踢腿跑、开合跳、踢腿跳、弓步跳七种基本步伐的使用，并结合难度动作、音乐，表现完美的融合性，体现创造性。

竞技健美操包括男子单人、女子单人、混合双人、三人（男三、女三、混合三人）、混合六人（男三、女三）的项目竞赛。比赛按性质分锦标赛和冠军赛两类。竞赛规则对参赛人数、比赛场地和成套动作的时间，以及成套的编排、动作的完成、难度动作的数量等方面有着严格的规定。

（三）表演性健美操

除健身性健美操和竞技性健美操外，在我国还有一种表演性健美操，其主要练习目的是“表演”。它是事先编排好的，专为表演而设计的成套健美操，时间为2～5分钟，参与人数不限，并可在成套动作中加入队形变化和集体配合动作，表演者可利用轻器械，如花环、旗子等，还可以采用风格化的舞蹈动作，如爵士舞等，烘托气氛，增加表演效果。表演性健美操主要是以在表演中展示自己的价值和魅力，在观赏中陶冶情操、净化心灵、促进健美操活动的广泛开展，满足人们表现自我的需要为目的，在特定的活动、场合或节日庆典中表演，集观赏、娱乐为一体的体育节目。一般而言，健身性健美操适合用于表演，竞技性健美操用于表演时可不受规则的限制。

四、健美操的特点

（一）集健美和健身于一体

健美操是以健身为基础，根据人体解剖学、运动生理学、体育美学等多学科理论，为使人体健康健美地发展而编排的。健美操动作讲究健美大方，强调力度和弹性，练习内容讲求针对性和实效性，不仅能使身体各部位的关节、韧带、肌肉得到充分锻炼，使人体匀称和谐地发展，而且还能增强体质，培养健美的体形和风度，塑造健美的自我。因此，健美操是一项既注重外在美的锻炼，又强调内在美的培养的人体运动方式，对人的身心影响较为全面。

（二）鲜明的节奏感和韵律感

健美操是一种必须在音乐伴奏下进行的身体练习，音乐是健美操的灵魂。与艺术体操相比，健美操更强调动作的力度。因此，健美操的音乐节奏趋于鲜明强劲，风格更趋于热烈奔放。健美操音乐多取材于迪斯科、爵士、摇滚等现代音乐和具有上述特点的民族乐曲，而正是音乐中的高低、长短、强弱、快慢等有节奏的变化，使健美操更富有一种鲜明的现代韵律感。此外，旋律清晰、活泼轻快、情绪激奋的音乐，不仅能振奋练习者的精神，使人产生跃跃欲试的动感，而且还能使人在练习过程中忘却疲劳，产生一种轻松愉快的心情。

（三）动作的多变性和协调性

健美操成套动作的多变性，不仅表现在动作的节奏和力度上，而且还表现在动作的复合性方面，即每节操很少是单个关节的局部动作，大多为多关节的同步运动。例如，在完成大幅度的上肢动作时，常伴有腰、膝、髋、踝和头部等的动作。这不仅可使身体各关节的活动次数成倍增长，而且还能有效地改善和提高人们身体的协调性。

（四）广泛的群众性

健美操是一项富有趣味性的运动，它能给人们带来热情奔放的情感体验，符合现代人追求健美、自娱自乐的需要，因此深受广大群众的喜爱。同时由于健美操，尤其是健身健美操，练习形式多样，运动负荷和难度可以自我调节，不同年龄、性别、形体、素质、个性、气质的练习者都可酌情择项参加锻炼，各种人群都能从健美操练习中找到适合自己的练习方式，并通过训练增强体质，弥补自身的某些不足，并且还可从中获得乐趣。因而，健美操是男女老幼所青睐的一项运动。此外，由于健美操不受气候的影响，对场地、器材条件的要求不高，练习起来简便安全，适合不同地区、不同条件的单位和部门的群众练习。因此，这项运动具有广泛的群众性。

五、健美操的价值

（一）健身价值

1. 促进人体血液循环，提高心脏功能

人的心血管系统好像一个运输网，心脏是这个运输网的主动力，血液通过这个运输网把养料送到全身各部位，供给各部分的需要，同时把体内的废物排出，因此，心血管系统的功能对人体健康有着举足轻重的影响。健美操是一项具有一定运动负荷的项目，它的动作节奏快，幅度大，身体的各个关节都在运动，能调动起人体各器官系统的运动。在这种情况下，由于肌肉运动，使心肌收缩力、心搏频率和静脉血管的紧张性等得到综合锻炼，从而达到增大心脏输出量的效果。

2. 改善呼吸系统的功能

呼吸也是人体的一个重要生命现象，呼吸的停止就意味着生命的结束，可见呼吸系统之重要。健美操这项活动不像长跑那样平缓，也不像太极拳那样缓慢，它的动作幅度大，灵活多变，动作的衔接紧密，髋部动作较多，上体和下肢一起运动。由于持续一段时间这样激烈的全身运动，能量的消耗增加，新陈代谢也加快，这样机体会需要更多的氧气。为了达到这个目的，就需要加快、加深呼吸，加大呼吸肌的收缩力量和幅度，来获得氧气，从而使呼吸肌更发达。

3. 促进人体骨骼肌肉的生长发育

骨骼是人体的支架，是人体最结实的器官，因此，骨骼生长发育不仅对人体形态有重要影响，而且对内脏器官的发育也具有促进作用。另外，由于健美操是全身性的运动，每一块肌肉都要交替地快速收缩、放松，这样会增强肌肉的收缩力，增大肌纤维，形成良好的肌肉线条，改善形体。

（二）美学价值

1. 姿态美角度

所谓姿态美是指身体形态方面的美，无论是观赏健美操，还是亲身练习健美操，都能不同程度地给人以不同的美的感受。一般从事健美操的运动员都具有健美而匀称的身体，当人们观赏健美操表演时，运动员那富有优美线条的形体会给观众留下很深的印象，从而使他们产生对形体美的渴望。对于那些进行健美操练习的人来说，作用会更大。经过练习后，体形都会不同程度地得到改善，因此，他们能从中获得美的乐趣。

2. 运动美学方面

健美操的动作起伏大、变化快、灵活多变、音乐节奏感强、音调优美，当人们观赏时，那节奏明快的音乐让人为之振奋，随之带来轻松愉快的情绪，运动员随音乐翩翩起舞，那舞姿的优美、动作的灵活都给人以美的感受。

第二节　健美操基本动作与套路

一、健美操基本动作

（一）基本步伐

根据动作完成形式的不同，我们可将基本步伐分为五类：

（1）交替类：两脚始终做依次交替落地的动作。例如，踏步、走步、“V”字步、跑步等。

（2）迈步类：一条腿先迈出一步，重心移到这条腿上，另一腿用脚跟、脚尖点地或吸腿、屈腿、踢腿等，然后向另一个方向迈步的动作。例如，侧并步、迈步吸腿、侧交叉步、迈步吸腿跳、侧交叉步跳等。

（3）点地类：一腿屈膝站立，另一腿伸出，用脚尖或脚跟点地后还原到并腿位置的动作。例如，脚尖点地、脚跟点地。

（4）抬腿类：一腿站立，另一腿抬起的动作。例如，吸腿、摆腿、踢腿、吸腿跳、摆腿跳、踢腿跳、弹踢腿跳、后屈腿跳。

（5）双腿类：双脚站立、身体重心在两腿之间的动作。例如，并腿跳、分腿跳、开合跳、半蹲、弓步。

（二）常用上肢动作

在完成基本动作时加入不同的手臂动作就会使动作变得丰富多彩，或改变动作的强度和难度。

1. 常用手形

健美操中的手形有多种，是从芭蕾舞、现代舞、迪斯科、武术中吸收和发展起来的。手形是手臂动作的延伸和表现，运用得好，会使健美操动作更加丰富多彩，生动活泼，更具有感染力。

（1）并拢式：五指伸直，相互并拢。大拇指微屈，指关节贴于食指旁。

（2）分开式：五指用力伸直，充分张开。

（3）芭蕾手式：五指微屈，后三指并拢、稍内收，拇指内扣。

（4）拳式：握拳，拇指在外，指关节弯曲，紧贴于食指和中指。

（5）立掌式：五指伸直，手掌用力上翘。

（6）西班牙舞手式：五指用力，小指、无名指、中指自掌指关节处依次弯曲，拇指稍内扣。

（7）花式：在分开式的基础上小指伸直向掌心回弯到最大限度，无名指随小指回弯。

2. 上肢动作

（1）举：臂伸直向某方向抬起。

（2）屈臂：前臂与上臂角度不断减小。

（3）伸臂：前臂与上臂角度不断增大。

（4）屈臂摆动：屈肘在体侧自然地摆动。可依次和同时进行。

（5）上提：直臂或屈臂由下至上提抬起。如：屈臂前提、直臂侧提。

（6）下拉：臂由上举或侧上举拉至身体两侧。

（7）胸前推：立掌，臂由肩部向前推。

（8）冲拳：屈臂握拳，由腰间猛力向前冲拳。

（9）肩上推：立掌，屈臂由肩部向上推。

（10）摆动：以肩关节为轴，手臂在180°以内的运动称之为摆动。

（11）绕和绕环：以肩关节为轴，手臂在180°～360°之间的运动为绕；大于360°以上的圆周运动为绕环。

（12）交叉：两臂重叠成“X”形。

在做上述上肢动作练习时，应注意肌肉的用力阶段，使动作富有弹性，避免上肢动作过分僵硬。

二、健美操基本技术

（一）落地技术

落地缓冲的主要目的是使身体尽可能地保持稳定，同时减少地面对关节、肌肉的冲击力，以避免造成运动损伤。

健身健美操的落地技术为：落地时，由脚跟过渡到全脚掌或由前脚掌过渡到全脚掌，然后迅速屈膝屈髋缓冲。所有动作在瞬间依次完成，用以分解地面对人体的冲击力。同时躯干与手臂保持良好的姿态，肌肉用力保持动作的稳定与控制。

（二）弹动技术

弹动技术是健美操最重要的基本技术之一，是体现健美操的最基本特征，用以区别其他运动项目的重要因素之一。

健美操的弹动技术主要依靠踝关节、膝关节、髋关节的屈伸缓冲而完成，它的主要作用是减少运动对关节的冲击力，从而减少运动对人体造成的损伤。值得注意的是在屈伸的过程中，腿部的肌肉要协调用力才能有效地防止损伤和产生流畅的弹动动作。

（三）半蹲技术

在健美操练习的过程中，每一个动作都需要半蹲动作的参与，因为无论是落地和缓冲技术，还是弹动的技术实际上都是和半蹲动作联系在一起的。一些常用的力量练习动作，如分腿半蹲、弓步等，也和半蹲动作有很大的关系。因此，掌握半蹲技术对完成健美操练习的质量具有重大影响。

半蹲时，身体重心下降，臀部向后下45°方向用力，膝关节不应超过脚尖，腰腹、臀部和大腿肌肉收缩，上体保持正直，重心在两腿之间，起落要有控制。分腿半蹲时，脚尖自然向外分开，应特别注意膝关节弯曲的方向要与脚尖的方向一致，保持自然关节的正确位置，避免脚尖或膝关节内扣或过度外开，以及膝关节角度小于90°的深蹲。

在有氧操练习中，分腿半蹲一般采取宽蹲的姿势，即两腿开度大于肩。而在轻器械操练习中，尤其是在负重的情况下，一般都采用窄蹲的姿势，即两腿开度同肩宽。这一差别主要是因为宽蹲有助于加大动作幅度，有效地提高运动负荷和在无负重状态下的练习效果，同时动作也更好看、更流畅；而窄蹲则更有利于负重，提高在负重状态下的练习效果，同时避免运动损伤。但无论是宽蹲还是窄蹲，都应遵循同样的技术要求。

（四）身体控制技术

健美操的身体姿态是根据练习的安全性和现代人体与行为美的标准而建立的。首先在整个非特殊条件下的运动过程中，身体应该保持自然挺拔，头部稍稍昂起的姿态，颈椎、胸椎、腰椎处于正常生理曲线的位置，并始终保持腰腹和背部肌肉收缩，避免“过伸”，尤其是无控制地“过伸”，是造成运动损伤的重要原因。总之，在健美操练习过程中的身体姿态取决于肌肉用力的感觉和程度，总的动作感觉应是有控制但不僵硬、松弛而不松懈的。

三、《中国学生健美操（水晶级）规定套路》动作

下面给大家介绍的这套青少年健身操动作，全套动作总长度为12个8拍，其动作强度适中，在使用中可以循环进行，具有很好的锻炼价值。经过中国大学生健美操艺术体操协会健美操专项委员会审定，作为《中国学生健美操（水晶级）规定套路》向全国推广和普及。

1. 第1个8拍

节拍	动作说明
1～8拍	原地踏步，双手握拳自然摆动（图13-2-1）

2. 第2个8拍

节拍	动作说明
1～4拍	左腿开始一字步，两臂上举（双手握拳，拳心相对）；3～4拍还原（图13-2-2）
5～8拍	同1～4拍

3. 第3个8拍

节拍	动作说明
1～4拍	左右腿交替并步两次，同时两臂在胸前平屈（双手握拳，拳心向下）后再还原，交替两次（图13-2-3）
5～8拍	同1～4拍

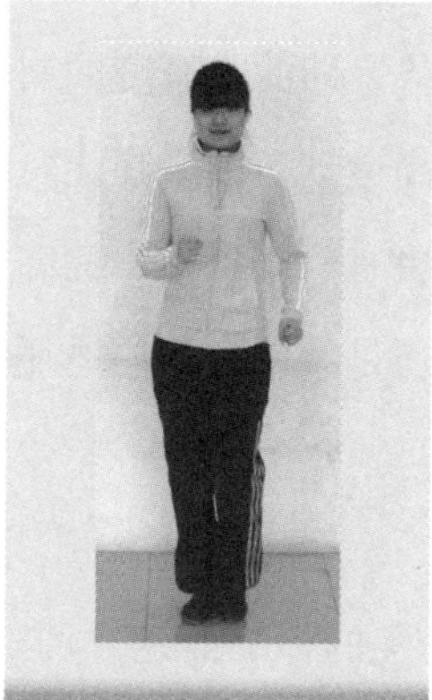
图13-2-1　第1个8拍

图13-2-2　第2个8拍

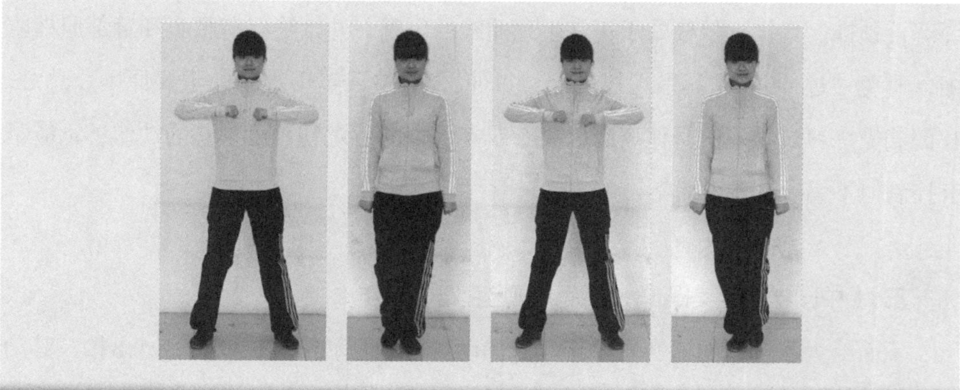
图13-2-3　第3个8拍

4. 第4个8拍

节拍	动作说明
1～4拍	向左并步两次，同时两臂上举（手握拳，拳心相对）再还原，交替两次（图13-2-4）
5～8拍	同1～4拍，方向相反

5. 第5个8拍

节拍	动作说明
1～4拍	左右腿交替后屈；同时两臂向前屈伸两次（图13-2-5）
5～8拍	同1～4拍，方向相反

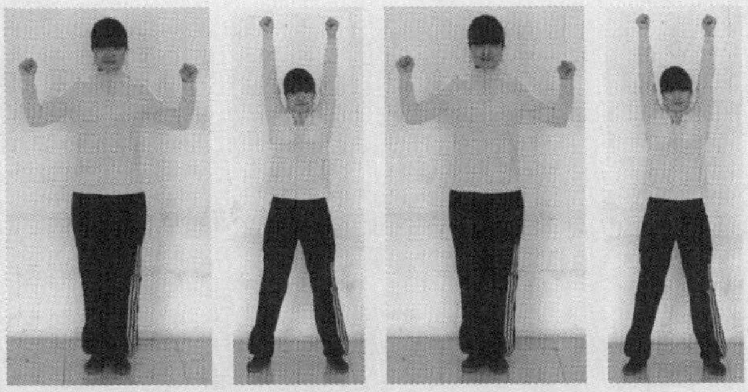

图13-2-4　第4个8拍

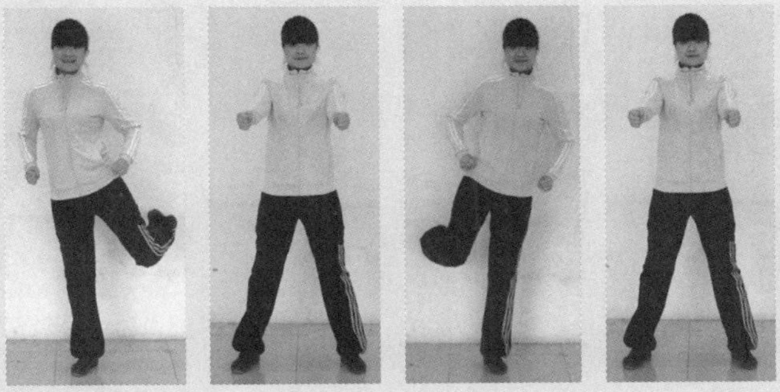

图13-2-5　第5个8拍

6. 第6个8拍

节拍	动作说明
1～4拍	左脚开始“V”字步，同时1～2拍两臂上举（双手合掌），3拍双臂侧平举，4拍还原（图13-2-6）
5～8拍	左右交替并步两次；同时两臂在胸前平屈（双手握拳，拳心向下）后还原，交替两次

7. 第7个8拍

节拍	动作说明
1～4拍	向前走四步，同时1～2拍两手在头上击掌后还原于腰间，3～4拍两手在头上击掌还原于体侧（图13-2-7）
5～8拍	后退四步，手臂同1～4拍

8. 第8个8拍

节拍	动作说明
1～2拍	A字步，双手交叉
3～4拍	还原立正同1～2拍，方向相反
5～8拍	1左腿侧出成右弓步，同时左手向右前45°方向冲拳，右手握拳置于腰间；7～8拍胸前击掌（图13-2-8）

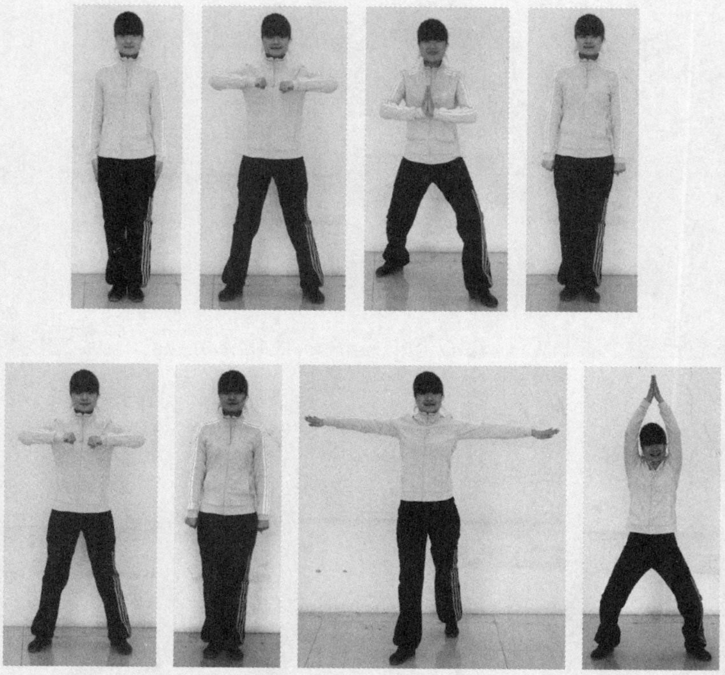

图13-2-6　第6个8拍

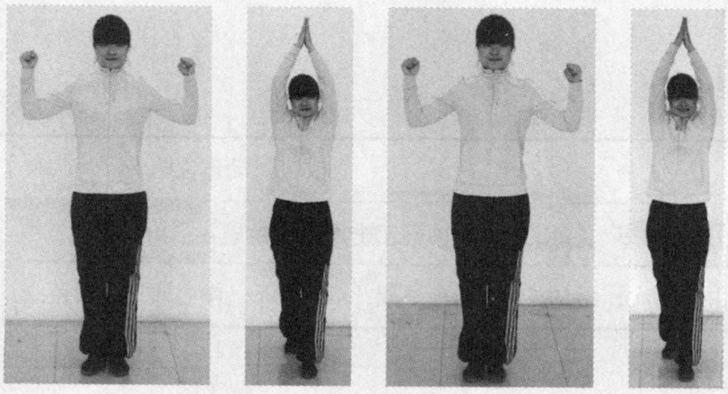

图13-2-7　第7个8拍

图13-2-8　第8个8拍

9. 第9个8拍

节拍	动作说明
1～4拍	1～3拍后交叉步，4向左转体90°并屈右腿；同时1～3拍左臂侧平举，右臂在胸前平屈，4拍两臂还原于体侧
5～8拍	左右交替并步两次；同时5拍两臂上举，6拍并脚方向同侧手臂侧平举，异侧胸前侧平屈，7拍双臂上举，8拍还原（图13-2-9）

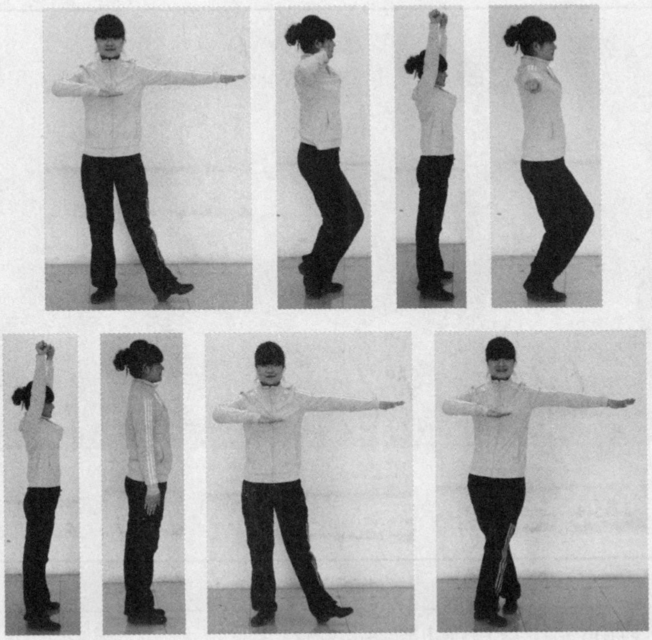

图13-2-9　第9个8拍

10. 第10个8拍

节拍	动作说明
1～4拍	左右交替并步两次，同时两臂在胸前平屈后还原（双手握拳，拳心向下）做两次（图13-2-10）
5～8拍	同1～4拍，方向相反

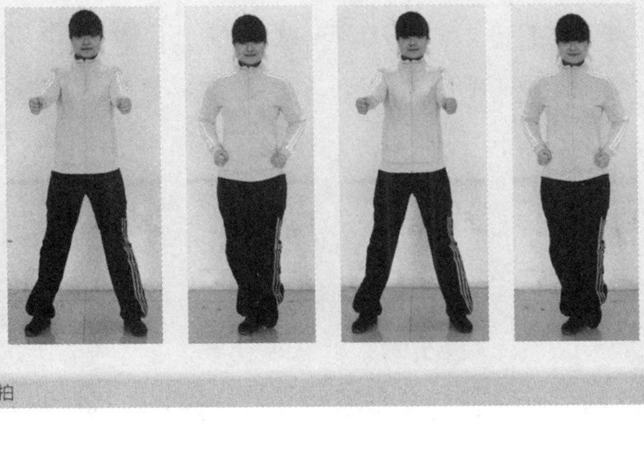

图13-2-10　第10个8拍

11. 第11个8拍

节拍	动作说明
1～2拍	1～2拍左前上步吸右腿；同时1拍左臂斜上举，右臂胸前屈，2拍左臂胸前屈，右臂斜下摆
3～4拍	3右脚点地，4拍吸右腿；同时手臂同1～2拍（图13-2-11）
5～8拍	同1～4拍，方向相反

图13-2-11　第11个8拍

12. 第12个8拍

节拍	动作说明
1～8拍	向后左右交替并步4次，同时由屈臂扩胸至胸前击掌做4次（图13-2-12）

13. 结束动作

节拍	动作说明
结束动作	出右脚成右弓步，同时左臂上举（掌心向前）（图13-2-13）

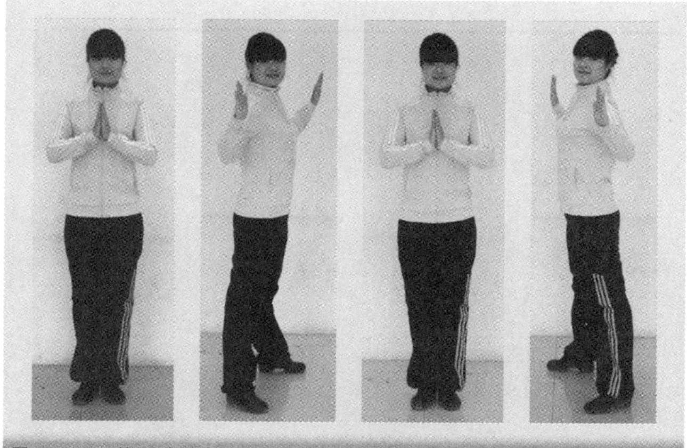

图13-2-12　第12个8拍

图13-2-13　结束动作

第三节　健美操运动基本规则

健美操根据项目分类不同，其评分规则也有一定的差别，其中包括大众健美操评分规则和竞技健美操评分规则。

一、大众健美操竞赛规则

（一）比赛分类

大众健美操比赛分为：规定动作比赛（全国健美操大众锻炼标准）和自选动作比赛两种。

（二）年龄与分组

大众健美操按照参赛选手年龄可分为：

儿童组（小学生）：12岁以下。

少年组（中学生）：13～17岁。

青年组：18～34岁。

中年组：35～49岁。

老年组：50岁以上。

（三）参赛人数

规定动作比赛：每队6人，性别不限，或按比赛规程执行。

自选动作比赛：每队3～16人，性别不限，或按比赛规程执行。

（四）比赛场地与设备

（1）赛台高80～100厘米，比赛场地为12米×12米的地板或地毯，后面有背景遮挡。

（2）有专业的放音设备和舞台灯光。

（3）裁判席设在比赛场地的正前方。

（五）成套动作时间

（1）规定动作比赛：按《全国健美操大众锻炼标准》的规定时间执行。

（2）自选动作比赛：成套动作时间为2分30秒～3分，计时从动作开始到动作结束。

（六）音乐伴奏

（1）规定动作比赛：音乐由主办单位提供，《全国健美操大众锻炼标准》规定动作音乐统一播放。

（2）自选动作比赛：音乐由参赛队自备，必须录在磁带A面的开头或光盘的开头，须备2份，其中1份报到后交大会放音组。

（3）自选动作比赛：音乐允许有2×8拍的前奏，音乐速度不限，但必须音质清晰。

（七）比赛服装

（1）参赛选手需着健身服或运动式休闲服和运动鞋（旅游鞋式，不可穿球鞋、体操鞋等）。

（2）服装上可有亮片等装饰物，女运动员可化淡妆；比赛时运动员不得佩戴首饰。

（八）裁判组组成

裁判组由1名裁判长、5～7名裁判员、1名记录长、2～3名记录员、1名计时员（自选动作比赛）、1～2名放音员、2～3名检录员、1名宣告员组成，也可根据比赛规模的大小适当增减裁判人员。

（九）评分方法

（1）采取公开示分的方法，成套动作比赛满分为10分制，裁判员的评分精确到0.1分。

（2）裁判员的评分去掉1个最高分和1个最低分，中间分数的平均分即为总分，再减去裁判长减分即为最后得分。

（3）对比赛成绩和结果不接受申诉。

二、竞技健美操竞赛规则

（一）竞赛项目

竞技健美操包括男子单人、女子单人、混合双人、三人操（性别任选）、集体六人操等竞赛项目。

（二）竞赛种类

竞技健美操包括单项赛、团体赛。

（三）比赛场地

（1）赛台：赛台高80～140厘米，后面有背景遮挡，赛台不得小于14米×14米。

（2）竞赛地板和竞赛区：竞赛的地板必须是12米×12米，并清楚地标出单人、混双、三人赛的比赛场地以及10米×10米的集体六人场地，标记带为5厘米宽的黑色带。标记带是场地的一部分。

（四）比赛时间

单人项目时间为1分30秒，其他项目成套动作的时间为1分45秒。均有加减5秒的宽容度。

（五）比赛音乐

参赛选手必须配合音乐完整地表演成套动作。

（六）难度动作

成套动作必须包括下列各组难度动作各一个：

（1）俯卧撑、倒地、旋腿与分切。

（2）支撑与水平。

（3）跳与跃。

（4）柔韧与变化。

最多允许做12个难度动作。

（七）评分方法

裁判员根据以下几个方面给予评分

（1）艺术分：从10分起评，对成套动作的动作编排、健美操内容、表演三方面予以评判减分。

（2）完成分：以10分起评，对成套出现的全部动作包括难度动作、操作动作、过渡与连接等技术完成情况进行评判。

（3）难度分：数出全部表演的难度动作的数量，并对最先完成的12个难度动作，按照所提供难度动作的最低要求、完全完成的难度动作进行评分。

（八）着装要求

1. 外表

（1）参赛运动员必须穿具有适当减震功能的白色健美操鞋。

（2）头发必须固定在头上。

（3）不允许使用悬垂饰物，衣服上不允许有任何装饰物。

2. 着装

女运动员着一件套紧身衣和肉色连裤袜，不允许穿上下躯干分离服装，前后领口的开口必须得体，前面不得低于胸骨中部，后面不得低于肩胛骨下缘。腿部上缘的开口必须在腰部以下盖住髂脊。紧身衣必须完全盖住大腿根部。

男运动员必须着一件套连衣裤或背心、短裤及合体的内衣，背心的前后不得有开口，袖口处不得在肩胛骨下有开口（不得露出肩胛骨）。

3. 饰物

禁止戴首饰。

第四节　健美操运动欣赏及练习时的注意事项

一、健美操运动比赛欣赏

竞技健美操是以锻炼身体为目的健身运动，一套高质量的健美操表演，能给人们以丰富的视觉及听觉的享受，如运动员形体语言展现的优美姿态，抒情、优美、热情奔放的不同音乐风格，无不给人以美的享受。竞技健美操的欣赏，主要体现在动作的难度和创新上，它和竞技体操、艺术体操一样，竞赛中以运动员所完成动作的操化、难度、新颖、稳定、优美等因素判定其技能水平的高低。作为一名大学生如何欣赏竞技健美操，可以从以下几个方面入手：

（一）艺术性欣赏

健美操成套动作的艺术性，主要体现在成套动作的设计、表现、音乐、配合以及创造性上。运动员所设计的动作是活力、动感、趣味和快乐的外在表现，必须与音乐的风格相一致，选用的音乐必须由运动员通过其自身的动作、身体的表现、感染力和活力共同体现出来。它包含以下几方面因素：

（1）音乐的适宜性：动作的风格与类型必须完美地适合所选音乐的特点、音响的效果与节拍。

（2）动作的强度：体现在运动员的动作频率、速度、耐力、重力、移动五个方面。

（3）动作的创造性：成套动作的编排必须与音乐的风格相适应，并使运动员的动作与表现力融为一体，具有令人难忘和与众不同的动作独创性、队形和托举的变化多样性、队员配合的默契性。

（4）基本步伐和特殊内容：复杂的组合要表现踏步、后踢腿跑、吸腿跳、踢腿跳、开合跳、弓步跳、弹踢腿七种基本步伐及其在一个八拍内手臂的变化，不同水平动作的连接、节奏变化、动作面的利用和协调。

（5）过渡与连接：步伐、动作形式、难度动作、托举动作的流畅和较好连接，成套动作里每拍都应很清楚，这样连接就不会中断。

（6）空间：利用竞赛场地的4个角和5个方向（向前、向后、向侧、对角、弧形）的移动及空间（地面、站立和腾空）的利用。

（7）表演：表演包括表现力和合拍，表现力是指运动员通过面部表情、目光接触、身体语言来表现身心的感受，以及用体能、魅力、热情、自信征服观众的能力。合拍是指运动员应与音乐配合协调一致，动作与音乐的节奏相吻合。

（二）难度动作欣赏

在所有单人、混双、三人和六人的健美操成套动作中，必须包括四组难度动作展示：即俯卧撑、倒地、旋腿与分切类；支撑与水平类；跳与跃类；柔韧与变化类。一套动作中最多允许做12个难度动作，每组难度动作至少各有1个，地面难度动作不得超过6个，俯撑落地难度动作不得超过2个，每个难度动作分值为0.01～1.0分。

如果运动员在做直角支撑动作时，没有保持2秒时间，此难度动作不算，或某运动员做单臂单腿俯卧撑时，胸部接触地面，此难度动作被判没有完成。成套动作中选择的难度动作必须体现出空中、站立和地面三个空间动作的均衡性。

（三）完成性欣赏

健美操完成性包括技术、技巧的一致性。我们在欣赏健美操时，要看健美操运动员的动作姿态是否保持躯干呈一直线，臂腿动作是否有力，外形是否清晰，是否合理利用空间，以及地面和空中动作等成套中的所有动作是否完美完成。成套动作应注重整体配合的一致性，包括动作的准确协调，动作与音乐伴奏的吻合以及所体现出来的动感和力度，如踢腿跳时，踢腿必须伸直，上体要挺拔，要体现出动作的规范性、准确性。同时在做双人、三人、六人操时，不仅要看以上的内容，而且需要整体的一致性、整齐性，这样才能达到和谐统一。

（四）音乐欣赏

健美操是在音乐伴奏下完成的，音乐是健美操密不可分的组成部分，不同的音乐构成运动员不同的表现风格，尤其在国际比赛中，不同国家的表演表现出不同的民族风格音乐，让你在欣赏运动员高超技术的同时也感受到音乐的魅力。然而，并不是所有的音乐都可用于健美操，音乐选择是否合适关系到全套动作的成败，对运动员的最后得分都有着重要的作用。健美操音乐可以选择一首或多首乐曲混合的音乐，也可使用原作音乐加入特殊音响效果，使用的音乐必须由运动员通过动作、身体表现、感染力和活力体现出来，这些动作必须适合竞技健美操的特色内容，按照音乐的结构、不同节奏等风格来完成，如采用拉丁音乐，动作必须表现拉丁风格。由于竞技健美操成套动作的时间为1分40秒～1分50秒，在这样短的时间内，运动员要把他们的身体技术全面地表现出来，使成套动作有起伏、有变化，那么音乐也必须与之相一致。运动员的成套动作是由许多单个动作组合而成，音乐在此起着连接作用，运动员的动作必须要按音乐的规律和特点，根据音乐的情绪、风格、意境和音乐的旋律和节奏来选择。

因此，我们在观看比赛时应该注意以下几个方面：

（1）运动员所选择的动作是否符合音乐的特点，动作节奏是否与音乐的节奏的强弱、快慢、轻重、缓急、圆滑和顿挫相吻合，动作的高低起伏、大小变化是否与音乐所蕴含的情绪和意境一致。

（2）运动员身体姿态、动作速度和力度是否和音乐的旋律、力度相一致；当完成高难度动作时，音乐是否强劲有力或有动感，因为只有这样才能使成套动作与音乐的配合达到完美的境界，使动作与音乐成为一个整体。

（3）音乐本身是否有主题、有意境、有感染力，能否增强成套动作的表现力；所表现的技术风格和个性是否与音乐完全一致，被运动员充分理解。因为，这体现了运动员的气质、性格、爱好、审美能力和艺术的表现能力。

总之，选择恰当的音乐，它会有力地渲染、烘托成套动作的气氛，抒发一定的情感，表现某种风格，有助于运动员充分展示其个人特点；同时，观众随着音乐的带入可充分感受运动员的激情和高超技巧，使人们在听觉、视觉上得到双重享受。

（五）服装欣赏

比赛开始，运动员上场，给观众眼前一亮的除了运动员的形体、容貌，还有运动员的服装。规则在服装要求上主要对上下、前后不得低于某一部位以及不得使用透明材料作了规定外，对款式没有限制。运动员可以根据自己形体条件、爱好，选择更适合自己的款式，再根据不同肤色选择不同的服装图案、色彩，并配以时尚的淡妆，充分体现了这个项目的时代性。这样，观众在欣赏运动员技术的同时又获得服装带给他们的艺术享受。

（六）运动员个人魅力欣赏

由于健美操是一项表演性运动项目，因此在比赛时对运动员的形象要求非常高，运动员的长相、体型、服装及服装色彩的搭配直接影响着观众、裁判的欣赏和评判。所以，在运动员选材时，力求选择形体美、容貌好、气质佳、富有艺术表现力、身体素质全面的运动员作为培养对象。

一名优秀的健美操运动员，其自身表现与音乐完美结合，动作协调，轻松自如，具有丰富的艺术表现力，有较高的审美价值。通过长期、系统的专项技术训练，每个运动员都具有本专项所需的身体素质和艺术修养，尤其是作为个人项目运动员，他们都具有高超的表演天赋。在比赛中他们往往不满足于只做那些适合自己特点和风格的动作，还尽量追求完全不同的风格，始终给人以全新的感觉。他们在比赛场上的举手投足，灵巧敏捷、活泼可爱，充满活力的动作，无不把他们的美传递给观众，并用个人魅力征服观众、征服裁判。

（七）集体项目欣赏

集体项目包括混双操、三人操、六人操，其特点是每个运动员必须有集体团队精神，它主要体现在以下三个方面：

（1）体现在运动员的选材上，他们在身高体形、气质、技术和表现力方面尽可能相近，并身着统一服装。

（2）在动作编排上要求所有运动员在成套动作的各部分充分体现合作意识。例如成套动作中必须有3次托举配合动作、2个动力性配合；混双操中至少有3个、三人操中至少有5个、六人操中至少有6个不同的队形变化。

（3）在完成动作的熟练性、力度、幅度、速度、技术规格上力求一致。尤其是在动作的一致性上，如发生变化则要被扣分。由于集体项目人数多、空间利用广、队形变化大等特点和风格，丰富了集体项目的技术内容，提高了集体项目的观赏性。

二、在做健美操练习时的注意事项

（一）练习常识

健美操融体操、舞蹈、音乐为一体，以有氧练习为基础，近年来广受青少年所青睐，但是练习健美操要想取得良好的效果，一些细节不能忽视。参加健美操锻炼的着装应根据季节的变化和练习环境的温度适当变化，一般棉质、弹性好的服装宜于运动。特别强调，运动时一定要穿运动式、弹性好、柔软性强的运动鞋和运动袜，因为健美操运动对下肢关节及足弓具有一定的冲击力，穿舒适的鞋袜可以起到保护作用，避免受伤。

健美操练习前必须做热身运动，天气较暖时，身体容易活动开，热身运动的时间可短一些；天凉时，活动时间要稍长些。在通常情况下，热身运动的时间应控制在总锻炼时间的20%左右，做到身体感觉发热为宜。

在进行健美操锻炼时，要根据自身的体质和运动负荷的承受能力，适当安排运动时间和强度。

放松运动是健美操练习后一个不可忽视的环节，通过放松运动可使心脏较快地恢复到正常工作状态，可促进整个机体较快地得到恢复，还能加速乳酸的消除，避免肌肉充血、僵硬。

饮食也会对健美操练习效果产生重要影响。一般进食1.5～2.5小时后才可进行健美操锻炼，若饭后休息时间较短，则食量可少一些。原则上运动前的一餐食量不宜过多，并且应吃一些易于消化，且含有较多糖、维生素和磷的食物，同时应尽量少吃含脂肪、纤维素及刺激性、过敏的食物。运动后，则应休息30分钟以后再进食，运动后应多吃些高能量、低脂肪含蛋白质多的食物，还应及时补充水分。

健美操练习要想取得理想的锻炼效果，必须科学地安排练习时间与次数，并注意运动卫生。

（二）动作注意事项

1. 动作的规范性

动作的规范性建立在动作的标准性上，因此，练习时肢体的位置、方向及运动的路线一定要准确。注意动作的速度、肌肉力度和动作幅度，使肌肉充分拉长与收缩，这样才能达到动作的整体效果。

2. 动作的弹性

动作富有弹性是健美操特点之一，其所涉及的身体部位很多，因此，练习时要注意肌肉的收缩与放松要有控制，使动作富有弹性，节奏均匀，避免动作过分僵硬和关节的过度伸展。

3. 动作的节奏感

掌握好动作节奏对健美操练习非常重要。练习者要想完成较好的动作，必须具有一定的肌肉控制能力、音乐节奏以及完成动作的能力。因此，练习时，要重视开发、训练自身的动作的节奏感，在听懂音乐节奏的基础上慢慢掌握动作的节奏感。

（三）训练时注意事项

在各大健身场所，健美操深受欢迎。资深健身教练提醒大家，在进行健美操锻炼时，要注意以下几点，才能收到良好的健身效果。

1. 准备活动

充分的准备活动能使关节、韧带、肌肉温度升高，增加身体灵活性，提高神经系统兴奋程度和心血管活动水平，从而防止运动伤害的发生。

2. 合理安排锻炼计划

锻炼者要根据自身体质安排健美操运动的时间、强度、练习组数等。有慢性疾病的练习者要在医生的指导下进行锻炼，心血管疾病患者应减少剧烈运动，避免快速旋转头部和突发性动作，患重感冒时最好停止健美操练习。

3. 及时补充水分

在锻炼过程中应注意及时补充水分，以保证身体健康和正常机体的需要。补充水分的方法最好是少量多饮，随时保持体内水的平衡。

4. 进食后两小时进行锻炼

一般进食后间隔两个小时才可进行健美操锻炼。因为进食后胃中食物充盈，立即运动会影响消化，容易出现腹痛、恶心等症状。而且运动前应吃些易于消化的食物，运动后应休息30分钟以上再进食。

5. 空腹锻炼不可取

如果长期空腹锻炼，会导致体重急剧下降，脏器功能受损，产生疾患，影响健康。

6. 锻炼时服装的选择

最好选择有弹性、纯棉、柔软、舒适的服装。每次练习后，要及时清洗服装，保持服装干爽。鞋子不仅要大小合适，而且要有衬垫，并具备一定的弹性和弯曲性。切忌穿高跟鞋和厚底鞋。

思考题

1. 简述健美操运动的主要特点。
2. 简述健美操比赛对服装的要求。
3. 简述竞技健美操和大众健美操的区别。

第十三章　健美操运动微课视频

大众健美操（水晶级）

第一个八拍　第二个八拍　第三个八拍　第四个八拍

第五个八拍　第六个八拍　第七个八拍　第八个八拍

第九个八拍　第十个八拍　第十一个八拍　第十二个八拍

第十三个八拍　第十四个八拍　第十五个八拍

第十四章 体育舞蹈

学习目标：

- *1. 了解体育舞蹈的起源和发展。*
- *2. 掌握体育舞蹈的基本技术和动作组合。*
- *3. 掌握体育舞蹈的竞赛规则。*

章前导言：

体育舞蹈是由社交舞转化而来，是体育与艺术高度结合的一项体育项目，是一种男女为伴的步行式双人舞的竞赛项目。它既不是传统体育的体育，又不是传统舞蹈的舞蹈，而是体育与舞蹈的叠加。它是舞蹈的运动化，又是运动化的舞蹈。本章内容主要介绍体育舞蹈的起源和发展，传授体育舞蹈的基本技术和组合动作以及相应的训练原则和方法，并对体育舞蹈的基本竞赛规则进行了介绍。使读者对体育舞蹈有更加全面的认识，激发学习兴趣和热情。

第一节　体育舞蹈概述

一、体育舞蹈的起源与发展

交谊舞的起源，可以追溯到公元10世纪以前，它从古老的民间舞发展演变而成。蕴含着交际舞意识形态的男女对舞，最早出现在非洲黑人的民间土风舞中，他们多数在农闲季节和节日成群结队地在草地上和广场上跳乡村土风舞。14世纪末到15世纪初，随着社会阶级的日益分化，民间舞逐步进入贵族城堡的舞会中。最早出现交谊舞的国家是意大利，继而，意大利出现了世界上第一批专职舞蹈师。15世纪末，宫廷舞蹈又演变成奢华庆典活动的骑士舞。当时有节奏缓慢的“低舞”，有适合男士跳的雄壮有力、富有弹跳的“高舞”，以及有图形变化的“链舞”——“步兰尔舞”三种类型。16世纪初，交谊舞的“低舞”派生出“帕凡”“拉伏尔地”等壮观华丽的队列式舞步，并由“步兰尔舞”派生出法国的“库尔特”“不雷”，以及西班牙的“查礼舞”等更为豪华富丽的舞蹈。当时有一种叫“伏尔塔”的双人舞很受青年人的欢迎。17世纪中叶，交谊舞逐渐从拘谨、文雅、华丽趋向于尊贵、活泼、轻快。18世纪初，在德国和奥地利民间流行一种“兰德勒”舞，后演化成三步舞——华尔兹。它和波兰的“玛祖卡”“波尔卡”一样，都以轻快的节奏和快速的旋转而受到人们的欢迎。19世纪，法国大革命、工业革命和浪漫主义运动对人们的思想观念带来很大影响，男女服饰有了很大改变，交谊舞服饰不受限制。因此，波尔卡、华尔兹四方舞等十分流行。到了19世纪末，当华尔兹舞方兴未艾之际，一种融合了波尔卡、华尔兹的新颖舞步的狐步舞应运而生。之后，起源于古巴的拉丁舞也逐渐盛行，人们一度热衷于这种独特节奏的舞步，从此拉丁美洲的这种舞蹈节奏很快传到欧洲各国。20世纪初，交谊舞逐步进入一个崭新的历史时期，1924年由“英国皇家交际舞专业教师协会”召集了各国舞蹈专家，对当时的交际舞进行了整理，将各个舞种、舞步、舞姿、步法进行分类并加以规范化，规定7种交际舞为“国际标准交际舞”，俗称“老国标”或“老交际舞”，它们是“布鲁斯”“慢华尔兹”“慢狐步舞”“快华尔兹”“快步舞”“伦巴”“探戈”。同时，制定了便于交际舞比赛的某些规则，并在伦敦曾举行过舞厅舞比赛。1927年，美国又产生了“吉特巴舞”，那时美国和各国海军士兵由于海上生活单调经常在军舰上踏舞，丰富了交际舞脚下的点踏动作，因此，在第二次世界大战时期，当时的“水手舞”——“吉特巴”风靡全球。当今，交际舞有了蓬勃的发展，国际标准交际舞的会员国以达30余国，随着时代的发展和变化，交际舞也在发展和变革。从20世纪20年代至60年代，“老国标”经历了半个世纪的演变发展成为“新国标”。新的国际标准交际舞增加了拉丁舞，从1960年开始，拉丁舞也被列为世界交际舞锦标赛的比赛项目。至此国际标准交际舞已形成两大种类，10个舞种。1964年以后，在国际标准交际舞比赛中，又增加了新的内容，这就是“集体舞”。迄今为止，摩登舞、拉丁舞、集体舞这三项新的交际舞被称为“当代国际标准交际舞”。

二、体育舞蹈分类

（一）摩登舞

摩登舞包括华尔兹、探戈、狐步舞、快步舞、维也纳华尔兹等。

1. 华尔兹

华尔兹来自德文“Walzen”，原为“旋转”之意，又译为“圆舞”，它是一种三步舞，通常称“慢三步”，它起源于维也纳，是由奥地利古老的“兰德勒舞”发展而成。18世纪盛行于英国、法国，并逐步形成绅士派的舞步，19世纪已风行于世界各国。华尔兹属旋转型舞步，其特点是舞姿华丽高雅、秀美潇洒，舞步起伏流畅，风格华贵典雅、飘逸舒展，比其他舞步更温文尔雅、富于诗情画意，因此，华尔兹有“舞中之皇后”的美称。华尔兹舞曲优美、抒情、明朗、动人，其节拍是3/4拍，节拍速度每分钟30～32小节，三拍子音乐为“蓬嚓嚓”，第一拍是强拍，第二拍是次强拍，第三拍是弱拍。华尔兹不分快慢步，只分大、小步，练习时可呼“1、2、3”或“蓬、嚓、嚓”，华尔兹舞姿起伏明显，舞步升降一般为“降、次升、升”。这样把3个拍子连起来，使3个步子连绵不断，此起彼伏，圆滑飘逸。

2. 狐步舞

狐步舞顾名思义是模仿狐狸行走姿态的一种舞步。1913年，美国有一名戏剧演员哈利·福克斯跳出一种步伐流利的舞步，受到观众的热烈欢迎，群呼“福克斯”，由此而得名。1914年，福克斯舞步传入英国。狐步舞的风格特点是潇洒、流畅，步幅宽大平滑，步态悠闲遐逸、从容怡适，步伐迂回、圆滑，线路曲折，多变，富于线条美、流动感，宛如行云流水，给人以一种飘逸超然之美感。狐步舞的节拍为4/4拍，速度为每分钟31小节。舞步分快、慢步，基本节奏为慢、慢、快、快、慢（S、S、Q、Q、S）。慢步占2拍，快步占1拍。

3. 快步舞

1923年，快步舞起源于美国。狐步舞流传后，逐渐分为慢、快两种，慢狐步舞就是当今的狐步舞，快狐步舞演变成为快步舞，风行于欧、美各国。快步舞的风格特点是轻快活泼、灵活多变、动作敏捷、活跃动人、技巧性高、节奏性强、活动量大，给人一种愉快、轻盈、优雅、甜美的感觉。快步舞的节拍是4/4拍，速度为每分钟50小节，基本节奏为慢、慢、快、快、慢（S、S、Q、Q、S）。慢步占用2拍，快步占用1拍。

4. 维也纳华尔兹

维也纳华尔兹原名为“维尼斯”华尔兹，由于流行在奥地利的首都维也纳，因此而得名。又因它比一般华尔兹的速度快，故又称“快三步”。维也纳华尔兹的特点是轻快、活泼、流利、奔放。舞动时以连续旋转为主，给人以轻盈、流畅、热烈、愉快之感。维也纳华尔兹的节拍是3/4拍，速度为每分钟50～60小节，基本节奏为“蓬、嚓、嚓”。舞步的跳法基本与华尔兹大同小异，第一拍为大步，第二拍与第三拍跳小步。也有第一拍跳大步，第二拍与第三拍仅跳一小步，还有三拍子“蓬、嚓、嚓”仅跳一大步。

5. 探戈

探戈由阿根廷的民间舞“隆加”演变而成。19世纪中叶传入法国，20世纪初风行欧洲、美洲。探戈舞的风格特点是庄严、豪放、刚劲、平稳、顿促、高雅、洒脱。探戈舞的节拍为2/4拍，速度为每分钟33～34小节，基本节奏为慢、慢、快、快、慢（S、S、Q、Q、S）。

（二）拉丁舞

拉丁舞包括伦巴、恰恰舞、桑巴、帕索多不列、加依夫等舞种。

1. 伦巴

伦巴与西班牙和非洲的舞蹈有密切关系。16世纪，随着殖民主义者贩卖黑奴而将非洲舞蹈传入拉丁美洲。因此，古巴就成为伦巴舞的发源地。伦巴舞的特点是音乐上缠绵深情，舞步上婀娜多姿，风格上柔美抒情，使舞蹈充满了浪漫情调，令人陶醉。伦巴的音乐节拍是4/4拍，第四拍是重拍。速度是每分钟27～30小节，舞步的节奏是第一步占1拍，第二步占1拍，第三步占2拍，其运步方法与众不同，要“先出胯，后出步”，呼数为“2、3、4、1”。

2. 恰恰舞

恰恰舞最早也是由非洲黑人传入拉丁美洲，后来在古巴发展起来，因此，恰恰恰和伦巴一样，它们都是起源于古巴，可称为一对姐妹舞，有许多共同之处：

（1）舞步的动律有同样的髋部动作；

（2）男女舞伴握持姿态及舞姿相同；

（3）舞步的名称相同，舞步组合可以相互通用。

它们的不同之处是：

恰恰恰在音乐上热情奔放，舞步上利落花哨，风格上诙谐俏皮。而伦巴在音乐上缠绵深情，舞步上婀娜多姿，风格上柔美抒情。

恰恰舞的音乐节拍是4/4拍，速度是每分钟32～34小节，恰恰恰舞是四拍跳五步，因此它的舞步节奏是第一步占1拍，第二步占1拍，第三步和第四步各占半拍，第五步占一拍，呼数为“2、3、4&、1”。

3. 桑巴

桑巴最早起源于非洲，最终形成于巴西，成为巴西的民族舞。桑巴舞的风格特点是音乐上狂欢热烈，舞步摇曳粗犷，风格激情豪放。桑巴的音乐节拍是2/4拍，每分钟48～56小节。每小节音乐的第一拍是附点音符，因此舞步的节奏随之形成它独特的特点。

4. 帕索多不列

帕索多不列又称为西班牙一步舞。在我国，由于帕索多不列的音乐和舞蹈动作是表现斗牛士的，因此，俗称为“斗牛士舞”。帕索多不列的特点是音乐上雄壮威武，舞步上奔突迸发，风格上是剽悍兴奋。帕索多不列的音乐节拍是2/4拍，速度是每分钟60～62小节。

5. 加依夫

加依夫是由吉特巴发展起来的。吉特巴是美国西部牧羊人跳的一种有跳跃性的舞蹈，因此在我国被称为牛仔舞。加依夫的特点是音乐上欢快跳跃，舞步上活泼矫健，风格上轻捷灵巧。加依夫的音乐节拍为4/4拍，音乐速度为每分钟40～46小节。

三、体育舞蹈的特点和价值

体育舞蹈是融体育与舞蹈为一体的新型体育运动项目，它之所以风靡世界、覆盖全球，必有其独特的功能，除了体育的教育性、锻炼性、舞蹈的自娱性及娱人性等特点外，还可以将任何几种特点进行组合，从而显示出体育舞蹈的多功能特性。因此，体育舞蹈以它固有的娱乐和锻炼价值，载入人类文明和物质文明的史册。

（一）体育舞蹈的教育价值

体育舞蹈的价值和作用，就在于给人以“真、善、美”的教育，不断陶冶人们情操，吸收美的真谛，提高民族的精神文明水平。

（1）真：体育舞蹈的真就是真实、真诚、实事求是。舞蹈表演必须在真实的基础上，才能为人所喜爱，亲切感人。

（2）善：体育舞蹈仍然继承交际舞交往的作用，它是人际交往、感情交流、沟通心灵的工具，而人际关系的特点是它具有感情基础。

（3）美：对于舞蹈家来说，美始终是毕生追求的目标。

所以，体育舞蹈之功能，就在于真、善、美的教育，它可以教育人们去追求崇高的思想境界，医治人们心灵上的创伤，提高民族的精神素质。

（二）体育舞蹈的锻炼价值

体育舞蹈是很有锻炼价值的全民健身、健心运动。它能健美形体、锻炼体魄。

1. 健美形体

经常参加体育舞蹈锻炼，进行形体训练，可以改善体型体态，对人的形体进行“生物学”改造，使体态丰满、和谐，使形体符合一定的健美标准。

2. 健身

长期从事体育舞蹈锻炼，可以对心血管系统产生很大的影响。它能使人的心脏得到锻炼，使心肌发达，心搏有力，心脏每次收缩时排出的血量增加，每分钟心跳次数逐渐减少，从而使心脏有一定的休息时间。这样心脏就具备了一定的储备功能，使之能适应更大的负担，进而提高了人体的活动能力。

3. 健心

人的心理活动的本质是脑对客观事物的反映。当今，人们的心理负担过重，焦虑过多，心理冲突过大，这些往往会引起心理疾病。而跳舞却能使人调整身心，逐步消除情绪障碍，以取得心态平衡，保持乐观的心情，以饱满的情绪再度投入紧张的学习和工作。

总之，经常参加体育舞蹈锻炼，能增强体质，改善人体心血管系统、呼吸系统等机能状态，改善神经系统的调节机能，促使身体健康，以达到健美、健身、健心的最佳效果。

（三）体育舞蹈的社交性

体育舞蹈仍然继承交谊舞“舞会舞蹈形式”的特征，从而成为社会交际活动的工具。

（四）自娱性

舞蹈可分为自娱性舞蹈和娱人性舞蹈两类。现代娱乐活动的特点是参与性强，每个人都想亲自参加体育舞蹈活动，而人类本身就具有手舞足蹈之本能。

（五）体育舞蹈的娱人性

当代世界上的思潮趋向是追求平安稳定，通俗文艺朝向高雅文艺发展，体育舞蹈由自娱性向娱人性发展，并以它相对稳定的高雅文明形态步入世界舞坛。在国际性文艺节的舞台上，有体育舞蹈表演，在电视节目中也有体育舞蹈欣赏。因此，它具有一定的观赏性、娱人性。

（六）体育舞蹈的群众性

体育舞蹈具有广泛的群众性，它时而以娱乐运动形式出现在娱乐厅，时而以锻炼形式出现在广场、公园、运动场等。这是舞蹈运动意识的萌芽，也是群众性体育舞蹈运动辐射到每一个生活角落的真实写照。

第二节　体育舞蹈基本动作与套路

一、基本名词

1. 舞程向

在一个舞池中，为避免互相碰撞而严格规定舞者必须按逆时针方向行进，这个行进方向叫舞程向。

2. 舞程线

沿舞程向方向行进的路线叫舞程线（图14-2-1）。

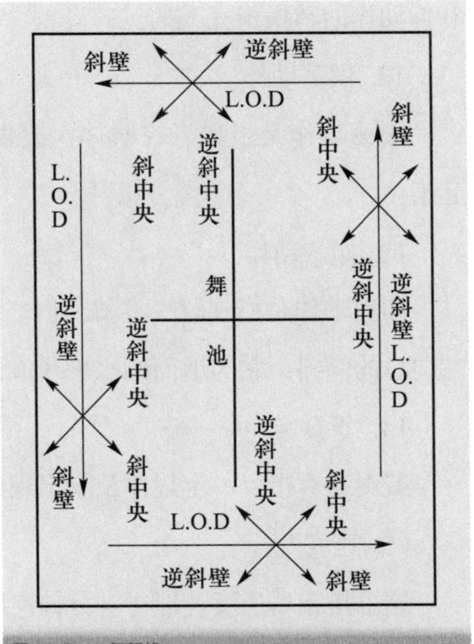

图 14-2-1 舞程线

3. 舞姿

泛指舞者跳舞的姿态。

4. 合对位舞姿（闭式位舞姿）

“合”指男女交手握抱，“对”指男女面对面，泛指男女面对双手扶握的身体位置。

5. 侧行位舞姿

侧行位舞姿指男士的右侧与女士的左侧身体紧密贴靠，身体的另一侧略向外展成“V”形站立或行进的身体位置。

6. 外侧位舞姿

外侧位舞姿是指在摩登舞中，男女舞伴中的一方向另一方的右外侧（常见）或左外侧（较少见）前进所形成的身体位置。

7. 并肩位舞姿

并肩位舞姿是指拉丁舞中，男女面对同一方向肩臂相并的身体位置。以男士为基准，男士左肩与女士右肩相并叫“左并肩位”；男士右肩与女士左肩相并叫“右并肩位”。

8. 影子位舞姿

影子位舞姿是指男女舞伴面向同一方向重叠而立，形影相随的身体位置。以女士居前较常见。

9. 反身动作

反身动作是指一侧脚前进或后退时，异侧肩和胯后让或前送，使身体与舞步形成反向配合的身体动作。

10. 反身动作位置

在身体不转动情况下，一脚在身前或身后形成交叉，以保证两人身体维持相靠姿态的身体位置叫反身动作位置。常用于外侧舞伴姿态、侧行位置姿态的舞步中。

11. 升降动作（起与伏）

升降动作是指在跳舞时身体的上升与下降。升降动作是在膝、踝、趾关节的屈和伸动作的转换中完成的。

12. 摆荡动作

摆荡动作是指舞者在身体上升做斜向或横向移动时，像钟摆似的把身体摆动起来。

13. 倾斜动作

倾斜动作是指在跳一些舞步时，身体的倾斜。从形体上讲，是指肩的平衡线向左向右的倾斜，它与地面的水平线成三角斜线。

14. 节奏

节奏通常指以一定规律反复出现的赋予音乐以性格的具有特色的节拍。

15. 速度

这里指音乐速度，即每一分钟内所演奏的小节总数。

16. 组合

组合是指两个或两个以上的舞步型的结合。

17. 套路

套路是指由若干个组合而串编成一套的完整的舞步型。

二、技术动作术语

1. 准线

准线是指双脚的位置或双脚方向与房间的关系。

2. 平衡

平衡是指舞蹈中身体重心的准确分配。

3. 基本舞步

基本舞步是指构成一种特定舞蹈的基调舞步型。

4. 擦步

擦步是指当动力脚从一个开位向另一个开位移动时，必须先与主力脚靠拢，而重心不变的舞步。

5. 滑步

滑步是指在第二步双脚并拢的三步组成的舞步。

6. 脚跟转

脚跟转是指向后迈出的脚的脚跟转。在动作过程中并上的脚必须与主力脚平行，旋转结束时身体重心移动至并上的那只脚。

7. 脚跟轴转

脚跟轴转是指不变重心的单一脚跟旋转。

8. 踌躇步

踌躇步是指前进暂时受阻的舞步型或舞步型部分，重心停留于一脚的时间超过一拍。

9. 逗留步

逗留步是指身体运动或旋转受阻时的部分舞步型，双脚几乎静止不动。

10. 开式转

开式转是指第三步不是并靠而是超越第二步的旋转。

11. 轴转

轴转是指一脚脚掌的旋转，另一脚处于或前或后的反身动作位置。

12. 锁步

锁步是指两脚前后交叉的舞步。

三、华尔兹基本知识及套路

（一）华尔兹的基本位置（预备动作）

（1）两人双肩平行面对面站立，左边身体1/2往左错开，右脚尖在舞伴双足间。

（2）男士的右臂将是女士的主要支撑，男士的右手放在女士肩胛正下方，手指并拢微呈杯状，以起到引导作用，右手臂离开身体并将手肘尖端微向侧。

（3）女士的左臂应轻抹在男士右臂上方，并以大拇指扣住他的手臂内侧，女士的右手应置于男士左手虎口上，若女士较矮时，举手的高度与眼睛同高，女士的手是用来接收男士的引导，所以不应有任何推或拉的动作。

（4）抗力是一对好搭档必备的，如果身体掉落就无法感应对方移动的方向，反应也会有时间落差，抗力的目的是为了保持肩膀与手腕及手肘的稳定；跳舞时除了向上或向下的动作，当作前进、后退、侧行动作时应维持抗力。

（二）握持姿势要点

（1）男伴要感觉自己很高，尽量把身体拉高到极限，还要感觉自己身体很宽，双臂平抬，双手肘尖与心窝成为一条直线，左小臂向斜前上方上举与左上臂成略大于90°，右小臂向斜前下方平伸。

（2）女伴同样要把身体拉高，双手肘尖成为一条直线，轻轻搭在男伴的手臂上，女伴要感觉到身体成两条弧线，一条是由胸、腰到头部向后仰的弧线，另一条是由胸、腰到头部向左倾斜的弧线。

（3）四个接触点

接触点1：男伴左手轻握女伴的右手，男伴的左手拇指与中指稍用力，女伴的中指稍用力。

接触点2：男女双方身体的垂直中心线与身体右边线之间的垂直中间线的腰部部分相重叠接触（即男伴的右侧髋与女伴右侧髋重叠）。

接触点3：男伴右手掌轻托女伴的左肩胛骨下，手掌平伸。

接触点4：女伴左手虎口张开，放在男伴右上臂三角肌下部，拇指在内侧，其他四指在外侧，腕部和小臂放平，不得突起（图14-2-2～图14-2-4）。

图14-2-2

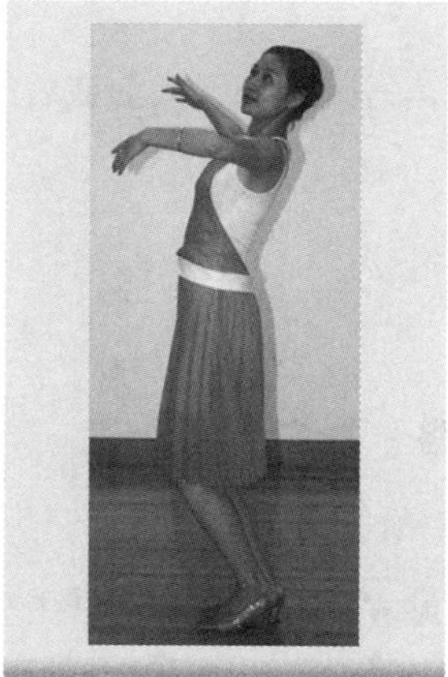

图14-2-3

图14-2-4

（三）华尔兹舞的套路组合（表14-2-1）

表14-2-1　华尔兹舞套路组合

步伐名称	开始位置	结束位置	小节数	基本要领
左足前进、并脚换步	闭合舞姿，男士面对斜墙壁，女士背对斜墙壁	闭合舞姿，男士面对斜墙壁，女士背对斜墙壁	一小节	注意起始和结束位置面对的方向
右转步	闭合舞姿，男士面对斜墙壁，女士背对斜墙壁	闭合舞姿，男士背对墙壁，女士面对斜墙壁	两小节	注意沿舞程线方向走
右足前进、并脚换步	闭合舞姿，男士背对墙壁，女士面对斜墙壁	闭合舞姿，男士背对墙壁，女士面对斜墙壁	一小节	方向不变
左转步	闭合舞姿，男士背对墙壁，女士面对斜墙壁	闭合舞姿，男士背对斜中央，女士面对斜中央	两小节	男、女每一小节左转1/4
角落中的叉形步	闭合舞姿，男士背对斜中央，女士面对斜中央	闭合舞姿，男士面对斜中央，女士面对斜中央	一小节	男、女做左转的后三结、以叉型步结束
侧行追步	闭合舞姿，男士面对斜中央，女士面对斜中央	闭合舞姿，男士面对斜中央，女士背对斜中央	一小节	向舞池中央行进

续表

步伐名称	开始位置	结束位置	小节数	基本要领
右旋转步	闭合舞姿，男士面对斜中央，女士背对斜中央	闭合舞姿，男士背对斜中央，女士面对斜中央	两小节	向斜墙壁方向行进
左转的后三步	闭合舞姿，男士背对斜中央，女士面对斜中央	闭合舞姿，男士面对斜墙壁，女士背对斜墙壁	一小节	左转1/4

四、恰恰舞基本知识及套路

本节节选了拉丁舞——恰恰舞的部分基本套路组合为主要内容，结合对舞蹈中一些要领（包括舞步的特点和音乐节奏的把握）的阐述，让学者更容易了解并掌握恰恰舞的基础舞步的跳法。

（一）拉丁舞的舞程向与舞程线

拉丁舞与摩登舞的风格有很大的区别，它不像摩登舞的五个舞种都遵循同样的舞程向与舞程线，加上它自身的五个舞种之间的风格也有所不同，所以拉丁舞每支舞的舞程向与舞程线有其自身的特点。

伦巴舞、恰恰舞、牛仔舞在起舞时可沿逆时针方向行进，也可从场地中央开始向场地四个角的方向行进。桑巴舞和斗牛舞在表演和比赛时以面向观众或评委起舞为最佳；桑巴舞的舞程向与舞程线与摩登舞的一致，因此它是拉丁舞中进行性的舞蹈。拉丁舞在表演或舞厅自娱时，起舞的方向和路线可根据舞蹈编排的需要或舞厅场地条件灵活变化，均可取得良好的表演效果。

从舞者起舞向舞程向行进时的直线即为拉丁舞的舞程线。

（二）拉丁舞髋部的韵律摆动

拉丁舞在整个舞蹈过程中突出表现了男女双方髋的韵律摆动（简称律动）。髋部动作是以腰部摆动带动髋的韵律性摆动。髋部摆动时，腰部要放松，上体保持正直，两臂在体侧自然摆动。在髋部向侧顶送时，防止上体向体侧倾斜。例如，伦巴舞，髋的律动要平衡，没有上下起伏的动作，腰部带动髋摆动。恰恰舞髋的律动是向前侧或后侧摆送，虽然动作节奏较快，由于腰部的扭转而臀部有绕摆现象，但髋的动作要平衡摆动。

桑巴舞髋部的摆动与其他舞区别较大，髋部的摆动是绕横轴环形绕摆，整个身体的律动也以髋和腹的环形前后绕动而摆动，胸和头自然前后摆动。动作中腰部要特别放松，膝、踝关节保持弹性以增强身体的协调性。

牛仔舞在顶髋时，上体与髋同时摆动；斗牛舞髋的律动比其他舞摆动幅度小，随着舞步的移动，髋与上体同时摆动。

（三）握持姿势

拉丁舞与摩登舞相比具有活泼欢快的特点，因而它的握持姿势没有统一固定的模式，各种舞的握持姿势各异，同时起舞中握持姿势随着舞姿的变化而变换。恰恰舞的舞姿比华尔兹舞姿变化较多，男女双方相对位置与牵手状况也较复杂，大致有下列几种：

1. 正常闭握姿即闭握面对姿（闭合舞姿）

将体重完全置于重心脚上方，男女双方距离15厘米左右，男性右手放在女性左肩胛骨处，女性的左手放在男性右腕上，沿着肩膀轻放。男性的左手放在眼睛高度处，轻握女性右手。拉丁舞的闭式握姿较摩登舞男女身体相离稍远，双手腕彼此向对方稍延伸（图14-2-5）。

2. 分式面对姿

此舞姿一定要注意背部后面尽量延伸，臀部不要提升向身体内缩，男女双手保持在腰部附近，非重心脚的脚跟提起（图14-2-6）。

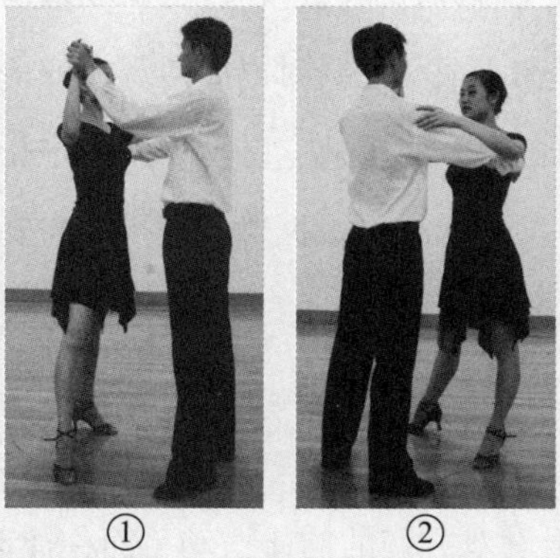

图14-2-5　正常闭握姿

图14-2-6　分式面对姿

3. 扇形舞姿

扇形舞姿是拉丁舞、伦巴及恰恰舞中常用基本舞姿。扇形打开时，脚跟不可着地，女性肚脐向男性，身体有点扭转，女性重心脚稍向后。扇形舞姿所形成的空间要能容纳三个人，圆形大一些，男女双手则在双方中间紧握（图14-2-7）。

4. 影位姿

影位舞姿在伦巴、恰恰舞与桑巴舞中常用到。男女双方面对同一方向，女士在男士右前方，双方的重心、握手方式及手臂位置依不同舞步而有差异。例如，有男士左手握女士右手，男士右手握女士左手的影位舞姿，也有男士左手握女士左手，右手则放在女士肩部的影位舞姿，称之为同手相握影位舞姿。典型的影位舞姿如图所示（图14-2-8）。

5. 纽约线条

纽约线条是伦巴及恰恰舞常用舞姿，线条很美，但并不容易展现，纽约线条舞姿的展现必须注意以下基本事项（图14-2-9）。

①

②

图14-2-7 扇形舞姿

图14-2-8 典型的影位舞姿

图14-2-9 纽约线条

（1）手向上延伸，手掌在腕关节处弯曲成水平。

（2）手肘部分要保持弹性，不可伸太直。

（3）头部不可太过向前，有向上顶的感觉。

（4）身体外侧尽量延伸。

（5）肩胛骨下压，两肩放松。

（6）双手握处较肩膀低，二人角度呈现90°姿势。

（四）恰恰舞的套路组合（表14-2-2）

表14-2-2　恰恰舞的套路组合

步伐名称	开始位置	结束位置	小节数	基本要领
基本方步	闭合舞姿，两脚左右开立；男士重心在右脚；女士重心在左脚	开式舞姿，两脚左右开立；男士重心在右脚；女士重心在左脚	两小节	男、女在第一小节时左转1/8；第二小节男不转，第四拍时右脚斜进；女左转1/4，第四拍左脚斜进
纽约步	开式舞姿，两脚左右开立；男士重心在右脚；女士重心在左脚	开式舞姿，两脚左右开立；男士重心在右脚；女士重心在左脚	两小节	注意切克步法的运用；男向前出左脚开始，女向后退右脚开始
臂下左转	开式舞姿，两脚左右开立；男士重心在右脚；女士重心在左脚	开式舞姿，两脚左右开立；男士重心在左脚；女士重心在右脚	一小节	注意定点转的运用；男向前进左脚开始，女向左侧出右脚开始
定点转	开式舞姿，两脚左右开立；男士重心在左脚；女士重心在右脚	开式舞姿，两脚左右开立；男士重心在右脚；女士重心在左脚	一小节	男向左侧出右脚开始，女向右侧面出左脚开始
前进后退	开式舞姿，两脚前后开立；男士重心在右脚；女士重心在左脚	开式舞姿，两脚前后开立；男士重心在右脚；女士重心在左脚	六小节	男先连续后退三小节，然后连续前进三小节，女步则相反
手对手	闭合舞姿，双手环握，两脚左右开立；男士重心在右脚；女士重心在左脚	闭合舞姿，双手环握，两脚左右开立；男士重心在右脚；女士重心在左脚	三小节	第一小节以男先向左转体1/4，向后退左脚；女先向右转体1/4，向后退右脚开始；连续做三小节
定点转	闭合舞姿，双手环握，两脚左右开立；男士重心在左脚；女士重心在右脚	基本方步开始位置	一小节	

第三节　体育舞蹈基本规则

一、体育舞蹈的竞赛特点

根据国际惯例和体育舞蹈协会的规则，体育舞蹈比赛一般分为专业组和业余组。专业组比赛分公开级和新秀级，一般来说，在公开赛上获得过名次的选手不能参加新秀级的比赛；业余组的比赛分为公开级和新人级，在业余公开级获得名次的选手不能参加新人级的比赛。

业余选手比赛按年龄分为不同的组别：中年组——男40岁以上，女30岁以上；常青组——男50岁以上，女45岁以上；青年组——男、女14～18岁；少年组——男、女14岁以下。体育舞蹈比赛常用的计分方法分为英式顺位法和日式顺位法。通常经过预赛进入复赛的选手为参赛总对数的2/3对，经复赛进入半决赛的选手应是参赛总对数的1/2对，经半决赛进入决赛的对数只能是国际规定的6对。裁判用“对号”的方法选出应进入下一轮比赛的选手，以此类推，最终判定前6名的名次。舞蹈主要按照以下几个方面来评分：选手的基本技术占40%，其中脚步动作、姿态、手臂稳定和移动各占10%；对音乐的表现占20%；对体育舞蹈风格的表现占15%；体育舞蹈编排占10%；临场表现占10%；现场效果占5%。半决赛的评分：基本技术占15%，音乐表现占20%，舞蹈编排占20%，临场表现占15%，风格占20%，现场效果占10%；若参赛者对所赛舞种风格展示不鲜明或舞程方向不完全正确，应将其名次排列最后；若参赛者临场表现、发挥较逊色，将影响晋级。若参赛者中途间断或停歇，其舞种得分应排至最后名次。一般参赛选手临场发挥较好，能控制动作，其节奏、平衡、配合均良好，那么，动作幅度越大者，取得的名次就越好。

另外，根据国际体育舞蹈比赛的规则和我国体育舞蹈协会的要求，选手在比赛时应做到以下几点：一是足部动作及各种步伐的方位、角度和脚与地面接触部位必须准确；二是不同舞种的握持动作、运动过程中的姿势准确、漂亮；三是舞伴之间用力得当，动作能保持平衡、稳定，在完成高难度动作时保持身体平衡、稳定，移动是由身体带动的，不只是脚的动作，且移动要流畅；四是对不同舞蹈的节奏，表现要清晰、准确，对各种不同音乐的风格应有很好地理解，并且能很好地体现音乐的风格和情调；五是能细致地区别各种舞种之间在风格、韵味上的差别，在表现各舞蹈风格的同时，能体现出舞者的个人风格；六是舞蹈的编排、动作流畅、新颖，能体现舞种的基本风韵，并符合音乐的风格及结构；七是有良好的临场表现和临场发挥；八是赛场效果，舞者的气质，出场、退场的总体形象较好。

由于体育舞蹈是由文艺项目转变而来，因此表现在竞赛上既有文艺痕迹又具有体育特点。体育舞蹈比赛采用主持人制，即体育舞蹈比赛自始至终在主持人的指挥下进行，主持人既是司仪、广播员，又是宣传鼓动员、观众代言人，是场上的中心人物。比赛采用比赛和表演结合、淘汰与顺位结合的比赛方法。

二、体育舞蹈比赛

1. 比赛规模

体育舞蹈比赛有世界级、洲际杯、国与国之间、全国范围内、区域性等比赛规模。

2. 比赛名称

体育舞蹈的比赛一般称为“某某”锦标赛、公开赛、邀请赛、友谊赛、精英赛、杯赛等。

3. 国际组织

体育舞蹈的国际组织有世界舞蹈和体育舞蹈总会（职业）、国际体育舞蹈联盟（业余）。

4. 竞赛设项

（1）国际性的体育舞蹈比赛设职业组和业余组。

（2）全国性的体育舞蹈比赛设专业组、公开组和新人组。

5. 比赛舞系

体育舞蹈比赛的舞系包括摩登舞、拉丁舞和团体舞。

三、体育舞蹈竞赛的组织程序

（一）制订竞赛规程

竞赛规程和裁判规则是进行比赛的法规文件，具有权威性和指导性。制定竞赛规程要依据竞赛的目的、任务、经济实力和竞赛的诸多条件确定各项具体内容，规程应内容严谨，概念清楚，文字表达正确。

竞赛规程内容：主办单位、承办单位、比赛日期和地点、比赛项目、参赛办法、竞赛办法、录取名次及奖励、费用、报名与报到、其他。

（二）成立组织机构

（1）组织委员会

（2）竞赛委员会：秘书组（宣传组、后勤组）

（3）竞赛组

竞赛组包括评审组、记分组、场地组、主持人、检录组、奖品组等。

（4）仲裁委员会

（三）赛会编排原则

（1）符合规程和规则，符合国际惯例，简便实用。

（2）有利于公平竞争，有利于选手发挥技术，有利于裁判和记分的正确实施。

（3）便于观众欣赏。

（四）制定竞赛方案

（1）核实报名单，确定选手背号。

（2）制定竞赛编排。

（3）制定竞赛顺序。

（4）制定抽签和公布成绩方法。

（5）编制秩序册。

（五）确定场地、灯光、音响、服装

1. 场地

体育舞蹈比赛场地要求为23米×15米，一般采用地板拼接而成，应不反光，防滑，平整，四周有界线。

2. 灯光

各类灯光齐备，大小、色彩、图案追光等及时变化，适于比赛表演等各种用途。

3. 音响

采用专业音响，配备专业人员工作，保持与主持人、选手的密切配合。

4. 服装

（1）摩登舞：男子穿燕尾服（黑色或深蓝色）、黑舞鞋。女子穿长裙（运动型晚礼服）、5～8厘米高跟鞋（与服装色系相近）。

（2）拉丁舞：男子穿形体裤、赋有拉丁风格的上衣。女子穿露背、腿的短裙和高跟凉鞋。

（六）对比赛音乐和时间的要求

比赛中每支舞的时间通常是1分15秒～2分钟。每一支舞的比赛都会准备5首舞曲，比赛时随机进行选择，每一个组别用的都是相同的舞曲。职业组的音乐旋律更优美，儿童组的音乐节奏感更强。

（七）对选手的要求

比赛中，选手双脚不能离地两秒钟，即不允许做托举动作。因为比赛是大家在一起同场竞技，选手很难保证自己周围没人，做双脚离地的动作时，危险性非常大，有可能会打到旁边的选手或是被别的选手碰到，两个人很容易摔倒。这一规定主要是为了选手的安全考虑。

对14岁以下的少儿比赛，国际和国内的比赛都有规定的套路和动作范围，比如说14岁少儿的动作不得超越金牌动作范围。

四、裁判的组成、资格、记分及规则

（一）裁判的组成

通常设有裁判长一名，裁判员若干名，上场裁判员必须是单数。全国比赛、国际大赛设裁判员7～11名，裁判员姓名用英文字母A、B、C、D……代表，并在裁判评分表上表示。

（二）裁判资格

1. “学士”资格

掌握5种舞蹈，50个以上的动作组合。

2. “会士”资格

掌握5种舞蹈，100个以上的动作组合。

3. “院士”资格

掌握10种舞种，100个以上的动作组合。

（三）评判要素

1. 基本技术

足部动作、姿态、平衡与稳定、重心移动。

2. 音乐表现力

比赛音乐节奏、风格的理解和体现化。

3. 舞蹈风格

细微区别各种不同舞种之间的风格、韵味上的差别，个人舞蹈风格的展现。

4. 动作编排

动作流畅、新颖，运用自如，体现舞种的基本动作风味，并有一定的技术难度，与音乐密切配合，发挥音乐效果，编排有章法，充分利用场地。

5. 临场表现

赛场上的应变能力、良好的竞技状态、专注、自信，能自我控制临场发挥。

6. 赛场效果

舞者的风度、气质、仪表及出入场的总体形象。

（四）记分与判定名次的方法

1. 淘汰法

从预选赛至半决赛采用淘汰制比赛方式，即根据竞赛编排从参赛人数中按规定录取选手进入下一轮比赛，淘汰其余选手。

2. 以顺位法为依据

所谓“顺位法”是指决赛名次的产生方法，即决赛时评委给选手打的名次通过顺位排列单项和全能名次。

单项舞顺位规则：在各位次上获得过半数裁判判定领先的选手便获得该顺位的名次。

（五）国际舞蹈运动联合会裁判规则

（1）根据竞赛者的不同水平，向其解释竞赛规则。

（2）运用常识去确保竞赛精神不因不必要的或教条的解释方法而丧失。

（3）确保在赛场内外，裁判员的言行均符合裁判身份。

（4）选手无论表演水平高低，裁判员都应赞美他们的良好表现。

（5）判断时应保持一致性、客观性、中立性。带有偏见的评判将破坏竞赛的全部意义。

（6）避免评判自己的选手，如果无法避免，应采取客观态度去评判。

（7）对于参赛选手的评判，不应怀有门派偏见。

（8）不应宽恕其他裁判带有偏见的评判行为。

（9）处罚危险或粗暴行为时应采取谨慎态度。

（10）通过参加研讨会、专题讨论会提高裁判员的执裁水平，并且裁判员要不断了解舞蹈技术、风格和音乐的评判标准的发展状况。

（11）确保比赛在友好、欢乐的气氛中进行。

（12）不要当众对其他裁判的评判和可信度提出质疑。裁判员的意见可以保留给由合适人选组成的仲裁委员会裁定。

（六）评判内容

1. 时值和基本节奏

裁判必须确定选手是否按时值和基本节奏进行表演。“时值”是指每一舞步的时间正好与音乐合拍。“基本节奏”是指舞步在规定时间内完成并且保持舞步之间正确的时间关系。选手的时值和基本节奏错误时，其该项舞蹈的所得分数必须是最低的。这种错误不能通过步法技巧的良好表现来弥补。

2. 身体线条

“身体线条”是指两位选手作为一个整体，在运动中身体各部位构成的整体效果，应表现出优美的舞姿。身体线条包括手臂线条、背部线条、肩部线条、胯部线条（骨盆姿势）、腿部线条、颈部和头部线条、左侧和右侧线条。

3. 整体动作

裁判必须确定选手是否正确掌握该舞蹈的风格特点，并且评估选手动作起伏、倾斜和平衡。只有在控制和平衡掌握良好的情况下，动作幅度越大，评分越高。在拉丁舞中，必须评估每种舞蹈典型的胯部动作。

4. 节奏表现力

裁判必须评估选手的舞蹈节奏表现力。这揭示出选手对舞蹈节奏的感受、理解与适应能力和在舞蹈中对音乐的理解与表现。但若表演与节奏不合，也要按违反第一项处理。

5. 步法技巧

裁判必须评估选手正确表现舞步的脚法，如每一步足着点是脚掌、脚跟或脚趾等，以及脚步移动的控制和表达力。

（七）各舞种的特定要求

1. 华尔兹舞

要求足部运动正确，在前进或后退中能突出主动腿的推动。男女舞伴的身体必须保持重叠2/3并在运动过程中始终保持身体的接触。在移动过程中，必须强调身体的移动要流畅、连贯，在运动中身体起伏，表现出华尔兹的雍容华贵、荡漾起伏的风格。

2. 探戈舞

要求两舞伴相握手臂屈肘的夹角应小于90°，身体重叠1/2，男女舞伴的接触从横膈膜到膝盖，即使在做难度动作时也不能分开。运动时应走弧线，动作强调顿感、挫感及内在的力度，体现探戈豪放潇洒的风格。

3. 狐步舞

握持及身体的接触同华尔兹，应注意狐步的跟掌关系，要起伏平缓，跳出狐步的悠闲、轻松和流动感。

4. 快步舞

握持及身体的接触与华尔兹相同，动作要协调一致，跳步时要轻快、流畅。

5. 维也纳华尔兹

握持及身体的接触与华尔兹相同，运动中身体应出现倾斜、升降和摆荡的特点，在左转退步时必须有锁步，动作雍容华贵并有轻快的流畅感。

6. 伦巴舞

音乐为4/4拍，音乐的第2拍为脚步的第1拍，重拍在第4拍。

7. 恰恰恰舞

步伐应利落、紧凑，舞蹈要求风趣、俏皮。

8. 牛仔舞

音乐为4/4拍，做动作时脚下要有符点，胯的运动为左右摇摆并与脚的重心相反，舞蹈要求活泼、自由。

9. 桑巴舞

音乐为2/4拍，注重音乐的切分，步伐要有弹性并准确地运用髋关节前后左右的自然摇摆，舞蹈体现欢快、奔放的风格。

10. 斗牛舞

音乐为2/4拍，动作干净利索、有力度，要有西班牙斗牛士的阳刚之气。

五、正确欣赏体育舞蹈

（一）欣赏形体美

在比赛中，选手不仅技艺超群，而且都以其优美的形体外貌使裁判和观众为之倾倒，优美的身体造型与音乐的协调配合能够极大地满足人们的审美心理要求。因此，在这样一个较量美的运动项目中，优美的身体形态也就成为夺取好成绩的必要条件。

（二）欣赏音乐美

音乐是体育舞蹈的重要组成部分。音乐是一种表现艺术，它以声音来表达创造者和表演者的内心世界。因此，在观赏舞蹈时，可以随着音乐的旋律产生联想与想象。在观看体育舞蹈比赛时，要欣赏音乐与动作的有机结合，动作必须符合音乐的特点，巧妙地把技术动作、乐曲的旋律、节奏以及个人的风格和谐地组织起来。

（三）欣赏动作美

根据体育竞赛的竞技性特点，由动作、技术和战术综合表现的动作美，是观赏体育竞赛的核心内容。选手在不同的舞种表演中，寻求和表现不同的风格。体育舞蹈比赛中，运动员利用自己的身体条件和表演风格，把具有各自特色的动作表演得那样娴熟、完成足够数量的精彩的难度动作组合，做到动中有静，静中有动，舒展流畅，连绵不断，使外表的动作与内在的情感融为一体，加上优美动听的音乐，令观众陶醉在美的艺术之中，充分得到美的享受。

（四）欣赏舞蹈十看点

情：表达感情是舞蹈的核心。

柔：动作柔中有刚，刚中有柔，刚柔相济。

美：动作美、体态美，形神兼备，叫人赏心悦目。

韵：音乐有韵律、有韵味、有情感。

健：健美，即神态、体态要有力度感。

准：动作的规范性、准确性，动作、舞姿、造型不多不少，有分寸。

轻：指体态轻盈。

洁：动作干净，不拖泥带水，清脆利落，使观众觉得豁然开朗，心情愉快。

敏：动作敏捷。

稳：稳如泰山，将技巧性动作变成舞姿，必须有稳定感和平稳感，脚跟站稳。

体育舞蹈是将艺术、体育、音乐、舞蹈融于一体，把“健”与“美”完整结合的典范。作为艺术形式，体育舞蹈因为具有独特的观赏性和强烈的艺术感染力，而在众多的体育项目中独树一帜。同时，作为一项体育运动，体育舞蹈又具有极强的竞技性，这也使它不同于崇尚表演的舞蹈艺术。同时，体育舞蹈还是一项老少皆宜的健身和娱乐方式。正因为如此，体育舞蹈自问世之日起，就很受大众喜爱并很快风靡世界。

思考题

1. 简述体育舞蹈的分类。
2. 简述体育舞蹈的基本步法。
3. 简述体育舞蹈中组合技术的运用原则。
4. 简述体育舞蹈握持姿势的分类。

第十四章　体育舞蹈微课视频

左足前进并换步

右足后退并换步

方步

方步转体

叉形步

由侧行至追步

原地换重心

基本步

纽约步

手对手

定点转

基本步转体

三个“恰恰恰”

“之”字步

组合

第十五章 跆拳道运动

学习目标：

- *1. 了解跆拳道运动的起源和发展。*
- *2. 掌握跆拳道运动的基本技术和战术。*
- *3. 掌握跆拳道运动的竞赛规则。*

章前导言：

本章主要以跆拳道运动基本技术为主，以套路练习为辅，适合跆拳道爱好者和初学者使用。随着跆拳道运动的普及，爱好者的不断增多，对于跆拳道的需求从许多方面体现了出来。本章从常用的基本动作技术出发，给练习者以帮助，具备指导功能，使读者对跆拳道运动有更加全面的认识，激发学习兴趣和热情。

第一节 跆拳道运动概述

一、跆拳道运动简介

跆拳道，是一项利用拳和脚进行搏击的对抗性运动。它通过竞赛、品势和功力检验等运动形式，使练习者增强体质，掌握技战术，并培养坚忍不拔的意志品质。

跆拳道的“跆”字，意为像台风一样猛烈地、强劲地跳、踢的“脚”；“拳”是拳头之意，是用来防护和进攻的武器；“道”是指人生的正确道路。跆拳道运动要求练习者不仅学习跆拳道的技术，更注重对跆拳道的礼仪、道德修养的学习和遵从，每一次练习都要求“以礼始，以礼终”，培养练习者忍耐、谦虚和坚忍不拔的精神。

二、跆拳道的发展史

（一）古代跆拳道的产生与发展

跆拳道古称“跆跟”“花郎道”，起源于古代朝鲜的民间武艺。公元688年，新罗王国统一了朝鲜，建立了一种“花郎制度”。到真兴王时，创立了“花郎道”。

公元935年，勇敢善战的高句丽军队推翻了新罗王朝，建立了高丽王朝。士兵们的战斗力来自平日的训练和对跆拳道的喜爱。他们平时常常用拳掌击打墙壁或木块，以磨炼手部的攻击能力。十分喜爱徒手搏斗的忠惠王曾专门邀请臂力过人、武功超众的士兵金振都（亦有称“金扼郁”）到宫廷表演手搏技艺，使跆拳道声望大震，并日渐被广大民众所接受。1392年，高丽王朝被李朝取代，武功没有得到足够的重视，但在民间，这一活动却始终没有停止。1790年汇编成书的《武艺图谱通志》中收录了“手搏”“跆跟”等武艺的技术与方法，以及动作图解和一些器械的使用方法，并将很多技击性很强的武术技艺融会到跆拳道的技法之中。

1910年，日本侵占朝鲜后，建立起殖民政府，一度下令禁止所有的文化活动，武技在劫难逃，在朝鲜境内销声匿迹。一些不甘寂寞或被生活逼迫的人远离国土，到中国或日本谋生，同时把技击技术延续下来。更为重要的是这些技击技术与中国武术和日本武道交融与结合，孕育了新的技术体系。

（二）现代跆拳道运动的发展

第二次世界大战后，自卫术再度兴起，从异国他乡回归故土的朝鲜人也将各国的武道技艺带回本国，逐渐与跆拳道融为一体，形成了现在的跆拳道体系。1955年，朝鲜地区的自卫术正式称为“跆拳道”。

1961年9月，韩国成立了唐手道协会，后更名为跆拳道协会，并成为全国运动会正式竞赛项目。1966年，第一个国际组织——国际跆拳道联盟成立。1973年5月，在汉城成立了世界跆拳道联合会。1975年，世界跆拳道联合会（简称世界跆联）被国际体育联合会接纳为正式会员。1980年，国际奥委会正式承认世界跆联。

1973年，世界跆拳道联合会成立，有美国、日本、马来西亚、新加坡、朝鲜、菲律宾、沙巴、柬埔寨、澳大利亚、科特迪瓦、乌干达、英国、法国、加拿大、埃及、奥地利、墨西哥等二十多个国家和地区加入。目前会员数量仍在不断增加。

1988年，跆拳道在韩国汉城奥运会首次亮相后，为了适应国际重大比赛，跆拳道的技术在不断地变革和发展。

今日的跆拳道动作似乎不像以前那样圆滑流畅，也不似以前那样重视运动中身体的平衡。然而对当今跆拳道技术的检验并不在它的外观，而是在于实战之中。具体地说，就是在实战对抗中或在大街上遭受袭击被迫自卫的情形下，新型跆拳道的技术无疑要比拘于形式的老技术更胜一筹。

时代不断变化，跆拳道也将不断地发展延伸下去。

（三）我国跆拳道运动的发展

1992年10月7日，中国跆拳道协会筹备小组成立，这标志着我国跆拳道运动正式开始。1995年8月，中国跆拳道协会正式成立，魏纪中当选为第一任协会主席。同年11月，中国跆拳道协会被世界跆拳道联合会接纳为正式会员。

三、现代跆拳道的特点和作用

由于跆拳道简单易学，且能达到防身自卫、强身健体的作用，所以深得人们喜爱。随着这项运动在世界范围内的不断推广和发展，跆拳道已基本上向两个方向发展：一种是世界跆联倡导的以跆拳道品势演练为主。所谓品势就是将不同于真实格斗的技术变成各种组合，形成固定的套路，如太极八章、高丽、一如等。另一种是通过实战不断发展，完善为现代竞技体育项目，使其成为奥运会的正式比赛项目，也就是世界跆联倡导的竞技跆拳道，即通常所说的跆拳道。本书中除品势一章的介绍外，主要内容是就竞技跆拳道而言。

（一）跆拳道的主要特点

（1）以腿为主，手足并用。

（2）方法简练，刚直硬打。

（3）内外兼修，功法独特。

（4）以击破为测试功力的手段。

（5）强调气势，发声扬威。

（6）礼始礼终，培养良好道德品质。

（二）跆拳道的作用

跆拳道具有防身健身、修身养性、娱乐观赏等多方面的作用，是人们增强体质，培养意志品质的一种较好的手段。

四、跆拳道礼仪、精神

（一）跆拳道礼仪

跆拳道不仅是一种具有高度攻击力的技击术，而且也是一门精巧的形体艺术和健身方法。技巧和控制力是学习跆拳道必须具备的基本素质，精神与气质则是每个跆拳道选手所必需的。

“以礼开始以礼终”是跆拳道武士精神的中心思想。训练、比赛的开始和结束，都有严格的礼节仪式：练习者进入道场时，首先向国旗和老师敬跆拳道鞠躬礼，表示对祖国的热爱和对师长的尊敬。配合练习或比赛开始前，双方应互相敬礼，练习后或比赛结束后，再次相互敬礼，以示友好和互相尊重、谦让。在比赛中受到裁判处罚，也要行道礼表示服从。比赛结束要向对方教练敬礼表示尊重。

跆拳道“道礼”的要求是：先立正站立，再上身前倾30°，头低45°，目视地面行鞠躬礼。

在练习跆拳道的过程中，要严格遵守道德规范，增强法制观念。要有忠于祖国的思想，要有爱国家、爱民族的热情，要有为正义和扶助弱者的自我牺牲的精神。要在尊重前辈、尊重他人、遵守规则的前提下磨炼技术。跆拳道极力提倡培养练习者高尚的道德品质、刚强不屈的意志，健全和完美的风度以及蓬勃向上的体育精神。跆拳道练习虽然是以双方格斗的形式进行，但由于双方都是以提高技艺和磨炼意志品质为目的，所以在双方各自内心深处都必须持有向对方表示敬意和学习的心理。因此在练习或比赛前后都一定要向对方敬礼，即跆拳道运动始终倡导的“以礼始，以礼终”的尚武精神。由于跆拳道是练习者精神和身体的综合修炼，使练习者在艰苦的磨炼中培养出理想的人格和体魄，并能够真正掌握防身自卫的本领，因而对练习者的精神锻炼中就必须包括“礼仪”的教育和熏陶。“礼仪”是跆拳道运动必不可少而且十分重要的组成部分。

（二）跆拳道的精神

跆拳道的精神为礼仪、廉耻、忍耐、克己、百折不屈。其具体体现如下：

1. 礼仪

跆拳道练习者要互相尊重，彼此友爱。每次训练前后向老师或（助理）教练致敬，每次训练尽可能早到或至少不迟到。

2. 廉耻

跆拳道练习者要是非分明，有羞耻之心，努力使自己成为正直和有道德的人。

3. 忍耐

忍耐是用来克服跆拳道练习过程中遇到的困难的秘诀。只有忍耐，才能超越自己，在跆拳道的道路上更进一步。

4. 克己

如果不自我控制，那么跆拳道练习和街头打架也没有什么区别。一个人失去自我控制的能力，无论在面对对手或个人事务的时候都会丧失判断，无法正确处理情况。

5. 百折不屈

真正的跆拳道练习者在面对困难时永不退缩，在挫折面前从不轻易放弃。

第二节 跆拳道运动基本技术与战术

所有的体育运动项目，均由技术和体能两个部分所组成，亦都是经由身体的活动而表现其各不同的特质。武术单项也是一样，不同名称之武术虽技术各异，但其技术原理相同而且共通。因此，练习跆拳道如能以正确的技术原理为依据，打下正确根基，进而学习更高深的技术则能事半功倍；反之则事倍功半，浪费时间且徒劳无功。

一、跆拳道基本技术

（一）跆拳道腿法

1. 前踢

（1）动作规格：以左势实战姿势开始。右脚向后蹬地，身体重心前移至左脚；右脚蹬地顺势屈膝提起，左脚以前脚掌为轴外旋约90°，同时，右腿迅速以膝关节为轴伸膝、送髋、顶髋，把小腿快速向前踢出，力达脚尖或前脚掌。踢击目标后右腿迅速放松弹回，落回原地仍成左势实战姿势（图15-2-1）。

图15-2-1 前踢

（2）动作要领

① 膝关节上提时大小腿折叠，膝关节夹紧，小腿和踝关节放松，有弹性。

② 踢击时顺势往前送髋，高踢时往上送髋。

（3）易犯错误

① 直腿上撩，大小腿没有折叠，膝关节不夹紧。

② 上体后仰过大，失去平衡。

③ 踢击目标时向前用力，与推踢动作混淆。

2. 横踢

（1）动作规格：右脚蹬地，重心移到左脚，右脚屈膝上提，两拳置之于胸前；左脚前脚掌辗地内旋，髋关节左转，左膝内扣；随即左脚掌继续内旋转，右脚膝关节向前抬置水平状态；小腿快速向左前横踢出；击打目标后迅速放松收回小腿，右脚落回成实战姿势（图15-2-2）。

图15-2-2 横踢

（2）动作要领：膝关节夹紧，向前提膝，尽量走直线；支撑脚外旋180°；髋关节往前顺，身体与大小腿成直线，严格注意击打的力点在正脚背；踝关节放松，击打的感觉是“面团”“鞭梢”。横踢攻击的主要部位有头部、胸部、腹部和肋部。

（3）易犯错误

① 膝关节不夹紧，大小腿折叠不够。

② 腿外摆的弧形太大。

③ 上身太直、太往前，重心往下落。

④ 踝关节不放松，脚内侧击打（应为正脚背）。

3. 推踢

（1）动作规格：实战姿势开始。右脚蹬地，重心前移，右脚以髋关节为轴提膝前蹬，用右脚脚掌向前蹬推，力点在脚掌，推力向正前方（图15-2-3）。

（2）动作要领：提膝后尽量收紧膝关节，重心往前移，利用身体的重量，推的时候腿往前伸展、送髋，推的路线为水平往前。推踢的攻击目标是腹部。

（3）易犯错误

① 收腿不紧，直腿起，容易被阻截。

② 上身太直重心往下落，腿不能水平前推。

图 15-2-3　推踢

4. 劈腿

（1）动作规格：实战姿势开始。右脚蹬地，重心前移至左脚。同时，右腿以髋关节为轴屈膝上提，两手握拳置于胸前；随即充分送髋，上提膝关节至胸部，右小腿以膝关节为轴向上伸直，将右腿直举于体前，右脚过头。然后放松向下以右脚后跟（或脚掌）为力点劈击，一直到前面，成实战姿势。

（2）动作要领：腿尽量往高、往头后举，要向上送髋，重心往高起；脚放松往前落，落地要有控制；起腿要快速、果断；踝关节要放松。劈腿的主要攻击部位有头顶、脸部和锁骨。

（3）易犯错误

① 起腿不够高，不够充分，重心不往高起。

② 踝关节紧张，往下压太用力。

③ 重心控制不好，腿落地太重。

④ 上身后仰太多，应随重心一起前移，保持直立。

5. 后旋踢

（1）动作规格：实战姿势开始。两脚以两脚掌为轴均内旋约 180°，身体左转约 90°，两拳置于胸前。上体左转，将左腿向后上以髋关节为轴直腿摆起，左腿继续向左后旋摆鞭打，同时上体向左转，带动左腿弧形摆至身体左侧，左腿屈膝回收；左脚落至左后成实战姿势（图 15-2-4）。

（2）动作要领：转身、旋转、踢腿连贯进行，一气呵成，中间没有停顿；击打点应在正前方，呈水平弧线；屈膝起腿的旋转速度要快；重心在原地旋转 360°。后旋腿攻击的主要部位有前额和胸部。

（3）易犯错误

① 转身、踢腿中有停顿，二次发力。

图15-2-4 后旋踢

② 起腿太早，最高点不在正前方。

③ 上身往前、往侧、往下，推动平衡。

6. 旋风踢

（1）动作规格：两人从闭势实战姿势开始，攻方左脚向右脚右侧前方跨一步，左脚内扣落地，身体向右旋转180°；左脚落地的同时右腿随身体继续右转向右后摆起，此时身体转动360°，左脚蹬地起跳，顺势在空中用左横踢击打对方腹部或头部，右脚落地支撑。

（2）动作要领

① 攻方上步转体动作要迅速、果断，左脚内扣落地时脚跟对敌。

② 右脚随身体右转向后右侧摆起时不要太高，以能带动身体旋转起跳为宜。

③ 左脚蹬地起跳，身体腾空，但不过膝，目的是快速旋转出腿。

④ 左脚横踢时，右腿向下落地，要快落站稳，即横踢目标的同时右脚落地。

（3）易犯错误

① 左脚上步内扣落地角度过大，使后面的动作改变方向。

② 上步、转体、摆腿、起跳动作不连贯，动作幅度过大。

③ 左腿横踢没有利用转体轻跳的顺势力量，打击力度不够大。

（二）跆拳道准备姿势、基本步法

1. 准备姿势

准备姿势也称预备姿势，是竞技跆拳道比赛中双方开始时的基本站立姿势。准备姿势应便于进攻和防守反击以及步法的移动（图15-2-5）。

（1）动作过程

① 两脚开立与肩同宽，两臂垂于体侧。

② 左脚或右脚向另一脚的前方迈出，两脚相距一步距离前后站立，使身体侧对

对方，同时两手半握拳，沉肩，两臂屈肘，自然垂放。

③ 重心落在两脚之间，膝部略弯曲，眼睛平视对方面部，下颌微收。

（2）动作要领

① 两臂所放位置不是固定的，也可以一臂垂下或两臂都垂下。

图 15-2-5　准备姿势

② 两脚之间的距离和重心的高低可根据具体情况进行调整，原则上是在移动时能最快调整好身体重心。

③ 若重心下降，大小腿之间的夹角几乎等于90°，则为低位准备姿势。

2. 基本步法

（1）前进步：从实战姿势开始，两脚成斜马步，两手握拳置于胸前。前进时后脚蹬地向前迈步，身体侧转成另一侧斜马步，可连续进行。这是前进步的一种——上步。注意拧腰转髋。前进时，后脚蹬地，前脚向前滑行称为前滑步；后蹬地，前脚向前跳跃为前跃步。前滑步和前跃步都属于前进步，是主动进攻时采用的步法。也可用于假动作，配合手臂动作进行，便于快速接近对方。

（2）后退步：从标准实战姿势开始，前脚掌用力蹬地，后腿先退后一步，前脚随即后退，两脚以及身体仍保持原来姿势。若前脚掌蹬地后，后脚沿地向后滑行一步，前脚随即同样向后滑行一步，两脚以及身体仍保持原来姿势，叫作后退步。这种步法可以拉开和对手的距离，避开对方的进攻，准备做反击动作。

（3）后撤步：从标准实战姿势开始，以后脚前脚掌为轴，前脚抬起，经后脚内侧向后撤一步，形成和原来相反的实战姿势。后撤步可根据实战需要左右变化，调整与对方的相对距离，准备进行攻击或反击。

（4）侧移步：从标准实战姿势开始，两脚前脚掌同时向左右侧蹬地，离开原来的位置。向左移叫左移步，向右移叫右移步。侧移步的作用是避开对方有力的攻击，移动到对方的侧面，准备进行反击。

（5）跳换步：由标准实战姿势开始，两脚同时蹬地使身体腾空，空中两脚前后交换，同时转体；落地时身体姿势成另一侧的准备姿势。跳换步的腾空不宜高，略离地面即可；换步时要拧腰转髋，迅速敏捷，其目的是干扰对方的攻防思路，选择适宜自己进攻的方位和转换自己身体的得分部位使对方不能得分。同时争取反击的空间和时间，马上转入进攻。

（6）弧形步：由标准实战姿势开始，前脚的前脚掌原地蹬踝地面，后脚同时向左（右）蹬地后右（左）跨移一脚，成为和原来准备姿势不同方向的准备姿势。向左跨为左弧形步（或左环绕步），向右跨步为右弧形步（右环绕步）。

（7）前（后）垫步：由标准实战姿势开始。后（前）脚向前（后）脚并拢的同时，前（后）脚蹬地向前（后）迈（退）步，仍成原来的实战姿势。

垫步动作的要点是后（前）脚向前（后）要迅速，不等后（前）脚落地，前（后）脚就要蹬地移动，前（后）脚移动的距离要适当，既能照顾与对方的位置关系，又便于自己后面的连接动作。垫步动作要迅速、轻捷、连贯，要快速接近或远离对方。后面的连接动作，无论是进攻还是防守，都要连续迅速，可在垫步过程中做动作，不给对方任何机会。

（8）前冲步：由实战姿势开始，后脚向前迈进一步，身体姿势同时转正，随即前脚向前冲一步仍成实战姿势。可连续冲几步成实战姿势。

前冲步的动作要点是两腿要连贯快速，类似加速冲刺。步幅小、频率快，灵活多变，是主动追击对方的有效步法。

二、与对手相关的站位

1. 开式站位

开式站位是指自己的身体前面与对方的身体前面相对而立，包括左势对右势和右势对左势两种形式。

2. 闭式站位

闭式站位是指和对方的身体不相对应的站位，即自己的体前对应对方的体后，包括左势对左势和右势对右势两种站位形式。

三、跆拳道训练方法

（一）跆拳道技术训练应注意的问题

（1）把握好学习与创新的关系。学习是为了提高，要虚心学习国外跆拳道运动员先进的技术和训练方法与手段，同时，切忌盲目追随，迷信他人，在虚心学习的基础上，更应提倡自力更生，自我创新，赶超世界一流水平，为国争光。

（2）鉴于基本技术在跆拳道技术中的地位和作用，教练员、运动员应认识到基本技术是跆拳道比赛中的主要得分手段，是技术的灵魂，训练时一定要在基本技术的速度、力量、准确性、击打效果、细节等方面下大功夫，必须完成向正规技术的过渡，而创新、自我风格与特色的创立，一定要在扎实的技术基础之上进行，切忌盲目追求高难度。

（3）训练方法和训练手段必须围绕两个重点，即基本技术是基础，实战能力是核心。只有紧紧抓住实战这一核心，才能及时把握训练的方向，调整训练各阶段的目标，将训练中得到的技术应用到实战中去，并取得胜利。

（4）教练员、运动员对竞赛规则、得分概念要有深刻的理解，技术训练要紧扣技术得分的三要素去计划、安排、组织、实施和提高。

（5）教练员和运动员对技术体系内的各部分技术都应熟练掌握。教练员应在充分了解跆拳道技术体系全部内涵及其各部分之间相互关系和作用的前提下，指导运动员在高水平训练中突出发展其中的某些技术，形成运动员自己独特的技术风格。

（6）就技术本身的要素来分析，应重视速度重于力量，进攻重于防守，准确性重于出腿次数。把握技术训练的关键环节。

（7）运动员的整体实力表现在许多方面，如技术与技术的连接，对进攻、防守反击等战机的严格与精确把握，合适的心理紧张状态，利用规则和裁判尺度的限制，实施有利于自己的技战术等，这些无形的比赛经验和比赛能力，需要通过多年的训练和比赛来获得、完善和提高。在多年的训练中应有计划、有系统地发展运动员的能力和竞技水平，引导运动员走向竞技的最高层次。

（8）教练员、运动员要了解、研究跆拳道项目的运动损伤规律，善于发现问题，并积极探索解决问题的方法，减少伤害事故的发生。同时，还要积极实践和探讨训练后的快速恢复方法，使运动员经过快速有效的恢复后，精力充沛地出现在每一次训练之中。所有这些，都是保证运动员技术水平提高的重要因素，能为提高跆拳道运动成绩创造各种有利条件。

（二）循序渐进的教学实战练习

跆拳道的每一个动作都有明确的要求，如身体的姿势、重心的高低、手臂的位置、步法的移动、腿的动作路线、击打部位、结束姿势等。因此，教练员讲解、示范或经过自学后，练习者不要立即快速练习，而要慢速度模仿练习，复杂动作还应分解练习。此时不应过分追求动作的击打力量、速度，应仔细揣摩动作的发力点、路线和动作要领，一个动作不要过多地重复，要少次数、多组数。例如，可将5组10次的练习改换成10组5次的，这样即使动作错了也不会重复过多的次数，同时也可以避免枯燥。练习时，应让教练或前辈进行指导，或面对镜子，边练边检查，不断地重复正确的动作。

快速重复练习则适用于运动员练习制胜技术。技术成熟的运动员在战术已达到自动化的程度时一般要根据自身特点，选择几种在比赛中常用的制胜技术并反复进行强化，此时则需要运动员以最快速度进行重复练习。

（三）结合身法和步法练习

经过慢速重复性练习基本学会动作后，则根据实战的需要结合相应的身法和步法进行练习，使技术与实战紧密联系。例如，练习横踢技术时，可以向前进一步后再进行横踢的练习，或是后撤一步再练习横踢，或是先用身体晃动引动对方。这样可以将枯燥、单调的步法练习和实战结合起来，激发运动员的练习兴趣。

（四）想象实战练习

运动员掌握了一些基本的技战术后，在自己单独练习时，应假设是在实战中，有对手采用各种战术和技术进攻自己，或防守自己的各种进攻技术。自己则从实战出发，选择几组进攻和防守反击的方法，做想象中的个人练习。这种练习可在每次训练课的准备活动的后半部分或实战前，或提高训练强度时采用。

（五）互不接触的攻防练习

由于跆拳道是两人的直接对抗，为减少不必要受伤情况的发生，在训练中要求两人一组，一方主动进攻，另一方防守反击，或是两人按照比赛的要求进行互不接触的实战。这种练习方法可以消除初学者的害怕心理和预防运动损伤。但在进行时应注意：

（1）练习者学会保持适当的距离，不要太远或太近。

（2）运动员要在运动中做出动作。

（3）由于不能真正击打，运动员往往敢于进攻，而容易忽视实际的攻防转换，因此，在练习中要仔细揣摩步法和抓住击打时机并借鉴对方的长处。

（六）固定靶的练习

利用沙袋、大脚靶、多层护具等器材作为击打目标的练习。练习目的不同，方法亦不同。例如，要求提高动作速度和击打力度，则练习者要在一定时间内快速完成某一动作；若只要求提高练习者的动作频率和耐力，则应规定时间和组、次数进行练习。另外，按照比赛中常用的组合技术布置几组固定组合靶的练习，如3～5名同伴手持不同高度、不同放置角度的脚靶站立在一条直线上或不同方向上，由练习者依次踢靶。

（七）配合“喂招”的练习

跆拳道训练非常重视并经常采用脚靶、护具的喂招练习。要求配合者手持脚靶，配合练习者进行技术练习。例如，将脚靶放置与胸齐平，让练习者横踢；将脚靶放置与头部齐平，让练习者练习高位踢击头部的动作。护具喂招则是配合者身穿护具，用身体的移动配合练习者的进攻和防守，如配合者上步欲要用横踢进攻，练习者则向后踢反击。这种练习不但能够有效地提高练习者进攻和防守反击的动作质量，还可以提高练习者击打的准确性、步法的灵活性和良好的距离感等。练习中，还可要求配合者变换喂招的方式，如快速出靶或连续出靶，这样既可以提高练习者的反应速度，又可以使练习者逐步熟练动作之间的连接，从而与实战较快地结合起来。下面即为配合者使用脚靶连续喂招的方法之一：左手横踢—右手劈腿—左手高横踢—右手后踢—两手交叉双飞—右手向前伸反击横踢—左手后旋踢。

（八）条件实战练习

条件实战练习是对实战提出要求，限制一些因素进行实战的一种方法。这种练习方法经常在跆拳道训练中被采用，如要求双方队员在一个回合中只能用横踢进攻和用横踢反攻；一方只能用前横踢和劈腿进攻，而另一方只能用后踢和劈腿反击，不准主动进攻等。这种方法的优点是针对性强，能有效地训练和提高运动员的某一方面的能力，经常用在实战的初级阶段和战术训练中。条件实战一般包括以下几个方面：

（1）同伴配合，创造时机和姿势以便进攻者完成进攻战术。

（2）同伴配合，创造时机和姿势以便进攻者完成防守战术。

（3）同伴配合，创造时机和姿势以便进攻者完成防守反击战术。

（4）同伴配合，不创造时机和完成技术的便利姿势，进攻者用自己的行动创造机会完成进攻战术、防守战术或防守反击战术。

（5）同伴配合，同时积极防守，但不全力防守，完成进攻战术或防守战术或防守反击战术。

（6）双方运动员进行实战，一方进攻，一方反攻。

（7）双方运动员进行实战，限制一方运动员的进攻技术。

（8）双方运动员进行实战，限制一方运动员的防守技术。

（9）双方运动员进行实战，限制一方运动员的防守反击技术。

（10）双方运动员进行实战，限制双方运动员的进攻技术。

（11）双方运动员进行实战，限制双方运动员的防守技术或防守反击技术。

（12）增加难度，与实力高于自己的同伴实战。

（九）实战练习

运动员掌握并熟练了跆拳道技战术后，要按照规则进行不断的实战，逐步提高技战术的应用能力。要在对抗中，将技战术使用出来，这样才能在实际比赛中利用技战术和其他方面的因素战胜对手，获取比赛的胜利。

实战的时间可以根据训练的目的进行安排，如30秒实战，则主要让双方运动员在短时间内学会抓住时机尽可能多进攻并得分；5分钟三局实战，则主要使双方运动员在超过正式比赛的时间内，学会在非常疲劳的情况下使用动作战胜对手，并达到培养坚强意志品质的目的。

四、跆拳道比赛战术

（一）比赛的战术种类

比赛战术是指运动员在临场复杂多变的比赛中，根据比赛的规律和各方面的情况随机应变，有判断、有目的、有预见地决定自己对付对手的策略。如要切实提高战术的使用质量，则要充分了解战术本身的优点、缺点和对方的适应情况，同时，要挖掘发展潜力大的战术，不断地创新战术。

1. 技术战术

利用技术全面、熟练、有效的特点，变化运用各种技术，发挥自己的特长技术，掌握比赛的主动权，抑制对手，达到战胜对手的目的。

2. 利用假动作或假象战术

用逼真的假动作或假象迷惑对手，引其上当，分散其注意力，使其露出破绽，利用这个机会猛烈攻击而得分。

3. 心理战术

比赛开始前，利用情绪、动作和表情等震慑对手，比赛中用气势压倒对手，或利用规则允许的各种手段，干扰对方情绪，给对方造成心理负担，使对手技战术发挥失常，挫伤对方的锐气，发挥自己的优势，在气势上战胜对方。

4. 破坏战术

使用技术破坏对手技术，控制其动作发挥，使对方进攻无效并且消耗体力，丧失信心，导致比赛失败。

5. 先得分战术

比赛时利用对方立足未稳或未适应比赛的机会，主动先得分，然后，立刻转入防守，以静制动，利用防守反击战术与对方对抗，既节省体力，更保住得分。

6. 防守反击战术

利用防守好的特点，在防守的基础上利用反击技术打击对方。

7. 抢分战术

比赛中在得分落后的情况下，利用各种手段有效地组织进攻，力争得分。这种情况下，要主动出击，打破对方的保分意图，以动制静。

8. 体力战术

耐力好的运动员要充分发挥体力好的优势，让双方一直处于运动之中，与对方比拼体力，耗掉对方的体力而战胜对手。

9. 规则战术

在竞赛中，有对攻击部位和攻击方法的限制，但也有规则限制模糊的地方，可以利用规则允许或基本允许使用的各种制胜办法攻击对手。

10. 击倒战术

利用自己的特长技术或对方失误的机会，重击对手，使对方被击倒不能继续比赛，自己获得比赛的胜利。

11. 体格战术

同样级别内，不同运动员有身材高矮和粗壮之分，可以利用身材优势，发挥自己的特长，抑制对手而取胜。

12. 语言战术

教练员和运动员达成默契的配合，用语言引诱对手上当受骗；但要注意语言的隐蔽性和合理性，既能够使对方上当，又不要触犯规则。

13. 乱打战术

在得分落后而且比赛时间不多的情况下，可以靠乱打偶然得分。但一定要注意利用技术和战术，注意防守；在乱打中如偶然有机会击倒对手，利用这种偶然性得分取胜。

14. 步法战术

利用自己步法灵活和动作敏捷的优势，围绕对手游斗，引对手上当或扰乱其情绪；待对方反击时又迅速撤退或靠近对手，扰乱对手的情绪和攻防意图，破坏其进攻而战胜他。

15. 优势战术

在比赛平分的情况下，利用规则上允许的技术，靠主动进攻次数或使用高难技术而取胜。规则规定，在比赛平分的情况下，裁判员根据双方主动进攻和使用高难技术的次数判定胜负，进攻次数或使用高难技术多的一方为胜方。

16. 特长发挥战术

利用自己的特长、优势技术不断得分的战术。

17. 空间战术

充分利用赛场的空间，攻击对手不同的得分部位或同一部位，或故意露出某一部位引诱对手进攻，实行反击。

18. 接近比分战术

在比赛中得分落后的情况下，利用各种有效技战术争取把比分拉近，或反超对方。

19. 迫使对方失分战术

比赛时利用规则限制，给对方制造陷阱，迫使对方犯规而失分。例如，引诱对方到场地边缘（警戒线或限制线），然后利用猛攻迫使其出界，使对方被警告扣分。

（二）跆拳道技术风格

1. 技术型

技术型运动员在比赛中动作稳健，腿法多变，技术成熟，心理稳定，攻防一体，常常使对手在不知不觉中败下阵来。

2. 力量型

力量型运动员身体条件好，腿长，肌肉爆发力强，攻势凌厉，常以力量取胜。

3. 散手型

散手型运动员作风顽强，比赛中多主动进攻，攻守适宜，自成一体，动作非常实用，有很高的训练水平和比赛技术。

4. 进攻型

进攻型运动员进攻意识强烈，经常是追着对手攻击，用快速、连续的技术动作压制对手。

5. 防守反击型

防守反击型运动员的技术训练水平很高，有很多大赛经验，进攻多是试探性进攻，在对手反击或进攻时找出弱点，然后直接回击。

第三节　跆拳道运动基本规则

一、跆拳道品势

跆拳道太极章套路

1. 太极一章

太极一章具有八卦中的“乾”之意。乾则具有宇宙万物根源之太初之意。换言之，太极一章可视为跆拳道招式的根源。在构成上也多半使用前屈站立姿势，以期初学者亦能充分获得修炼。所使用的技法，有中段直拳、下段封挡、中段接招、上段招以及前踢。

（1）←前行步下防，正拳（左右各一次）。

（2）↑弓箭步下防，正拳。

（3）→前行步外腕内防，正拳（左右各一次）。

（4）↑弓箭步下防，正拳。

（5）←前行步头防，前踢，正拳（左右各一次）。

（6）↓（左手左脚）弓箭步下防，跨弓步正拳。

2. 太极二章

太极二章具有八卦中的“兑”之意。兑则具有内刚外柔之意。因此，太极二章的招式虽看似柔软，却可随时发动猛烈攻击。由下段封挡、中段直拳、前踢、上段接招等技法所构成。

（1）←前行步下防，弓箭步正拳（左右各一次）。

（2）↑前行步外腕内防二次。

（3）←前行步下防，前踢，弓箭步上端正拳（左右各一次）。

（4）↑前行步头防二次。

（5）→前行步外腕内防（左右各一次）。

（6）↓前行步下防，前踢，正拳。

（7）↓前踢，正拳，前踢，正拳。

3. 太极三章

太极三章具有八卦中的“离”之意。离则具有热而明亮如火之意。因此，太极三章招式的动作充满活力。由下段封挡、前踢、直拳、手刀攻击、手刀接招等多种技法所构成。

（1）←前行步下防，前踢，弓箭步正拳二次（左右各一次）。

（2）↑前行步手刀内砍二次。

（3）←三七步单手刀侧防，跨弓步正拳（左右各一次）。

（4）↑前行步外腕内防二次。

（5）↓前行步下防，正拳（重复一次）。

（6）↓前行步前踢，下防，正拳（重复一次）。

4. 太极四章

太极四章具有八卦中的“震”之意。震则指具有浩然正气，威风凛凛，令人望而生畏之意。

（1）←三七步双手刀胸前防御，弓步纵贯手刀攻击（左右各一次）。

（2）↑弓步双手刀上架内砍，前踢，正拳，侧踢二次，三七步双手刀胸前防御（前脚不动，转侧）。

（3）→三七步单外腕侧防，前踢，外腕内防（左右各一次）。

（4）↓弓步双手刀上架内砍，前踢，逆拳。

（5）→转左前行步外腕内防，正拳（左右各一次）。

（6）↓转左弓箭步外腕内防，正拳二次（重复一次）。

5. 太极五章

太极五章具有八卦中的“巽”之意。巽，即风之意。风又分为微风与强风。微风表示静谧，而强风则表示威猛之势。

（1）←弓箭步下防，柔拳攻击（左右各一次）。

（2）↑弓箭步外腕内防二次，前踢，逆拳，外腕内防（重复一次），弓箭步逆拳。

（3）→三七步单手刀胸前防御，跨弓步手肘攻击（左右各一次）。

（4）↓弓箭步下防，外腕内防，前踢下防，外腕内防。

（5）→弓箭步头部防御，侧踢，弓步抱头攻击（左右各一次）。

（6）↓弓箭步下防，外腕内防，前踢，滑步逆拳。

6. 太极六章

太极六章具有八卦中的“坎”之意。坎，即柔软如水。因此，太极六章是以柔软的动作演练的招式。

（1）←弓箭步下防，前踢，外腕侧防（左右各一次）。

（2）↑右手虎口挂拿，右脚掌旋踢。

（3）←弓步外腕侧防，正拳，前踢，弓步正拳（左右各一次）。

（4）↑平行准备姿势。

（5）↑左手虎口挂拿，左脚掌旋踢。

（6）←弓箭步下防，前踢，外腕侧防（左右各一次）。

（7）↑（左脚不动，退右脚）三七步双手刀胸前防御二次。

（8）↑（左脚不动，退右脚）弓步掌拳下挡，正拳（左右各一次）。

7. 太极七章

太极七章具有八卦中的“艮”之意。艮即山之意，而山则表示稳重。因此，演练此招式必须保持厚实的力量，动作要恪守节度。

（1）←虎步掌拳下挡，前踢，三七步外腕内防（左右各一次）。

（2）↑三七步双手刀下防二次。

（3）←虎步掌拳防御，逆拳侧击（左右各一次）。

（4）↑拱手式。

（5）↑弓箭步内外腕交叉中下防二次。

（6）→双外腕交叉上步解脱，膝盖攻击，（虎步）双仰拳攻击，退后脚弓步双外腕交叉下防（左右各一次）。

（7）↓前行步逆拳侧击，挂腿攻击，马步手肘攻击（重复一次）。

（8）↓马步单手刀侧防，跨马步正拳。

8. 太极八章

太极八章具有八卦中的“坤”之意。坤即大地之意，是万物成长的根源。

（1）↑三七步双外腕胸前防御，弓步正拳，跳前踢，弓步外腕内防，正拳二次，跨弓步正拳。

（2）→弓箭步半山型防御，弓步勾拳（左右各一次）。

（3）↑三七步双手刀胸前防御，弓步正拳，前踢，退后一步，虎步掌拳下挡。

（4）←虎步双手刀胸前防御，前踢，弓步正拳，虎步掌拳下挡（左右各一次）。

（5）↓三七步双外腕下防，前踢，跳前踢，外腕内防，正拳二次。

（6）←三七步单手刀胸前防御，弓步手肘攻击，逆拳，正拳（左右各一次）。

二、跆拳道段位和晋升段位的方法

（一）段位概念

跆拳道根据练习者的水平分为十级和九段，初学者从十级开始逐渐升至一级，然后再入段，段位越高表明水平也越高，最高段位达九段。从十级到一级是初学者的等级标准，用白、黄、绿、蓝、红等色带表示。进段以后都以黑腰带表示，一段至三段被认为是黑带新手的段位，四段至六段属于高水平的段位，七段至九段是授予有很高学识造诣的杰出人物或对跆拳道运动有杰出贡献的人。黑带的段位是通过黑带上的特殊标记区分的。

（二）色带晋级的考核内容（表15-3-1）

表15-3-1 色带晋级考核内容

级别	八级	七级	六级	五级	四级	三级	二级	一级
考核内容	太极一章	太极二章	太极三章	太极四章	太极五章	太极六章	太极七章	太极八章

（三）升段的考核内容

考核包括技术水平、功力测试、品势表演。

1. 段位晋升的考核要求

（1）一段至三段：须由国家跆拳道协会、分会或竞赛委员会进行考核。

（2）四段至八段：须由世界跆联晋升委员会或其委托的组织进行考核。

（3）晋升九段：须由世界跆联组成一个特别委员会进行评审。

2. 品势考核内容（表15-3-2）

表15-3-2 品势考核内容

段位	一段	二段	三段	四段	五段	六段
考核内容	高丽	金刚	太白	平原、十进	地跆、天拳	汉水、一如

3. 段位晋升年限要求（表15-3-3）

表15-3-3 段位晋升年限

段位	年限	段位	年限
一段	一年	六段	六年
二段	二年	七段	七年
三段	三年	八段	八年
四段	四年	九段	九年
五段	五年		

4. 儿童的品段介绍

年龄没有超过16岁，但是水平已经可以晋升黑带，单独设有品段。

（1）一品：一年。

（2）二品：两年。

（3）三品：三年。

（四）跆拳道的级别与腰带颜色（表15-3-4）

表15-3-4　跆拳道的级别与腰带颜色

级别	十级	九级	八级	七级	六级	五级	四级	三级	二级	一级	一～九段
腰带颜色	白	白黄	黄	黄绿	绿	绿蓝	蓝	蓝红	红	红黑	黑

三、跆拳道竞赛规则

（一）裁判员及工作人员

1. 裁判员

裁判员包括总裁判长、副总裁判长以及裁判员。

2. 编排记录人员

编排记录人员包括编排记录长、编排记录员。

3. 检录人员

检录人员包括检录长、检录员。

4. 电子裁判（如无电子计时计分设备可不设）

5. 宣告员

（二）主裁判执裁步骤

1. 上场前的准备

（1）热身活动。

（2）检查着装，仪表整洁，不得携带可能对选手有伤害的物品（手表、金属物等）。

（3）集中注意力，排除干扰。

2. 进入场地

（1）精神饱满，自然大方，不卑不亢。

（2）观察双方运动员和教练员及裁判员等是否就位，服装是否符合规则要求。

（3）发出口令、手势指挥双方上场。

（三）口令与手势要求

（1）严格按竞赛规则的要求使用口令和手势。

（2）及时、准确、清晰地表达自己的判断，口令要响亮、果断，动作要敏捷、干脆，应避免与运动员有身体接触。

（3）尽量减少比赛的中断，不要做不必要的、多余的手势。

（4）发布口令或做手势时要威严自信，表情自然。

（四）站位与移动

（1）主裁判与两名运动员应保持锐角三角形的位置关系，以便观察判断并及时控制比赛。

（2）根据级别、身高等情况与运动员保持一定距离，注意不能距运动员过近或过远，以不影响运动员正常发挥水平为原则。

（3）根据场上情况不断移动位置，移动时要迅速敏捷，步法灵活。

（4）不允许从正在比赛的双方运动员中间穿行。

（五）击倒后的处理

（1）立即暂停比赛，将运动员分开并将进攻者置于远处。

（2）读秒。

① 手势、口令清晰，根据情况可采用站立或半跪姿势。

② 兼顾全场及另一名运动员。

③ 即使运动员在读秒过程中表示再战，主裁判也必须读到“8”，使运动员获得休息。

④ 数到“8”之前要作出结束或继续比赛的判断，如发现运动员目光呆滞，神志不清，膝盖抖动或发软，不能保持身体平衡等情况，应结束比赛。必要时及时指挥临场医生进场急救。

⑤ 即使一局或整场比赛时间到，主裁判也要继续读秒。

⑥ 如果双方运动员同时被击倒，应在两人中间读秒，并注意双方运动员的情况，如有任何一方尚未恢复，主裁判将继续读秒。主裁判读到“10”后双方都不能再战，应按当时得分情况判定胜负。

（3）主裁判判定被击倒的一方不能继续比赛，可不读秒或在读秒过程直接判另一方获胜并指挥抢救。

（六）获胜方式

（1）击倒胜（KO胜）：一方运动员用合理的技术击倒另一方而结束比赛。

（2）主裁判终止比赛胜（RSC胜）：根据主裁判判断或医生诊断一方运动员在计时一分钟甚至一分钟后难以继续比赛，或不服从主裁判继续比赛的命令时，可判RSC胜。

（3）比分或优势胜（判定胜）。

① 不同分时，分数领先者胜。

② 同分时，因扣分造成同分，三局中得分多者获胜；在双方得分（或）扣分相同时，主裁判根据三局的比赛情况判定占优势者获胜；比赛中表现出积极主动行为是优势判定的依据。

（4）对方弃权胜（弃权胜）：一方因故主动提出放弃比赛或规定时间未到场，另一方则弃权胜。

（5）对方失去资格胜（失格胜）：如称重不合格或其他参赛资格不符合规定，另一方则失格胜。

（6）主裁判判犯规胜（犯规胜）：如被扣分累计达3分（−3），判对方犯规胜。

（七）局间休息与退场

（1）主裁判局间休息时应该站在指定位置（第一副裁判对面的警戒线中心点）面向比赛场地站立，要求严肃自然，目光平视。

（2）判比赛结果并审验记录表，签名确认后方可退场。

（八）计分原则

1. 即刻决策的原则（一秒钟原则）

裁判员应当在产生效果时（一秒钟内）马上作出判断，针对技术动作即时打分，而不应针对动作的总体情况来推迟打分，即不能进行“总结性”计分。

2. 独立判断的原则

裁判员必须以自己的判断来计分，不能受到别的裁判员计分及其他因素的影响。

3. 不更改判定的原则

一旦作出判定，即使存在错误，裁判员也不能更改。合法地更改判定的途径是通过仲裁。

4. 误判的不补偿原则

如果裁判员认识到计分有所失误时，不应试图补偿，而对另一方无故判罚或以微不足道的理由判罚，否则就犯了第二次类似错误。

思考题

1. 简述跆拳道的基本步法。
2. 简述跆拳道项目中最常用的踢法。
3. 简述跆拳道常用踢法的动作要点并举例说明。

第十五章　跆拳道运动微课视频

准备姿势　实战准备姿势　横踢　后撤步

后退步　弧形步　前冲步　前进步

前踢　上步　跳换步　下劈

太极一章

第十六章 柔力球运动

学习目标：

1. 了解柔力球运动的起源和发展。

2. 掌握柔力球运动的基本技术和战术。

3. 掌握柔力球运动的竞赛规则。

章前导言：

柔力球运动是以太极原理为理论基础，以迎、纳、引、抛为技术特征，以套路演练和隔网对抗为主要运动形式，具有民族特色，注重内外兼修的新兴体育项目。充分体现了太极运动“以柔克刚、以退为进、顺敌之势，化敌之力、引进合出、借力打力”的核心思想，反映出太极运动“完整连贯、圆润柔和、自然流畅”的特点，集健身、竞技、娱乐于一体。本章主要介绍柔力球运动的起源和发展，柔力球的基本技术和战术，相应的训练原则和方法，以及柔力球运动的基本竞赛规则，使读者对柔力球运动有更加全面的认识和理解。

第一节　柔力球运动概述

一、柔力球运动的起源与发展

柔力球运动是以太极原理为理论基础，以迎、纳、引、抛为技术特征，以套路演练和隔网对抗为主要运动形式，具有民族特色，注重内外兼修的新兴体育项目。

柔力球运动起源于中国山西省，创始于1991年，发明人是白榕先生。他在长期的体育教学实践过程中，将我国民族体育项目太极拳中的先引后发、引进合出、借力打力的拳理和一些持拍球类运动如网球、羽毛球、乒乓球等的技巧及竞技方法等相结合，发明了一种太极化的球类运动——太极娱乐球。后来经过多次试验，结合羽毛球、乒乓球等项目的特点全面地进行研究，于1992年正式向社会推出太极柔力球（简称柔力球）。

柔力球运动原理充分体现了太极运动“以柔克刚、以退为进、顺敌之势，化敌之力、引进合出、借力打力”的核心思想，反映出太极运动“完整连贯、圆润柔和、自然流畅”的特点，集健身、竞技、娱乐于一体。

柔力球运动具有深厚民族文化内涵和哲理，融传统的太极运动方式与现代竞技双重特征于一体，是一项集健身性、娱乐性、趣味性、竞技性、表演性、适应性和活动方式多样性于一身，易于推广和普及，具有良好发展前景的优秀民族体育项目。

众所周知，太极运动是一种圆转的、弧形的、刚柔相济、连绵起伏的运动，柔力球积极借鉴、汲取太极运动尤其是武术运动中的拳理拳技，以祖国博大精深的优秀历史文化遗产为底蕴，奠定其自身的“先引后发、引进合出、以柔克刚、借力打力”的基本运动思想。

柔力球运动的发明，是对中西哲学、运动理念和竞技规则的完美诠释，从1991年诞生以来，目前在中国经常参与柔力球运动的人数已逾百万，受到各阶层人士的广泛欢迎，得到了党和国家领导人的赞许，不仅在国内逐渐风靡，而且已经走向世界，目前美国、英国、荷兰、印度尼西亚、新加坡、乌克兰等国家已经开始推广柔力球运动，有些已成立了柔力球协会。2011年，国际柔力球联合会在中国澳门成立，影响遍及世界。

据2012年不完全统计，全国已有包括清华大学、北京体育大学、山西财经大学、西安体育学院、武汉大学、华中师范大学、华中农业大学、黑龙江农垦职业学院等60余所高校开展了柔力球运动教学。

柔力球具备太极运动的核心理念，就是以退为进、以柔克刚、以巧击蛮、以小胜大；基础动作以“圆”为核心，圆润流畅、环环相扣、式式相连、绵绵不断。

与此同时，柔力球也吸纳了现代竞技体育的器材设备和运动方式，具有竞争性、胜负理念以及完备的游戏规则。

二、柔力球运动的特点

（一）浓郁的民族性

柔力球是应时而生的一项太极化的球类运动，衍生于中华民族博大精深的“太极”文化，体现着“以柔克刚，以退为进，以巧击蛮，和平圆满”的传统文化思想。它既保留了太极思想和太极运动的精华，又加入了现代元素，并且使两者很好地融合在一起，体现出浓郁的中国传统文化特色和民族气息。

（二）运动形式的多样性

目前，在全国广泛普及和推广的柔力球运动主要有两种形式，即柔力球竞技和柔力球套路。两者技术特点相近，技能可互相迁移，在练习时可相互结合。

（三）广泛的适应性

（1）适应不同的年龄。

（2）适应不同的场地。

（3）适应不同身体状况的人。

（4）适应不同经济条件的人。

（5）适应不同时间。

（四）较高的娱乐性

柔力球运动之所以吸引人，是因为该项目具有较高的娱乐性。由于柔力球运动具备两个运动项群特征，因此在练习时可以根据自己的需要选择不同的练习形式：配上音乐即可体验柔力球的柔美，隔网对抗便可体验柔力球的激烈与刺激。不同的运动形式和评价方式，使练习者能够最大程度地获得运动的快乐，在身体和精神上得到双重愉悦。

（五）极强的创新性

柔力球运动的创新性主要体现在：

（1）技术动作创新（两种运动形式均需要）。

（2）套路编排的创新（针对套路）。

（3）战术运用的创新（针对竞技）。

三、柔力球的健身价值

我们通常所说的健康实际上包括两方面的内涵，即身体健康和心理健康。由于柔力球运动技术的特点及对我国传统文化思想的传承，使得柔力球在健身和健心方面具有较高的价值。

（一）健身价值

（1）柔力球运动使全身各部位都参与锻炼，它可以使眼、颈、肩、腰、腿、神经比较全面地得到锻炼和改善，能有效提高练习者的协调能力和反应能力。

（2）由于柔力球运动的运动强度和持续时间的特性，该运动属于有氧运动，长期锻炼可改善人的呼吸系统和血液循环系统功能。

（3）由于柔力球一改硬性击球方式，而以将球纳入球拍后的弧形引化运动过程为主要技术特征，因此可完全避免身体各个关节在运动中的硬性冲撞，其锻炼既增加了肌肉力量又锻炼了身体，同时也有效减缓了肌肉的疲劳程度和骨骼关节在运动中的损耗，从而达到防病治病的效果。

（二）健心价值

（1）由于柔力球运动带有浓厚的中国传统文化思想，因此在练习过程中，能让练习者潜移默化地受到传统文化的熏陶。另外，该运动能与音乐完美融合，能够使人同时享受音乐和运动带来的双重快乐，达到快乐健身、怡情养性的目的。

（2）柔力球是属于“以退为先，以静制动”的反意识活动，能够促进练习者进行多项思维和反向思维。如果把柔力球当作一个个困难和矛盾，那么球拍的运动形式则是指导人们如何认识矛盾，化解矛盾，变被动为主动，并巧妙、婉转地获取成功。在这样的运动中能潜移默化地培养练习者含蓄包容、积极向上、永不言败的精神，有助于练习者增强心理承受能力和心理调节能力。

（3）柔力球有助于培养练习者的注意力。因为柔力球运动过程中，球拍要控制一个随时要向四处滚动的圆球，稍一分神或技术不正确，球就会滚跑，所以对练习者注意力的集中、维持生理和心理平衡有显著效果。

第二节　柔力球运动辅助练习与套路技术

一、柔力球运动的辅助练习

（一）徒手辅助练习

1. 马步抱圆

两脚开立，与肩同宽，上体中正，下肢屈膝，降低重心，两臂微屈，前举抱圆，使手臂和肩带的肌群都处于自然放松状态。两臂之间如同抱着一个大气球，既不能太紧，也不能过松。在所有技术动作中，手臂的微屈抱圆是要贯彻始终的。所以在这个练习中，一定要找到适合自己身体的抱圆幅度，并不断地加以巩固定型，为以后的技术学习打好基础。

2. 云手

云手动作与柔力球运动拳套路的云手要求和动作路线完全相同。练习时一定要注意动作的完整连贯性。上下动作协调一致，以腰动带动手臂动。动作要轻缓柔和，一动无有不动，体会柔力球运动整体协调运力的感觉。

（1）抱圆挥转：双臂体前抱圆，以肩关节为轴向前挥旋和向后挥旋，切记在挥旋时，手臂的抱圆不要打开，一定要保持手臂的弯曲度。

（2）单臂抱圆挥旋：用正手基本站位（以右手握拍为例），右手抱圆，以右肩关节为轴，进行向前和向后的挥转，挥转时要求手心对向身体的横轴，分别以大拇指外侧和小拇指外侧为先导点，向前和向后挥旋，动作要流畅自然。

（3）双手上抱圆蹬转：双臂上举向上抱圆（双臂向两侧抬起，与肩同高，肘关节弯曲），两手心对向身体的纵轴，并围绕身体的纵轴在左右脚的蹬转下，使身体向左和向右做90°的扭转，要注意的是：身体扭转时要保持正直，不要偏离了身体的纵轴，两手臂向上抱圆，不要将手臂伸直。

（4）双手下抱圆蹬转：双臂向下，围绕身体的纵轴抱圆，利用左右脚蹬转，使身体以身体纵轴为中心做90°的扭转，同样要注意身体保持正直，手臂微屈抱圆。

（5）上抱圆原地水平左右360°旋转：在做好上抱圆蹬转练习后，在保持原手型和身体姿势的前提下，以右脚为支撑，身体向右扭转、拧劲，左脚蹬地，使身体向右旋转360°回位；同样，身体向左扭转、拧劲，右脚蹬地，使身体向左旋转360°，以这样的练习来使运动者体会接抛球时旋转的感觉。在原地旋转熟练掌握后，就可以进行滑步后的左右旋转练习，不断提高其实用技巧。

（6）手臂“8”字挥旋：这项练习是将正手的高球和低球及反手的高球、低球所运行的线路连接起来设计的运动，它对体会最基本的接抛球技术有很好的辅助作用。在练习时，首先要注意划“∞”字形是在身体的两侧完成的。在挥旋时，正手高球线和反手高球划“∞”字形时，在正手侧，手心对向身体的横轴，以小拇指的外侧为先导划圆到反手侧要转换为手背对向身体的横轴，以小拇指的外侧为先导划圆，正手低球和反手低球线路连续划“∞”时，要注意的是以大拇指的外侧为先导，在身体的两侧划圆，在正手侧同样是手心对向横轴方向，在反手侧是手背对向横轴方向。

（二）带球辅助练习

1. 左右弧形摆动

弧形摆动是球不离开拍面，持拍在体前做弧形钟摆式的摆动。通过该动作体会弧形引化时对球离心力的控制。做法是：两脚平行开立，略宽于肩，两膝弯曲，重心在两脚之间，髋关节放松，含胸拔背，上体略向前，面带微笑，双目有神。

右手正手握拍，在身体右侧持拍将球托起，拍面抬到大腿根部高度，然后向左做弧形引化的钟摆式摆动。摆动到左侧与肩同高时，再反过来向右做弧形引化的钟摆式摆动。摆动要均匀连贯。另一只手要随着顺势摆动。弧形引化到两侧时，拍头应朝前，拍面与地面垂直为最佳。

2. 左、右抛接迎引

“弧形钟摆式摆动”是球不离开拍面的一种练习，而左右抛接迎引是让球稍稍离开拍子的一种练习，为让练习者进一步熟悉球性，体会把球迎引入拍的感觉。其练习方法为：身体自然站立，右手持拍，在体前画弧，当把球摆到左侧时，将球轻轻向上抛起，然后用拍框边缘对着下降的球，将球由切线角度迎引接纳入拍中；继续引化到右侧时，做同样的抛接迎引。做这个动作时，要体会把球悄无声息地引入球拍的感觉。

3. 迎引球练习

左手持球，右手持拍，左手将球向上抛起，右手持拍伸拍向上迎球，使球拍的边框对着下落的球，将球切纳入球拍。在球入球拍的瞬间，根据球的下落速度随球向下引拍画弧，使球轻柔地落入球拍。连续反复地进行。

4. 迎、引、抛练习

这项练习也是一项自我进行的辅助训练，它能够使练习者完整地体会到弧形引化的迎、引、抛全过程。练习时，身体自然站立，左手持球，右手持拍，左手将球由身体的左侧向身体的上方抛出，右手持拍，在体前向左侧上方伸拍迎球，在身体的右前上方将球切入球拍后，随球的速度迅速地带球，向身体的右后上方、右后方、右后下方、右前下方画一个流畅完整的弧线，最后沿弧线的切线方向将球抛出，左手将抛出的球接住，然后循环进行。

5. 正、反手迎引抛练习

身体自然站立，右手持拍，在体前画弧，尤其要练习正手握拍和反手握拍的转换，在身体右侧时，正手握拍将球经体前下方向左侧上方将球抛出，球出球拍后，迅速转换为反手握拍，然后迎球入拍，向下向右向上将球向右上方抛出，手中的球拍再转换为正手握拍迎球。反复进行这样的练习，对正确合理地使用正反手握拍有很好的效果。

6. 体前正手抛接球

正、反手迎引抛练习，无论是正手握拍还是反手握拍，都是把球轻轻向上抛起，而这个体前正手抛接球是在做完一个弧形引化后，把球由身体左前方弧形抛向右前方，然后迅速把拍子移到右前方去迎球的练习。

练习方法为：右手正手握拍，持拍托球由右上经右下、左下、左上在身体正前方按顺时针方向作弧形引化，到身体的左前上方后，顺势将球抛向右前上方，然后把拍子迅速从身体左侧移到身体右前上方，将球切纳入拍后继续向左作弧形引化。

做这个动作要连贯流畅，特别是球抛出后，把拍子移到身体右前方时，要迅速把拍子的边框对着来球的方向去主动迎球，尽量不要让拍子在右侧方或右下方用拍面接球。

由于本练习是把球抛向自己，所以在弧形引化的前半段练习者基本上能做到符合要求，但后半段由于动作路线向回拐，所以使拍面弧形引化轨迹离开弧内圆心方向。最后出球阶段，球拍运行不能沿着引化圆弧切线方向随势驱动。特别是最后出球的瞬间，更难使引化方向的拍框边缘对准抛出方向。因此，在练习时需特别注意。

7. 体前正握反手抛接球

此练习是为能够接抛身体左侧的球做准备的。练习方法基本与体前正手抛接球练习相同，只是抛接球的方向相反。反手练习刚开始时可能不习惯，失误比较多，但只要我们坚持，就会越来越娴熟。

8. 体前反握反手抛接球

本练习是用反手握拍方法进行练习，其练习方法为：右手反手握拍，由左上经左下、右下、右上在身体正前方按逆时针方向做弧形引化，到身体的右前方后顺势将球抛向左前方，然后用拍子从身体左侧将球接住后继续向右做弧形引化。要求动作连贯流畅。

9. 带球左右旋转

此项练习要求练习者主要体会身体的旋转以及球拍对球离心力的控制，揣摩人、拍、球融为一体，旋转圆润自然，协调完整的感觉，为以后学习柔力球运动的高级技术打下良好的基础。

练习时左手拿球，右手持拍，左手将球向右抛入右手的球拍，然后身体以右脚为支撑，顺势带球向右旋转360°后回位。向左旋时，左手由内向左抛球，右手持拍向左上方迎球入拍，以左脚为支撑，右脚蹬地，使身体向左旋转360°后回位。在练习时，一定要保持球在球拍上的离心力，旋转时保持动作的平稳、连续，拍球粘随。

二、柔力球套路技术

（一）预备姿势

身体保持直立，双脚并拢，双臂自然下垂，双眼正视前方，一手正握球拍，另一只手持球。

（二）摆动类

1. 左、右摆动

左摆动指由右向左经体前画弧至左侧位；右摆动指由左向右经体前画弧至右侧位。

2. 其他位置的摆动

其他位置的摆动包括身体前后和水平的左、右摆动，体侧前后摆动，各种动作的连接摆动，动作开始和结束时的摆动。要求如下：

（1）持拍臂自然弯曲，以肩为轴，带动球拍弧形摆动。

（2）左、右摆动时，要前程用力，身体保持中正平舒，轻灵沉稳，先沉后移。

（3）左、右摆动时所划的弧形要左、右对称，拍尖始终向前，约与肩同高，所持拍的拍面应始终围绕所画弧形的圆心。

（4）整个动作应自然放松、完整连贯、协调用力，力应用在前程。

（5）无论哪个角度所完成的摆动都应是一条弧线，无论弧线大小都应呈圆弧形。

（6）身体姿态美观大方，步伐清楚准确，左臂自然摆动。

（三）抛接类

1. 左、右小抛

左侧小抛指左侧抛出，左侧迎入；右侧小抛指右侧抛出，右侧迎入。要求如下：

（1）抛球时应沿所画弧线的切线将球沿球拍的边框抛出，手腕不能用力拨球、挑球。

（2）抛球的时机应接近弧形摆动的极点。（稍高于肩时）

（3）接球应主动迎、引，球入拍时应悄无声息，及时顺势拉球作弧形引化。

（4）整个动作应前程用力，自然放松、完整连贯、协调用力，左臂自然摆动。

2. 正、反抛接

正抛指顺时针的抛接，反抛指逆时针的抛接。要求如下：

（1）从引化至抛接应完整连贯，全身协调用力，所画的圆应圆润流畅。

（2）球应沿所画弧的切线方向抛出，球出拍时，球拍出球点的边框外沿应与出球方向保持一致，不能拨球、挑球。

（3）接球应主动迎、引，球入拍时应悄无声息，及时顺势拉球作弧形引化。

（4）整个动作应前程用力，自然放松、完整连贯、圆润流畅，协调用力，左臂自然摆动。

3. 身后抛接

持拍臂借助身体蹬转在体侧围绕身体画弧，在身后将球沿所画弧线的切线抛出。要求如下：

（1）抛接要以身体的纵轴为轴，下抱圆蹬转。下抱圆蹬转时，拍尖向下（稍稍内扣），以身体上下协调的蹬转力量将球抛出。

（2）身后抛球应借蹬转顺势将球沿所画圆的切线抛出，不能用肘和手腕用力挑球。

（3）接球时主动迎球，将球悄无声息地迎入球拍，及时顺势拉球作弧形引化。

（4）脚和左臂合理配合，身体姿态优美。

4. 腿下抛接

持拍臂弧形摆动，经腿下将球沿所画弧线的切线方向抛。

要求：

（1）向前踢腿的角度要大于90°，支撑腿要自然伸直，身体要中正。

（2）抛球时球应沿所画弧线的切线方向抛出，不能拨球、挑球。

（3）接球时主动迎球，将球悄无声息地迎入球拍，及时顺势拉球作弧形引化。

（4）脚和左臂合理配合，身体姿态优美。

5. 其他抛接

要求：

（1）所有抛接应符合柔力球的技术原理（拍弧对应关系）。

（2）所画的弧线应圆润流畅。

（3）抛球时不能拨挑。

（4）接球时主动迎球，将球悄无声息地迎入球拍，及时顺势拉球作弧形引化。

（5）脚和左臂合理配合，身体姿态优美。

（四）翻拍类

1. 摆翻

左摆翻指由右侧位摆动至左侧位极点时逆时针翻拍；右摆翻指由左侧位摆动至右侧位极点时顺时针翻拍。要求如下：

（1）摆动时所画的弧要圆，应沉摆至极点顺势翻拍。

（2）翻拍时应圆润流畅，拍与球粘连粘随。

2. 绕翻

正绕翻指顺时针绕环，在绕环的过程中球拍在手中旋转360°；反绕翻指逆时针绕环，在绕环的过程中球拍在手中旋转360°。要求如下：

（1）绕翻时应做到在绕环过程中翻拍，翻拍的过程中绕环，做到圆不缺，环不断。

（2）整个动作应上下相随，节节贯穿，圆润流畅，连绵不断。

（3）肢体应配合自然、协调一致，上翻下行姿态美观，形成流动的整体。

（4）其他位置的绕翻，要求同上。

（五）绕环类

正绕环指由右侧至左侧顺时针绕环；反绕环指由左侧至右侧逆时针绕环；正反“8”字绕环指在体前左右绕环，形成一个躺着的“8”字（∞）；向上的螺旋盘绕指由下而上盘绕；向下的螺旋盘绕指由上而下盘绕；其他类型的绕环指身体各方位绕环类。要求如下：

（1）球拍合一，以腿腰带动肢体，协调用力。

（2）环要绕得圆润、流畅、不折、不停、不断。

（3）身体要舒展、自然，步伐要清晰、稳健，姿态要优美大方，左臂协调配合。

（六）转体和旋转类

1. 左、右蹬转（180°以上）

左蹬转指以左脚为轴向左蹬转；右蹬转指以右脚为轴向右蹬转。要求如下：

（1）蹬转时力要发自于腿，主宰于腰。

（2）要以身体的纵轴为轴，保持中正，重心平稳。

2. 左、右旋转（包括平旋、立旋）

左旋转指以左脚为轴向左、右旋转；右旋转指以右脚为轴向左、右旋转。要求如下：

（1）旋转时力要发自于腿，主宰于腰。

（2）要以身体的纵轴为轴，保持中正，重心平稳。

（3）立旋时持拍臂借转体蹬转以矢状轴为轴画圆，动作舒展大气。

第三节　柔力球运动基本动作与技术

一、柔力球基本动作

（一）预备姿势

身体保持直立，双脚并拢，双臂自然下垂，双眼正视前方，一手正握球拍，另一只手持球（图16-3-1）。

（二）正、反绕翻

双臂抱圆，马步站立，球入球拍。两脚发力配合手臂和腰背力量形成全身合力，使球拍向左沿圆弧切线做360° 翻转。在体前向左完成动作为正绕翻，向右则为反绕翻。

由脚下发力开始，经腿、髋、肩、腕、手指等关节，使球拍引领球在体前向左或右侧完成360° 翻转。手指推捻球拍拍把，前期前臂外旋，躯干保持正直。正绕翻是顺时针绕环，反绕翻是逆时针绕环。

绕翻时应做到在绕环过程中翻拍，翻拍的过程中绕环，做到圆不缺，环不断。整个动作应上下相随，节节贯穿，圆润流畅，连绵不断。肢体应配合自然、协调一致，上翻下行姿态美观，形成流动的整体（图16-3-2）。

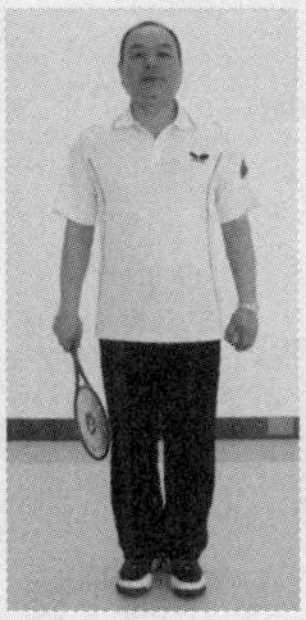

图16-3-1 预备姿势

① ② ③

图16-3-2 正、反绕翻

（三）立圆绕翻

左臂下抱圆，右虚步站立，脚下发力开始，身体重心微向上抬，使球拍引领球在体前完成向前或向后的360° 翻转，躯干稍前倾（图16-3-3）。

① ② ③ ④

图16-3-3 立圆绕翻

（四）垂直翻转

两脚开立下抱圆，脚下发力过渡至全身，球拍垂直于地面，手指捻动球拍拍柄翻转360°，躯干稍前倾。

（五）原地左右水平旋转

1. 左侧水平旋转

上抱圆，球入球拍，拍头朝上，左前脚掌为圆心，围绕身体纵轴，右脚提起向左侧蹬转360°。身体正直，目视前方。

2. 右侧水平旋转

上抱圆，球入球拍，拍头朝上，右前脚掌为圆心，围绕身体纵轴，左脚提起向右侧蹬转360°。身体正直，目视前方（图16-3-4）。

①　②　③　④

图16-3-4　右侧水平旋

（六）原地左右下抱圆蹬转

1. 左侧下抱圆蹬转

两脚开立下抱圆，球拍垂直于地面，左脚发力开始，围绕人体纵轴向左侧旋转360°。要求身体不要摇摆晃动，重心压在左脚前脚掌上。

2. 右侧下抱圆蹬转

两脚开立下抱圆，球拍垂直于地面，右脚发力开始，围绕人体纵轴向左侧旋转360°（图16-3-5）。要求身体不要摇摆晃动，重心压在右脚前脚掌上。

（七）左右侧旋

1. 左侧旋

两脚前后开立，右脚在前，左臂上举，右脚蹬地开始，重心移至左腿，围绕身体纵轴，完成向左侧的360°旋转。要求在旋转过程中，躯干保持正直，球拍引领球至头上右侧时，左臂随之下落。球拍引领球下落后，左臂自然抬起。

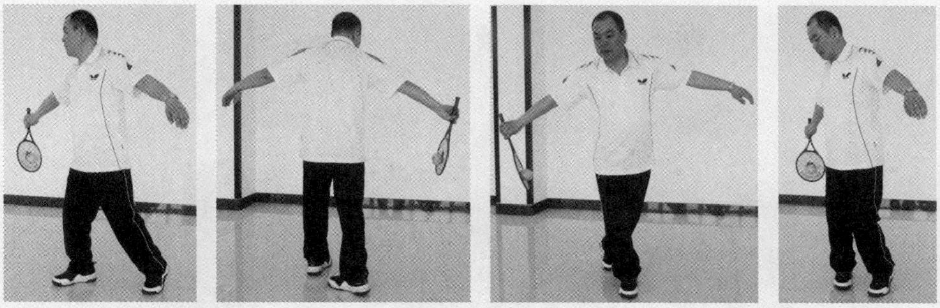

图16-3-5　右侧下抱圆蹬转

2. 右侧旋

两脚前后开立，左臂上举，左脚蹬地开始，重心移至右腿，围绕身体纵轴，完成向右侧的360°旋转（图16-3-6）。要求在旋转过程中，躯干保持正直，球拍引领球至头上右侧时，左臂随之下落。球拍引领球下落后，左臂自然抬起。

图16-3-6　右侧旋

（八）“8”字挥旋

通过对球的引领，在体前做出“8”字的挥旋。身体下沉，形成全身的合力，并将力作用于球拍上，通过球拍对球的“8”字引领，完成挥旋动作。

（九）向上盘旋

由反握开始，掌心朝上，内旋转腕，将球引领至体侧后，拍头指向身体右侧方，向前向上由腿部发力开始合成全身之力，向上拉起（图16-3-7）。

（十）向上螺旋盘绕

两脚开立，下抱圆，反握球拍。右脚后撤，手臂平举，身体以右脚为轴向右旋转，球拍经肩后、头上依次上抬，球拍垂直地面，围绕头部完成动作，左手随之协调摆动。

①　②　③　④　⑤　⑥

图 16-3-7　向上盘旋

二、柔力球基本技术

（一）握拍方法

握拍方法是最基本和最简单的技术，也是最容易被忽略的技术，正确的握拍法对于准确、全面、迅速地掌握基本技术意义重大。正确持拍有助于球员随心所欲地把球打到对方场区的任何落点上，而如果握拍的方法错误，往往会影响我们对球的控制能力，会严重制约我们的技术和战术的发挥，降低回球的效果和准确性，并容易产生错误的技术动作。因此，需引起初学者注意。

握拍方法有正握和反握两种方法（基本技术介绍均以右手握拍为例）。

1. 正手握拍法

握拍之前，先用左手拿住球拍，使球拍竖直与地面垂直。再张开右手，用拇指和食指第一指节的指腹部位，相对捏住拍把与拍面平行的两个宽面处，大拇指贴靠在拍柄上，并与其成一直线，其余手指自然弯曲依次扣握，拍把的尾部靠在手掌的小鱼际处，掌心要空出，以便球拍在手中自如运转。握拍的时候，不要过于用力，手、臂部肌肉要放松。

2. 反手握拍法

反手握拍是拇指和食指第一指节的指腹部位，相对捏握在拍把与拍面垂直的两个窄面处。中指、无名指、小指依次扣握，要求食指离三个指头稍稍分开，掌心空出，使球拍能灵活方便地应对各种复杂技术动作的要求。

3. 常见错误

（1）虎口紧贴拍把，手指僵硬，握拍过紧，导致持拍臂肌肉紧张。

（2）握拍位置过前，致使拍把尾部露出过多，在运动时严重制约球拍灵活性。

（3）五指大把攥握球拍，掌心没有空出。

（4）食指向拍头方向伸出，形成食指独立状，造成手腕僵直。

4. 纠正方法

（1）首先知道错在何处，以及此错误握拍法对掌握技术的不利影响，进而再体会正确握法。

（2）采用正确握拍法进行技术和战术练习，随时检查和注意自己的握拍是否正确，直至参加比赛。

（3）在正确握拍的同时，还要引导握拍技术与个人的特点相结合，在合理的范围里对规范的握拍技术有所改进，以便握拍方法更有利于个人技术特长和个人技术风格的发挥。

（二）基本站位

1. 正手基本站位

正手基本站位是指运动员正手握拍，接抛身体右侧来球的站位方法。要求面向对方，左脚在前，右脚在后，两脚自然开立，略宽于肩，两膝弯曲略内扣，重心在两脚之间，脚跟略微提起，以脚前掌着地，髋关节放松，含胸收腹，上体略向前，平视前方，右手持拍，自然置于身体右前上方或右侧头上方。

2. 反手基本站位

反手基本站位是指运动员反手握拍，接抛身体左侧来球的方法。要求面向对方，右脚在前，左脚在后，两脚自然开立，略宽于肩，两膝弯曲略内扣，重心在两脚之间，含胸收腹，注视前方，右手持拍，自然置于体前左上方或左侧头上方。

3. 常见错误

（1）两脚呈“八”字外张，重心在全脚掌上。

（2）两腿直立，膝关节不弯曲，并且腰部弯曲，上体严重前倾。

（3）全身肌肉紧张，捏拍过紧。

4. 纠正方法

（1）多进行各种脚步移动练习，体会重心放在前脚掌移动的感觉。

（2）在基本站位时，强调膝关节弯曲，重心下沉。

（3）多做放松练习，要求持拍臂自然下垂。

（三）基本技术

柔力球基本技术，是学好柔力球竞技技术的基础，并对竞技技术的学习起着重要的桥梁作用，基本技术的好坏，直接影响柔力球运动竞技比赛与练习的质量。

1. 正手接抛高球

接抛球时根据来球的方向、速度及时地调整站位，将接球点置于身体右侧前上方，持拍臂向右前上方伸拍迎球，当球触及球拍后，顺势向后，向下再向前做弧形引化，从右前下方将球向前抛出。注意上体要正，腿和腰要带上力量（图16-3-8）。

图16-3-8　正手接抛高球

2. 正手接抛低球

接球队员正握球拍，将接球点置于身体右侧前下方，持拍臂要以肩为轴向右前下方伸出迎球，当球触及球拍后迅速顺势向右后45°方向作弧形引化经右前上方将球抛出。

3. 反手正握接抛高球

接球队员以正握拍的方法，将接球点置于身体左侧前上方，持拍臂要以肩为轴，手臂外旋，向左前上方伸出迎球，球拍的边框要对向来球方向，当球触及球拍后，迅速顺势向左侧后下方做弧形引化将球由左前下方向前抛出。

4. 反手正握接抛低球

接球队员以正握拍方法，根据来球的方向，速度，及时地调整站位，持拍手的拇指在上，四指在下，将接球点置于身体的左侧前下方，持拍臂以肩为轴，当球触及球拍后迅速顺势向左后上方做弧形引化，将球由左前上方向前抛出。

5. 反手反握接抛高球

接球队员反手站位，反握球拍，手臂外旋，向左侧上方伸拍迎球，在球入球拍后，向左侧后下方做弧形引化，将球从左前下方向前抛出（图16-3-9）。

①　②　③

图16-3-9　反手反握接抛高球

6. 反手反握接抛低球

接球队员反手握拍，手臂内旋，持拍手的手背向上，持拍臂以肩为轴，当球触及球拍后迅速顺势向左后上方做弧形引化，将球由左前上方向前抛出。

7. 正拍右拉球

接球队员正握球拍，将接球点置于体前偏左侧，小臂外旋，向左前下方伸拍迎球，出拍时，拍面要与地面垂直，当球入球拍后迅速在体前向右侧做水平弧形引化，并将球在身体的右侧择向抛出（图16-3-10）。

①　②　③

图16-3-10　正拍右拉球

8. 正拍左拉球

接抛球队员正握球拍，将接球点置于体前偏右侧，小臂内旋向右前下方伸拍迎球，拍面要与地面垂直，拍头侧对地面，当球入球拍后迅速在体前向左侧做弧形引化，并将球在身体的左侧择向抛出（图16-3-11）。

图16-3-11　正拍左拉球

9. 反拍右拉球

接球队员反握球拍，将接球点置于体前偏左侧，小臂外旋，向左前下方伸拍迎球，拍头向下，当球入球拍后迅速在体前向右侧做水平弧形引化，并将球在身体右侧择向抛出。

10. 反拍左拉球

接球队员反握球拍，将接球点置于体前偏右侧，小臂内旋，向右前下方伸拍迎球，拍面要与地面垂直，当球入球拍后迅速在体前左侧作水平弧形引化，并将球在身体左侧择向抛出。

11. 体前平拉球

体前平拉球是指接球队员在体前用水平弧形引化方法的接抛球技术。体前平拉球可以用正握拍也可以用反握拍，由于它的引化动作是有支撑点无实体轴的运动。虽然动作缺少力量，但是变化非常丰富，落点准确，是竞技比赛中前场常用的小球技法。

（四）隐蔽技术

柔力球的隐蔽技术变化丰富，动作逼真，出球巧妙，美观实用，是场上有效的进攻手段，特别是在前场攻小球和防守快速进攻球时，都有不可替代的作用。

1. 提右腿接抛球

接球队员正握球拍，接抛球时将接球点置于右侧前方，持拍臂在出拍迎球的同时左脚先上半步成支撑腿，右腿上提，将引入球拍的球经右腿外侧做弧形引化至右腿下抛出（图16-3-12）。

图16-3-12　提右腿接抛球

2. 提左腿接抛球

接球队员正握球拍，接抛球时将接球点置于右侧前方，持拍臂在伸拍迎球的同时右腿先上半步成支撑，左腿提起，并顺势将引入球拍的球经左腿内侧，做弧形引化至腿下抛出（图16-3-13）。

图16-3-13　提左腿接抛球

3. 背后接抛球

接球队员将接球点置于身体右侧前下方，接球时拍头向下，球入球拍后，腿、腰整体蹬转，带动持拍臂围绕身体的纵轴转动，使球拍经体后至身体左侧将球抛出。做引化动作时，拍头应微微翘起，以免球失控脱落（图16-3-14）。

4. 腋下接抛球

接球队员正握球拍，接抛球时将接球点置于身体左侧，持拍臂在引球入拍的同时，右脚向左前跨上半步，身体向左转体约90°，侧对进攻方向，左臂曲肘上抬，引球入拍后顺势向左后方向引化，经身后使球从身体的左腋下抛出（图16-3-15）。

图16-3-14　背后接抛球

图16-3-15　腋下接抛球

5. 右侧头后球

接球队员正握球拍，将接球点置于头部右侧位，两腿和腰同时蹬转，带动球拍围绕头部转动，在球拍转到头部左侧时将拍内的球向前抛出（图16-3-16）。

图16-3-16　右侧头后球

6. 左侧头后球

接球队员正握球拍，接抛球时将接球点置于头部左侧位，持拍臂小臂外旋，引球入拍后，顺势向头后作水平弧形引化，右脚向左前跨上半步，身体侧转，将球从右侧肩上抛出（图16-3-17）。

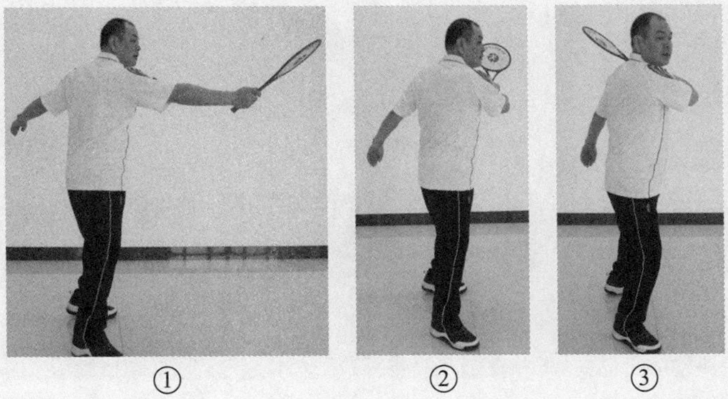

图16-3-17 左侧头后球

7. 肩后球

接球队员正握球拍，将接球点置于身体的右侧前方，持拍臂在引球入拍后，在身体的整体带动下，向右后旋转约180°将球从身体左侧肩后抛出（图16-3-18）。

图16-3-18 肩后球

（五）进攻技术

进攻技术是体现柔力球以柔克刚、借力打力战术思想的要点，它的进攻面广、变化多、球速快、力量大、落点准确，是进攻得分的重要手段，同时也是防守的关键和转守为攻的重要环节。

1. 水平右旋球

正手基本站位，当球向身体右侧上方飞来时，右手持拍向右前侧上方伸拍迎球，同时以右脚为支撑，左脚迅速蹬地，以身体的纵轴为中心向右水平旋转，在旋转至身体的左侧时将球抛出，在球出球拍的瞬间，出球点的拍框外缘要与出球方向保持一致（图16-3-19）。

图16-3-19　水平右旋球

2. 水平左旋球

反手基本站位，当球向身体的左侧上方飞来时，右手持拍向左前上方伸拍迎球，同时以左脚为支撑，右脚迅速蹬地，使身体围绕纵轴水平旋转，在旋至身体右侧时将球抛出，在旋转过程中头部要稍领先于身体的旋转，提前观察对方的站位情况，有目的地将球攻入对方场区。

3. 原地右侧旋球

正手基本站位，当球向身体的右下方飞来时，右手持拍向右前下方伸拍迎球，同时右脚后撤，脚前掌外展为支撑，左脚迅速蹬地，在身体合力的带动下，持拍臂由右下方侧旋至身体的左上方将球沿旋转圆弧的切线方向甩出球拍（图16-3-20）。

图16-3-20　原地右侧旋球

4. 原地左侧旋球

反手基本站位，当球向身体的左侧下方飞来时，右手持拍向左前下方伸拍迎球，同时左脚后撤，脚前掌外转成支撑，右脚迅速蹬地，在身体合力的带动下，持拍臂从身体的左前下方侧旋至右侧上方，将球沿旋转圆弧的切线方向甩出球拍。

5. 腾空右侧旋球

正手站位，当球向身体的右侧下方飞来时，右手持拍向右前下方伸拍迎球，同时滑步调整站位，当球入球拍后，右脚蹬地起跳或双脚同时向右后上方蹬地起跳，使身体腾空并获得在空中向右后侧旋的力量，带动持拍臂侧旋至身体的左侧上方，沿旋转圆弧的切线方向甩出球拍。

6. 腾空左侧旋球

反手站位，当球向身体的左侧下方飞来时，右手持拍向左前下方伸拍迎球，同时滑步调整站位，当球入球拍后，以左脚起跳，使身体在空中向左后侧旋，在身体的右侧上方将球甩出，在旋转过程中，头部要领先于身体的旋转，提前观察对方的站位情况，有目的地将球攻入对方场区的空当。

7. 正手高点球

正手基本站位，当球向身体的右侧飞来时，右手持拍向右侧前下方伸拍迎球，同时双脚蹬地，使身体原地向上展开，持拍臂在身体的整体带动下，以肩为轴，从右前下向右后，向上再向前划出一个完整的弧线，将球在球拍旋到最高点时，沿弧线的切线方向甩出球拍（图16-3-21）。

①　②　③

图16-3-21　正手高点球

8. 腾空水平旋球

正手基本站位，当球快速地从身体右侧上方飞来时，双脚迅速蹬地，使身体获得腾空和水平旋转的力量，在腾空旋转的同时持拍臂向右侧上方迎球，球入球拍后，以身体旋转的力量带动持拍臂使球从身体的左侧甩出球拍，在球出球拍的瞬间，出球点的拍框外缘，要对向出球方向。

第四节　柔力球运动基本规则

一、柔力球套路竞赛赛制与计分方法

1. 赛制

（1）一轮比赛制：参赛者只进行一场比赛就决出比赛的名次。

（2）二轮比赛制：参赛者需进行两轮比赛，第一轮为预赛，第二轮为决赛。

（3）二轮淘汰赛制：参赛者需进行两轮比赛，第一轮为预赛（或称淘汰赛），淘汰数量多少由规程确定。第二轮比赛为决赛，即将第一轮比赛的优胜者进行决赛。

2. 计分方法

（1）预赛成绩不带入决赛中，仅作为排列决赛出场顺序的依据，参赛者名次的确定，以决赛的成绩为准，成绩优者名次列前，如成绩相等，则以预赛中得分优者名次列前，如仍相等，则名次并列，继后的名次空出。

（2）预赛成绩列入决赛中，参赛者名次的确定按参赛者预、决赛成绩之和排列名次，如成绩相等，则以决赛成绩优者名次列前，如仍相等，则名次并列，继后的名次空出。

二、运动员入场和退场

1. 运动员入场

运动员检录并准备完毕后队长举手向裁判示意，视裁判长举绿旗后，参赛者进入比赛场内，站好，队长再次举手示意放音乐比赛开始。

2. 运动员退场

比赛动作结束后在场边排列整齐等待裁判示分，示分完毕后向观众和裁判表示谢意，再将队伍带出比赛场区。

三、套路中对手错误动作的扣分

（1）掉球：每掉一次扣0.5分。

（2）掉拍：每掉拍一次扣1分。

（3）中断：引化中断一次扣0.5分。

因掉球或掉拍所引起动作的中断或失去节奏，在一个八拍以内不再追加扣分；超过一个八拍，要追加扣0.5分。

因动作不熟练、摔倒或动作失败所引起成套动作中断，在4拍之内扣至0.5分，在8拍之内扣至1分，在8拍以上扣至2分。

（4）球和球拍上不得附加任何饰物，赛场上不得使用任何道具，否则从队分中扣掉1分。为了提高控球能力擅自改装球拍，在拍框上加装附件，在拍面上涂抹防滑材料等不计比赛成绩。

（5）集体套路中参赛人数不得少于规定要求，否则每少一人扣1分。

（6）比赛中不能拿道具，如横标、花束、宣传品、广告等，如有者扣1分。

（7）领队、教练员、运动员，在场内外指挥，大声叫喊扣1分（特殊情况除外）。

（8）因主观原因运动员要求重做扣10分。

（9）比赛中超过了规定的用球数量不计成绩。

四、规定套路的评分

（一）规定套路分值的构成

（1）规定套路技术完成情况的分值为80分。

（2）完成成套动作的艺术分为20分。

（3）规定套路动作的最高分为100分。

（二）规定套路的评分因素

（1）成套动作的技术完成是否符合规定的技术要求，如动作完成时的用力方法、部位、路线、方向、拍节等。

（2）完成成套动作的艺术性，例如，完成动作时身体的姿态，动作的幅度、力度、节奏、韵律、表现能力，全套动作的熟练性，以及精神面貌、服装、队列队形等。

（三）规定套路技术分值的构成

1. 规定套路完成情况的扣分

运动员完成动作时出现的技术、路线、方向、拍形、拍位、旋转角度及动作的衔接等各种错误，根据其轻重程度按轻微错误、显著错误、严重错误三种情况进行扣分。

（1）轻微错误（扣1～2分）

错误主要表现为：稍偏离了动作的方向和部位，技术动作质量完成稍差，或有个别人失去节奏，遗忘漏做，影响了集体的一致性。

（2）显著错误（扣2.5～5分）

有明显技术错误，规定的部位、方向和路线有显著错误，动作不太协调、圆润，动作质量较差，有1/3人失去节奏，遗忘漏做，影响了集体的一致性。

（3）严重错误（扣5.5～10分）

完成动作时，技术有严重错误，动作变形、歪曲或摔倒，有1/2以上的人失去节奏，遗忘漏做，严重地影响了集体的一致性。

2. 规定套路中五类基本技术的扣分

规定套路中包含摆动、绕环、抛接、翻拍、转体和旋转五类基本技术。全套动作的技术最高分为80分，根据各类动作的评分细则，给每类动作扣分。每类动作的总扣分最多不得超过10分，全套动作中每类动作不重复扣分。用80分减去每类动作的扣分总和，最后得出规定动作技术分的分值。

五、自选套路的评分

（一）自选套路分值的构成

（1）完成情况：40分。

（2）难度动作：15分（不封顶）。

（3）组织编排：30分。

（4）艺术性：15分。

全套动作的最高得分为100分（不封顶）。

（二）自选套路的评分因素

1. 完成情况

自选套路中四类基本技术动作在完成过程中所出现的技术错误。

2. 难度动作

在完成四类基本技术的同时完成的难度动作。在保证基本动作质量的前提下完成的有价值、有美感，符合柔力球特色的创新动作。

（三）自选套路完成情况的扣分

运动员完成动作时出现的技术、路线、方向、拍形、拍位、旋转及动作的衔接等各种错误，根据其轻重程度分别按轻微错误、显著错误、严重错误三种情况进行扣分。

1. 轻微错误（扣1～2分）

错误主要表现为：稍偏离了动作的方向和部位，有轻微的技术或身体姿态错误，动作质量完成稍差。集体自选中有个别人失去节奏，遗忘漏做动作，影响了集体的一致性。

2. 显著错误（扣2.5～5分）

有明显技术或身体姿态的错误，动作不太协调、圆润，动作质量较差，集体自选中有1/3人失去节奏，遗忘漏做动作，影响了集体的一致性。

3. 严重错误（扣5.5～10分）

完成动作时，技术和身体姿态有严重错误，动作变形、歪曲或摔倒。集体自选中有1/2以上的人失去节奏，遗忘漏做动作，严重地影响了集体的一致性。

六、柔力球竞技比赛通则

（一）场地器材

（1）场地地面必须平坦，水平面不得超过1 000：1，木质、土质、混凝土、塑胶地面均可。场地线最好是白色、黄色或其他容易辨别的颜色。

（2）场地规格：比赛场地单打场地长1 188厘米，宽518厘米，双打场地长1 188厘米，宽610厘米。场地四周最少有2米的无障碍区，从地面量起比赛场地上空最少有7米的无障碍空间。

（3）场地线：所有场地线宽均为4厘米，此线属于比赛区域内。

① 中线：连接赛场两条边线中点的线叫中线，中线把比赛场地分成两个面积相等的区域。

② 限制区：两边场区距中线297厘米处各有一条与中线平行的线为限制线，在限制线到中线之间的区域为限制区。

③ 限制线：两边场区距中线297厘米处各有一条与中线平行的线为限制线，此线为进攻限制线，在比赛开始后限制线向两侧无限延长（此线属于前场限制区域内）。

④ 发球区：在两边场地内限制线后到端线之间的区域为发球区。单打场地限制线后到端线之间的区域为单打发球区，双打场地限制线后到端线之间的区域为双打发球区。

（4）球网与网柱

① 球网：网长7米，宽0.8米。

② 网高：从地面量起为1.75米，网柱设置在两条边线以外50厘米处的中线延长线上。网柱高1.8米，固定在地面或活动支架上。

（二）运动员的权利和责任

（1）运动员在比赛中对裁判裁定有异议时（死球时间），可举手示意并经主裁判认可后，有礼貌地对比赛中有异议的判罚提出自己的看法和意见。如果对裁判员的解释不满意，在一局结束后，通过教练员提出声明，保留申诉的权利。

（2）比赛进行中，运动员如遇球拍损坏、鞋带开了等意外情况，可征得裁判同意，离场更换球拍，但时间不能超过两分钟。更换服装时须征得主裁判许可，并更换与原来服装的颜色、号码相同的服装。

（3）比赛局间应保证运动员有1～2分钟休息和接受教练指导的权利。一个运动员如连续比赛，在同一单项上每场应有不少于10分钟的休息时间。

（4）比赛结束后，运动员应主动和对方运动员握手致意，向裁判员致谢，并在记录表上签字承认比赛结果。拒绝签字则判为0∶2失败。

（三）比赛的准备和进行

1. 抽签与准备活动

（1）进入比赛场地前，由主裁判召集双方队员进行抽签（或采用抛硬币的方法），赢方优先选择场地或发球权。

（2）准备活动：抽签后双方可在比赛场地对练不超过2分钟。

2. 发球与接发球的站位

（1）在单打比赛中发球队员可选择本方发球区内任何一位置进行发球，接发球队员可以在本方比赛场地的任何位置做接发球准备。

（2）双打比赛时双方队员必须在比赛服上标明发球顺序如A_1、A_2、B_1、B_2，发球队员必须站在发球区内，另一人可选择赛场内恰当的位置，但不能影响对方的视线。接发球方可选择本方场地任何位置。

3. 发球与交换发球权

（1）第一局由抽签决定取得发球权一方首先发球，第二局由第一局未首发球一方发球。

（2）交换发球权，每局比赛开始后，每发2个球交换发球权，打满15∶15以后开始轮流发球。

（3）双打比赛，竞赛双方应确定每局由标明的第一发球员首先发球。

（4）整局的发球顺序为A_1、B_1、A_2、B_2、A_1……以此类推，直至每局比赛结束。

4. 局间休息与交换场地

每局间休息1～2分钟，打完一局交换场地。决胜局时先得8分者领先交换场地。

5. 比赛结果的判定

（1）胜一球：比赛双方利用发球与接发球或在任一回合中利用合法还击使对方出现失误或其他违例，则胜一球得1分。

（2）胜一局：在比赛中某方领先对方两球以上，先打满15分为胜一局。如出现15∶15平，必须有一方先赢2球，本局比赛才能结束，或先打满20分。

（3）胜一场：先胜两局的一方为胜一场。某方弃权或拒绝继续进行比赛，则判对方以15∶0的比分和2∶0的比分取胜。

6. 发球与接发球

（1）合法发球：发球员站在发球区内，有一只支撑脚不得移位和跳起，一只手将球向后上方明显地抛出（不少于10厘米），另一只手持拍迎球，球入球拍后以正确的弧形引化动作将球经网上抛入对方比赛场区。发球可以落在对方赛场的任何位置。在发球时必须采用高入低抛的弧形引化动作完成发球。

（2）允许发球：开局或主裁判报完得分手势后，双方队员迅速做好发球和接发球准备，主裁判鸣“哨”或口令并做允许发球手势为允许发球。

7. 发球违例

（1）发球员未站在发球区内或脚踩在发球区限制线上发球。

（2）发球员发球时未将球明显地抛离手掌10厘米。

（3）发球员发球时，双脚移位，地面没有支撑脚，双脚腾空跳起。

（4）发球员接球入拍后，弧形引化出现中断，拍弧对应关系发生错误，出现推、挑、抖和折向发力等现象。

（5）发球时，球已抛出，球拍已挥动，但未触及抛出的球。

（6）发球时，球不过网或从网下穿过。

（7）发球后落在对方场区以外的地面和规则不允许落入的比赛场区。

（8）发球后，球触及除球网以外的场内固定物，以及双打比赛中触及本方队员的身体、衣物和球拍。

8. 接发球违例

发球方发球时，接球方不得用故意挥拍、呼叫、大幅度移动来干扰对方发球。

9. 重新发球

（1）发球队员抛球离手后，未做任何挥拍动作，手和拍也都未触球，该球判为无效球，重发。

（2）主裁判未“鸣哨”或未发出允许发球口令和手势而将球发出，该球无效，重发。

（3）在比赛中，发球次序发生错误但球已发出，在下一次发球前被发现该发球及该回合无效，重发。立即把发球调整到应发球队员手中，如某方队员发球虽然发生错误，但未被发现直到换发球才被发现，不予追究，按已形成的发球顺序继续比赛。

（4）发球时，发球方和接发球方队员同时违例，该发球无效，重发。

（5）发球时如遇不能预见的干扰情况时，该发球无效，重发（如球发出时突然另外场地的球滚进场地）。

（6）发球擦网并落入对方场区为好球，继续比赛。

10. 接抛球方法的规定

（1）合法接抛球：球拍触及球的一瞬间，通过来球运行方向和路线，以相应的拍形和缓冲速度，顺势将球引入球拍，并以明显的、完整的引化动作，连贯流畅地将球抛出，经比赛球网的上方落入对方有效区内的球为合法接抛球。接抛球允许脚步移动，但不得超过两步。

（2）合法接抛次数：在任意一个回合中，双方队员只有一次合法的接抛球（含发球）动作使球过网。双打时可采用一次或两次合法接抛球动作使球过网，但场上每个队员只限接抛球一次。

（3）接抛球违例：接抛球（含发球）过程中球与球拍间出现硬性撞击、弧形引化中断、连击球等现象为接抛球违例。

（四）关于进攻球的规定

（1）当球通过球网的垂直面，则被认为是完成一次进攻球。

（2）高点进攻球：在进攻时采用支撑或腾空完成的旋转，低入高抛等由上向下的快速进攻球为高点进攻球。

（3）在赛场的限制区内，可以使用所有的技术动作，但球出球拍后所运行的切线方向必须是由下向上运行，不得低于网上水平面。球是以向上的抛物线通过球网的垂直面进入对方场区。否则被视为前场进攻违例。

（4）攻方队员在做快速大力的高点进攻球时，攻方队员的支撑点和起跳点可以在场地的任何位置，但在动作完成后的支撑点和落点必须在赛场的限制线后，在进攻动作完成后的瞬间身体的任何部位都不得触及限制区和限制线。

（五）比赛规则

1. 比赛中的一般规定

（1）界内球：落在比赛场区地面上或压在界线上的球为界内球。

（2）合法球：在比赛进行中球擦网落入对方场区为合法球。

（3）死球：球触及地面或出现违例时为死球。

（4）重赛：比赛进行中，如遇到不能预测或意外情况时，保留比分，条件恢复后予以继续比赛。如遇主裁判和副裁判都未看清，不能作出裁决时，应予以重赛。如一方运动员提出意见，对方认可，主裁判可尊重双方意见，给予重赛。

2. 比赛中的违例

（1）球落在球场的界线外。

（2）球不过网或球从网下、网柱外，以及网孔穿过。

（3）比赛时球拍与球的最初接触点和出球点不在本方场地一侧。

（4）任意一个回合进行中，球触及球场固定物或球触碰运动员的身体和衣物。

（5）运动员进行弧形引化时球拍触及地面。

（6）比赛运动员的球拍、身体和衣物触及球网及网柱。

（7）运动员脚踩中线。

（8）攻方队员在前场区（限制区内）攻出的球没有向上的抛物线。

（9）双打时，同方队员进行接抛球时球拍相碰。

（10）运动员接抛球时，脚步移动超过两步。

（11）球入球拍后，球拍运行的弧形曲线形成了闭合或在圆弧上超过360° 出球。

附：裁判员手势表

双方准备

发球

得分

界内

界外

撞击

触网

连击

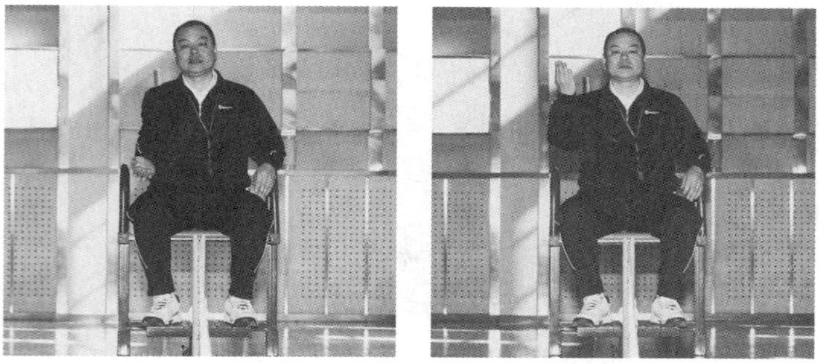

折返

暂停

换发球

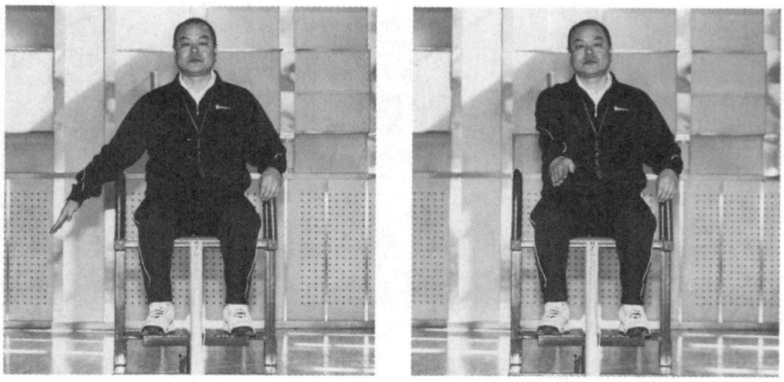

发球违例

脚踏中线

球触身体

双方违例

引化中断、持球

比赛结束

交换场地

司线员旗示

界内

界外

触体、拍出界

无法判断

思考题

1. 简述柔力球运动的起源。
2. 简述柔力球运动的特点。
3. 简述柔力球运动中组合技术的运用原则。
4. 简述柔力球比赛场地的要求。

第十六章　柔力球运动微课视频

体前平面正绕翻

体前平面反绕翻

原地左上平旋

原地右上平旋

原侧左侧旋

原地右侧旋

“8”字挥旋

向上盘旋

发球（网式）

正手接抛低球（网式）

提右膝接抛球（网式）

背后接抛球（网式）

肩后球（网式）

水平右旋球（网式）

右侧旋球（网式）

第十七章 太极拳运动

学习目标:

- *1. 了解太极拳运动的锻炼价值。*
- *2. 掌握简化太极拳的基本招式。*

章前导言:

太极拳是我国首创的一种经典养生运动。太极拳具有深邃的文化内涵，它使中国武术进入了更高的文化境界。太极拳不仅体现了中国人的处世哲理和对人生、对宇宙的理解，而且也体现了中国人的聪明智慧。经过长期的发展和推广，太极拳备受世界各国人民的青睐，已成为极具魅力的中华文化符号，在国际交往中大放异彩。作为中国的莘莘学子，努力掌握太极拳技法既是健身的需要，同时也承载着一份弘扬民族文化的责任。

第一节　太极拳运动概述

太极拳的健身功用古已有之。早在100多年前，太极拳家在《十三势行功歌》中就有“详推用意终何在，益寿延年不老春”的提法。如今，太极拳之所以能在国内外广受喜爱，正是因为它具有防病治病的功用，对神经衰弱、心脏病、高血压、肺结核、气管炎、溃疡病等多种慢性病都有明显的预防和治疗作用。打太极拳要求松静自然，这使大脑皮质一部分进入保护性抑制状态而得到休息。同时，打拳可以活跃情绪，对大脑起调节作用，而且打得越是熟练，越要“先在心，后在身”，专心于引导动作。这样长期坚持，会使大脑功能得到恢复和改善，消除由神经系统紊乱引起的各种慢性病。太极拳要求“气沉丹田”，有意地运用腹式呼吸，加大呼吸深度，因而有利于改善呼吸机能和血液循环。通过轻松柔和的运动，尤其能使年老体弱的人经络舒畅，新陈代谢旺盛，体质、机能得到增强。

太极拳以掤、捋、挤、按、靠、进、退、顾、盼、定等为基本方法，动作徐缓舒畅，演练时要求正腰、收颌、直背、垂肩，有飘然腾云之意境。练习时，头要保持“虚领顶劲”，有上悬意念，不可歪斜摇摆，眼要自然平视，嘴要轻闭，舌抵上颚；颈要自然竖直，转动灵活，不可紧张；肩要平正松沉，不可上耸、前扣或后张；肘要自然弯曲、沉坠，防止僵直或上扬；腕要下沉“塌腕”，劲力贯注，不可松软；胸要舒松微含，不可外挺或故意内缩；背要舒展伸拔，称为“拔背”，不可弓驼；腰要向下松沉，旋转灵活，不可前弓或后挺；脊要中正竖直，保持身型端正自然；臀要向内微敛，不可外突，要“溜臀”“敛臀”；胯要松正含缩，使劲力贯注下肢，不可歪扭、前挺；腿要稳健扎实，弯曲合度，转旋轻灵，移动平稳，膝部松活自然，脚掌虚实分清。

第二节　24式太极拳基本内容

24式太极拳也叫简化太极拳，是国家体委（现为国家体育总局）于1956年组织太极拳专家汲取杨式太极拳之精华创编而成的。24式太极拳是国家本着弘扬国粹、发扬传统武术的指导思想而编制的一套入门级的太极拳，它动作简练，浓缩了传统太极拳的精华，尽管它只有24个动作，但相比传统的太极拳套路来讲，其内容更显精练，动作更显规范，并且也能充分体现太极拳的运动特点。

太极拳起源于中国，是综合了历代各家拳法，结合了古代的导引术和吐纳术，吸取了古典哲学和传统的中医理论而形成的一种内外兼练、柔和、缓慢、轻灵的拳术。其动作刚柔相济，既可技击防身，又能增强体质、防治疾病。太极拳历史悠久、流派众多、传播广泛，深受人们的喜爱。

一、练习要点

（一）心静体松

所谓“心静”，就是在练习太极拳时，思想上应排除一切杂念，不受外界干扰；所谓“体松”，可不是全身松懈疲沓，而是指在练拳时保持身体姿势正确的基础上，有意识地让全身关节、肌肉以及内脏等达到最大限度的放松状态。

（二）圆活连贯

“心静体松”是对太极拳练习的基本要求。而是否做到“圆活连贯”才是衡量一个人功夫深浅的主要依据。太极拳练习所要求的“连贯”是指多方面的。其一是指肢体的连贯，即所谓的“节节贯穿”。肢体的连贯是以腰为枢纽的。在动作转换过程中，则要求：对下肢，是以腰带胯，以胯带膝，以膝带足；对上肢，是以腰带背，以背带肩，以肩带肘，以肘带手。其二是动作与动作之间的衔接，即“势势相连”——前一动作的结束就是下一个动作的开始，势势之间没有间断和停顿。而“圆活”是在连贯基础上的进一步要求，意指活顺、自然。

（三）虚实分明

要做到“运动如抽丝，迈步似猫行”，首先要注意虚实变换要适当，使肢体各部在运动中没有丝毫不稳定的现象。若不能维持平衡稳定，就根本谈不上什么“迈步如猫行”了。一般来说，下肢以主要支撑体重的腿为实，辅助支撑或移动换步的腿为虚；上肢以体现动作主要内容的手臂为实，辅助配合的手臂为虚。总之虚实不但要互相渗透，还需在意识指导下变化灵活。

（四）呼吸自然

太极拳练习的呼吸方法有自然呼吸、腹式顺呼吸、腹式逆呼吸和拳势呼吸。以上几种呼吸方法，不论采用哪一种，都应自然、匀细，徐徐吞吐，要与动作自然配合。初学者宜采用自然呼吸。

二、动作及口诀

（一）起势（图17-2-1）

① 两脚开立，②③ 两臂前举，④⑤ 屈膝按掌。

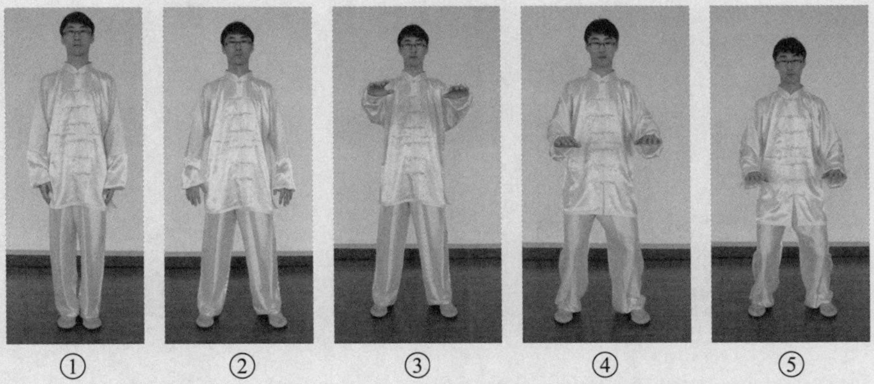

图17-2-1　起势

（二）野马分鬃（图17-2-2）

① 收脚抱球，② 左转出步，③ 弓步分手，④ 后坐撇脚，⑤ 跟步抱球，⑥ 右转出步，⑦ 弓步分手，⑧ 跟步抱球，⑨ 左转出步，⑩ 弓步分手。

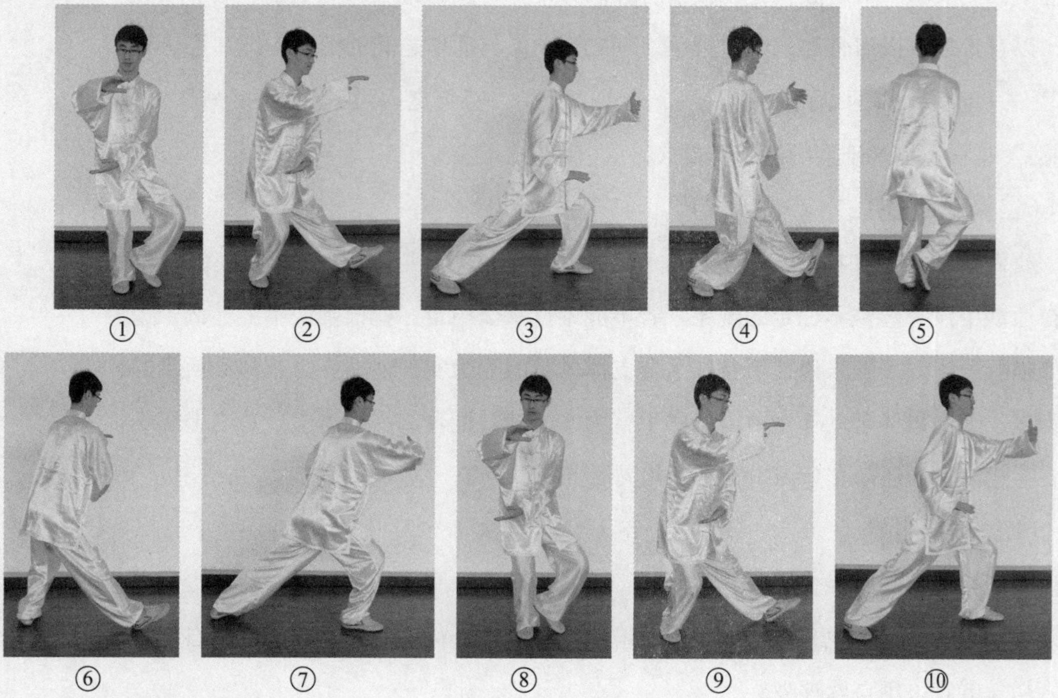

图 17-2-2　野马分鬃

（三）白鹤亮翅（图 17-2-3）

① 跟半步胸前抱球，② 后坐举臂，③ 虚步分手。

图 17-2-3　白鹤亮翅

（四）搂膝拗步（图 17-2-4）

① 左转落手，② 右转收脚举臂，③ 出步屈肘，④ 弓步搂推，⑤ 后坐撇脚，⑥ 跟步举臂，⑦ 出步屈肘，⑧ 弓步搂推，⑨ 后坐撇脚，⑩ 跟步举臂，⑪ 出步屈肘，⑫ 弓步搂推。

（五）手挥琵琶（图17-2-5）

① 跟步展手，② 后坐挑掌，③ 虚步合臂。

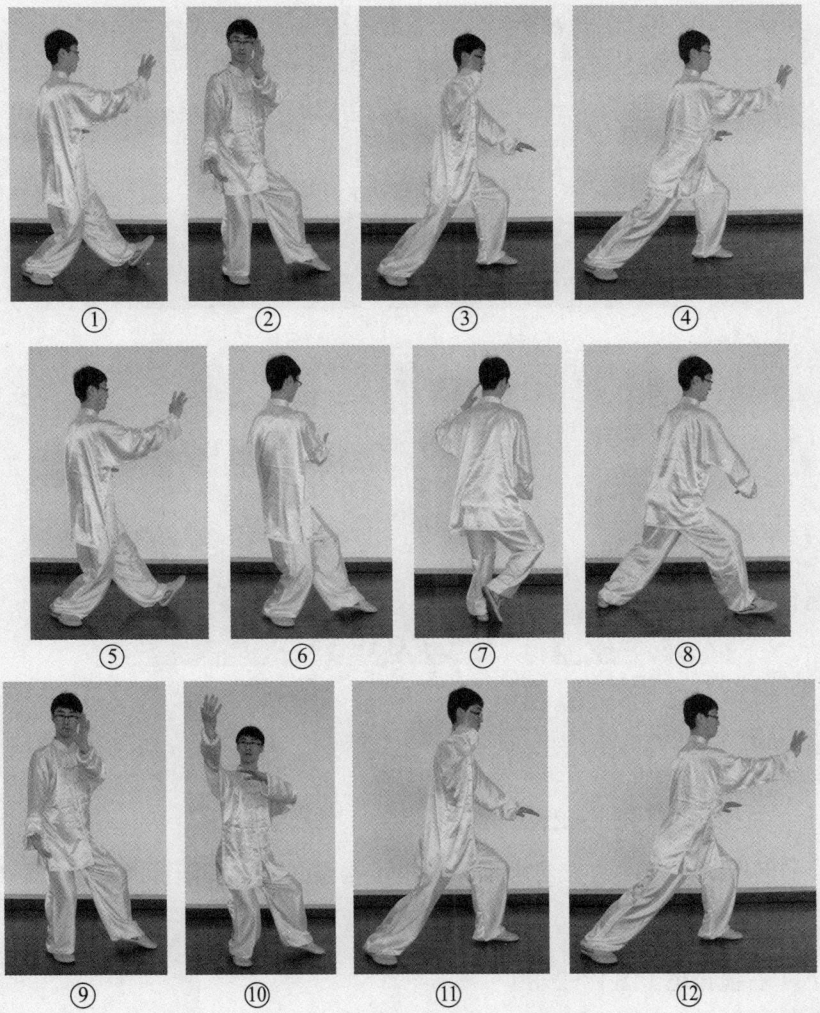

图17-2-4 搂膝拗步

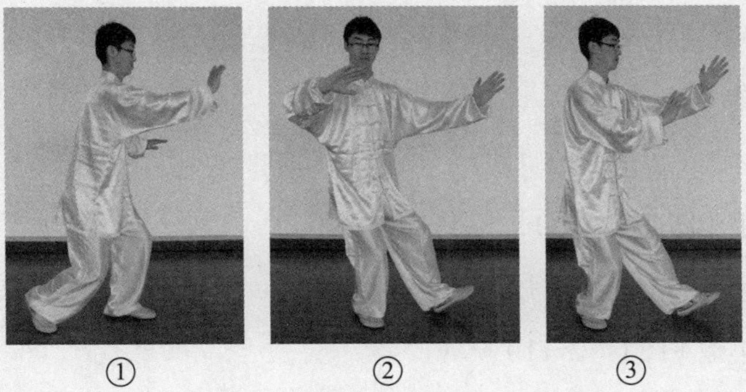

图17-2-5 手挥琵琶

（六）倒卷肱（图17-2-6）

① 两手展开，② 提膝屈肘，③ 撤步错手，④ 后坐推掌（重复三次）。

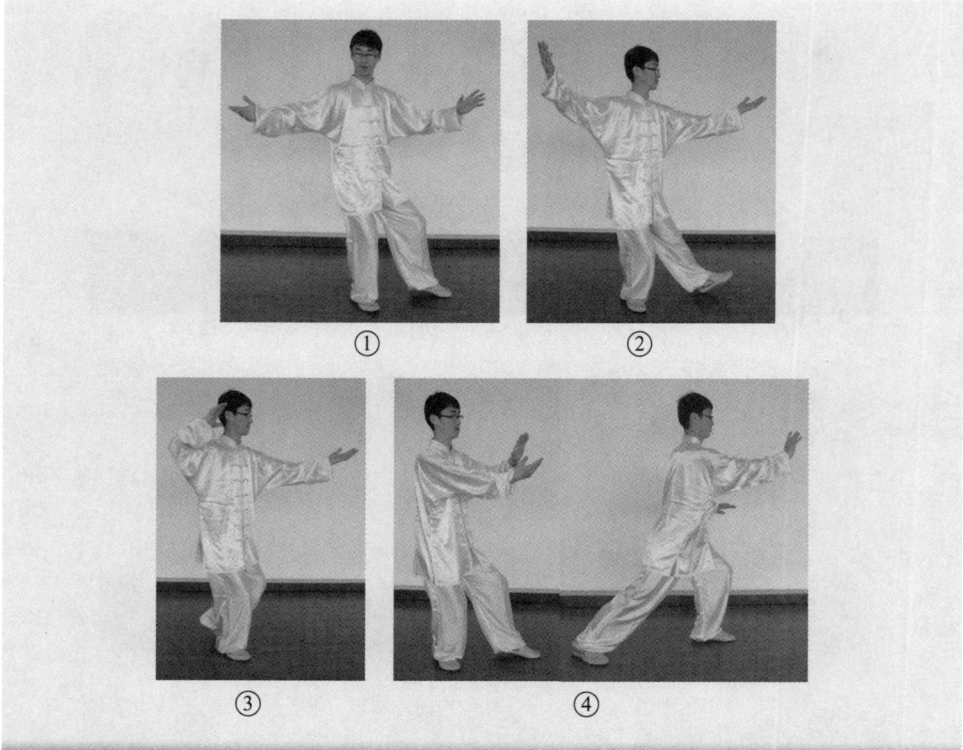

图17-2-6 倒卷肱

（七）左揽雀尾（图17-2-7）

① 右转收脚抱球，② 左转出步，③ 弓步掤臂，④ 左转随臂展掌，⑤ 后坐右转下捋，⑥ 左转出步搭腕，⑦ 弓步前挤，⑧ 后坐分手屈肘收掌，⑨ 弓步按掌。

（八）右揽雀尾（图17-2-8）

① 后坐扣脚、右转分手，② 回体重收脚抱球，③ 右转出步，④ 弓步掤臂，⑤ 右转随臂展掌，⑥ 后坐左转下捋，⑦ 右转出步搭手，⑧ 弓步前挤，⑨ 后坐分手屈肘收掌，⑩ 弓步推掌。

（九）单鞭（图17-2-9）

① 左转扣脚，② 右转收脚展臂，③ 出步勾手，④ 弓步推举。

（十）云手（图17-2-10）

① 右转落手，② 左转云手，③ 右转云手，④ 出步按掌（重复两次）。

（十一）单鞭（图17-2-11）

① 斜落步，② 右转举臂，③ 出步勾手，④ 弓步按掌。

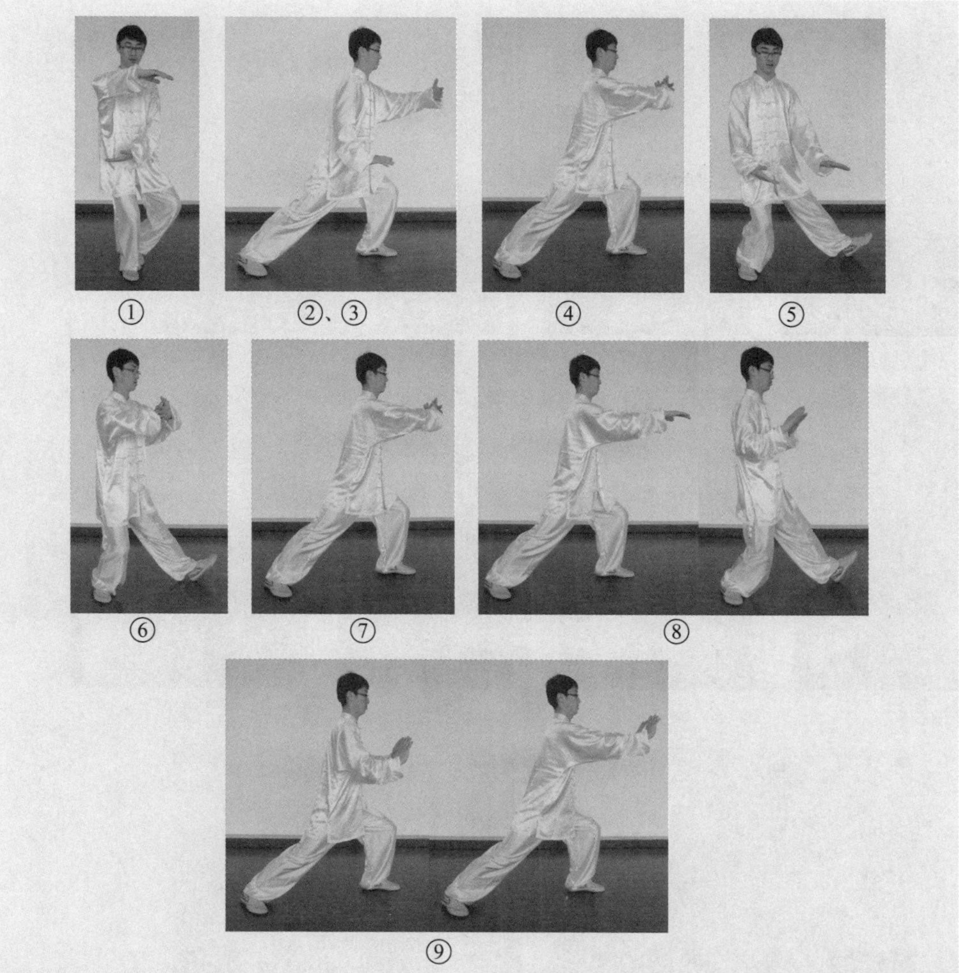

图 17-2-7　左揽雀尾

（十二）高探马（图 17-2-12）

① 跟步后坐展手，② 虚步推掌。

（十三）右蹬脚（图 17-2-13）

① 收脚收手，② 左转出步，③ 弓步画弧，④ 合抱提膝，⑤ 分手蹬脚。

（十四）双峰贯耳（图 17-2-14）

① 收脚落手，② 出步收手，③ 弓步贯拳。

（十五）转身左蹬脚（图 17-2-15）

① 后坐扣脚，② 左转展手，③ 回体重合抱提膝，④ 分手蹬脚。

（十六）左下势独立（图 17-2-16）

① 收脚勾手，② 蹲身仆步，③ 穿掌下势，④ 撇脚弓腿，⑤ 扣脚转身，⑥ 提膝挑掌。

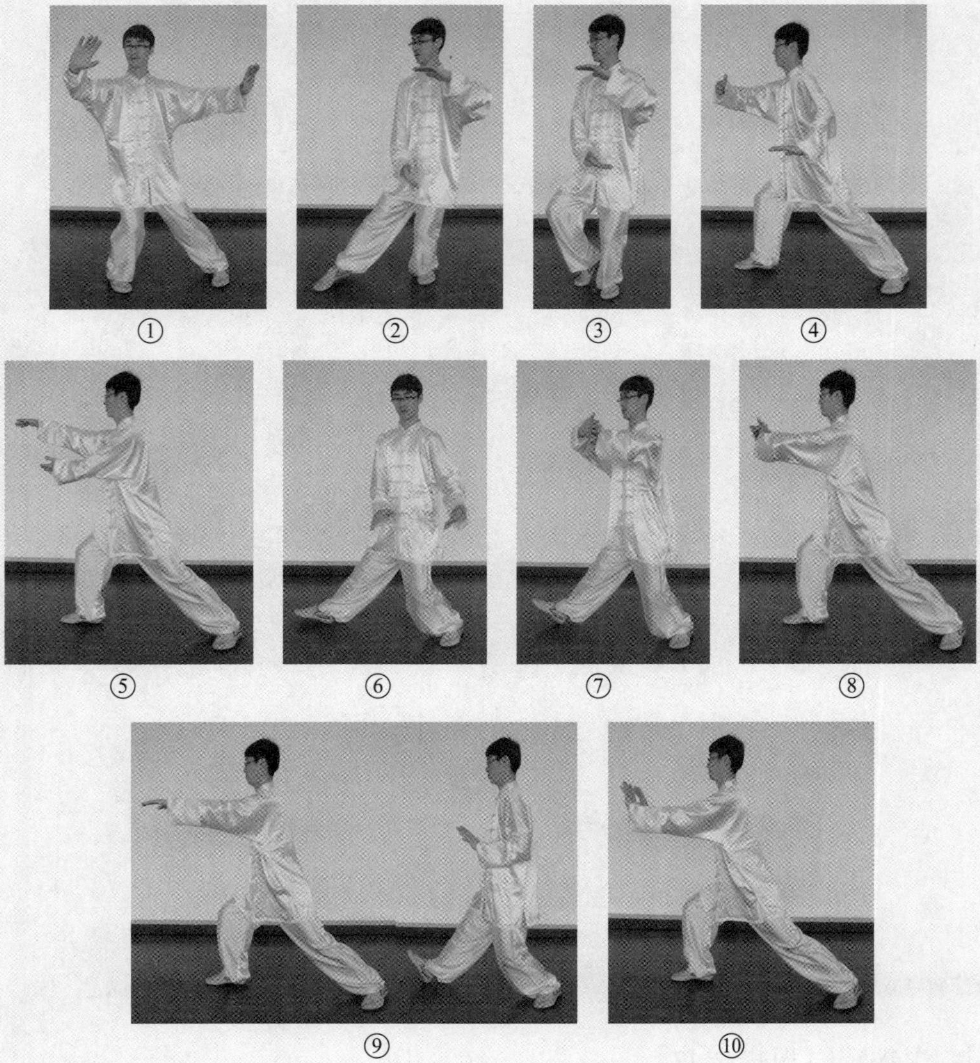

图 17-2-8　右揽雀尾

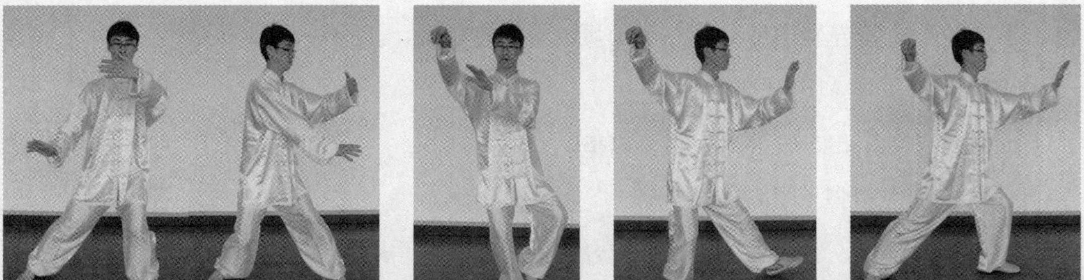

图 17-2-9　单鞭

图17-2-10 云手

图17-2-11 单鞭

图17-2-12 高探马

（十七）右下势独立（图17-2-17）

① 落脚左转勾手，② 蹲身仆步，③ 穿掌下势，④ 撇脚弓腿，⑤ 提膝挑掌。

（十八）右玉女穿梭（图17-2-18）

① 落步落手，② 跟步抱球，③ 右转出步，④ 弓步推架。

（十九）左玉女穿梭（图17-2-19）

① 后坐落手，② 跟步抱球，③ 左转出步，④ 弓步推架。

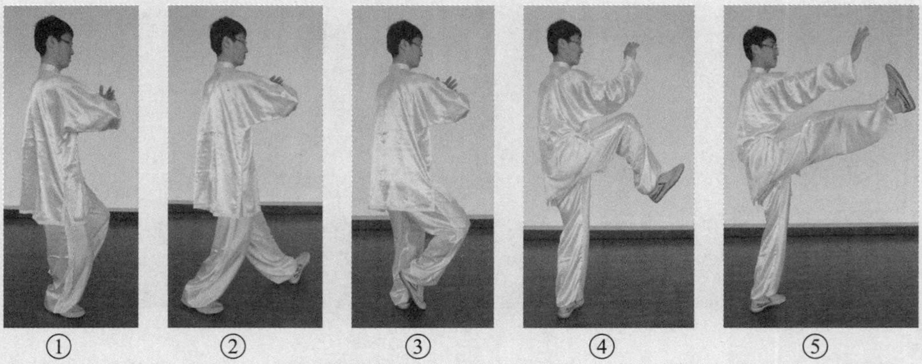

图 17-2-13　右蹬脚

图 17-2-14　双峰贯耳

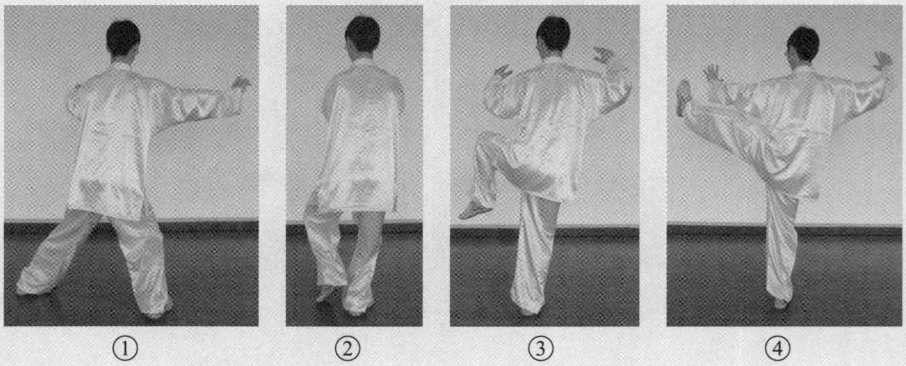

图 17-2-15　转身左蹬脚

（二十）海底针（图 17-2-20）

① 跟步落手，② 后坐提手，③ 虚步插掌。

（二十一）闪通臂（图 17-2-21）

① 收脚举臂，② 出步翻掌，③ 弓步推架。

图 17-2-16　左下势独立

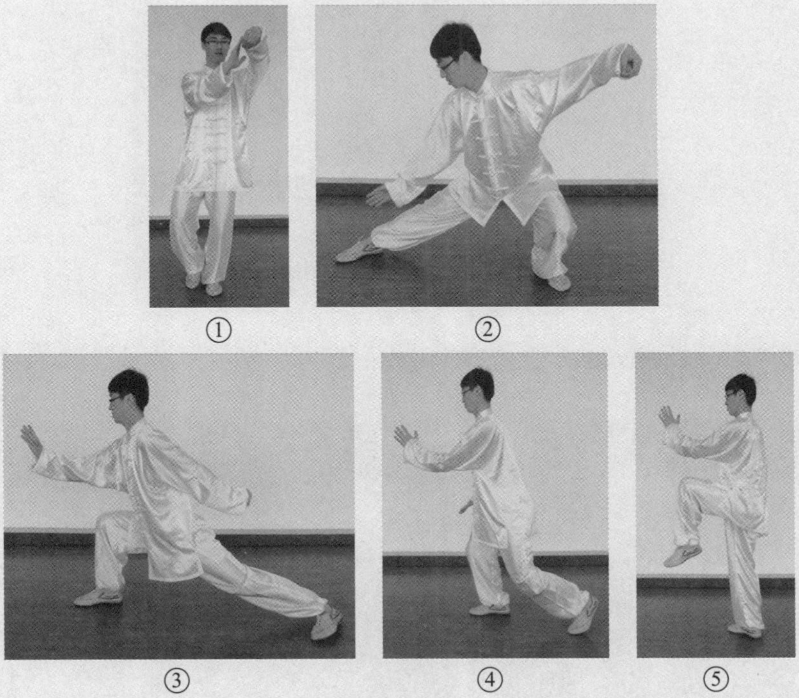

图 17-2-17　右下势独立

①　②　③　④

图 17-2-18　右玉女穿梭

①　②　③　④

图 17-2-19　左玉女穿梭

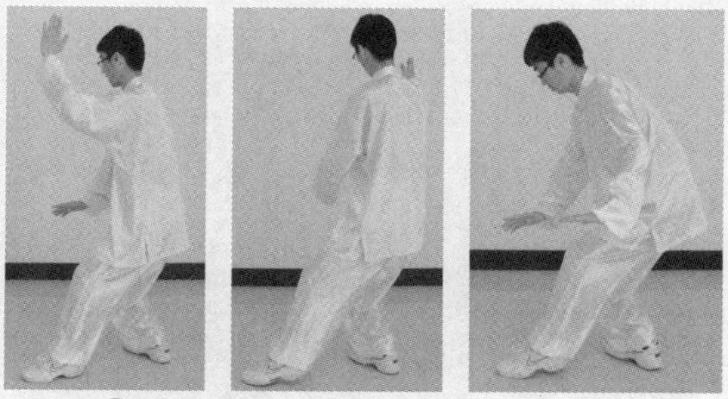

①　②　③

图 17-2-20　海底针

①　②　③

图 17-2-21　闪通臂

（二十二）转身搬拦捶（图17-2-22）

① 后坐扣脚右转摆掌，② 收脚握拳，③ 垫步搬捶，④ 跟步旋臂，⑤ 出步裹拳拦掌，⑥ 弓步打拳。

①　②　③　④　⑤　⑥

图17-2-22　转身搬拦捶

（二十三）如封似闭（图17-2-23）

① 穿臂翻掌，② 后坐收掌，③ 弓步推掌。

（二十四）十字手、收势（图17-2-24）

① 后坐扣脚，② 右转撇脚分手，③ 移重心扣脚画弧，④ 收脚合抱，⑤ 旋臂分手，⑥ 下落收势。

①

图 17-2-23 如封似闭

图 17-2-24 十字手、收势

思考题

1. 简述太极拳的价值。

2. 简述太极拳演练过程中的注意事项。

第十七章　太极拳运动微课视频

起势	野马分鬃	白鹤亮翅	搂膝拗步
手挥琵琶	倒卷肱	左揽雀尾	右揽雀尾
单鞭	云手	单鞭	高探马
右蹬脚	双峰贯耳	转身左蹬脚	左下势独立
左右穿梭	海底针	闪通臂	转身搬拦锤
如封似闭	十字手	收势	24式简化太极拳全套

第十八章 速度滑冰运动

学习目标：

- *1. 了解速度滑冰运动的起源和发展。*
- *2. 掌握速度滑冰运动的各项基本技术。*
- *3. 掌握速度滑冰运动的竞赛规则。*

章前导言：

速度滑冰运动是具有独特季节特点的运动项目，是古代生长在北方寒冷地带的人们由于生活需要，在封冻的江河中，以滑雪、滑冰代替车马作为交通运输工具而开始出现的，而后逐渐形成一种冬季冰上游戏运动。速度滑冰运动在全世界各地拥有很多爱好者。本章主要介绍速度滑冰运动的起源和发展，速度滑冰运动的基本技术，相应的训练原则和方法，以及速度滑冰运动的基本竞赛规则，使读者对速度滑冰运动有初步的认识，激发学习兴趣和热情。

第一节　速度滑冰运动概述

一、速度滑冰的产生与发展

速度滑冰是指在规定距离内以竞速为目的的滑冰比赛，或者说是以冰刀为用具在冰上进行的一种竞速运动，它历史悠久，是冰上运动的源头。

13世纪中叶，一种安装在木板上的铁制冰刀在荷兰出现。1572年，苏格兰人发明了第一双“全铁制冰刀”，这是现代冰刀的起始标志。17世纪以后，随着产业革命的兴起，欧洲的经济、文化发展很快，尤其金属冶炼工业有着划时代的进展，开始出现了铁制冰刀厂房，使滑冰用具的生产形成社会化和专业化，生产的冰刀也开始分类，长的为速滑刀，短的为花样刀，以适应不同滑冰运动的需要。

最早的速滑比赛出现于1676年，是在荷兰的运河上举行的。比赛的形式是从一个城镇滑到另一城镇，后来由长途滑行比赛逐渐发展为环城赛。

1885年，第一次国际速度滑冰比赛在德国的汉堡举行，此后类似的国际比赛在挪威的奥斯陆和德国汉堡举行多次。当时比赛跑道的长度为3 800米，也有用英里计算距离的。因此，当时人们遇到最多是关于比赛场地规格、比赛项目及竞赛规则的问题。针对这些问题，荷兰人提出了比赛采用双跑道两人一组同时出发，设立短、中、长距离比赛项目的建议，1888年，此建议被采纳。根据该建议，荷兰和英国共同起草制定了国际速滑比赛规则。1889年，在荷兰阿姆斯特丹举行的世界冠军赛是第一次按照新规则举行的国际比赛。当时规则规定，在三项比赛中都获得第一名的运动员才能获得世界冠军称号。自1889年起，三年时间内，荷兰阿姆斯特丹连续举办了3次世界冠军赛，1889年的冠军赛设有0.5英里、1英里和1.5英里3个项目，1890年和1891年的冠军赛又增加了一项5英里的比赛。当时的规则规定，只有获得全部项目第一名的运动员才能被授予冠军称号，遗憾的是1889年和1890年的参赛运动员没有一人赢得全部项目第一名。1891年，美国运动员杰·多诺格夺得了4个项目第一名，荣获第一个速滑世界冠军。自1892年起，每年举行一次世界男子速滑锦标赛。

从1970年起，每年举行一次世界短距离锦标赛。为提高青少年速滑运动水平，从1975年开始，增设了世界青少年速滑锦标赛，年龄在20岁以下的运动员可参加比赛。

二、国际滑冰运动的发展概况

国际滑联全称“国际滑冰联盟”，亦称“国际滑冰联合会”，英文缩写为I.S.U.。它的主要职责是定期召开成员国代表大会，审批世界纪录，公布冰上项目的比赛规程，审批、修改国际规则，任命世界大赛的主要裁判，决定增减比赛项目，对国际裁判员进行培训等。自1889年举行第一次国际速滑比赛以来，随着国际速度滑冰比赛的频繁举行和各国滑冰协会的建立，人们发现需要有一个居各国滑冰协会之上的国际机构，以推动和领导世界速滑运动的开展和协调解决各国之间及国际比赛中出现的问题，于是，建立国际滑冰联盟的时机和条件基本成熟。1892年7月，在荷兰的倡议下，由荷兰滑冰协会主持，在荷兰鹿特丹北部的斯海弗宁恩（Scheveningen）召开了国际滑冰代表大会。出席这次大会的有荷兰、英国、德国、奥地利、匈牙利和瑞士等国的滑冰俱乐部和滑联代表，挪威、美国、俄国也向大会寄去了书面赞成意见。大会讨论了对世界纪录的承认、速滑跑道的长度及规格、比赛规则、比赛项目和距离及审定业余运动员资格的规章等方面问题，并决定从1893年起每年举行一次欧洲和世界男子速滑锦标赛。这就是世界滑冰史上著名的第一届国际滑冰联盟代表大会，大会的主要成就在于选举产生了国际滑冰联盟的领导机构，从而奠定了速度滑冰竞赛的坚实基础。在第十八届冬季奥运会上，五大洲都派出了代表团参加冬季项目的角逐，并刷新了一大批世界纪录和奥运会纪录，使速滑运动水平达到了新的高度。

三、中国古代滑冰运动概况

中国是一个具有悠久历史的文明古国，滑冰运动历史也是源远流长。古代生长在北方寒冷地带的人们，由于生活需要，在封冻的江河中，以滑雪、滑冰代替车马运输。因此，滑冰是从作为交通运输工具开始出现的，而后逐渐形成一种冬季冰上游戏——冰嬉。1060年完成的《新唐书》载："冬至，突厥三部落……皮桦筱室，多善马，俗乘木马驰冰上，以板籍足，屈木之腋，墩者百步，势迅激。"可见我国从11世纪开始，已由雪上滑行发展为冰上滑行了。当时人们把木板绑在脚上，用木杖撑冰，用脚蹬冰在冰上滑行。清太祖努尔哈赤认识到滑冰具有军事实用价值，并在他统辖的八旗军队中，设有军事滑冰兵种。据记载，在1727年，努尔哈赤远征巴尔虎特部落时，已有一支擅长滑冰的部队。在《清语择抄》中记载："时有费古烈者，所部皆有乌拉滑子，善滑行……夜七百余里……"这是我国古代由民间滑冰发展为军事滑冰的记载。清朝以后，又将滑冰作为习劳行赏、以阅武事的制度，使古代滑冰发展到最高阶段，具有了宫廷化、军事化特点。当时，校阅八旗滑冰有两种形式：一种是"官趟子"，也就是现代的速度滑冰，设有八式，即初手式、小晃荡式、大晃荡式、扁弯子式、大弯子式、大外刃式、跑冰式、背手跑冰式。另一种是花样滑冰。关于当时冰鞋有这样的记载："冰鞋以一铁直条嵌鞋底，作势一奔，迅如飞羽。"冰上滑者所着之鞋皆有铁齿，滑行冰上如星驰电掣，争行夺标取胜，名曰"溜冰"。综上史略，我国古代滑冰的起始年代、发展过程与世界滑冰史是相近的。清代是我国古代滑冰的最盛时期，其主要特点是滑冰运动的军事化和宫廷化。

四、中国现代滑冰运动概况

在半封建半殖民地的旧中国，广大人民过着艰难贫困的生活，很难开展冰上运动。当时在东北、华北一些大城市如北京、天津、沈阳、长春、哈尔滨等地，由于受资本主义国家的影响，虽有一些冰上运动，但大多为俄、日等侨民垄断，局限性很大，更谈不上全国性竞赛。1949年，中华人民共和国成立后，在"发展体育运动，增强人民体质"的方针指导下，群众性冰上运动十分活跃，特别是速度滑冰开展得更为普及。每到冬季，我国东北、华北和西北有条件地区，都把滑冰项目作为大、中、小学冬季体育教学的主要内容，各地先后举办了不同规模的丰富多彩的冰上运动会，推动了冰上运动的广泛开展。东北的黑龙江、吉林和辽宁是以开展冰上运动为重点的省份，这里有多所设备齐全的现代化滑冰馆和滑冰场，有近30个培养冰上运动人才的专项运动队伍，有培养冰雪专门人才的3个体育学院和3所运动学校以及近百所业余体校，并有开设冰雪运动专项的高校体育系十余个，还设有从事冰上运动研究的专门机构和出版冰雪专业刊物杂志社。每到冬季，黑龙江、吉林等地都开展百万青少年上冰活动，这些都为开展全民健身活动及提高冰上竞技运动水平奠定了雄厚的群众基础。

1957年，我国第一次参加世界速滑锦标赛，经过半个多世纪的发展，我国涌现出了杨菊成、王金玉、罗致焕、王秀丽、叶乔波、杨扬、王濛、周洋等一批世界级速滑选手，尤其是女队，近些年来一直处于世界领先地位。

第二节　速度滑冰运动基本技术

一、陆地模仿

1. 滑冰基本姿势练习

此练习的目的是使练习者掌握滑冰的基本姿势。方法：两脚两腿并拢，两手在背后互握成蹲屈姿势。大小腿的夹角成110°，上体与地面的夹角为15°，小腿尽力前弓，头微抬起，眼视前方5米处（图18-2-1）。

图18-2-1　滑冰基本姿势

2. 蹬冰收腿练习

此练习的目的是练习蹬冰方向和收腿方法。在蹲屈姿势的基础上，做左右脚轮流侧出和收腿的练习，脚侧出时脚内沿擦地，两脚平行，两脚尖在一条线上，侧出腿向后收到后位，大腿小腿与脚各成90°，接着收回后位腿，至两脚并拢，换另一条腿重复上述动作（图18-2-2）。

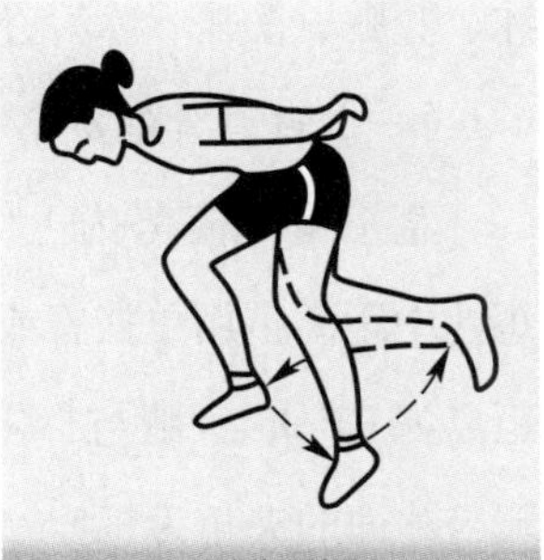

图18-2-2 蹬冰收腿练习

3. 倾倒练习

练习动作一："蹲"。以滑冰的蹲踞姿势为开始，体重放到蹬冰腿上（如右腿），浮腿（左腿）用大腿带动抬起小腿，脚离开地面（图18-2-3①）。

练习动作二："倾"。身体要保持三点（即脚、膝、头）一线，先自然向左倾倒（右腿为蹬冰腿时）到与地面成80°～75°时，直到要跌倒为止（图18-2-3②）。

练习动作三："蹬""移"结合。当身体倾倒至有要跌倒的感觉时，体重控制在"蹬冰"腿上，当蹬地腿接近蹬直时，浮腿才能落在身体总重心之下而着地。一定不要侧跨，否则就形成反支撑，这是最严重的错误动作。腿蹬地和上体移动要同时完成，这是滑冰中最核心的动作（图18-2-3③）。

练习动作四："落"并还原。当蹬地腿接近伸直时浮腿才能落地，要达到使脚落在身体重心之下，需要浮腿、臀、上体同时移动。浮腿落地后承担体重，原支撑脚离地面抬起并向后做收腿动作到后位，收到与承担体重的腿并拢（图18-2-3④）。

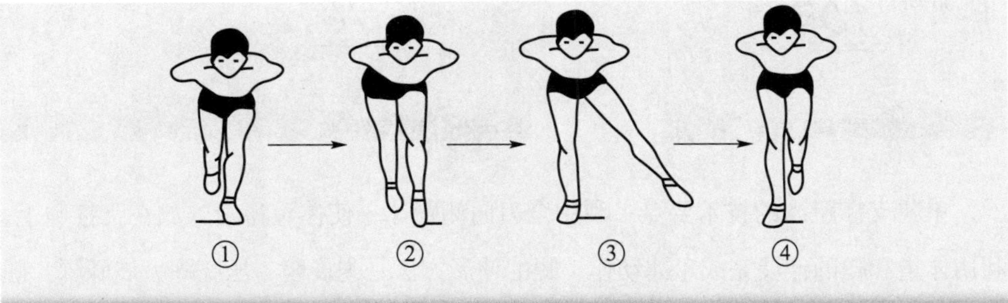

图18-2-3 倾倒练习

4. 冰上基本站立练习

（1）两刀正刃在冰上站立，体会体重放到冰刀上，如何才能保持平衡。

（2）向左（右）轻蹬移步练习：如右刀用内刃轻蹬，向左小移步，体会蹬冰移动体重的感觉。

（3）两刀成外八字站立，向前八字步走，并重复练习，体会冰上滑走的感觉。

二、直道滑行技术

直道滑跑技术包括九个细节，即直道滑跑姿势、单腿支撑蹬冰、双腿支撑蹬冰、收腿、摆腿、冰刀着冰、惯性滑进、摆臂、全身配合。

（一）直道滑跑姿势

直道滑跑姿势为上体前倾，支撑腿弯曲，双手放于背后（长距离多用背臂，短、中距离多用单摆臂或双摆臂），上体与冰面夹角为10°～15°（短距离为5°，长距离为10°），大腿与小腿的夹角为90°～110°（短距离为90°，长距离为110°），小腿与冰面的夹角为50°～70°（短距离为50°，长距离为70°）。这一特定的姿势是指单脚支撑蹬冰开始前的姿势，在直道滑跑过程中外形姿势相似，但三个角度是变化的。采用这种蹲屈姿势的道理是为了减少迎面空气阻力，增加腿部蹬冰时的有效伸展距离（图18-2-4）。

（二）单腿支撑蹬冰

从惯性滑进结束起（图18-2-5①），到浮腿冰刀着冰止（图18-2-5②），为单腿支撑蹬冰，也可称为单腿支撑蹬冰阶段或单腿支撑蹬冰动作。单腿支撑蹬冰的任务：完成蹬冰动作中最初的蹬冰阶段，也是增速的最有效的蹬冰动作。

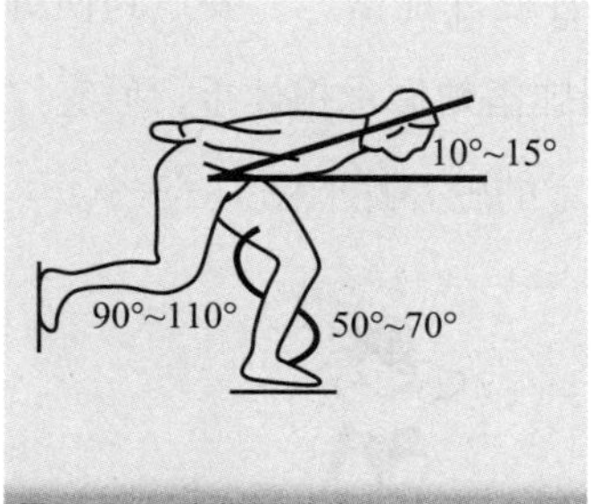

图18-2-4　直道滑跑姿势

图18-2-5　单腿支撑蹬冰

单腿支撑蹬冰的技术要点：利用全刀向侧蹬冰，使体重稳定的放在支撑腿上，利用体重和腿的伸展完成蹬冰动作。腿的伸展方法是先展髋、压膝踝、展膝踝、腿还没有完全伸直时，完成单腿支撑蹬冰动作。

（三）双腿支撑蹬冰

从浮腿冰刀着冰起（图18-2-6①～③），到蹬冰腿结束蹬冰冰刀离冰止（图18-2-6④），为双腿支撑蹬冰阶段。注意，双腿支撑蹬冰不是两条腿同时蹬冰，只是蹬冰腿在蹬冰，此时体重要控制在蹬冰腿上，浮腿在冰面上滑动不承担体重。双腿支撑蹬冰的任务是：完成高速中的加速蹬冰动作，并做到适时、准确地完成交移体重。

双腿支撑蹬冰的技术要点：在单腿支撑蹬冰的基础上，快速伸展蹬冰腿，膝踝关节充分伸直，以展踝结束双腿支撑蹬冰动作。

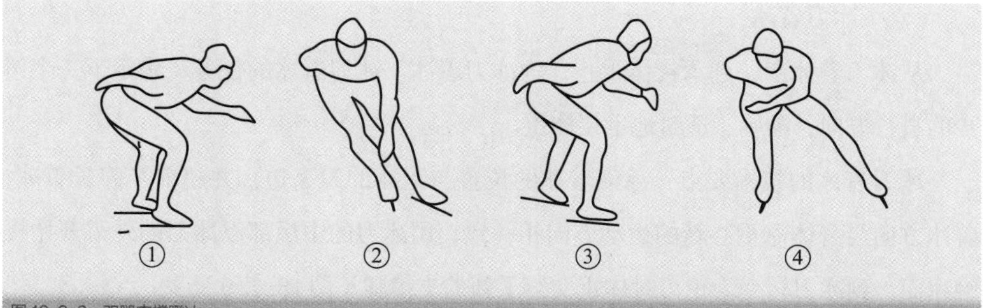

图 18-2-6　双腿支撑蹬冰

（四）收腿

从蹬冰脚的冰刀离冰起，到变为浮腿的冰刀收到后位止（即腿成为后拉姿势）为收腿动作（图 18-2-7）。收腿的任务是：放松蹬冰后的浮腿，为摆腿做好准备。

图 18-2-7　收腿

收腿的技术要点：利用蹬冰腿剩余的肌紧张和冰面的反弹力开始收腿，以屈膝为主，大小腿成一平面，膝内转将腿收到后位，与支撑腿靠拢。

（五）摆腿

浮腿冰刀从后位摆向身体总重心移动的方向起，到浮腿冰刀着冰止，为摆腿（图 18-2-8）。摆腿的任务：摆腿有助于加速移动身体总重心，利用摆腿的反作用力增加蹬冰腿的蹬冰力量。

图 18-2-8　摆腿

摆腿的技术要点：摆腿时以大腿带动小腿，膝盖领先以加速方法摆向新的滑跑方向。摆腿的节奏必须与蹬冰腿的节奏配合好。

（六）冰刀着冰

从冰刀着冰起，到承接体重止，为冰刀着冰。冰刀着冰的任务：确定下一个滑步的滑行方向，准确、适时地承接体重。

冰刀着冰的技术要点：冰刀着冰的位置与蹬冰的刀靠边，并超前半刀长着冰，着冰方向与身体总重心新的运动方向相一致，用冰刀的中后部以冰刀的外刃开始接触冰面，到冰刀转变为正刃时体重交给了新的支撑腿（图18-2-9）。

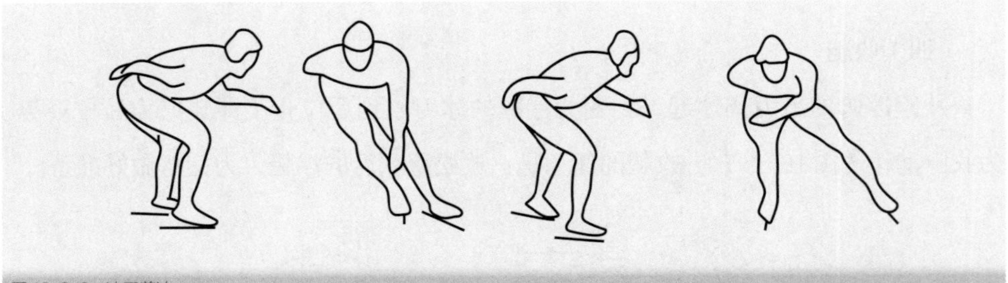

图18-2-9　冰刀着冰

（七）惯性滑进

从承接体重起，到单腿支撑蹬冰开始止，为惯性滑进。惯性滑进的任务：保持和利用前一次蹬冰所产生的速度做延续滑行，给下一次蹬冰做好身体姿势上的准备，并要充分利用这一机会放松蹬冰后的浮腿。

惯性滑进的技术要点；为了有效地做到延续滑行，惯性滑进时要降低滑跑姿势，减少空气阻力，并为蹬冰做好身体姿势上的准备。在惯性滑进中要保持支撑腿的冰刀、膝盖、头部三点成一线。

（八）摆臂

摆臂的种类有两种，即单摆臂和双摆臂。摆臂的目的：摆臂能增加蹬冰力量，提高滑跑频率，促进上下肢和身体的协调运动。

摆臂的技术要点：两臂为对称前后摆动，每支臂要经过三个位向点，即前高点、下垂点、后高点，当左臂为前高点时，右臂为后高点，当左臂为下垂点时，右臂也为下垂点，当右臂为前高点时，左臂为后高点，以此循环摆动。手的摆动方向，后摆时为侧后，前摆时为新的滑跑方向，前手的高度不超过鼻部，后手不超过肩高。单摆时用右臂，摆动幅度比双摆臂时大，前摆时可以超过身体中线。

（九）全身配合

全身配合包括两腿的配合、臂与腿的配合、全身的配合。

两腿的配合分为四个时期，六个阶段，十二个动作。四个时期：即单脚支撑时期、双脚支撑时期、单脚支撑时期、双脚支撑时期。六个阶段：即惯性滑进阶段、单脚支撑蹬冰阶段、双脚支撑蹬冰阶段、惯性滑进阶段、单脚支撑蹬冰阶段、双脚支撑蹬冰阶段。十二个动作：即惯性滑进动作、单脚支撑蹬冰动作、双脚支撑蹬冰动作、收腿动作、摆腿动作、下刀动作。一条腿六个动作，两条腿即十二个动作。

臂与腿的配合：当臂摆至前高点时，同侧的蹬冰腿即将达到蹬冰的结束点，当臂摆至下垂点时，同侧腿位于摆腿的开始点，异侧腿正处于单脚支撑蹬冰的开始点。

全身的配合：除要遵照两腿配合和臂与腿的配合关系外，在蹬冰过程中上体与臀部要保持平动将体重交给新的支撑腿。在支撑滑进过程中和体重没有交给新的支撑腿之前，要保持冰刀、膝关节、头部三点成一线。

三、停止法

1. 内八字停止法（又称犁状停止法）

停止时，上体稍前倾，两腿微屈，两膝向里并拢，用两刀内刃压冰，此时上体后坐，重心下降，两刀跟随着向前滑进逐渐分开，使力点在冰刀的后半部。用力的程度越大，停下来的速度就越快。这种方法多在中高速滑跑中停止时使用（图18-2-10）。

2. 刀尖停止法

刀尖停止法的做法是，一腿支撑，一腿成后拉位置，后拉腿的冰刀尖垂直于冰面，使刀尖在冰面上做滑压动作，就慢慢地停下来了。此种方法在高速滑跑中，实用价值不大（图18-2-11）。

3. 刀跟停止法

一腿支撑滑进，另一腿伸直位于支撑腿的侧前方，冰刀与伸直的小腿成垂直，用刀跟正刃压划冰面，同时支撑腿微屈，重心下降，即可停下来。这种停止法适于低速滑行中采用，高速滑行时，使用较少，有时还可能发生意外（图18-2-12）。

图18-2-10　内八字停止法

图18-2-11　刀尖停止法

图18-2-12　刀跟停止法

4. 内外刃停止法

两腿并拢，两刀平行向左（右）转体90°，同时后坐，上体前倾，身体向左（右）倾倒，用右刀内刃、左刀外刃，或左刀外刃、右刀内刃逐渐用力压切冰面，即可停下来。此种停止法可在高速滑跑中使用（图18-2-13）。

5. 右脚外刃停止法

这种停止法比较难以掌握，但它有一个很大的优点，即在速滑中，右刀的外刃在正式滑跑中是用不上的。所以用右刀的外刃做停止动作，既发挥了右刀外刃的作用，又延长了其他三个刃的使用寿命。

右脚外刃停止法做法：在滑行中，身体成直立姿势，用右脚正刃支撑，左腿抬离冰面，自然放松位于右腿侧旁，此时身体与右脚冰刀同时快速向右转动，直体后坐，身体向右侧倾倒（图18-2-14）。

图18-2-13　内外刃停止法

图18-2-14　右脚外刃停法

6. 双脚内刃错动停止法

两刀以正刃前滑，一脚抬起与前进方向成45°角，用内刃落在滑行脚的侧前方踩压冰面，然后另一脚以同样方法迅速向前迈步用内刃踩压冰，以同样方法两脚轮流做两至三次踩压冰，即可以停止下来。此种方法多在慢速滑跑停止时使用。

四、弯道滑行技术

弯道滑跑与直道滑跑技术不同，弯道滑跑时身体向左倾斜，两腿成交叉步伐，同向右侧蹬冰，因此弯道滑跑技术有它本身的滑跑特点，这些特点决定了弯道滑跑比直道快。

（一）弯道滑跑的技术特点

（1）滑跑弯道时必须处理好身体向左倾斜度、滑跑速度、弯道半径的三者关系。

（2）滑跑弯道时身体向左倾斜，以交叉步伐滑过弯道。向左倾斜时头、胸、臀、下肢，要保持一条线向左倾。两腿成交叉步伐，右腿以右脚冰刀内刃向右侧蹬冰后，上步与左腿成交叉，左腿用左脚冰刀外刃也向右侧蹬冰并在右腿后方成交叉姿势，蹬冰后收回左腿放在新的滑跑方向的切线上，重复上述动作。切线滑跑路线比直线的距离近，所以弯道滑跑速度比直道快。

（3）弯道滑跑中没有惯性滑进动作。弯道滑跑技术要求滑跑者在倾斜状态下滑跑弯道，这一倾斜的角度（55°～65°）已经具备了开始蹬冰的条件，但初学者因为倾斜度掌握不好和为了使冰刀能咬住冰，存在惯性滑进动作是正常的。由于弯道滑跑始终处于蹬冰条件下，没有减速的惯性滑进动作，所以弯道滑跑速度比直道快。

（4）弯道滑跑的平均速度比直道滑跑快。弯道的平均速度比直道快，其理由是弯道开始蹬冰时身体的倾斜度比直道大，产生推进前进的有效分力比直道大，所以速度快；弯道中的蹬冰比值比直道大，蹬冰的时间长，产生的速度要快于直道；倾斜状态下对冰面的压力增加体重的1/10，由于压力增加在蹬冰腿上，所以弯道的蹬冰力量比直道大，速度自然要快于直道；身体总重心运动的轨迹，在同样的距离内比直道短。

（5）弯道的摆臂动作与直道不同。弯道摆臂的目的与直道相同，但两臂的摆法不同，右臂与直道相似，前摆时可以超过身体中线，后摆时微向体侧倾斜。左臂大臂贴在上体，小臂做前后摆动。

（6）弯道冰刀着冰方向是弯道的切线方向。要以最短的路线滑过弯道，决定于冰刀的着冰方向。弯道合理的着冰方向是圆弧的切线方向，因为切线是靠近圆弧的最佳位置。

（7）弯道技术动作结构与直道不同。

（二）弯道左腿滑跑技术

从技术上看，直道技术与弯道技术不同，直道技术可用一条腿六个动作来分析，但弯道两条腿的动作不同，所以必须用两条腿的八个动作来分析。

弯道技术包括一条腿四个动作，两条腿八个动作，再加上臂腿配合、全身配合和进出弯道技术，共十一个技术细节所组成。

1. 左腿单脚支撑蹬冰动作（图18-2-15）

从右腿离冰起，到右腿以摆动动作着冰止，称为左腿单脚支撑蹬冰动作。

（1）左腿单脚支撑蹬冰的任务：完成单脚支撑蹬冰动作，与浮腿配合同时完成摆腿动作。

（2）左腿单脚支撑蹬冰的技术要点：身体成一直线向左倾斜，以左刀外刃支撑，并在弯道的切线方向上完成左腿单脚支撑蹬冰动作。左腿的蹬冰动作要与右腿的摆腿相配合，右腿在左腿的前方摆越与左腿形成剪切动作。

2. 左腿双脚支撑蹬冰动作（图18-2-16）

从右腿以冰刀内刃着冰起，到左腿蹬冰结束止，这一阶段为左腿双脚支撑蹬冰动作。

图18-2-15 左腿单脚支撑蹬冰动作

图18-2-16 左腿双脚支撑蹬冰动作

（1）左腿双脚支撑蹬冰的任务：用左脚冰刀的外刃，以加速的方法完成左脚蹬冰最后阶段的蹬冰动作。另一个任务是适时地承交体重。由于克莱普冰刀的出现使弯道双脚支撑蹬冰时间的比值大大地超过旧式冰刀蹬冰的比值。

（2）左腿双脚支撑蹬冰的技术要点：双脚支撑蹬冰时，身体重量控制在蹬冰腿上，只有蹬冰腿蹬直后，体重才能交给新的支撑腿。蹬冰时用左刀外刃，以加速的方法在右腿的后方成交叉姿势，向右侧蹬冰，直至伸直左腿提起足跟完成左腿双脚支撑蹬冰动作。

3. 左腿摆腿动作（图18-2-17）

从左腿离冰起，到左腿冰刀着冰止为左腿摆腿动作。

（1）左腿摆腿的任务：与右脚的单脚支撑蹬冰相配合，同时开始同时结束。左腿摆腿的反作用力，增加了右腿的蹬冰力量。

（2）左腿摆腿的技术要点：左脚蹬冰结束后，利用冰面的反弹力拉回左腿，摆向新的滑跑方向的切线上，以冰刀的中后部着冰。

4. 左腿着冰动作（图18-2-18）

从左脚冰刀以外刃着冰起，到左脚冰刀以外刃支撑承接体重止，为左脚着冰动作。

（1）左脚着冰动作的任务：选择左脚最佳的着冰点和配合右腿完成双腿支撑蹬冰动作。

（2）左腿着冰动作的技术要点：着冰的方向是在新的运动方向上，着冰时要前送左腿，用冰刀的外刃以冰刀的中后部着冰。开始着冰时只是冰刀浮在冰面上，不

图 18-2-17　左腿摆腿动作

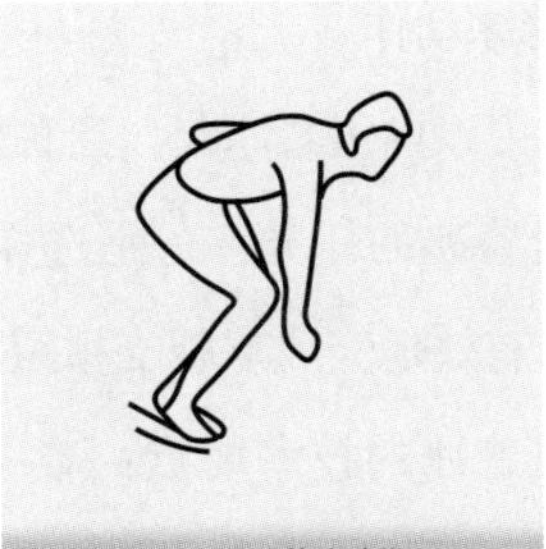
图 18-2-18　左腿着冰动作

承担体重，只有当蹬冰腿即将蹬冰结束时，体重才交给着冰腿。

5. 右腿单脚支撑蹬冰动作

从右腿冰刀以内刃承接体重起，到左腿以摆动的方法用冰刀的外刃着冰止为右腿单脚支撑蹬冰动作。

（1）右腿单脚支撑蹬冰的任务：完成蹬冰动作中最有效的蹬冰阶段并配合左腿完成摆腿动作。

（2）右腿单脚支撑蹬冰的技术要点：右腿冰刀以内刃支撑，身体保持三点一线向左倾，以蹬冰的展腿顺序向右侧蹬冰。当左摆腿与右腿膝部并拢时，要加速伸展蹬冰腿，在左摆腿以外刃着冰前，要完成右腿单脚支撑蹬冰任务。

6. 右腿双脚支撑蹬冰动作

从左刀外刃着冰起，到右腿蹬冰结束止，为右腿双脚支撑蹬冰动作。

（1）右腿双脚支撑蹬冰的任务：一是完成右腿最后阶段的蹬冰任务。二是适时准确地做好交移体重。

（2）右腿双脚支撑蹬冰的技术要点：右腿以内刃向右侧蹬冰，蹬冰时要注意右腿的膝盖要控制在胸下，只有当右腿蹬冰结束的同时，重心才能移至支撑腿。

7. 右腿的摆腿动作

从右脚离冰起，右腿经过与左腿成前交叉，到右腿以内刃着冰止，为右腿摆腿动作。

（1）右腿摆腿的任务：一是配合左腿完成左腿单腿支撑蹬冰动作。二是用右腿摆腿动作的反作用力给左腿增加蹬冰力量。

（2）右腿摆腿的技术要点：由于弯道没有收腿动作，所以弯道右腿摆腿的开始点是从右腿离冰起，马上开始做摆腿动作。方法是，屈髋、提腿，外展的腿做内收和前跨动作，使右刀刀根贴近左刀尖，做交叉跨越，摆向新的滑跑方向，即新的切线方向。

8. 右腿着冰动作

从右腿冰刀以内刃着冰起，到右腿冰刀内刃支撑承接体重止，为右腿着冰动作。

（1）右腿着冰的任务：一是选择最佳的下刀方向，从而决定了新的运动方向。二是配合左腿有效地完成双腿支撑蹬冰动作。

（2）右腿着冰的技术要点：着冰方法是刀尖抬起，用冰刀的中后部以内刃着冰。着冰方向是新的运动方向，即切线方向。

9. 弯道全身配合动作

（1）两腿的协调关系：弯道两腿的协调关系分为四个时期，四个阶段，八个动作。

（2）上体与腿的配合关系：在弯道滑跑中上体要平动，在单腿支撑蹬冰阶段，上体与下肢成三点一线；在双腿支撑蹬冰阶段中，上体与蹬冰腿的冰刀形成一定的夹角，但体重要放在蹬冰腿上；当蹬冰结束时，上体与新的支撑腿冰刀方向形成三点一线。

10. 摆臂动作

弯道的摆臂目的与直道的基本相同即增加蹬冰力、提高滑跑频率，有助于上下肢协调。

摆臂的方法与直道不同，摆右臂时前摆，摆向新的运动方向，即摆向新的切线方向，向后摆时是向侧后方。摆左臂时，大臂不动，屈小臂勾向左胸前；后摆时大臂贴躯干，伸直小臂，手的高度不超过肩，左臂只起协调作用。

11. 进出弯道技术

进好弯道是滑好弯道的关键，出好弯道是利用弯道速度的关键。

（1）进弯道

① 进弯道的任务：改变运动方向。

② 入弯道的方法：右脚以正刃从直道滑入弯道，当右脚蹬冰后保持身体的倾斜度，收回的左脚尽量贴近弯道用冰刀外刃着冰，即完成了进弯道的技术动作（这是近年来提出的一种新的入弯道的方法）。

（2）出弯道

① 出弯道的任务：合理地利用滑出弯道的速度惯性，顺势甩出弯道。

② 出弯道的方法：用右脚滑出弯道，此时头、肩右移，上体紧压右腿，向左摆腿时不要急，当右腿滑出弯道后，左腿冰刀以微偏外刃的方法着冰，接着左脚冰刀转成正刃，即开始直道滑行。

五、起跑技术

起跑是滑跑的开始，它的任务是要求运动员在最短的时间内摆脱静止状态，从而获得本项目的最佳速度。起跑种类，根据距离的不同分为两种：一种叫短距离起跑法，另一种叫长距离起跑法。起跑技术由四部分构成，既预备姿势、起动、疾跑、衔接。

1. 预备姿势

预备姿势有两种：一种是侧面起跑法的预备姿势，另一种是正面起跑法的预备姿势。侧面起跑法常用的有三种，第一种是两刀平行式的起跑法，即两刀平行用内刃压冰，前刀贴切起跑线，两刀与起跑线成20°～30°，重心放在两刀之间，两腿蹲屈，膝内压，前臂下垂，后臂侧后平举，眼视前方8～10米处。第二种是丁字步起跑法，方法基本上同第一种，不同点是前刀与起跑线成90°，用正刃着冰。第三种是点冰式起跑法，做法是两刀平行与肩同宽，无力脚在前，有力脚在后，用内刃压冰与起跑线成10°～15°，然后前刀刀跟抬起，用冰刀尖内刃紧贴起跑线用力压冰，两腿蹲屈，体重的2/3放在前脚上，前臂自然下垂，后臂侧后平举，眼视前方8～10米处。

正面起跑法有两种，一种叫外八字起跑法，两冰刀刀尖紧贴起跑线，两刀的夹角为50°～70°，有力脚的臂要放在侧后。余下的预备动作与其他预备姿势相同。

正面蛙式起跑法，又称蹲踞式起跑法。蛙式起跑法的预备姿势是两刀与起跑线的距离为70厘米左右，两刀成外八字，两刀根相距5～10cm，两手以大拇指与食指分开成虎口状，两臂紧贴，比肩稍宽，站立于起跑线后。当听到预备口令时，两刀用内刃蹬压冰，双肩探出起跑线，2/3的体重放到两手上，即完成了蛙式起跑的预备姿势。

2. 起动

起动为起跑的第一步，起动的好坏决定起跑的好坏，所以起动是起跑的关键。要特别注意，侧面起跑法第一步是先出无力脚，正面起跑法是先出有力脚，第一步的主要技术要点是冰刀尽力外转，用内刃踏切冰造成身体最佳的倾斜度。

3. 疾跑

疾跑技术是起跑技术的重点。疾跑技术完成的好与坏，直接关系到起跑能不能以最小的体力消耗、最短的距离、最少的时间，获得项目的最佳速度。疾跑的方法有三种，即切跑式疾跑法、滑跑式疾跑法、扭滑式疾跑法。所谓切跑式疾跑法就是以冰刀内刃、两刀成外“八”字踏切跑的方法。优点是起速快，缺点是体力消耗大，疾跑与衔接不好掌握。疾跑段的距离以短为佳，一般为30～40米，疾跑段分3个小阶段，即起速段（图18-2-19）、加速段、最大速段。

图18-2-19

4. 衔接

所谓衔接技术就是疾跑后采用两三个单步，利用惯性速度把疾跑中已获得的最大速度转移到正常滑跑中。

衔接技术的目的有三点：一是把疾跑段的速度以不减速的方法转移到正常滑跑中去。二是作为疾跑后的小憩，为正常滑跑前做准备。三是完成身体姿势的转移。

六、冲刺

冲刺是全程的最后一段，是为提高成绩所采用的合理动作。冲刺技术在两人成绩相当的时候起着决定名次的作用。

冲刺技术的利用决定于冲刺距离的选定，而冲刺距离由比赛项目距离的长短、训练水平的高低、竞赛当时体能的好坏三个条件决定。

当今冲刺技术有了新的发展，分为两部分：一是冲刺滑跑段（图18-2-20）；二是最后一步的箭步冲刺动作。采用箭步做最后一步是因为速滑到达终点是以冰刀触及终点线为准，箭步的动作比正常滑步要早到达终点，同时双臂、上体与前弓腿用力前送，可以争取以更大的弓箭步冲向终点。

图18-2-20

第三节　速度滑冰运动基本规则

一、竞赛项目

速度滑冰世界锦标赛的男子竞赛项目包括500米、1 500米、5 000米、10 000米，女子竞赛项目包括500米、1 000米、1 500米、3 000米。世界男女短距离速滑锦标赛的竞赛项目均为500米、1 000米。世界青少年速滑锦标赛的男子竞赛项目为500米、1 500米、3 000米、5 000米，女子竞赛项目为500米、1 000米、1 500米、3 000米。冬季奥运会男子竞赛项目为500米、1 000米、1 500米、5 000米、10 000米，女子竞赛项目为500米、1 000米、1 500米、3 000米。除奥运会项目按男子500米、5 000米、1 000米、1 500米、10 000米，女子1 500米、500米、1 000米、3 000米的程序进行外，其他比赛如天气情况允许均应在两天内进行，编排顺序按第一项短距离、第1项长距离和第2项短距离、第2项长距离的次序比赛。

二、竞赛通则

标准速滑竞赛跑道最大周长为400米，最小为333.33米，内弯道半径不能小于25米或大于26米，每条跑道宽5米，最窄4米。短跑道速滑跑道周长111.12米，内弯道半径8.25米，直道长128.07米。

运动员必须按逆时针方向滑跑。内道起跑的运动员，滑行到换道区时应换到外道滑跑，外道运动员要换到内道。在换道区争道时，出内弯道运动员要主动让道。起跑时，在“各就各位”口令下达后，运动员要在起跑线与预备线之间静止站好；“预备”口令下达后，立即做好起跑姿势，鸣枪前不准活动，保持静止，枪响后即起跑。在弯道滑跑中，冰刀不准切入雪线。两名以上运动员在同一条跑道滑跑时，后面运动员必须与前面运动员相距5米之外，在不影响前面选手正常滑跑情况下，可以超越。运动员的冰刀触及终点线，才算到达终点。运动员在比赛中由于不属于自身的原因而影响了正常滑跑或摔倒时，经裁判长允许，可以休息30分钟后，重新参加该项比赛，但因冰场不洁或冰刀损坏，则不能重新比赛。在比赛过程中，运动员可随时越过对手，但如果采用不法手段，如故意推挤其他对手、偷跑、滑出跑道等都会被取消比赛资格。而在接力赛中，每队有4位运动员，运动员不可故意推挤其他对手、偷跑、滑出跑道、非法超越、无故减速、超越接棒区等待，一旦出现这些不法行为，将被取消比赛资格。

速滑运动员穿尼龙紧身全连服（衣、裤、帽、袜、手套连在一起）。由于尼龙服保温不好，在温度较低的气候条件下，运动员需穿贴身的棉毛内衣。天气极寒时则应在膝、胸等部位垫上防风纸或其他物品。做准备活动时，冰鞋要套上保温较好的鞋套，以防脚冻伤。练习时要穿保暖服，裤子两侧缝上拉锁，以利穿脱。

速滑冰刀刀长刃窄，由滑度好、耐磨、硬度适宜的轻合金材料制成，冰鞋用优质厚牛皮缝成，冰刀刀刃厚薄要均匀，两刀刃高度要相同，刀刃要笔直，没有凹凸不平等毛病。冰刀与鞋号相同或比鞋大一号。鞋穿在脚上要感到舒适，贴脚，又不太紧。刀尖比鞋尖要长8～9厘米，刀跟比鞋跟长5～6厘米，左脚刀刃与鞋的纵向中线吻合，右脚刀尖稍偏左。

思考题

1. 简述速度滑冰运动的主要发展过程。
2. 简述直线滑行和弧线滑行的区别。
3. 简述速度滑冰竞赛有哪些主要项目。

第十八章　速度滑冰运动微课视频

基本姿势动作

单脚支撑动作

摆臂动作

蹬冰动作

屈膝走动作

后屈走动作

倾倒动作

交叉走动作

原地蹬冰和摆臂动作

行进间蹬冰和摆臂动作

收腿蹬地动作

弯道支撑动作

弯道交叉走动作

右蹬左接动作

左蹬右接动作

第十九章 轮滑运动

学习目标：

- *1. 了解轮滑运动的起源和发展。*
- *2. 掌握轮滑运动的各项基本技术。*
- *3. 掌握轮滑运动的竞赛规则。*

章前导言：

- *轮滑运动由速度滑冰运动演变而来。由于轮滑运动受场地、器材等外界因素制约性较小，逐渐发展成为一项独立的体育运动项目，并且深受大众喜爱。本章主要介绍轮滑运动的起源和发展，轮滑运动的基本技术，相应的训练原则和方法，以及轮滑运动的基本竞赛规则，使读者对轮滑运动有更加全面的认识，扩大轮滑运动的影响力。*

第一节　轮滑运动概述

一、轮滑运动的起源

轮滑运动诞生于19世纪初期，由速度滑冰运动演变而来。后来，由于轮滑运动受场地、器材等外界因素制约性较小，逐渐发展成为一项独立的体育运动项目，并深受大众喜爱。

1938年，首届速度轮滑世界锦标赛在英国伦敦举行。此后，轮滑运动很快风靡欧洲、北美洲、南美洲、非洲、大洋洲等地。1940年4月28日，在罗马举行的第四十三届国际奥林匹克委员会会议决定轮滑项目国际联合会正式成立。1997年，在捷克斯洛伐克首都布拉格举行的国际奥委会上，正式接纳国际轮滑联合会（FIRS）为国际奥委会成员。2010年，速度轮滑已经成为广州亚运会的正式比赛项目，并且被奥委会承认为奥运会候选项目。在欧美国家和东南亚一带，轮滑运动已经发展成为一项很时尚的运动，并且迅速地繁衍出休闲轮滑、花样轮滑、轮滑球、极限轮滑和平地花式轮滑等新颖的轮滑运动项目。当代的轮滑运动集竞技、教育、健身、娱乐、时尚于一体，带给参与者健康的同时，也使其享受到轮滑运动独有的新奇、刺激的体验和快乐的感受；而其独特的技术风格，多种多样的竞赛方法，激烈、精彩竞技场面更使得全世界大批的青年爱好者沉醉于其中。现如今，轮滑运动已不仅仅是一项单纯的体育运动，而是被广大年轻人看作是一个时尚的符号，一种象征着自由、独立、创新的精神。

二、轮滑运动的魅力

当今，随着社会的进步，科技的飞速发展，人们开始追求精神世界的享受，体育运动无疑是获取最真实自我的心灵享受的最佳选择。对于追求时尚的人们，轮滑运动成为他们的宠儿。轮滑运动让参与者逃离喧嚣的城市，以自己梦想的速度穿越城市腹地或狂野山川，以超然的心态、漠视距离的勇气重新审视自己的境遇，获取心灵上的充实与自由。参与者在轮滑运动中变得睿智，在飞速滚动的轮子上舞动自己的梦想，在一种色彩搭配中体现自己的个性。这便是轮滑——新时代的时尚元素，带给人们的精神上的享受，它让热爱它的人乐此不疲地传播这种时尚的文化。轮滑运动之所以能够如此飞速、健康地发展，是因为有其独特的魅力。

（一）丰富的趣味性和娱乐性

集趣味性和娱乐性于一体是轮滑运动内在固有的特性，同时也使它成了广受大众欢迎的一项运动。轮滑运动具有很高的观赏性，选手们在运动中相互追赶、超越，不时做出急转、急停、跳跃转身等动作，场面精彩异常。运动员在展现自我的同时又给观众带来了无限的快乐，使人们从紧张繁重的生活和工作压力中解脱出来，获得心灵和生理的双丰收。

（二）全面健身性

轮滑运动之所以能够在很短的时间内迅速发展和普及，是同它具有的较高的健身运动价值及其本身的特点密不可分的。健身是大多数人参与轮滑运动的主要目的，轮滑运动的训练和比赛过程，对参与者意志、体能有明显的锻炼价值，特别是对人体的平衡机能、协调性、耐力素质及各感受器官的敏感性作用更为突出，它是一项能使参与者身体得到全面发展的运动项目之一。

（三）强烈的刺激性

轮滑运动最吸引人的地方就是它强烈的刺激性。在我国，专业的速度轮滑选手，其运动速度远远高于短跑运动员。由于滑行的速度如此之快，吸引了大批追求刺激、勇于挑战自我的年轻人。在这项运动中，选手们不断地超越自身极限，充分体验了轮滑高速、自由的刺激感。

（四）竞赛的多样性

轮滑运动的竞赛可谓是多种多样，仅速度轮滑就分为场地赛和公路赛两大类，其中分别有个人计时赛、群滑赛、接力赛、计时赛、淘汰赛、耐力赛、积分赛、分段赛、追逐赛等多个小项的比赛。同时还有给人以美的享受的花样轮滑赛；扣人心弦、刺激异常的极限轮滑赛；场面激烈、对抗性强的轮滑球赛；让人眼花缭乱、目不暇接的平地花式轮滑赛等赛事。这些竞赛给参赛者与观众带来了无穷的欢乐。

（五）广泛的普及性

轮滑运动具有较大的吸引力的另外一个原因是它没有严格的年龄限制和较高的身体要求，无论是两鬓斑白的老人还是学龄前的儿童，都可以尽情享受轮滑带给他们的乐趣。同时，轮滑运动在器材和场地方面也没有严格要求，使用一般的器材，在普通的柏油路面上便能够活动。因此，这些因素为轮滑运动的广泛开展创造了有利条件。

三、轮滑教育的意义

近年来，轮滑运动在我国迅速发展，国内大小轮滑赛事层出不穷，学习轮滑的人数急剧上升，造成国内轮滑运动专业人才奇缺的现状。大部分运动队、俱乐部急于解决轮滑教育人才紧缺的问题，盲目引进人才，过分重视竞赛名次、物质奖励及商业利润，使其“物化”现象随着轮滑运动迅速发展而不断膨胀，已逐渐趋向于竞技“异化”的错误发展道路。面临这种竞技“异化”趋势的挑战，轮滑运动的教育体制、体系的改革已成为保证此运动健康发展的必要措施，且刻不容缓。

面对当今轮滑运动发展趋向“异化”形式，借鉴古代奥运的教育理念，重新审视轮滑运动的发展方向，避免轮滑运动重蹈古代奥运衰败的覆辙，改革轮滑运动的教育理念及措施对轮滑运动的健康发展具有重要意义。

四、轮滑课程新体系——冰轮相兼特色课程

众所周知，轮滑运动是由滑冰运动演变而来，轮滑运动最早就是作为速度滑冰运动非冰期的重要辅助训练手段。为突出地域特色，提高教学质量，更好地适应当代社会对轮滑专业人才的需求，一些高校创建了滑冰与轮滑相结合的教学特色课程，并从教学思想、教学理念、教学内容及考核方法等方面不断实施教学改革。在系统性与针对性相结合，突出针对性；理论与实践相结合，突出实践；基础与应

用相结合，突出应用的“三结合、三突出”教学原则指导下，努力实现“三突出”，以重点培养学生综合素质和职业能力为基本目标。在教学中大力推行素质教育，注重对学生的科学精神与人文精神、实践能力和创新能力培养。通过几年来的实践证明，“冰轮相兼”课程更加注重对学生实际能力的培养，对学生将来走向社会起到良好的促进作用。

第二节　轮滑运动基本技术

一、轮滑的站立与练习

（一）站立方法

1. 原地站立

脚跟靠拢，两腿“V”字形站立，左腿立起，两手扶腿，站好后检查，纠正。

2. 平行站立的方法

两腿平行开立，与肩齐宽，腿要直，轮要正，膝盖稍屈，手前平抬，掌心向前，肘朝下。

3. 内刃站立法

双脚开立略宽于肩，用内刃着地。

（二）正确摔倒方法

摔倒首先要注意的是思想要有自我保护的意识，然后需要有保护的护具，最后掌握自我保护的方法。

向前摔和向侧摔，膝、肘、掌顺序着地；向后倒，掌、肘、髋顺序着地。

（三）踏步练习

1. 半脚踏步平衡练习（八字练习行走）

“V”形换脚往前走，注意脚跟靠拢，每一步控轮，也就是脚踏步、轮不转，没有滑行，只是走。踏步用力，落地有声。高抬腿的踏步练习，可以提高腿的支撑能力，踏步力量更大。往前走，要提膝、收腹，不能后仰，提高腿控制轮的能力。

2. 辅助踏步平衡练习

集体手拉手或扶杆圆圈踏步，可以提高集体合作能力；变换方向和方法，可以增加游戏色彩，扶杆辅助踏步平衡练习，可以克服初学者在练习中不敢迈步的心理，给练习者辅助的支点，使其在集体协助的气氛中完成基本平衡的训练。

（四）移动重心

1. 原地静止支撑的移动重心

原地开立，脚略宽于肩，手平抬于身体侧面，左右重心移动，做到鼻子、膝盖、轮三点一线，眼睛目视前方，腿要直，轮要正，脚踝不能内外翻。

2. 牵引滑行当中的移动重心

练习目的为通过牵引体会滑行的感觉，并在滑行过程中体会重心的移动和脚的支撑，学习滑行中控轮的能力。练习方法为每人一条绳，会滑的同学牵引不会滑的同学，慢速。双脚控制轮要有力量，身体处于蹲屈的状态，尽力两臂伸直，两腿弯曲，与肩平行，即三点一线原理。做牵引练习时，前面的练习者不是滑，是走，由前面的练习者拉着后面的练习者滑行，后面练习者做蹲立双脚滑行，即前面的练习者是踏步走，后面的练习者静力支撑，可变换多种练习内容。例如，单脚平衡练习、重心移动练习，可以使练习者体会滑行中三点一线重心移动的感觉。多人牵引平衡练习，可以使前面的练习者增加踏步力量，被牵引者提高双脚或单脚平衡能力。

二、正滑技术

滑行姿势分三种，即高姿势（休闲轮滑）、中姿势（速度轮滑）、低姿势（速度轮滑）。

滑行中姿势基本不固定，根据力量大小和要选择的动作来决定，速度快时重心要低些，速度慢时重心要高些，身体重心、摆臂、支撑点都应在滑行过程中随时调节。

1. 滑行动作

左腿撤出，重心在右腿上，左臂在前，右臂在后。第二步把腿收回，恢复原状，右腿撤出半步，重心移到左腿上来，右臂在前，左臂在后，做到三点一线。这是高姿势的基本动作。

做牵引游戏时，可由自行车牵引或人牵引，在滑行过程中练习重心的移动、双脚支撑滑行、单脚支撑滑行。在长距离的牵引滑行过程中，让初学者体会滑行的乐趣，产生自主滑行的愿望。

2. 滑行基本练习

用踏步进行起速，手放身体前面，起到保护和平衡的作用。踏步起速后，双脚平行站立，向前自由滑行，体会滑行的感觉。滑得越远越好。可以通过小坡来练习，从小坡上平衡站立，然后利用惯性向下滑行。

原地练习动作：原地踏步，停，保持双脚平行站立的动作，抬头，手平端。双脚站正，轮要正，膝盖稍屈，蹲立滑行。

3. 单脚平衡练习

单脚平衡练习，平衡是基础，蹬地是前进的动力，收腿是接体重的条件。要求踏步时腿要直、轮要正，两手在侧位保持平衡。把浮腿放在侧位，单脚往前滑得越远越好。一旦没有速度后，再来一个踏步，继续进行第二个换脚的向前滑行。练习中腿站直，脚不能歪，身体要平稳。

4. 前画葫芦练习

前画葫芦练习可体会向侧蹬的感觉。做法：两脚向侧面用力蹬开，然后前轮主动靠拢，滑回初始状态，重复练习。

5. 直道滑行蹬地模仿练习

向前滑行往侧后蹬，髋部配合移动，做到鼻尖、膝盖、脚尖三点成一直线。

“侧后蹬，髋移动，浮腿靠拢，外刃前冲接体重。”这就是直线滑行整个技术要领的口诀。

（1）原地蹬地的方法：左腿侧后蹬出，左脚脚尖在右脚的脚弓位置，半脚侧后。

（2）移动蹬地的方法：左臂前摆，右臂侧摆，模仿向前的蹬出动作，左腿蹬，右腿往前接体重，髋稍移动一下。

6. 单脚蹬地分解练习

蹬左腿，重心移至右腿，左臂在前，右臂在后，做到第一个轮和脚心在一条直线上。蹬完之后重心还原，臂往前摆，抬头向前看。

7. 髋移动练习

髋移动动作，即在支撑腿蹬地的同时，形成蹬地角度，髋向侧移动。如果髋不移动，蹬地力量往上而不能往侧面去，身体的惯力就没有，启动也就没有，所以髋移动在这个环节中起很重要的作用。髋移动为以后的合力蹬地打下一定的基础。

陆地动作模仿跟重心的移动动作一样，但强调滑行中重心移动要到位，髋要移动起来，左右移动作曲线滑行前进才是正确的。

8. 似跳非跳式蹬地练习

轮滑的蹬地有自己的特点，即蹬地速度快，蹬地有弹性，似跳非跳蹬。练习过程中注意脚离地面越近越好。

9. 直道滑行收腿练习

收腿是一个周期动作，左一步，右一步，一蹬一收。它是处理浮腿的一个技术要领，支撑腿蹬完就变成浮腿了，这就是一个收腿的过程，包括以下三部分。

（1）蹬地结束，开始收腿。

（2）收腿结束进入回摆的过程。

（3）着地过程。

整个动作基本要领就是腿怎么蹬出去，就怎么收回来。收回来时借助蹬地结束动作的反弹力量，顺势而带。这既是蹬地的结束动作，又是收腿动作的开始。

直道滑行收腿练习，其目的是使练习者学会蹬地结束以后，浮腿利用反弹力量顺势而带，找到蹬地动作结束、收腿动作开始的感觉。浮腿在蹬地后，要迅速、充分地放松。

10. 直道滑行浮腿靠拢的练习

利用反作用力把腿收回以后，大腿、膝盖、两只轮滑鞋靠严，浮腿的前轮轻轻地着地，和支撑腿的脚窝位置靠严。

11. 直道滑行摆臂练习

摆臂技术动作主要有两点作用：一是增加蹬地力量；二是协助身体保持平衡。摆臂时，首先肩关节、肘关节放松，摆至前面时臂弯曲，后面摆直。向前滑时，两臂贴住身体。侧后向前滑时，前摆臂不要超过鼻子或横摆。后摆臂也不要摆横了。

三、弧线滑行

1. 弧线滑行和转弯练习的基本技巧练习

弧线滑行和转弯时身体必须倾倒，克服离心力，做到三点直线，且两臂协调放松用惯性侧蹬，侧收，靠近支撑脚。这样就能掌握平衡了。

2. 双脚弧线滑行平衡练习

双脚弧线滑行平衡练习重点是提高滑行中腿部对轮的控制能力。通过动态滑行练习里刃、外刃，在变刃的过程中提高身体的支撑能力和平衡能力，以及身体姿势的固定能力。技术口诀为：弧线滑行要倾倒，三点直线不可少。

3. 单脚弧线平衡练习

在滑行过程中，左右转弯时，要控制身体的平衡，这就靠单腿的滑行控制能力。在转弯时，先是单腿的滑行，紧接着是双腿的滑行过程，所以单腿和双腿滑行过程必须有一个支撑能力和倾倒平衡的控制能力，弯道技术才能更好。

练习单脚弧线平衡就是练习轮的控制能力，增强腿的力量，即静止时的控制力量和滑行中的控制力量。练习时，先从双脚滑行开始，加速后过渡到单脚，尽量延长单脚滑行的距离，提高腿负荷的强度，这样腿部力量就增强了。这个动作在弯道压步中用得最多。

4. 跳跃练习

双腿跳和单腿跳都是弧线和转弯技术的基本功练习。因为在弧线中急转弯时，需要运用里刃和外刃的转换能力。要想运用里外刃，身体必须有高度的控制能力。而内刃跳就是为里外刃的控制打下基础。双脚跳的动作要求落地以后腿直轮正，双脚距离比肩稍窄一点，不要太宽，由于反复练习对腿的冲击力量非常大，所以一开始高度可以低一点，轻轻的，掌握好理论和方法后可逐渐加大难度、高度、强度，双脚轻轻地着地。双脚的控轮有了一定基础后可逐渐过渡到单脚，落地以后的腿同样是三点成一条直线。

5. 弧线滑行收腿练习

弧线滑行收腿动作不同于直线，它有一个特殊的动作，即右腿要越过左脚，左脚收回再靠近右脚，所以收腿过程中左右脚动作不一样。弧线滑行收腿的基本动作是，右腿蹬完以后，大腿带小腿，越过支撑腿，支撑腿和浮腿之间形成10° 左右的夹角。换左脚蹬地时也是大腿带小腿，靠近支撑腿，在与支撑腿形成10° 左右夹角时着地，注意蹬收配合要协调。

6. 弧线滑行交接体重练习

浮腿接体重，一蹬一收，一着地接体重，是个周期性动作。

接体重是怎么接呢？大腿带小腿，越过支撑脚，前轮先着地，再过渡到全轮着地，双脚动作相同。那着地点在哪里？滑行时，身体倾倒一定角度，重心投影在偏内侧，即内脚外侧20厘米左右。所以接重心，浮腿放到重心投影位置上，这样才能够完全把体重放在支撑腿上。

7. 弧线滑行摆臂练习

在弧线滑行中，摆臂有两个任务：一是增加弧线滑行当中每步的蹬地力量；二是协助身体平衡。协调展示动作的特点。摆臂时最基本的一点就是协调。摆臂协调，肩要放松。弧线滑行中，摆臂有两种摆法：一是双摆，二是单摆。双摆当中，滑行速度稍快时，为克服离心力，里侧摆得小一点，外侧摆得大一点。摆臂在弧线滑行当中是一个很重要的身体配合，关键是要协调放松、自然舒展。

单摆的关键是两臂放松协调。单摆时，肩膀放松，摆到滑行方向即鼻子前面正前方。大臂伸展出来，后面在侧后方，掌心向里，臂自然摆起来。

四、倒滑技术

1. 内“八”字后退步行

方法与前进步行相同，但后退步行是足尖靠近足跟打开，刚好与前进步行相反。后退步行与前进步行一样，须由基本站立姿势开始，站立姿势是将腰后屈，身体微微前倾，脚尖的方向与前进相反，以“八”字形站立，在原地踏步熟习后才以一个脚掌的步幅向后踏出，学习如何将重心移向后脚，此时脚颈须松软，膝微弯，手伸出以维持平衡。

2. 后退滑行

后退走路的姿势习惯了且有了一定的稳度性后，逐渐把身体的重心往后移，慢慢地尝试就可以做到后退滑行。

3. 倒画葫芦形

足尖靠拢，脚后跟打开约45°，两膝弯曲，上身微前倾，两足压内刃，上身挺直，双手平举。两脚同时向两旁推开。两脚推开后，外“八”字向外画弧，然后改为内“八”字向内收，两脚同时向内夹紧。在两脚跟即将相碰时，双脚再转变为外“八”字，往外推开。后溜的时候重心要保持在后面，即行进的方向，葫芦划得越多越快，后溜的速度也越快。后退时利用压轫方式，两脚平行在地上划出“8”字形，压内轫使两脚靠近，快碰到时压外轫使两脚分开。后退滑行有一定的速度时，或速度太快时，双脚平行自由滑动，双脚脚掌同时往外翻或往内翻一点即可感觉出后葫芦。在静止的八字行站立中，若将重心往前轮移，脚就会往后移动，只是必须注意，开始移动时，可能只有脚向后，而身体并未向后。当轮子移动后，身体的重心必须均匀地放置在双脚上，但由于脚尖的方向是后开“八”字形，因此滑出不久即会两脚张开。此时须把脚踵向内关，即压内轫，内关时可微微浮起内轮。内关后不久，两脚会碰在一起；在还未碰在一起的时候，压外轫即两脚往外开。如此每次脚踵改变方向时可把后轮浮起，以对轮子做一次加速，这样可以维持继续向后滑行。

4. 倒滑前推蹬接重心练习

倒滑前推蹬接重心动作和正滑侧后蹬接重心的原理一样，只是正滑是外八字向前滑进，倒滑是内八字向后滑行，左脚推，右脚过来，右脚推，左脚过来，重心一定要随之转移，落在轮的正中间，达到三点一线：即鼻尖、膝盖、脚尖，正好在一条垂直线上。

五、停止法

1. 制动块停止法

轮滑鞋的制动块在滑行减速时起到保护作用。减速时先把重心移到没有制动块的那条腿上，有制动块的脚往前伸，放置在支撑脚的前轮位置，双脚平行站立。脚到位后，前脚翘起来，把重心移到支撑脚上，等制动脚开始用力后把重心移到刹车脚上，用力往下踩。脚要掌握力度，把轮控制住。

2. 丁字停止法

丁字停止法的动作要领为：滑行时把重心放在右腿上，并做到腿要直、轮要正，身体稍微有点侧。左腿在后，左脚横过来，与前脚成“丁”字形，力量放在前腿上；后腿轻轻地往下压、往前拖，逐渐加大力量，停到需要停止的地方。

3. 单脚扣弧停止法

单脚扣弧停止法的技术动作为：在想停止之前，双腿叉开，内刃支撑，重心落在两条腿上；然后右腿前弓，把重心移到右腿上，把力点放在后两个轮上，往下压；前弓后，左腿做一个浮腿拉，做一个辅助的支撑腿，急速地进行前弓后转体，就扣住了。做此动作时，把手放在身前，做一个平衡和保护的姿势。

4. 双括弧停止法

双括弧停止法的基本要领是：在做括弧之前两条腿稍微并拢，与肩宽稍窄一点，把重心落在两条腿上，腿直轮正，把重心往后移至后两个轮上，两条腿往里面内扣，两条腿支撑画弧。也称正滑平行急转弯停止法。

5. 正滑转倒滑的停止方法（后T刹）

正滑转倒滑的停止方法的主要要领是：向前滑进过程中想要停止时，身体变成倒滑，支撑腿放在左脚上，支撑体重，右腿向后撤出，撤出以后成后“丁”字形，停止滑行。

第三节　轮滑运动基本规则

一、比赛跑道

（1）比赛分为场地赛和公路赛，比赛跑道分为场地跑道和公路跑道，公路跑道又分为“开放式”跑道和“封闭式”跑道。

（2）测量场地跑道或公路跑道的长度应在距场地跑道或公路跑道内沿30厘米处

测量。

（3）每条比赛跑道在弯道处应有清晰可见的自然界线或设有可移动的标志。这些标志绝不要放在跑道内，以免运动员发生危险。

二、场地赛跑道

（1）场地赛跑道指设在露天或室内，由两条长度相等的直道与两个对称且半径相同的弯道相连接组成。

（2）场地赛的跑道长度不得少于125米、超过400米，宽度不小于5米。国际正式比赛的场地赛跑道长度为200米，宽度不小于6米。

（3）场地赛跑道的地面可用任何材料铺成，但要求完全平坦，或者在弯道处有一定的倾斜度，不滑，不粘。

（4）弯道带有倾斜度的跑道周长不少于125米，不长于250米。有倾斜的部分要从内侧边缘逐渐均匀平稳地升高，直到外侧边缘。为了与倾斜弯道相衔接，直道也可以有向内的倾斜部分。但直道的平坦部分不应少于跑道总长度的33%。

（5）终点要用白色线标出，线宽为5厘米。

（6）除非别无选择，起点线不要设在弯道处。

（7）跑道外侧应设有由适当的材料制成的保护设施，避免发生危险。

三、公路赛跑道

（1）“开放式”公路跑道的起点和终点不衔接。

（2）“封闭式”公路跑道是由非对称的封闭环形公路跑道组成，其起点和终点相衔接，根据比赛的距离运动员在此路线上滑行一圈或几圈。

（3）“封闭式”公路跑道的长度最短不得少于400米，最长不得长于1 000米（举办国际正式比赛的“封闭式”公路跑道的长度最短不得少于400米，最长不得长于600米）。

（4）公路跑道的宽度全程均不得少于6米。

（5）公路跑道的路面必须平坦而光滑，没有凹陷和裂缝。横切路面的拱曲度不得超过其宽度的5%。

（6）“开放式”公路跑道的任何赛段的坡度不得超过5%，即使在特殊情况下，有坡度的赛段也不得超过跑道总长的25%。

（7）起、终点要用宽5厘米的白色线标出。除非在别无选择的情况下，起点不要设在弯道处。终点应设在弯道后不少于50米处。

四、赛场的适应性

（1）当地面、天气条件阻碍比赛正常进行或使比赛不能继续时，裁判长可经中国轮滑协会（组委会或竞委会）授权后，决定将比赛中断一段时间或取消该项比赛。在预赛阶段，如果中断能在24小时内恢复，即路面条件可以安全滑行时，比赛应开始或继续进行。

（2）当中断的比赛再次恢复时，只有被中断比赛的运动员才能再次参加比赛。退出比赛和取消比赛资格的运动员继续被排除在比赛之外。

（3）当比赛场地或路面太滑，裁判长有权决定是否使用防滑物质将场地全部或部分进行防滑处理。

五、滑跑方向

在场地跑道或“封闭式”公路跑道举行的比赛，运动员的左手侧对应跑道的内侧边缘，比赛按逆时针方向滑跑。

六、正式比赛的距离

场地赛和公路赛的正式比赛距离均为：200米、300米、500米、1 000米、1 500米、2 000米、3 000米、5 000米、10 000米、15 000米、20 000米、30 000米、50 000米。公路赛还包括青年男子、女子组和成年男子、女子组的42.195公里马拉松比赛。

七、世界锦标赛、全国锦标赛的正式设项

1. 场地赛项目

（1）300米个人计时赛。

（2）500米计时赛。

（3）1 000米计时赛。

（4）10 000米积分淘汰赛。

（5）15 000米淘汰赛。

（6）3 000米接力赛（限定3名运动员参赛）。

（7）300米个人计时赛：可视情况增设成绩最好的前12名运动员进行决赛。

（8）10 000米积分淘汰赛：在场地中一个或多个固定的地点淘汰一名或多名运

动员，同时进行积分。最后一次淘汰在比赛的最后3圈前完成，经过每一固定积分点的第一名运动员得1分，其他运动员不得分，到达终点的前三名运动员分别得3分、2分和1分。

2. 公路赛项目

（1）200米个人计时赛。

（2）500米计时赛。

（3）10 000米积分赛（每圈积分）。

（4）20 000米淘汰赛。

（5）5 000米接力赛（限定3名运动员参赛）。

（6）42.195公里马拉松赛。

（7）200米个人计时赛：可视情况增设成绩最好的前12名运动员进行决赛。

3. 少年组锦标赛

可对比赛项目进行适当调整，以竞赛规程为准。

八、竞赛类型

1. 计时赛

以计时成绩决定名次的竞速计时性比赛。

2. 团体计时赛

（1）每队由3名运动员组成，滑跑一定的距离，以计时成绩决定名次的竞速计时性比赛。

（2）同一时间只有同一个队的运动员在场地或公路跑道上同时出发及滑跑。

（3）当第二名运动员抵达终点线的时候，为该队的有效成绩。

3. 淘汰赛

淘汰赛是指比赛过程中在一个或多个固定地点直接淘汰一名或多名运动员的比赛。比赛前由裁判长介绍淘汰规则。

4. 群滑赛

群滑赛是指在场地或公路上举行，参赛人数不限，同时出发的比赛。如果参赛人数太多，比赛跑道受限，可举行多轮次的比赛。被淘汰的运动员可根据预赛的成绩进行排名。

5. 耐力赛（定时赛）

比赛限定滑跑时间，根据在限定的时间内运动员所滑跑的距离长短来决定比赛名次。

6. 积分赛

比赛时运动员通过积分点获取个人积分，获得积分高者名次列前。

7. 接力赛

（1）每队由两名或更多名运动员组成，滑行一定距离。比赛途中在固定的地点进行接替。

（2）当进行接力的时候，运动员必须接触到他们的队友。根据跑道的距离，最后一次接力必须在最后一圈前完成。

（3）接力赛时只允许裁判员和运动员停留在场地里。

8. 分段赛

（1）分段赛只能在正规的公路赛跑道上进行。它是按照一定的规则，中、长距离混合排列在一起的竞速项目。总名次根据运动员在各个固定的距离所得成绩和分数决定。这一距离称为“赛段”。

（2）根据排位，各赛段对运动员进行如积分或时间宽限的奖励。奖励办法必须在规程内写明。

（3）如几名运动员成绩相同，最终名次由每名运动员各赛段的最好成绩决定。

（4）根据运动员的数量及赛段的长度，比赛可举行一天或数天。可以设休息日。

9. 追逐赛

比赛可以预赛的形式在场地或“封闭环形”公路上进行。两名运动员或两队在距对手等距离的地点出发，在规定的距离上互相追逐。如果其中一名运动员或一个队超过对手时，预赛即告结束。每个队由3～4名运动员组成。在团体追逐赛中，倒数第二名运动员决定该队名次或是否被淘汰。

10. 积分淘汰赛

比赛过程中，在场地中一个或多个固定的地点淘汰一名或多名运动员，同时，领先运动员将获得一定的积分。在最后一圈运动员将获得更多的积分。最后完成比赛且获得最高积分的运动员将获得比赛的胜利。

九、参赛组别与年龄规定

（1）运动员必须持注册证原件参赛。

（2）成年组运动员最小年龄须在锦标赛当年的1月1日满17周岁。

（3）青年组运动员最小年龄须在锦标赛当年的1月1日满13周岁，最大年龄须在锦标赛当年的1月1日不满17周岁。

（4）少年组运动员最小年龄一般应在锦标赛当年的1月1日满9周岁，最大年龄须在锦标赛当年的1月1日不满13周岁。

在合适的情况下，如单设少年锦标赛，则可分设少年甲组和少年乙组。其中，少年甲组运动员最小年龄一般应在锦标赛当年的1月1日满11周岁，最大年龄须在锦标赛当年的1月1日不满13周岁。

少年乙组运动员最小年龄一般应在锦标赛当年的1月1日满9周岁，最大年龄须在锦标赛当年的1月1日不满11周岁。

（5）高年龄组运动员不得参加低年龄组比赛。低年龄组运动员可参加高年龄组比赛，但不得隔组参赛。

十、起跑

（1）所有比赛项目均不允许使用起跑器，用发令枪或哨子发出起跑信号。

（2）在所有比赛中，如遇起跑犯规，发令员将召回所有运动员重新回到起点位置，重新起跑。

（3）发令员在起点召集运动员时，如运动员未到，一分钟后重新召集，仍未到者立即取消本项比赛资格。

十一、起跑规定

（1）运动员在起跑线后相互间隔50厘米站好时进行发令。

（2）集体出发时，运动员间在起跑线后应保持至少50厘米间距，发令员将发出两次信号，第一次信号为“预备”，第二次信号为鸣枪。遇到下列情况，发令员可以召回运动员重新比赛：

① 计时比赛中，运动员由于器材发生意外故障而非本人责任摔倒。

② 集体起跑时，在130米以内有一名运动员摔倒而引起其他运动员连续摔倒。

③ 运动员在出发信号之前起动，将重新起跑，抢跑的运动员将受到处罚。第三次抢跑的运动员将被取消比赛资格（无论前两次抢跑是否是该运动员）。

④ 裁判长认为在500米、1 000米预赛、半决赛和决赛出发时，发生了可能影响比赛结果的严重犯规。

（3）个人计时赛的起跑按以下方式进行：

运动员两只轮滑鞋必须与地面完全或部分接触，两脚不得移动，允许身体摆动。预备起跑线距起跑线60厘米，运动员至少有一脚位于两线之间，轮滑鞋的最初运动方向必须与比赛的方向相一致。

个人计时赛时，发令员决定运动员是否可以出发，每名运动员有15秒钟的起动时间，如在15秒内不出发，运动员将被判起跑失败。该项目的起跑发令既不需要“预备”口令也不需要鸣枪。

（4）团体计时赛时所有3名运动员同时出发，发令员将发出“预备”口令和鸣枪。

（5）比赛起点的电动计时设备必须安装在距场地路面20～25厘米高的位置。

十二、设备、器材和后勤保障

根据比赛种类，提供相应的设备、器材和后勤服务。

1.“封闭式”公路赛或场地赛

（1）至少2支麦克及必要的音响（音量能清晰地覆盖全场），手提喇叭2支。

（2）记圈牌，用来显示运动员滑行剩余的圈数。

（3）向运动员提示最后一圈使用的手摇铃或其他信号器。

（4）装备齐全的急救设施。

（5）男、女运动员及裁判员分别使用的更衣室。

（6）供裁判员使用的备有桌椅的独立场所。

（7）运动员、领队和教练员所需的场所。

（8）新闻媒体人员所需场所及相应物品。

（9）与公众分开的运动员专用通道。

（10）供夜间比赛使用的足够的照明设备。

（11）安全保障。

（12）设置终点摄像或摄像扫描、起点电动计时设备。

（13）违禁药物检测设备和服务（世锦赛必备）。

（14）对讲机。

（15）计算机和打印机。

2. 开放式公路比赛

（1）在终点线上方要有写着“终点”字样的横幅，终点线前地面上要写有“终点”字样。

（2）比赛路线最后500米处要设有标记。

（3）为运动员设置显示障碍物和交通信号的标记。

（4）设置补水站（超过20公里的比赛），位置要设在比赛路线约一半的路程处。

（5）有容易辨认标记的交通工具（汽车、摩托车并配司机），以使裁判员跟随比赛过程行进。

（6）备有供受伤或退出比赛的运动员乘坐的汽车。车上要配备一名医生、一名裁判员以及相应的急救设施。医生要携带急救药品，裁判员要记下所有退出比赛运动员的退出顺序以确定最后名次。

（7）与公众分开的专用通道。

（8）安全保障。

十三、公路赛的最长时间

公路赛的最长比赛时限是第一名运动员所用时间的1.25倍。

十四、竞赛通则

（1）运动员严禁接受任何形式的援助。

（2）各项比赛的滑跑途中，运动员应沿一条假想的直线滑行至终点，不得以曲线或横向滑行。

（3）在超越时决不允许给其他运动员制造障碍。

（4）任何情况下，运动员不允许推其他运动员或者在他们前面横切。另外，禁止拉、推、阻碍或者援助他人滑行。

（5）在“封闭式”公路赛或场地赛中，被超越的运动员不能阻碍他人的超越或者援助其他运动员。

（6）禁止运动员的轮滑鞋触及跑道界线以外的地面。

（7）只要不妨碍比赛的进行，运动员可以修理出故障的轮滑鞋。他们只能接受新鞋或工具进行修理。

（8）运动员摔倒后，可以自己站起来继续比赛，不得由他人帮助。否则，将从该项比赛中被淘汰。

（9）运动员如违犯上述规则可能将被取消该项比赛的成绩。

（10）所有运动员都必须公平、积极地参加比赛。

（11）在“开放式”公路跑道上进行的集体出发的比赛，运动员同样必须遵守上述条例，同时必须沿公路右侧滑跑，在任何情况下不允许越过公路跑道的中线。

此外，运动员必须严格遵守组织者的要求。

（12）退出比赛的运动员，要到终点告知裁判员，以便确定名次。

十五、比赛服装

（1）参赛的男女运动员都应穿统一的队服。着装不合适的运动员可能被取消比赛资格。参加比赛的同一个单位所有运动员都必须身着统一长袖或者短袖服装，颜色和图案要一致。

（2）佩戴完整、坚固而没有尾翼的头盔。

（3）各参赛队队服的广告位置只允许在服装的前胸和后背上方处。但不允许广告影响各队队服颜色的识别，不得与号码布的位置相冲突（裁判有权调整号码布位置）。

（4）运动员在领奖时必须身着各队的正式服装。

十六、轮滑鞋

允许穿着双排轮轮滑鞋（两组轮平行排列）或者最多六个轮子的直排式轮滑鞋参赛。轮子的直径最大不能超过100毫米，轮滑鞋全长不能超过50厘米。轮架必须与鞋靴牢固固定，轮轴不能突出到轮子以外。禁止装有制动装置，允许使用没有传动装置的克莱普（即脱跟）轮滑鞋。

十七、参赛号码

号码应分别在臀部的两侧、后背的腰部，头盔左、右侧清晰可见。

十八、反兴奋剂

关于反兴奋剂工作，应严格遵守《中华人民共和国反兴奋剂条例》及国际轮滑联合会的相关规定。

思考题

1. 简述轮滑运动的主要特点和优势。
2. 简述主要站立的方法。
3. 简述轮滑竞赛的分类。
4. 简述直线滑行的技术要点。

第十九章　轮滑运动微课视频

"V"字形站立

单括弧站立法

倒滑练习

倒画葫芦练习

"丁"字停止法

弧线滑行交接体重练习

前画葫芦练习

双括弧停止法

正滑转倒滑停止

直道滑行

直道滑行摆臂练习

职业体能篇

第二十章 职业体能

学习目标：

1. 了解体能的基本要素。

2. 了解职业体能的分类。

3. 掌握各类职业体能的训练方法。

章前导言：

高职院校的体育课程教学不仅要完成普通高校体育增强学生体质、提高学生身体素质、培养良好的品质与健康的心理行为的共性目标，还要完成为职业岗位服务的目标。只有充分认识体能与职业教育的关系，适当开展职业体能训练，促进学生职业体能的提高，才能更好地体现高职院校体育教育的特色。本章将重点阐述体能的定义。体能与职业的关系，以便学生正确理解职业体能的内涵。本章重点了介绍人体处于坐姿、站姿和变姿状态的解剖学特征和生理负荷特点，探究这三种姿态的工作对体能的要求和可能对人体产生的不良影响，以及可能诱发的职业病，在此基础上探索有效的锻炼和治疗方法。

第一节 体能概述

一、体能的定义

体能一词源于美国。从广义上讲，它是指人体适应外界环境的能力。德国人将其称为工作能力，法国人称之为身体适性，日本人称之为体力。

关于体能的概念、释义国内外有过多种不同的理解与论述，其中较有代表性的观点如下：

Hartmann等在1995年认为：体能是以人体三大功能系统的能量代谢活动为基础，通过骨骼肌系统表现出来的运动能力。

李之文教授认为，体能是经过身体训练获得的人体各器官系统的机能在肌肉活动中表现出来的能力，它包括身体形态的适应性变化和力量、速度、灵敏、耐力和柔韧等基本素质。

北京体育大学博士袁运平在对诸学说进行分析与考察并汲取其共同点的基础上将体能定义为：体能是指人体通过先天遗传和后天训练获得的在形态结构、功能与调节方面及其在物资能量的存储与转移方面所具有的潜在能力，以及与外界环境相结合所表现出来的综合运动能力。

1984年，中国出版的《体育词典》认为，体能是人体各器官系统机能在体育活动中表现出来的能力。

2000年出版的体育院校通用教材《运动训练学》认为，体能是指运动员机体的基本运动能力，是运动员竞技能力的重要构成部分。体能是由身体形态、身体机能和运动素质组成。

第7版《现代汉语词典》对体能的定义为“身体的运动能力”，包括耐力和在单位时间内的位移速度等。

对于“体能”这一概念，目前学术界还没有统一的定义，但绝大多数倾向于上海辞书出版社《体育大辞典》中的表述，即“体能是体质的重要组成部分，是人体各器官系统机能在身体活动中表现出来的能力，包括力量、速度、灵敏、耐力和柔韧等基本的身体素质，以及人体的基本活动能力（如走、跑、跳、投掷、攀登、爬越、悬垂和支撑等）。”

二、体能的基本要素

体能的基本要素包括心肺功能、肌肉力量和耐力、柔韧性、敏捷性、身体成分以及身体代谢能力六个方面。

1. 心肺功能

心肺功能是指心脏、血管与呼吸系统协同工作，运输血液给正在工作的肌肉进行能量新陈代谢的能力。良好的心肺机能不仅能保证身体长时间高效地工作，更能使机体快速消除疲劳，恢复生理机能。

2. 肌肉力量与耐力

肌肉力量是指肌肉抵抗外界阻力的能力，肌肉耐力是指肌肉重复工作的能力。它们是机体可以长时间从事体力劳动的基础。

3. 柔韧性

柔韧性是指肌肉、关节活动的可能范围，受肌肉长度、延展性和关节结构等因素影响。良好的柔韧性可以提高机体工作的运动幅度和效率。

4. 敏捷性

敏捷性是指机体各类肌肉群遭受外界环境刺激时所表现出来的可操作性、协调性和时效性。良好的敏捷性可以有效地使机体适应各种运动和工作环境，并能作出有效的反馈。

5. 身体成分

身体成分是指机体中肌肉、脂肪、骨骼及其他成分的相对百分比。理想的体能是建立在适当的身体成分百分比基础上的。

6. 身体代谢能力

身体代谢能力是指与代谢有关的血糖、血脂、胰岛素、骨矿密度等物质的代谢更新能力。它反映身体的动态机能状态，与运动锻炼的效果有直接关系。良好的身体代谢能力可以减少运动不足所引起的疾病的发生，并能提高整体机能水平。

第二节　职业与体能

一、职业体能的定义

职业体能是指与职业（劳动）有关的身体素质和心理素质以及身体机能在不良劳动环境条件下的耐受力和适应能力，是经过特定的工作能力分析后所需具备的身体活动能力，包括重复性操作能力、承载静态力的能力、肌肉群维持工作姿势要求的能力，以及人体对工作环境的忍耐程度等能力。

二、职业体能分类

职业体能可分为与职业有关的身体素质和心理素质。

（一）与职业有关的身体素质

与职业有关的身体素质要素与体能的基本一致，但更加具体和有针对性。它们分别是：

1. 身体组成

人体是由脂肪及非脂肪组织（如肌肉、骨骼、水和其他脏器等）组成，保持理想体重对维持适当的身体组成具有重要意义。体重过重一般是因为体内囤积了过多的脂肪，而过多的脂肪易导致一些慢性疾病的发生，如糖尿病、高血压、动脉硬化及心肌梗死等。

2. 肌肉力量

肌肉力量是一块肌肉或肌肉群一次竭尽全力从事抵抗阻力的活动能力，所有身体活动均需要力量。肌肉强壮有助于预防关节的扭伤、肌肉的疼痛和身体的疲劳。如腹肌力量较差，往往会导致驼背。需注意的是，不应在强调某一肌肉群发展的同时而忽视另一肌肉群的发展，否则会影响身体的结构和形态。

3. 肌肉耐力

肌肉耐力指一块肌肉或肌肉群在一段时间内重复进行肌肉收缩的能力，与肌肉力量密切相关。肌力是肌肉所能产生的最大力量，肌耐力是肌力持续收缩的能力。良好的肌力与肌耐力可以维持正确的姿势并增进工作效率。肌力和肌耐力不好的人较容易产生肌肉疲劳与酸疼的现象。

4. 柔韧度

柔韧度是指关节的最大活动范围，是四肢和躯干充分伸展而不会感到疼痛感的一种能力。具有良好的柔韧度，肢体的活动范围较大，肌肉不易拉伤，关节也较不易扭伤。若关节柔韧度不好，也会造成不良姿势，如背疼及肩颈疼痛等。

5. 心肺功能

心肺功能即心肺耐力，是指人体的心脏、肺脏、血管、血液等组织的功能，与氧气和营养物质的输送以及代谢物的清除有关，是国民体质测量中最重要的一项，是反映全身性运动持久能力的指标。拥有良好的心肺耐力，能比别人更有效地完成日常活动，而不容易感到疲累。

6. 灵敏素质

灵敏素质是指在各种条件下，精确而协调地完成复杂动作的能力，亦指快速的应变能力。它是速度、力量和柔韧等各种身体素质在特定条件的综合反应。灵敏素质良好的人，在面对这种纷繁复杂的局面时，能保持冷静的头脑、清晰的思维。在知识爆炸的时代，各种新的挑战、刺激接踵而来，灵敏度高的人更能适应这样的时代。

（二）与职业有关的心理素质

心理素质是指个体在心理过程、个性心理等方面所具有的基本特征和品质。它是人类在长期社会生活中形成的心理活动在个体身上的积淀，是一个人在思想和行为上表现出来的比较稳定的心理倾向、特征和能动性。

随着社会变革的深入、生活节奏的加快，以及竞争的日益激烈，每个人都必须面对现实，因而也必然要承受一定的心理压力。拥有良好的心理素质，能保持平和的心态面对现实；能清楚地认识自我，正确地评价自我；在面对失败时，能积极地总结失败的原因，并从中吸取教训。

依据劳动和社会保障部认定的职业分类目录和教育部《普通高等学校高职高专教育指导性专业目录（试行）》，结合各职业岗位劳动（工作）时的主要身体姿态，我们将职业岗位归为三大类身体劳动姿态（表20-2-1）。

表20-2-1　三大类身体劳动姿态及其对应岗位

分类	主要职业	对应高职专业
坐姿类	会计、文秘、行政办事员、IT行业	财经类、文秘类、管理类、计算机软件开发等
站姿类	营业员、酒店前厅接待、生产线操作工	食品生产、酒店、教育类、艺术类
变姿类	营销（推销）员，导游，记者，机械、机电、建筑类从业者	旅游、护理、市场营销、仓储物流、建筑、工程造价

第三节　坐姿类职业生理负荷特点及体能锻炼方法

一、坐姿类职业生理负荷特点

（一）坐姿类职业岗位简介

随着社会生产水平的提高，现代社会的分工日益精细，许多工作岗位（尤其是脑力劳动为主的）要求劳动者长时间保持一定的体位，或者少数几种体位。例如，财务工作人员、办公文秘及大部分办公室白领都以“长时间伏案”为主要工作方式。相关调查表明，该类型员工每个工作日的8小时劳动中，坐的时间可达6～7小时。坐位姿势是一种相对静态的动作姿势，静态姿势下长时间进行工作极容易引起机体许多功能和结构的改变，从而导致各种相应疾病的发生。

（二）坐姿的解剖学特征

1. 头颈部

坐姿工作时，一般头部呈前俯或后仰姿势。肩颈部肌肉是支持颈部活动的基础，其中以斜方肌、胸锁乳突肌为主要的受力肌。斜方肌位于颈部和背部，呈扁平三角形，左右二肌合称斜方肌，主要控制颈部的前屈、后伸，头颈部若过分下垂或颈椎前屈，会使斜方肌处于紧张状态。胸锁乳突肌属于颈浅肌群，起于胸骨柄和锁骨的内侧1/3处，斜向后上方，止于乳突。其作用是两侧同时收缩，头向后仰；一侧收缩，头颈向同侧倾斜，面部转向对侧并向上仰。

研究表明，坐位时，颈部肌肉受力与颈角大小有关，颈部受力随角度增大而增加，颈部损伤患病率随颈角增加而升高。坐位工作时，颈部保持在前倾角度

0° ～10° 为适宜。

2. 胸部

坐位时，低头含胸，胸廓得不到充分的扩张。长期保持这种姿势，一方面影响肺的通气功能；另一方面使胸廓变形，造成驼背。

3. 背部

坐位时，人体一般呈弓起背部向前微倾状态。在该姿势下工作，脊椎骨角度和脊椎间盘的活动造成背部所承受的压力是不均匀的。人体背部的伸肌在一天的运动中几乎没有主动用力的动作，大多数时间在被动拉长中，起着维持人体运动平衡和协调的作用。相对其他肌肉群，人体的背部肌肉相对工作时间最长，因此，所受疲劳是“首当其冲”的。这种疲劳容易引起小肌肉纤维损伤，从而造成背部的多种不良反应，如酸、胀、痛、麻等。

4. 腰部

人体在坐姿状态时，腰脊承受着上身的重量。腰肌和腹肌像一个夹板，保持一定的张力以起到稳定腰椎。工作姿势对腰肌受力有很大的影响。有研究表明，腰部受力与躯干角度大小关系密切，躯干角度小则受力小。

一项研究调查表明，电脑操作者一般习惯将电脑屏幕置于右前方或左前方，导致工作时呈侧身或扭腰等不良姿势。为了维持身体平衡，腰部的某一处肌肉就需要特别用力，以致受力肌容易疲劳。

5. 手腕部

从事计算机行业或电子行业者由于其腕部需要经常重复用力活动或反复弯曲、伸展，参与活动的小肌肉群不足全身肌肉总量的1/7，肌肉活动频率高于15次/分，操作键盘输入汉字时，手指击键高达100次/分钟以上，频繁收缩活动的小肌群能耗不高却容易疲劳，甚至在用力时直接压迫腕管内神经而导致腕管综合征。

6. 脊柱

人的脊柱由33块形状不规则的脊椎骨组成，按所在的位置不同分成颈椎、胸椎、腰椎、骶椎和尾椎。脊柱从侧面看，有4个生理弯曲：向前凸的颈椎、腰椎，向后凸的胸椎、骶椎。

久坐会使上身体重长时间地压在脊椎骨骶端，不符合人体脊柱最佳受力状态。坐姿不良，脊柱两侧肌肉受力不均，导致脊柱某区域肌肉骨骼负荷过重，久之可能引起脊柱侧弯。此外，紧张的工作节奏，往往不由自主地就会塌腰，这不仅增加了腰椎的负担，破坏了脊柱正常的生理弯曲，使腰椎部位后凸，而且还阻碍了血液循环，从而引起腰部肌肉酸疼甚至引起腰椎病变。

（三）坐姿的生理学特征

1. 血液循环

血液流动，向全身输送氧和营养物质，以保证生命活动的正常运行。血液循环的动力器官是心脏，而心脏位于胸腔中，故心脏向下输送营养物质和氧气时可借助地心引力的力量；但心脏以下部位的血液要返回心脏，因受地心引力的影响，静脉回心血流受阻。因此，久坐的人，下肢特别是足背会发生浮肿，还会使直肠、肛管静脉回流受阻，静脉扩张而发生痔疮。同时，心脏需克服地心引力把血液泵入大脑，如果心脏功能不良，则脑血供应不畅通，容易出现头昏、眼花、嗜睡，使工作效率降低，失误率增加。

久坐时，心脏工作量减少，长期下去可使心脏功能日益减退，心肌渐趋衰弱，血液循环减慢，导致血液在血管中淤积，为心肌梗死、高血压、冠心病等心血管疾病埋下隐患。世界卫生组织明确指出，久坐是促发冠心病的重要因素。医学专家调查发现，司机的冠心病发病率比售票员高30%。据研究，坐位时，心脏功能（心率、心排血量、每搏输出量）都处于相对较低的水平。

2. 肺通气功能

由于坐位伏案，胸廓得不到充分扩张，从而影响肺的通气功能。研究表明，坐位伏案对静息时通气量的影响不大，但是从提高体能和健康水平的角度出发，坐位伏案劳动（工作）的人，应加强扩胸动作的练习，以利于肺的充分扩张，加强通气和换气的功能，使氧饱和度始终保持在96%～98%。

3. 骨骼肌

骨骼肌是维持各种姿势的基础，坐位姿势是一种静态姿势，维持坐位姿势的肌肉肌纤维长时间处于一定的静力性工作状态（即等长收缩状态）。虽然依靠中枢神经系统的调节，使肌纤维的紧张活动可以交替进行，但这种调节交替是相对少而慢的。在坐位姿势劳动（工作）时，肌纤维的紧张性收缩也限制了肌肉的血液供应，以致肌肉获取的氧和营养物质相对减少，而肌肉的代谢废物也不易排出，久之就会引起肌肉僵硬、酸疼，甚至发生肌肉萎缩。坐姿工作2小时以上，即可产生肌肉疲劳感，使工作效率有所下降。所以，医学专家指出，坐1～2个小时起来走动10分钟，对身体有益。

4. 眼的负荷

在现代办公条件下，长时间对着电脑工作，眨眼次数明显减少（由日常每分钟

22次左右锐减到4～5次），眼睛特别容易干涩。盯着电脑屏幕，其闪烁会使眼睛不断进行调节，睫状肌易疲劳。此外，电脑屏幕也是个强发光体，同时电脑页面内容繁多，使视觉负担过重，常常使眼睛发胀。

眼睛长期超负荷工作，将会导致视力下降，发生眼部炎症（如角膜炎），同时还可以导致身心疲劳。

二、坐姿类职业体能锻炼方法

从事不同的职业需要不同的体能。坐位姿势是一种静态姿势，维持该姿势的肌纤维长时间处于一定的静力性紧张状态，坐姿时腰背部肌肉是主要的受力肌。有目的地锻炼，可使机体各部位的主要受力肌群增强肌肉弹性，改善组织，促进血液循环，增强新陈代谢，防止或降低组织疲劳。

针对坐姿类工作对体能的要求，应主要发展以下部位肌肉群。

（一）颈肩部肌群练习

1. 屈伸探肩

（1）目的：主要发展胸锁乳突肌和斜方肌的力量。

（2）动作方法：坐、立均可，上背挺直，双手叉腰，双眼正视前方。头缓缓地向左偏，努力接近左肩，保持6～8秒，还原；以相同的姿势反方向做，还原（图20-3-1）。

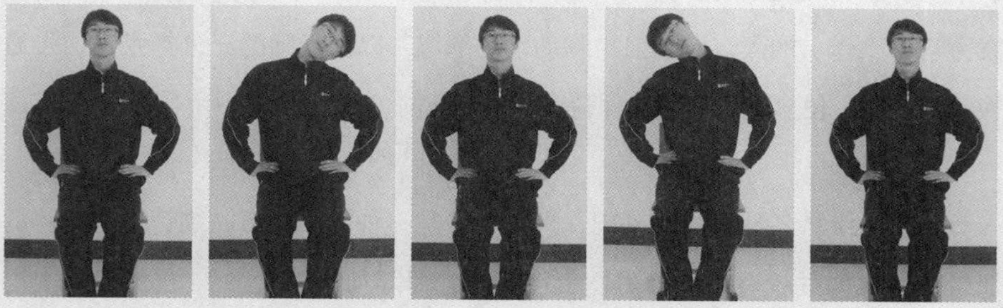

图 20-3-1　屈伸探肩

2. 肩绕环

（1）目的：发展斜方肌的力量。

（2）动作方法：坐、立均可，上背挺直，双手叉腰，双眼正视前方。双肩经前向后展，做以肩关节为中心的绕环动作（图20-3-2）。

3. 耸肩

（1）目的：发展斜方肌和三角肌的力量。

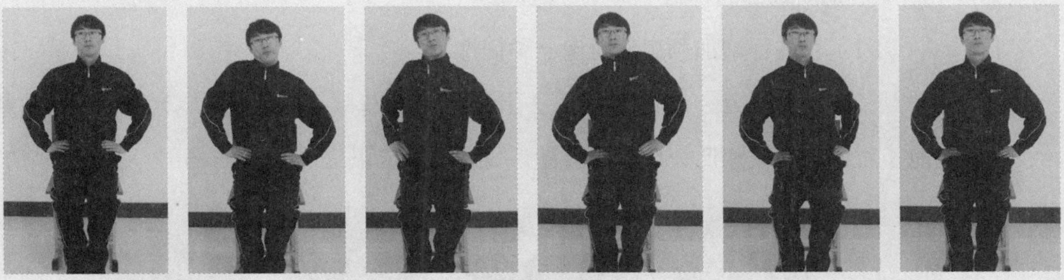
图 20-3-2　肩绕环

（2）动作方法：坐、立均可，上背挺直，双手叉腰，双眼正视前方。将双肩缓缓向上提拉，尽量超过下颌，缓慢还原（图 20-3-3）。

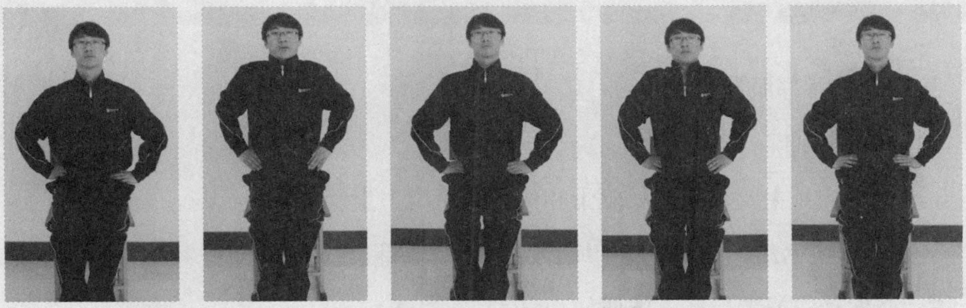
图 20-3-3　耸肩

4. 侧压颈屈伸

（1）目的：增加颈肩部肌肉群柔韧性。

（2）动作方法：坐、立均可，上背挺直，双眼正视前方。左手按住头左侧，右手扶右腰间，左手用力将头向右侧推压至与右肩部接触，持续数秒，缓慢还原成正位（右侧动作相同，方向相反）（图 20-3-4）。

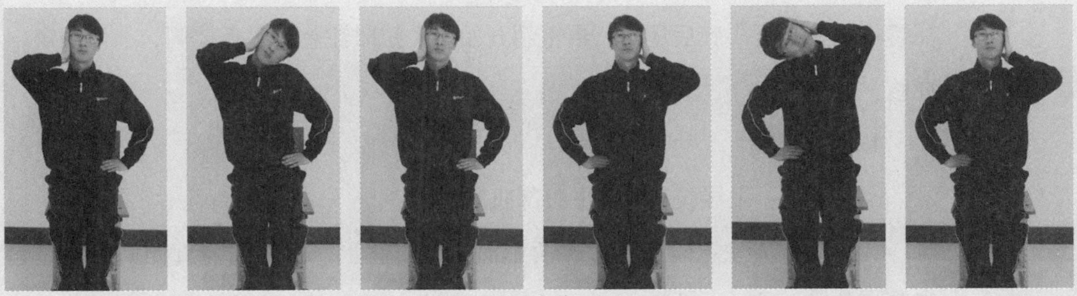
图 20-3-4　侧压颈屈伸

5. 前后颈部屈伸

（1）目的：增加颈肩部肌肉群柔韧性。

（2）动作方法：坐、立均可，上背挺直，双眼正视前方。双手抱头稍用力向前、后依次仰头和低头，持续数秒，缓慢还原成正位（图20-3-5）。

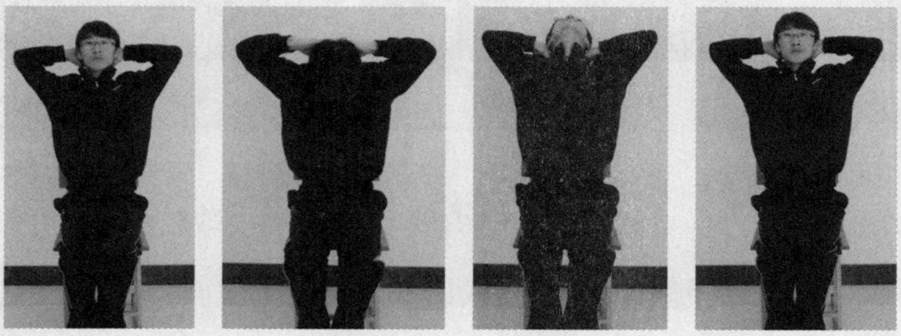

图20-3-5 前后颈部屈伸

（二）腰背部肌群力量练习

1. 体后屈伸

（1）目的：主要发展伸展躯干和伸髋的肌肉力量。

（2）动作方法：俯卧在垫子或长凳上。以髋部支撑，脚固定，两臂前举连续做上体后屈伸动作或者保持上体屈伸6～8秒。

2. 俯卧两头起

（1）目的：主要发展伸展躯干和伸髋的肌肉力量。

（2）动作方法：俯卧在垫子或长凳上，两臂前伸，两腿并拢伸直。两臂和两腿同时向上抬起，腹部与坐垫成背弓，然后积极还原，连续练习。

3. 俯立划船

（1）目的：主要发展背阔肌上、中部以及斜方肌、三角肌的力量。

（2）动作方法：上体前屈近90°，抬头，正握杠铃。然后两臂从垂直姿势开始，屈臂将杠铃拉近小腹后还原，再重新开始。上拉时注意肘靠近体侧，上体固定，不屈腕。

4. 坐式缩腿

（1）目的：发展腹直肌等下腹部肌肉群。

（2）动作方法：坐在凳边，两手向后撑在凳上，两腿向前直伸。屈膝缩起小腿到可能的最高点。彻底收缩腹直肌一秒钟，然后徐徐降落小腿，直到完全伸直（图20-3-6）。

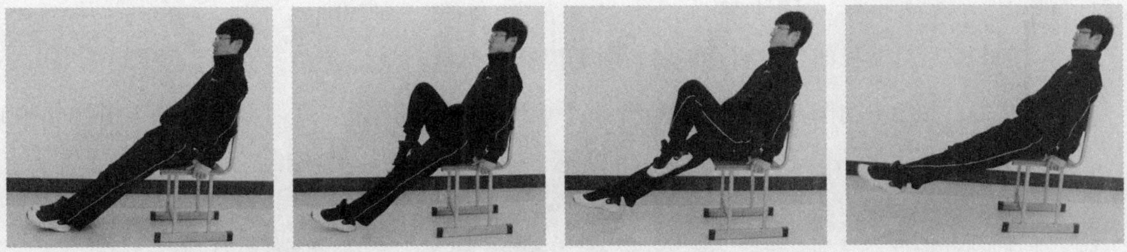

图20-3-6 坐式缩腿

（三）上臂及腕部肌群练习

1. 转腕动态练习

（1）目的：主要发展前臂伸肌和屈肌及腕关节的力量。

（2）动作方法：立正，双手持哑铃至于体前。手紧握哑铃以3秒钟一次的频率做转腕运动（图20-3-7）。

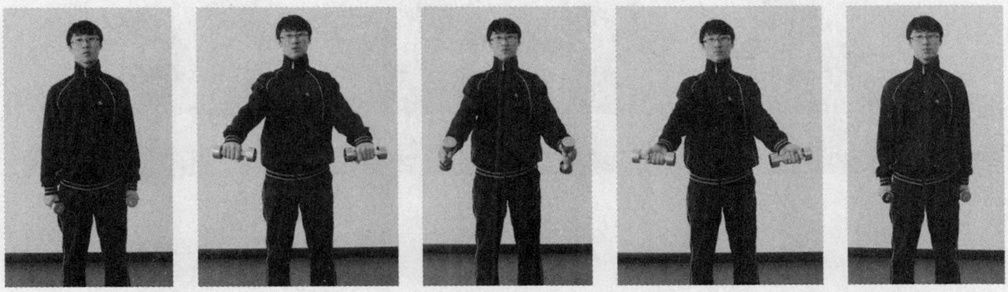

图20-3-7 转腕动态练习

2. 屈伸小臂练习

（1）目的：主要发展前臂伸肌和屈肌的力量。

（2）动作方法：立正，双手持哑铃平举，掌心朝上。另一手微托持哑铃，手肘关节伸直，手紧握哑铃充分一次屈、伸小臂，每组15次（图20-3-8）。

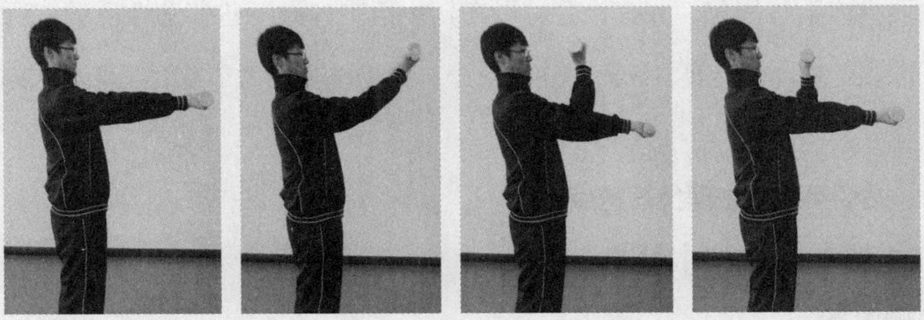

图20-3-8 屈伸小臂练习

3. “8”字绕环

（1）目的：主要发展背、肩筋肉群的力量。

（2）动作方法：正坐状态，双手掐腰。头部横向做“8”字绕环运动（图20-3-9）。

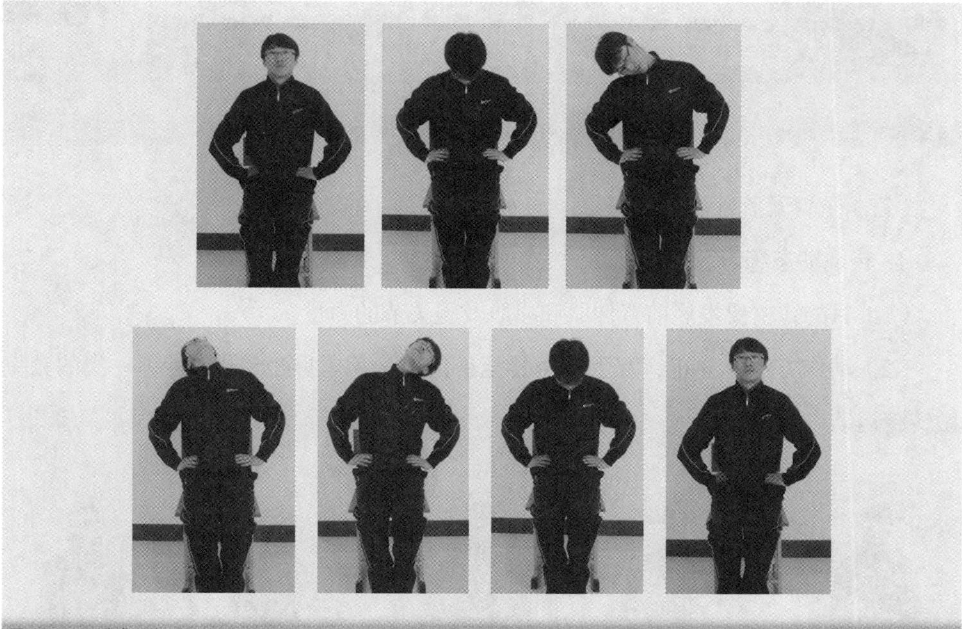

图20-3-9 “8”字绕环

第四节 站姿类职业生理负荷特点及体能锻炼方法

现代社会分工精细，大部分工作的体位改变很少。教师、迎宾小姐、前厅接待、餐厅服务员、售货员、厨师、模特等职业岗位服务人员，均需要在工作期间长时间站立。站立姿势可以分为立正式站立（如解放军站岗）和任意式站立（如超市的收银员）。立正式站立是一种强度极大的静力性工作。而任意式站立，因在一定程度上可以活动身体某些部位，并有机会可以在较小范围内做一些移动性活动，所以相对于立正式站立而言，其静力负荷的强度较小。职场站姿绝大多数属于任意式站姿。

一、站姿类职业生理负荷特点

（一）站姿的解剖学特征

1. 腰腹部

自然站立时，躯干部位的重量经过腰椎向下传导，需要腰部肌肉力量予以支撑，才能保持腰椎的正常生理前凸。腹肌力量较弱的人，如肥胖者，特别是腹部肥胖者，由于大量脂肪组织在腹部堆积，肌肉组织相对较少，且较松弛，因此对腹部的支撑弱，进而加重了腰部肌肉的负荷，肚子越往前凸，腰部肌肉的负担便越大，久之，就可造成腰部肌肉紧张。

2. 脊椎

脊柱的负荷为该段脊柱以上的体重、肌肉张力和外在负重的总和。不同部位的脊柱节段承担着不同的负荷。由于腰椎处于脊柱的较低位，负荷相当大。当人体处于静态任意式站位时，因为要维持正常的站姿，即保持躯干的相对竖直，腰椎相对静态坐位时只能有很小程度的前屈或后伸，脊柱需保持自然弯曲度。挺腹而立是人们常见的站姿，此时腰椎处于后伸位，承受很大的压力负荷。据报道，站立时，腰部肌肉张力始终维持在64.2～113.8牛顿，第三、四腰椎间盘的压力达到87.5～120.5牛顿，而且得不到缓解，因此患下背痛的概率比较高，且随着工龄的延长，这种症状的出现频率也增高。另有研究表明，静态站位时的最佳姿势是适度前屈位，即在站直的前提下收小腹，通过骨盆与腹背肌肉的整体调整得以实现。

3. 下肢

人体维持某种姿势，均需要一定的肌张力。人体走动或站立时，小腿肌肉等张收缩以维持身体姿势并保持身体平衡。但长时间保持站立不动，会令下肢血液循环欠佳，导致下肢肿胀，甚至导致静脉曲张。人体在正常的站姿下，全身的体重均匀地从脊柱、骨盆传向下肢，再由下肢传至双足，因此人类的双足具有负载体重的重要功能。另外，从解剖学观点来看，人体共有206块骨头，其中双脚占52块，俨然是全身的支柱。但在长时间站立工作以及过度负重状态下可诱发平足症。

（二）站姿劳动（工作）的生理学负荷

1. 血液循环

站姿也是一种静力性工作，对血液循环的影响与坐姿相同。但因为维持站姿比维持坐姿肌肉的静力性紧张更大，即有更多的肌纤维处于静力性等长收缩状态，肌张力一般超过该肌肉最大随意收缩时的15%～20%。研究表明，一旦肌张力超过最大随意收缩的15%，很容易导致肌肉疲劳。

直立体位时，因血液重力的流体静力学作用，血液滞留在心脏水平以下的血管中，由于静脉血管壁薄而易于扩张，其容积大为增加，只留了大量的血液，致使静脉回血量下降。因此站立时间较长，血液回心受阻，容易出现下肢浮肿、趾关节炎和静脉曲张等症状。此外，心脏水平以上的颈、脑等部位由于长时间供血不足而出现头晕、头痛和乏力等症状。

2. 骨骼肌肉

人体的肌肉平时会保持一定的张力用以维持一定的身体姿态。长时间站姿工作容易造成大腿、小腿、腰背部和臀部等肌肉过度紧张，消耗大量的能量，产生大量乳酸，从而形成腰背部和下肢疲劳。

二、站姿类职业体能锻炼方法

从事站立型职业的劳动者，身体常处于站姿状态，对下肢力量与耐力要求较高，为此在体育锻炼中应以发展下肢和腰腹肌肉的力量为主，并练习一些形体操、健美操，使之形成合理的站立姿势与优美的形态。同时，可考虑开设野外生存训练、轮滑等项目，这对发展下肢和腰腹部力量，改善身体的平衡能力和灵敏素质具有良好的效果。

（一）下肢肌肉力量的训练方法

1. 徒手深蹲

（1）目的：主要发展大腿肌群和臀大肌的肌肉力量。

（2）动作方法：原地站立，双手体侧屈臂上举，屈膝下蹲到大腿与地面平行或稍低，大腿和臀部用力，两脚蹬地使身体恢复到直立。重复练习一定的次数和组数（图20-4-1）。

图20-4-1　徒手深蹲

2. 深蹲

（1）目的：主要发展大腿肌群和臀大肌的肌肉力量。

（2）动作方法：把杠铃担负在颈后肩上，屈膝下蹲到大腿与地面平行或稍低，大腿和臀部用力，两脚蹬地使身体恢复到直立。重复练习一定的次数和组数（图20-4-2）。

图 20-4-2　深蹲

3. 弓箭步

（1）目的：主要发展股四头肌、股二头肌和小腿肌群的力量。

（2）动作方法：身体直立，左腿屈膝成弓箭步，右腿伸直，同时两手叉腰。还原后，交换腿连续做（图 20-4-3）。

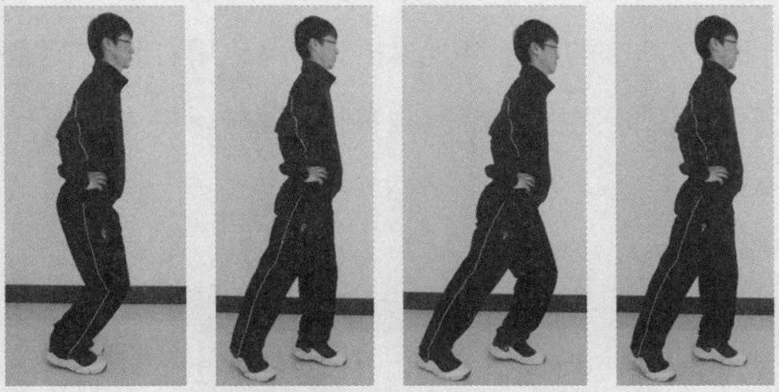
图 20-4-3　弓箭步

4. 踮脚跳跃

（1）目的：主要发展小腿腓肠肌、比目鱼肌和股四头肌的力量。对提高身体平衡能力也有一定的价值。

（2）动作方法：两脚并拢站立，两膝微屈，两手叉腰，双脚前掌原地向上纵跳，膝盖伸直；下落时，先前脚掌着地，然后全脚掌着地，再踮脚起跳。

5. 原地跨步跳

（1）目的：主要发展小腿腓肠肌、比目鱼肌和股二头肌的力量。

（2）动作方法：两脚并拢站立，两膝微屈，呈立正状态。双脚前掌原地向上纵跳，同时两腿前头张开成跨步，膝盖伸直。下落时，两腿迅速回收呈立正状态。

（二）腰腹部肌肉力量的锻炼方法

1. 仰卧起坐

（1）目的：主要发展腹直肌力量。

（2）动作方法：仰卧于垫子上，两小腿弯曲，两脚固定放于高处，双手交叉抱于头后。腹肌收缩使额头向膝部靠拢直至碰到膝盖。然后还原，重复此动作一定的次数和组数（图20-4-4）。

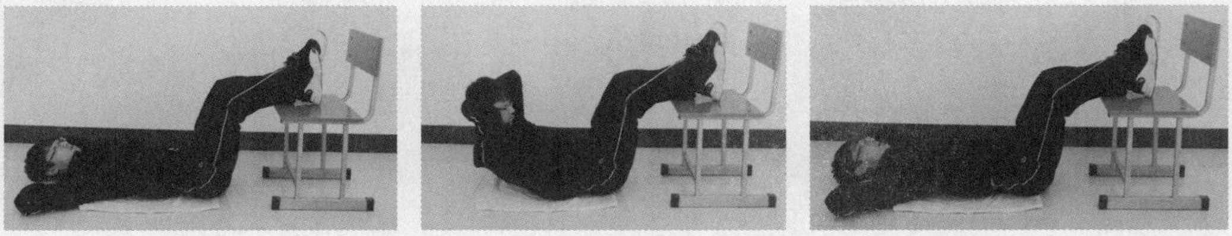

图20-4-4　仰卧起坐

2. 坐姿登车

（1）目的：主要发展腹直肌、髂腰肌的力量。

（2）动作方法：坐于凳子上，背部紧贴扶手。双手放在体侧，手臂打开。将腿抬起，缓慢进行蹬自行车的动作。呼气，抬起上体，用右肘关节触碰左膝，保持姿势2秒钟，然后还原。再用左肘关节触碰右膝，同样保持2秒钟，然后慢慢回到开始姿势（图20-4-5）。

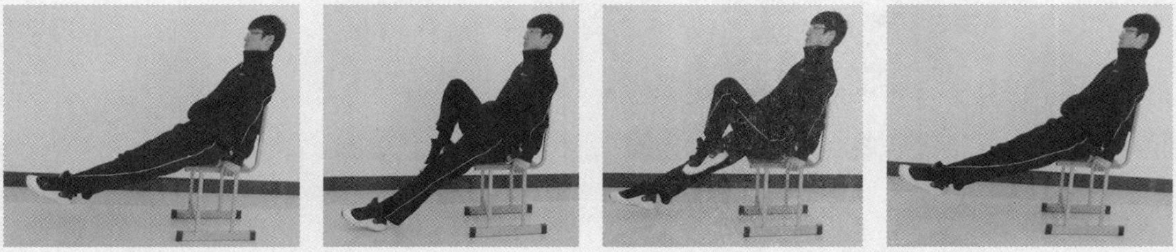

图20-4-5　坐姿蹬车

3. 直腿上举

（1）目的：主要发展腹直肌、髂腰肌的力量。

（2）动作方法：仰卧于垫子上，两腿并拢伸直，两手放于体侧。双腿直腿并拢靠腹部的力量将腿慢慢举起，保持躯干与大腿成90°～120°的夹角，静止5～10秒，然后还原（图20-4-6）。

4. 直腿提拉哑铃

（1）目的：主要发展背腰肌、髂腰肌的力量。

（2）动作方法：开步直立状态，向前俯身握住杠铃中部，向上提拉杠铃至直立状态，稍停顿，每组重复8～10次（图20-4-7）。

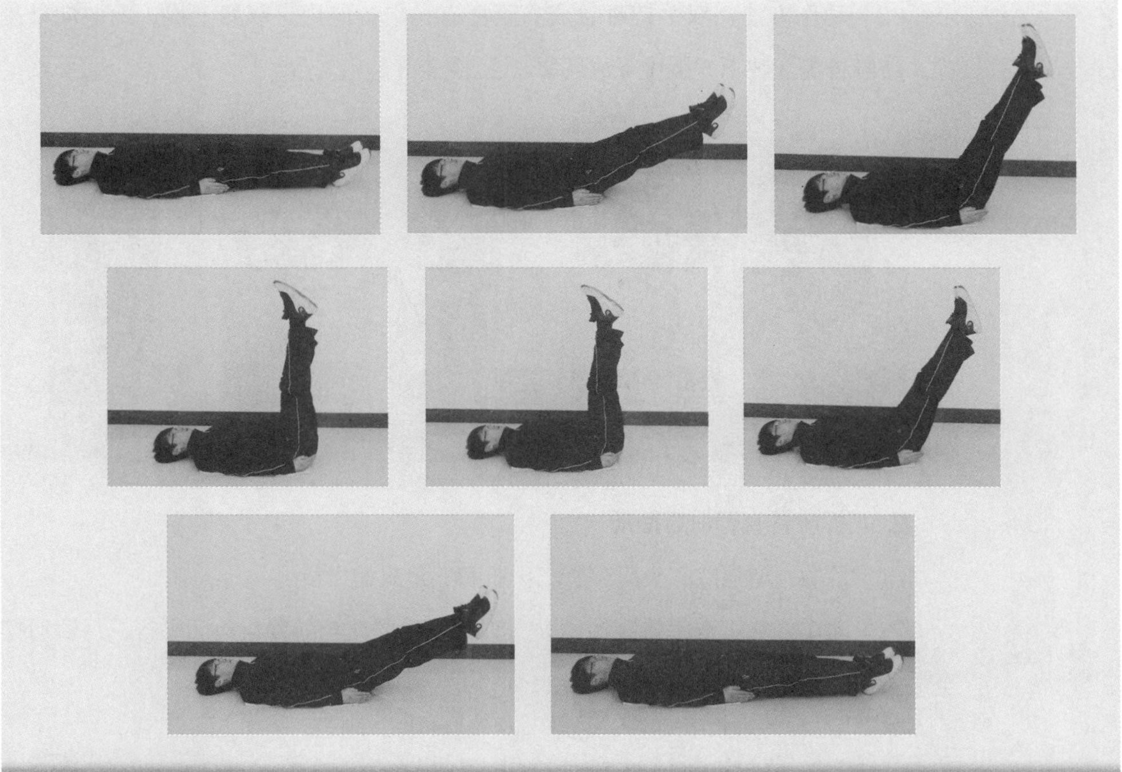

图 20-4-6　直腿上举

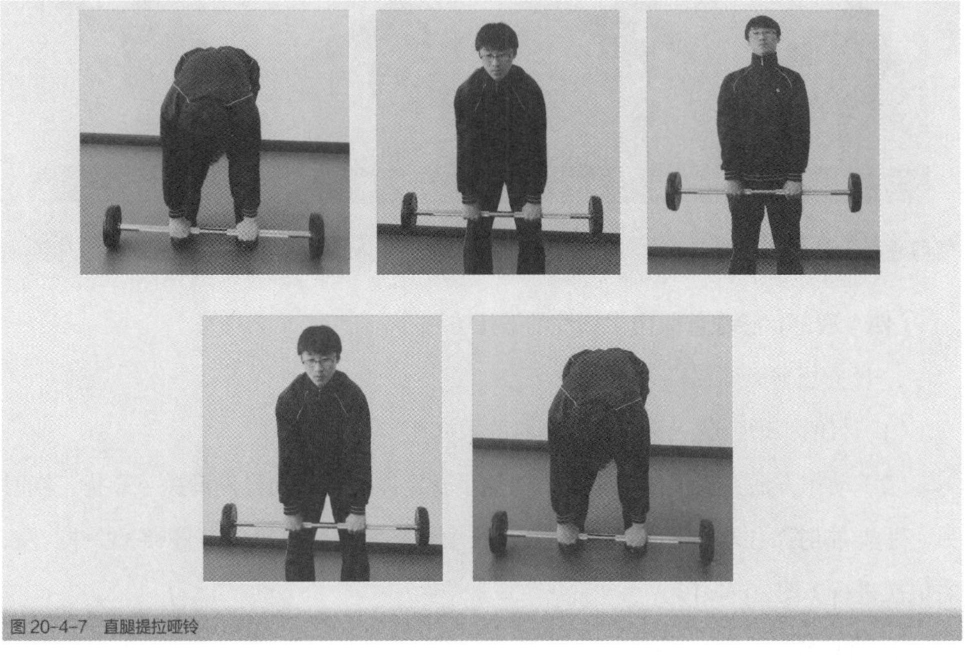

图 20-4-7　直腿提拉哑铃

（三）上肢肌肉力量的锻炼方法

1. 正握哑铃内屈臂提拉

（1）目的：增强胸大肌、肱三头肌和三角肌的力量。

（2）动作方法：双手持哑铃成立正姿态，掌心向内。双肩上提，两肘向外提拉，将哑铃提至腋下，缓慢下放还原（图20-4-8）。

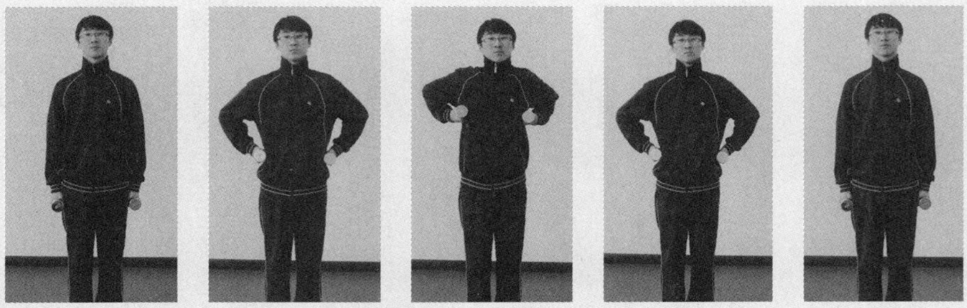

图20-4-8 正握哑铃内屈臂提拉

2. 正握哑铃直臂前后摆动

（1）目的：增强肱二头肌、肱三头肌和三角肌的力量。

（2）动作方法：双手持哑铃站立，直臂前后摆动至前臂与地面平行，后臂后摆至最大幅度。左右手交替进行（图20-4-9）。

图20-4-9 正握哑铃直臂前后摆动

（四）肩部、腰腹部肌肉柔韧性的锻炼方法

1. 反向压臂

（1）目的：增强肱三头肌和背阔肌的柔韧性。

（2）动作方法：双手体前平举，一侧手臂经体前直臂向异侧肩关节靠拢，同时另一手臂屈肘扣住小臂，用力向肩关节拉动，并紧扣对侧肩关节停顿3秒钟。左、右依次进行（图20-4-10）。

2. 侧向倒肩

（1）目的：增强肱侧腹部肌肉群的柔韧性。

（2）动作方法：身体呈开步站立状态，向一侧水平倒肩，同侧手臂伸直接触膝关节外侧，停顿3～5秒钟，还原成正立状态。左、右依次进行（图20-4-11）。

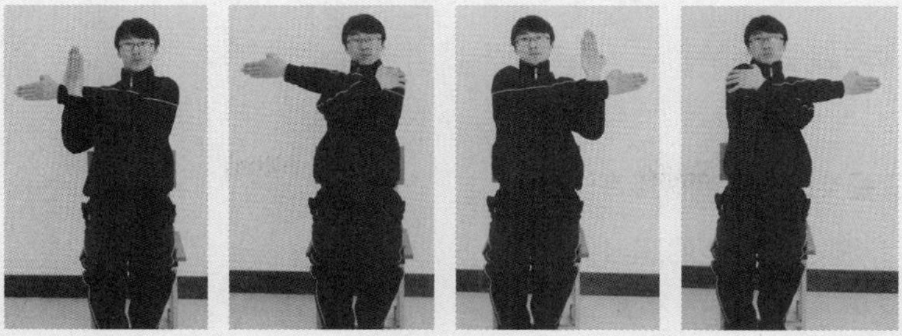

图 20-4-10 反向压臂

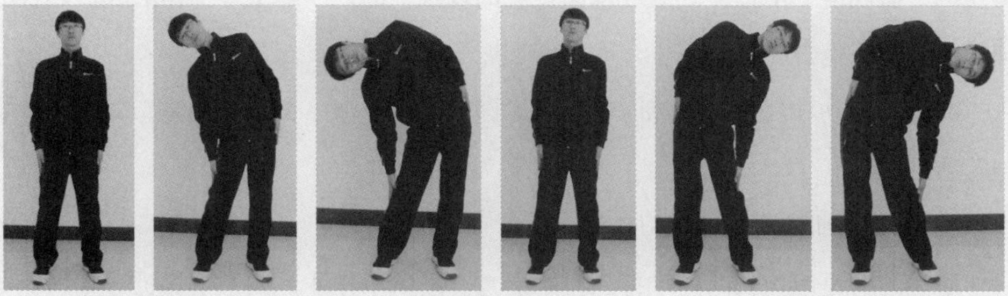

图 20-4-11 侧向倒肩

第五节　变姿类职业生理负荷特点及体能锻炼方法

一、变姿类职业生理负荷特点

（一）变姿类职业岗位简介

变姿类职业从业人员，静力性工作与动力性工作交替进行，所以这类人群劳动（工作）时的解剖学、生理学负荷特征与坐姿、站姿类职业有许多相同之处，但又并不完全等同。因为这类工作姿势变化没有一定的规律，有些工种（如园艺工作者）姿势变化频率快，肌肉交替休息不易疲劳；有些工种（如机械工）工作时需要一定静力紧张的负荷，因此肌肉一直处于紧张收缩的状态，很容易造成肌肉紧张、僵硬。变姿类职业工种繁多，因此要针对不同的工种进行区别分析。

（二）从事变姿类职业岗位的生理要求

变姿类岗位职工在高温、高湿、高寒、辐射和噪音等恶劣环境下工作，工业自动化程度相对低，体力消耗大，且存在不良姿势、过度用力和振动等诸多职业性疾患危险因素。因此，这类职业对人体健康提出了特殊要求：不但需要具备良好的心肺功能，同时也需要身体各部位具备良好的协调性和灵活性。选择运动项目或开展针对性的体能训练时，应考虑发展身体各部位的素质，使全身各部位都得到运动，以适应工作的需要。

二、变姿类职业体能锻炼方法

（一）增强心肺功能的练习方法

在现场作业时，要求心脏功能随工作强度的改变而适当地调整，以满足工作的需要，据对建筑工作现场的技术员心肺功能调研发现，有些员工在烈日下工作，常出现因心脏功能不能适应高温环境而昏厥的现象。因此，对室外工作的人员加强心肺功能的训练是必要的。

在选择运动项目进行锻炼时，可考虑健美操、游泳、长跑、跳绳、越野、健身跑等项目。

（二）提高肌肉耐力的练习方法

肌肉耐力是肌肉长时间维持工作的能力。高抬举作业，如手举焊枪、紧固螺丝和打孔等，需要保持长时间的肌肉收缩状态。如果肌肉耐力不好，将导致肌肉供血不足，肌肉代谢废物不能及时排除，引起局部肌肉疲劳，工作效率降低，甚至出现工伤事故。提高肌肉耐力的练习应采用小负荷，重复多次的练习方法。

1. 负重侧平举

（1）目的：增强三角肌和肱三头肌的力量。

（2）动作方法：双手持哑铃成立正姿态，持哑铃同时向身体两侧张开至两臂与肩同高，掌心向下，缓慢下放还原（图20-5-1）。

图20-5-1 负重侧平举

2. 正、反握屈臂举

（1）目的：增强胸大肌、肱二头肌和前臂肌肉的力量。

（2）动作方法：双手持哑铃成立正姿态，外展臂使掌心向后（前）。双臂由提前屈臂至与肩同高，掌心向后（前），缓慢下放还原（图20-5-2）。

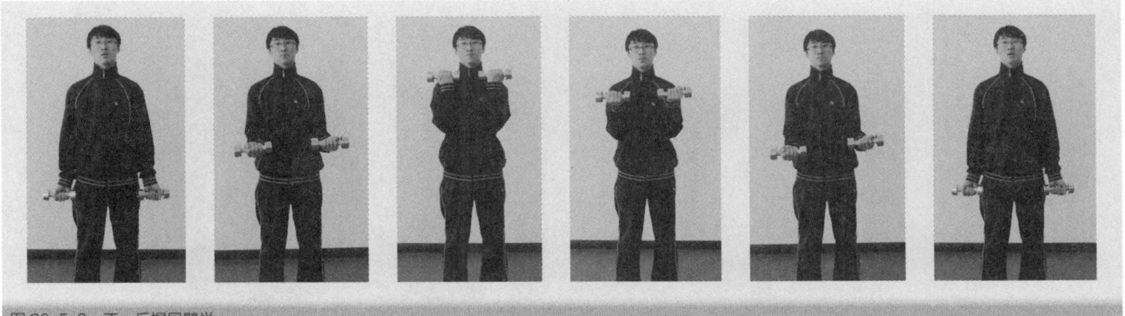

图 20-5-2　正、反握屈臂举

3. 仰卧后撑

（1）目的：增强胸大肌、肱二头肌、三角肌和大圆肌肉的力量。

（2）动作方法：身体仰卧，两手背后直臂撑于凳子或台阶上，两脚放于较低的地面，其他身体部位悬空。两肩放松，两臂慢慢屈肘，身体尽量下沉，稍停顿，两臂用力撑起身体还原（图 20-5-3）。

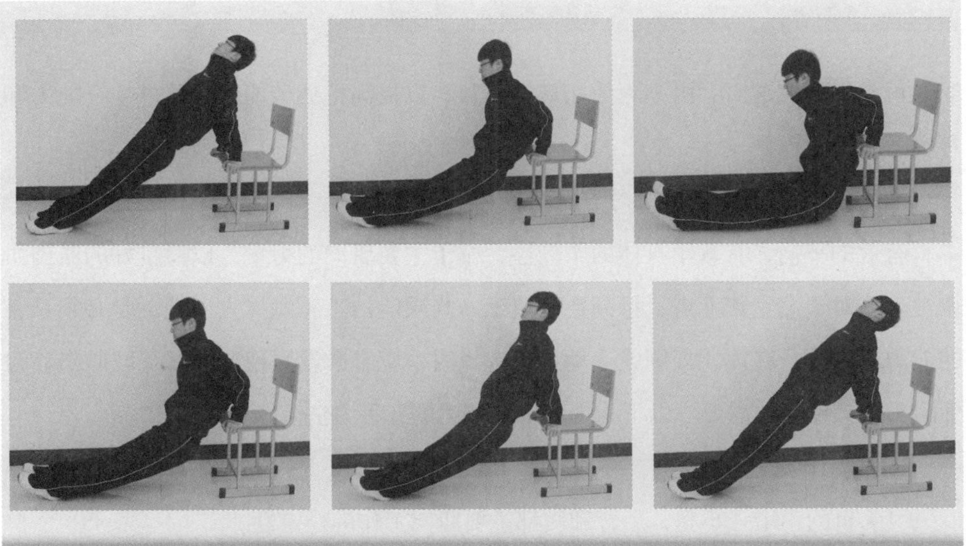

图 20-5-3　仰卧后撑

4. 负重转腰

（1）目的：增强腰腹肌和背部肌肉的力量。

（2）动作方法：直立扛起哑铃，双手在身体两侧握住哑铃。依次向左、右方向水平转体至最大幅度，稍停顿，还原（图 20-5-4）。

（三）抗热、抗寒、抗风雨、抗辐射能力的练习

室外工作时，夏天的炎热，冬天的寒冷，风雨霜雪等都可引起人体免疫能力的降低，导致机体不适，进而引起疾病。对此，应加强有氧运动，以提高免疫力。同

图 20-5-4　负重转腰

时，可参加定向越野、野外素质拓展等项目，以提高抗疲劳能力、野外生存能力和环境适应能力等。

（四）提高平衡能力的练习方法

有效的平衡，有赖于身体的柔韧性、躯干主要肌肉的力量，以及良好的肌肉协调性。这对于高空作业者，像高空建筑工、高层清洁工（蜘蛛人）等，是必须具备的能力。因此，在体能训练或运动项目选择时，应考虑发展稳定性、下肢肌肉静力性耐力、灵敏性的需要。以下为提高平衡能力的几种方法。

1. 直臂平衡

（1）目的：增强小腿、后背和腹部主要肌肉工作的稳定性。

（2）动作方法：由站立开始，右脚向前迈一步，上体前倾，左腿后上举高于头，抬头挺胸，两臂前平举成直臂平衡。做动作时支撑腿要伸直，两腿交替进行（图 20-5-5）。

2. 静止搭桥

（1）目的：增强后背和腹部主要肌肉工作的稳定性。

（2）动作方法：屈腿平躺，脚着地，手臂放在体侧，脊柱位于中间位置，臀部、大腿和躯干肌肉用力提起骨盆，直到肩膀与膝盖连成直线，然后身体缓慢下降，还原（图 20-5-6）。

图 20-5-5 直臂平衡

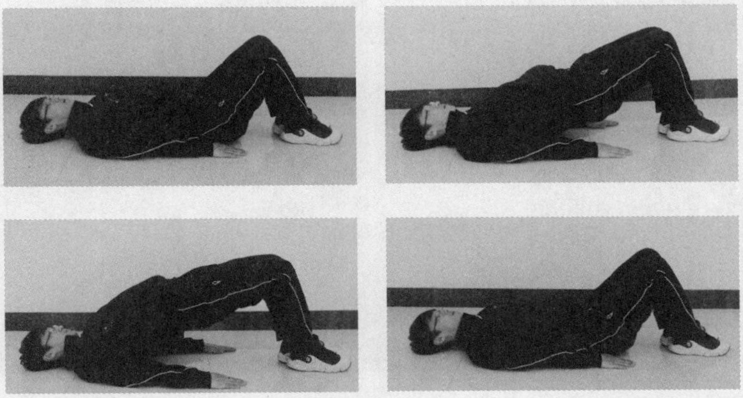
图 20-5-6 静止搭桥

3. 单脚抱膝站立

（1）目的：初步训练在重心偏离常态时的身体平衡感。

（2）动作方法：双手左右侧平举，身体正直，目视前方站稳。一只脚站立，另一只脚抬起，双手抱膝收至胸前，上身保持不动。换脚练习，并逐渐延长站立时间。

4. 仰卧三点式屈伸

（1）目的：锻炼腹部肌肉群和背离重心时的平衡感。

（2）动作方法：双腿屈膝坐于地面，双手提后侧支撑，身体稍后仰。顶腹提臀，依次将两腿向前方伸直，上体与地面平行，同时头后仰与身体成一直线状态（图 20-5-7）。

5. 俯卧三点式屈伸

（1）目的：锻炼腹部肌肉群和核心区域的平衡感。

（2）动作方法：双腿跪于地面，双手体前支撑，与地面垂直。上体与地面平行。展髋提臀，依次将两腿向后方伸直，身体与地面平行（图 20-5-8）。

图 20-5-7　仰卧三点式屈伸

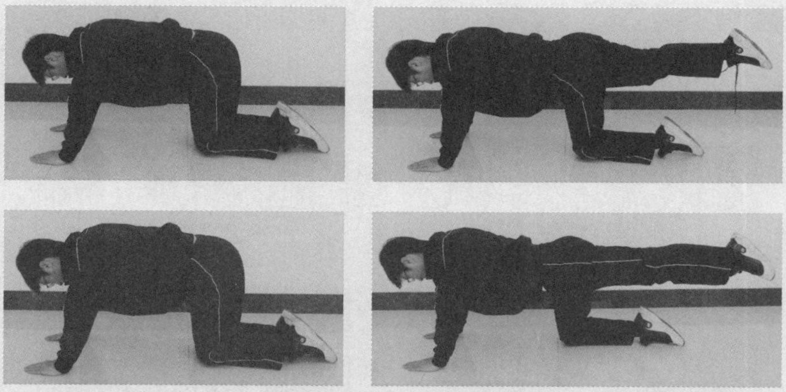

图 20-5-8　俯卧三点式屈伸

思考题

1. 简述体能与体力的区别。
2. 简述职业体能的分类。
3. 简述三种基本的职业体能有何根本区别。
4. 简述如何制定体能训练计划。

第二十章　职业体能微课视频

坐姿收腿	正握哑铃内曲臂提拉	反向压臂	正反握曲臂举
静止搭桥	正握哑铃直臂前后摆动	屈伸小臂	徒手深蹲
坐姿蹬车	直腿提拉哑铃	仰卧三点式屈伸	俯卧三点式屈伸
负重转腰	仰卧后撑	负重侧平举	

参考文献

[1] 田丽芬. 高等职业教育体育教程 [M]. 哈尔滨：哈尔滨地图出版社，2002.

[2] 田丽芬. 高等职业学院体育理论教程 [M]. 哈尔滨：哈尔滨地图出版社，2003.

[3] 王家宏. 球类运动——篮球 [M]. 第三版. 北京：高等教育出版社，2016.

[4] 篮球规则与裁判法 [M]. 北京：北京体育大学出版社，2003.

[5] 体育教学与训练指导——篮球卷 [M]. 北京：人民体育出版社，2003.

[6] 于立强. 轮滑教育 [M]. 长春：吉林科学技术出版社，2005.

[7] 虞重干. 排球运动教程 [M]. 北京：人民体育出版社，2009.

[8] 黄汉升. 球类运动——排球 [M]. 北京：高等教育出版社，2005.

[9] 薛晓媛. 大学体育 [M]. 北京：北京航空航天大学出版社，2004.

[10] 荆光辉. 体育教学与训练指导 [M]. 北京：人民体育出版社，2003.

[11] 白榕. 太极柔力球 [M]. 北京：人民体育出版社，2009.

[12] 白永正，权黎明. 武术散打教学与训练 [M]. 北京：北京体育大学出版社，2004.

[13] 于洪波. 武术 [M]. 哈尔滨：哈尔滨工程大学出版社，2005.

[14] 陈超. 陈超散打入门教程 [M]. 北京：北京体育大学出版社，2004.

[15] 中国跆拳道协会. 中国大众跆拳道教程——基本技术与品势 [M]. 北京：人民体育出版社，2009.

[16] 岳维传. 跟专家练跆拳道 [M]. 北京：北京体育大学出版社，2007.

[17] 曾庆国. 世界跆拳道联盟最新规范套路 [M]. 广州：暨南大学出版社，2006.

[18] 匡小红. 健美操 [M]. 第2版. 北京：高等教育出版社，2019.

[19] 李林，岳海鹏. 乒乓球运动教程 [M]. 第2版. 北京：高等教育出版社，2021.

[20] 冯卫红，曲海英. 护士礼仪与形体训练 [M]. 北京：科学出版社，2008.

[21] 杨斌，于晓红. 形体训练纲论 [M]. 北京：北京体育大学出版社，2009.

[22] 薛晓媛. 大学体育 [M]. 北京：北京航空航天大学出版社，2004.

[23] 国家体育总局职业技能鉴定指导中心. 健身教练 [M]. 第2版. 北京：高等教育出版社，2019.

[24] 羽毛球竞赛规则 [M]. 北京：北京体育大学出版社，2016.

[25] 薛晓媛. 大学体育 [M]. 北京：北京航空航天大学出版社，2004.

[26] 蔡向阳，王崇喜. 球类运动——足球 [M]. 第四版. 北京：高等教育出版社，2021.

[27] 梁培根. 高职体育 [M]. 北京：高等教育出版社，2021.

高等职业院校体育与健康

Gaodeng Zhiye Yuanxiao Tiyu Yu Jiankang

田丽芬　杨振炜　主编

内容提要／本书为高等职业教育新形态一体化教材。

本书以教育部颁布的《全国普通高等学校体育课程指导纲要》为依据，以贯彻《国家学生体质健康标准》为宗旨，结合我国高职院校体育课程现状，从培养学生的体育兴趣、运动基础、健身技能出发，对运动人体科学、运动健身规律、运动技能学习、竞赛参与指导等方面做了较为详细的论述。本书分为体育理论篇、体育实践篇和职业体能篇，主要内容包括体育概述、体育锻炼的科学规律、运动疾病与损伤、篮球运动、足球运动、排球运动、乒乓球运动、羽毛球运动、橄榄球运动、散打运动、游泳运动、健美运动、健美操运动、体育舞蹈、跆拳道运动、柔力球运动、太极拳运动、速度滑冰运动、轮滑运动、职业体能。

本书可以作为高等职业院校体育公共课教材，也可作为大众从事体育锻炼的参考书。

图书在版编目（CIP）数据

高等职业院校体育与健康／田丽芬，杨振炜主编．-- 2版．-- 北京：高等教育出版社，2023.9（2025.7重印）

ISBN 978-7-04-058848-4

Ⅰ. ①高…　Ⅱ. ①田…　②杨…　Ⅲ. ①体育-高等职业教育-教材　②健康教育-高等职业教育-教材　Ⅳ. ①G807.4　②G717.9

中国版本图书馆CIP数据核字（2022）第105729号

读者意见反馈

为收集对教材的意见建议，进一步完善教材编写并做好服务工作，读者可将对本教材的意见建议通过如下渠道反馈至我社。

咨询电话　400-810-0598

反馈邮箱　gidzfwb@pub.hep.cn

通信地址　北京市朝阳区惠新东街4号富盛大厦1座高等教育出版社总编辑办公室

邮政编码　100029

策划编辑　李伟楠

责任编辑　陈　海　李伟楠

封面设计　赵　阳

版式设计　于　婕

责任绘图　杨伟露

责任校对　任　纳　高　歌

责任印制　刘弘远

出版发行　高等教育出版社

社址　北京市西城区德外大街4号

邮政编码　100120

印刷　天津鑫丰华印务有限公司

开本　787mm×1092mm　1/16

印张　31.25

字数　550千字

购书热线　010-58581118

咨询电话　400-810-0598

网址

http://www.hep.edu.cn

http://www.hep.com.cn

网上订购

http://www.hepmall.com.cn

http://www.hepmall.com

http://www.hepmall.cn

版次　2023年9月第1版

印次　2025年7月第3次印刷

定价　62.00元

本书如有缺页、倒页、脱页等质量问题，请到所购图书销售部门联系调换

物 料 号　58848-00